RECLAM-BIBLIOTHEK

Unbestritten gehört die Gründung der *Annales d'histoire économique et sociale* durch den Neuzeit-Historiker Lucien Febvre und den Mediävisten Marc Bloch im Jahre 1929 zu den Sternstunden der Geschichtswissenschaft des 20. Jahrhunderts. Von diesem Moment an entfaltete sich eine Tradition, die der sozialhistorischen Forschung kräftige Impulse gab und damit das Antlitz des Faches entscheidend verändert hat. Immer wieder gingen Anregungen für die Erneuerung der Geschichtsschreibung von jenen Wissenschaftlern aus, die oft der Einfachheit halber unter dem Signum der *Annales*-Schule zusammengefaßt werden. Sie beeinflußten beinahe alle großen Wandlungen der Historiographie in unserem Jahrhundert: die vom Historismus deutscher Prägung zur Sozialgeschichte, von der Soziologisierung der Geschichte zur Mentalitäts- und Kulturgeschichte, vom Materialismus zu postmodernen Auffassungen …

Alles Gewordene hat Geschichte

Die Schule der ANNALES in ihren Texten 1929–1992

Herausgegeben von Matthias Middell und Steffen Sammler

Mit einem Essay von Peter Schöttler

RECLAM VERLAG LEIPZIG

Aus dem Französischen

Die Texte von Maurice Agulhon und von Roger Chartier wurden von Matthias Middell zusammen mit Roberto Mann, die übrigen von Matthias Middell und Steffen Sammler übersetzt.

ISBN 3-379-01479-6

Übersetzung der Texte aus der Zeitschrift ANNALES
mit freundlicher Genehmigung der Redaktion
Quellen- und Rechtsnachweis am Ende eines jeden Textes

Reclam-Bibliothek Band 1479
1. Auflage, 1994
Reihengestaltung: Hans Peter Willberg
Umschlaggestaltung: Friederike Pondelik unter Verwendung eines Motivs aus dem Stundenbuch des Herzogs von Berry
Printed in Germany
Satz: Fotosatz und Reproduktion Limbach-Oberfrohna
Druck und Binden: Ebner Ulm
Gesetzt aus Meridien

Inhalt

MATTHIAS MIDDELL

Die unendliche Geschichte

Unbestritten gehört die Gründung der *Annales d'histoire économique et sociale* durch den Neuzeit-Historiker Lucien Febvre und den Mediävisten Marc Bloch im Jahre 1929 zu den Sternstunden der Geschichtswissenschaft des 20. Jahrhunderts. Die Zeitschrift, die das unmittelbar nach dem Ende des Ersten Weltkrieges von Febvre betriebene Projekt eines internationalen wirtschafts- und sozialgeschichtlichen Periodikums wieder aufgriff, sollte zum Organ einer neuen, interdisziplinär ausgerichteten Geschichtswissenschaft werden.

Im engeren Sinne verdankte die Initiative vieles der besonderen Situation an der Straßburger Universität. Die Entfernung von den Weihestätten des französischen akademischen Betriebes spielte hier für eine ganze Gruppe neu berufener Professoren ebenso eine Rolle wie die intellektuelle Auseinandersetzung mit Universitätskonzept und Wissenschaftsentwicklung im nahen Deutschland[1]. In einem weiteren Sinne wurzelte die Gründung der Zeitschrift aber im Ausgang der methodischen Kontroverse nach 1900, in deren Verlauf um eine Neubestimmung der Geschichtswissenschaft, ihrer Methoden, Gegenstände, Ansprüche und ihrer Stellung im Gefüge der Sozialwissenschaften gestritten wurde[2]. Lucien Febvre, der parallel zu seinem Engagement für die *Annales* auch später aktiv an der von Henri Berr gegründeten *Revue de synthèse historique* – einer wichtigen Plattform der Neuerer im vorausgegangenen Methodenstreit – mitarbeitete[3], und Marc Bloch verstanden die *Annales d'histoire économique et sociale* nicht als ein weiteres spezialisiertes Fachorgan, nun für die Wirtschafts- und Sozialgeschichte, sondern sie traten mit der Zeitschrift wie mit ihren sonstigen Schriften für eine neue Definition von Geschichte insgesamt ein. Im Mittelpunkt einer als *science de l'homme* aufgefaßten Geschichtswissenschaft sollten die Menschen in der Komplexität ihrer sozialen Beziehungen und Aktivitäten sowie ihres Verhältnisses zu den natürlichen Umweltbedingungen ihrer Existenz stehen.

Zwei Stichworte waren für die Ansprüche der Geschichtskonzeption der *Annales*-Gründer besonders wichtig: die *histoire-problème* und die *histoire totale*. Der Begriff der problemorientierten Geschichtswissenschaft polemisierte gegen die Illusion, die Arbeit des Historikers lasse sich auf eine Abbildungsfunktion gegenüber einer in den Quellen bereitliegenden Vergangenheit reduzieren: »Ein Historiker, der einfach nur die Unterwerfung unter die Tatsachen predigt, so als ob diese Tatsachen nicht von ihm selbst fabriziert und vorher ausgewählt worden wären ... ist nur eine technische Hilfskraft. Die kann ausgezeichnet sein, aber sie ist kein Historiker.«[4] Bloch und Febvre betonen die aktive Rolle des Historikers bei der Konstruktion seines Gegenstandes, insoweit er die unendliche Komplexität der Realität durch Auswahl und begriffliche Abstraktion auf das Darstellbare reduziere[5]. Erst daraus erwachse die Bindung an das Interesse der Gegenwart und der Wert von Geschichtsschreibung für die gegenwärtige Gesellschaft. Die *histoire totale* meint natürlich keine Geschichte, die einem Vollständigkeitswahn folgt, sondern die Überzeugung vom strukturellen Zusammenhang aller sozialen Phänomene, den der Historiker niemals aus dem Blick verlieren dürfe.

Dieses Geschichtskonzept bedeutete zugleich eine radikale Erweiterung des Gegenstandes von Geschichtswissenschaft gegenüber traditioneller Ereignis- und Politikgeschichte, eine Öffnung zum Erklären und Verstehen nach den Maßstäben strenger Quellenkritik und eine Orientierung der Historiographie am Verständnis des historisch-gesellschaftlichen Gesamtzusammenhanges. Aus diesen Prämissen ergab sich die Charakterisierung einer Geschichtswissenschaft, die analog der Grenzenlosigkeit ihres Gegenstandes offen sein sollte für jede nur mögliche Koalition mit den Nachbardisziplinen, um ihren eigenen Anspruch der umfassenden genetischen Erklärung einlösen und damit die strategische Mitte innerhalb der Sozial- und Kulturwissenschaften einnehmen zu können, den ihr vor allem die aufstrebende Soziologie streitig zu machen drohte. Schlossen Bloch und Febvre an den Methodenstreit der Jahrhundertwende an, so distanzierten sie sich gleichzeitig von einem naiven Kausalitätsglauben, dem eine vereinfachende Übertragung von naturwissenschaftlichen Forschungsmethoden und die Hoffnung auf Einsicht in eherne Gesetze auch der sozialen Entwicklung zugrunde lagen.

Ungeachtet weitreichender Vorschläge zur theoretischen Neufassung von Geschichte als Sozialwissenschaft waren Febvre und Bloch doch zuallererst praktisch arbeitende Historiker, lehnten Geschichtsphilosophie *à l'allemande* und die Reduktion der historischen Arbeit auf geschichtsphilosophische Annahmen rundweg ab. Sie gestalteten die *Annales* auch nicht vorrangig zu einem Blatt programmatischer Debatten, sondern zu einem Experimentierfeld der neuen Geschichtsauffassung – weit geöffnet für Neues, bisher nicht Erprobtes; weit geöffnet auch gegenüber dem Ausland.

Von dieser Gründung aus entfaltete sich eine Tradition, die der sozialhistorischen Forschung kräftige Impulse gab und damit das Antlitz des Faches entscheidend verändert hat. Immer wieder gingen Anregungen für die Erneuerung der Geschichtsschreibung von jenen Wissenschaftlern aus, die oft der Einfachheit halber unter dem Signum der *Annales*-Schule zusammengefaßt werden.

Mit diesem Begriff ist nun aber keineswegs Einheitlichkeit der Methoden und geschichtstheoretischen Auffassungen gemeint, die den Begründern dieser historiographischen Tradition nicht in den Sinn gekommen wäre. Hervorstechendes Kennzeichen ist vielmehr gerade »Lebendigkeit und Offenheit gegenüber anderen Wissensbereichen« in den ständig wechselnden disziplinären Konstellationen der Geistes- und Sozialwissenschaften[6]. Die Berufung aufeinanderfolgender Generationen auf einen gemeinsamen

Erbbestand an historiographischen Leistungen und institutioneller Verankerung sowie die breiter und intensiver werdende Rezeption haben das Bild einer Schule zusammengesetzt, die viel zur Modernisierung der Geschichtswissenschaft in unserem Jahrhundert beigetragen hat. Die wissenschaftliche Leistung, die Selbstreflexion einer Historikergruppe, die mit einer Reihe von autobiographischen und methodologischen Texten an die Öffentlichkeit getreten ist, sowie die inzwischen selbst Regale füllende Literatur über die *Annales* prägen gleichermaßen das komplexe und widersprüchliche Bild der *Annales*-Schule. Hinzu kommt die Tatsache, daß das Phänomen – zu dessen Merkmalen schon immer ein hoher Grad an Internationalität gehörte – heute nichts weniger als ein ausschließlich französisches ist. Rezeption meint deshalb nicht mehr vorrangig jene staunend-deskriptive Betrachtung, die den zuweilen engen Methoden-Stübchen der heimischen Historiographie etwas französisches Flair hereinholen wollte, sondern die Mitarbeit an der Suche nach Antworten auf neu aufgetauchte Fragen[7]. Vieles, was die *Annales* angeregt oder befördert haben, gehört inzwischen auch andernorts zu den Merkmalen moderner Geschichtswissenschaft – bester Beweis dafür, daß die einstmaligen Außenseiter die Wertmaßstäbe des Faches mitgeprägt haben. Erledigt sind deshalb die Ansprüche, die in den *Annales* formuliert wurden, nicht. Wie Marc Bloch in seiner »Apologie der Geschichte« schrieb, steht die Geschichte als *science de l'homme* noch ganz am Anfang[8]. Ungeachtet aller Fortschritte der Geschichtswissenschaft seit dem Zweiten Weltkrieg wird man dieser Einschätzung auch heute noch beipflichten können. Das historiographische Projekt der *Annales,* dem die Zeitschrift als Verständigungsmittel nach innen und außen diente und dient, hat in seiner mehr als sechzigjährigen Entwicklung immer wieder die Forschung herausgefordert. Gleichwohl: die Geschichte der *Annales*-Schule scheint noch ungeschrieben[9]. Ja, es gibt ernsthafte und berechtigte Zweifel, ob dies überhaupt möglich ist. Die Schwierigkeiten liegen auf verschiedenen Ebenen und erhellen bereits in Teilen den Charakter einer historiographischen Bewegung, deren Einfluß auf die internationale Geschichtswissenschaft so erheblich war und ist.

Die erste Schwierigkeit ergibt sich aus der sinnvollen Begrenzung des Gegenstandes der Darstellung. Immer wieder schwanken die Autoren zwischen der Untersuchung bedeutender Werke einzelner Historiker, die untereinander eine Beziehung durch Kooperation, Betreuung oder Anregungen aufweisen, der Analyse von Zusammenhängen und Einflüssen eines institutionellen Rahmens oder schließlich dem Studium der Zeitschrift, die der ganzen Tendenz ihren Namen verleiht. Blieben zuerst die *Annales d'histoire économique et sociale,* 1929 gegründet, seit 1939 als *Annales d'histoire sociale,* ab 1942 als *Mélanges d'histoire sociale* erschienen und nach den Wirren des Krieges in *Annales (Economies, Sociétés, Civilisations)* umbenannt, die einer systematischen Auswertung harren. Bisher dienten sie der Festlegung dessen, was das Programm der *Annales*-Schule ausmache, nur insoweit, als Autoren, die Redaktion und Profil der Zeitschrift über einen mehr oder weniger langen Zeitraum mitbestimmten, befragt und ihre Werke analysiert werden. Oder es werden jene Themen aufgelistet, mit denen eine gegenüber Nachbardisziplinen »gefräßige« Geschichtswissenschaft ihre Gegenstandsbestimmung erweitert.

Eine zweite Schwierigkeit läßt sich leicht aus der Länge einer Tradition absehen, die einfach von Kontinuität und Diskontinuität gekennzeichnet sein mußte, wollte sie nicht zu Sterilität verkommen[10]. Die Kennzeichnung *Annales*-Schule steht mehr als Synonym für verschiedene Etappen und Tendenzen innerhalb der französischen Historiographie denn als Kennzeichnung für einen konsistenten Diskurs, was mit Blick auf die Geschichte seit 1929 auch kaum anders zu erwarten ist. Wenn im folgenden von *Annales*-Schule die Rede ist, wird von einem Diskussionszusammenhang ausgegangen, der immer wieder den Rekurs auf die Zeitschrift sucht. Eine akademische Schule im Sinne der bildungssoziologischen Verwendung des Begriffes formten die Autoren des *Annales*-Kreises in den einzelnen Phasen auf jeweils unterschiedliche Weise. Am Anfang stand die prägende Kraft der beiden Gründerväter, deren Einfluß sich nicht nur aus ihrem überzeugenden persönlichen Agieren erklärt, sondern auch aus der Tatsache, daß die polemisch auf eine Perspektivenverschiebung drängende Zeitschrift sich einem schon länger und weit über die Grenzen Frankreichs hinaus abzeichnenden Paradigmenwechsel einschrieb[11]. Der Historikerstreit um Karl Lamprecht in Deutschland[12] oder die Herausbildung der New History in den USA[13] stehen für die Internationalität des ungleichzeitig, in unterschiedlichen Fächerkonstellationen und mit sehr unterschiedlichem Erfolg versuchten Durchbruchs zu sozialhistorischen Fragestellungen. Mühelos lassen sich in einer geistesgeschichtlichen Betrachtungsweise anregende Vorläufer für diesen Anspruch finden, sei es in den kultur- und zivilisationsgeschichtlichen Arbeiten Voltaires, sei es im Positivismus eines Comte oder Buckle. Damit soll hier zumindest angedeutet werden, daß auch dieser Paradigmenwechsel auf wesentlich ältere Grundsatzentscheidungen aller Historiographie zurückverwies, nicht alles zum erstenmal gedacht wurde, was sich nun erfolgreich durchzusetzen begann, daß eine lineare Fortschrittsgeschichte der Geschichtswissenschaft auf unsere Gegenwart hin demnach höchst fragwürdig wäre.

Formierend für den Diskurs der *Annales* wirkte die genaue Strukturierung der einzelnen Rubriken in der Zeitschrift und die von Bloch und Febvre immer wieder vorangetriebene Form der kollektiven Untersuchungen zu präzise definierten Einzelgegenständen (*enquêtes*)[14]. Aber auch wissenschaftsorganisatorische Aktivitäten trugen zur Konsolidierung eines Kreises von Gleichgesinnten bei, der im Augenblick des ersten Generationswechsels stärker Züge einer Schule annahm. So leitete Lucien Febvre neben den *Annales* die *Encyclopédie Française*, von der zwischen 1935 und 1940 immerhin elf Bände erschienen, er regte die Gründung der *Société pour l'Histoire des Civilisations* an und wurde ihr Präsident ebenso wie der der *Société des Historiens*

Locaux; schließlich brachte er neben den Zeitschriften dieser beiden Gesellschaften auch die *Revue d'Histoire de la Seconde Guerre Mondiale* und die *Cahiers d'Histoire du Monde* auf den Weg. Mit den propädeutisch formulierten Titeln »Apologie pour l'histoire ou métier d'historien« (M. Bloch, 1941/42 geschrieben, aber erst 1949 erschienen) und »Combats pour l'histoire« (L. Febvre, 1953) prägten die Väter der *Annales* über die normalen akademischen Aufgaben hinaus die Herausbildung einer Schule.

Zu bedenken ist aber auch: selbst wenn die beiden Gründer oft in einem Atemzug genannt werden, unterschieden sie sich doch nach Charakter, Temperament[15] und wissenschaftspolitischer Orientierung nicht unbeträchtlich.

So bot schon die erste Generation Anknüpfungspunkte für verschiedene Rückbesinnungen. Wesentlich für die Entfaltung der *Annales*-Schule wurde nicht die Festlegung auf ein genau umrissenes Programm, das bald zur Orthodoxie geraten wäre, sondern – trotz aller Ausgrenzungsvorgänge, die es natürlich innerhalb der *Annales* auch gegeben hat – die Möglichkeit für sehr verschiedene Historiker, sich den Grundsätzen anzuschließen. Das Werk von Lucien Febvre und Marc Bloch sowie ihrer frühen Mitstreiter umspannte nicht nur im Sinne der von ihnen postulierten *histoire totale* zeitlich wie räumlich die gesamte Weltgeschichte, sondern erweist sich als permanente Suche nach neuen Methoden, um die Entwicklung der Vergangenheit zu entschlüsseln. Bei aller Fixierung auf die Wirtschafts- und Sozialgeschichte bieten ihre Schriften auch Bezugspunkte für die Begriffsgeschichte oder die Erforschung kollektiver Mentalitäten, die uns die Arbeitsergebnisse dieser Generation der *Annales* heute noch sehr modern und nah erscheinen lassen.[16]

Die Wiederbegründung der *Annales* nach dem Zweiten Weltkrieg verband sich mit der institutionellen Befestigung ihrer Grundlagen, aber ohne Marc Bloch, der seinen Widerstand gegen die deutschen Okkupanten mit dem Leben bezahlt hatte, dafür mit Fernand Braudel und Charles Moraté an der Seite von Lucien Febvre. Die neugegründete

VIe Section der *Ecole des Hautes Etudes* (nominell für Wirtschafts- und Sozialgeschichte zuständig, tatsächlich aber als institutionelle Realisierung jenes umfassenden Geschichtsverständnisses, für dessen Durchsetzung Lucien Febvre seine wissenschaftspolitische Macht einsetzte) wurde zur Stütze im Kampf um eine Erneuerung der gesellschaftswissenschaftlichen Forschung und Ausbildung. Der Vorsprung gegenüber einem nur zaghaft reformierten Universitätssystem ergab sich auch aus den exzellenten Beziehungen zu amerikanischen Stiftungen, die die erste Finanzierung leisteten.[17] Nun stand nicht mehr die Zeitschrift im Mittelpunkt der schulebildenden Wirkungen, vielmehr brachten die *Annales* die Fortschritte einer immer größer werdenden außeruniversitären Forschungsstätte zum Ausdruck, in der sich die Arbeiten eines wachsenden Kreises führender französischer Gelehrter, interdisziplinäre Forschungsgruppen und – gewissermaßen als Basis – eine qualifizierte Doktoranden- und Postdoktorandenausbildung konzentrierten. Das Hochhaus am Boulevard Raspail 54, mit seiner Glas-Beton-Architektur transparenter Fassaden für Modernität stehend, symbolisiert die Herausforderung an die ehrwürdige Sorbonne. Die rationelle Struktur des Gebäudes steht für einen flexiblen Wechsel der Schwerpunkte wissenschaftlichen Arbeitens, für die permanente Neukonfiguration der »Schule« – die wabenartig angeordneten Büros verraten aber auch die Abhängigkeit von einer leitenden Idee, damit am Ende nicht nur ein Treffpunkt auseinanderdriftender Einzelprojekte bleibt.

Ganz unbestritten stand der *Annales*-Kreis seit den fünfziger Jahren unter dem stetig wachsenden Einfluß Fernand Braudels, der sich durch ein direktes Schülerverhältnis zu den Begründern der *Annales* wie durch ein monumentales und weltweit anerkanntes eigenes Werk legitimierte. Einem expandierenden Institut entsprach die optimistisch ausgreifende theoretische Grundlegung der hausinternen und internationalen Kooperation: Strukturgeschichte, die von den räumlichen und zeitlichen Koordinaten der Weltgeschichte ausging und die »Ungleichzeitigkeit des Gleichzeitigen« zum Ausgangspunkt wählte, verband sich mit Alltagsgeschichte in einem theoretisch vielleicht nichtdurchweg befriedigend präzisierten, dafür aber empirisch gesättigten Konzept von Zivilisation und materieller Kultur. Sein Deutungsmuster von verschiedenen Ebenen der historischen Zeit liegt sowohl der Darstellung des Mittelmeerraumes als auch der Gesamtdarstellung der neuzeitlichen Geschichte, deren Schwerpunkte in Europa, Lateinamerika und Asien zu orten sind, als Gliederungsprinzip zugrunde. In »La Méditerranée«, der 1949 erschienenen Habilitationsschrift, die Braudel unter den Bedingungen deutscher Kriegsgefangenschaft ausformuliert hatte, versucht er vor allem zwei theoretische Postulate am historischen Material zu verifizieren: zum einen die Prägung menschlicher Geschichte durch die Bedingungen des Raumes, der natürlichen Umwelt, und zum zweiten die unterschiedlichen Geschwindigkeiten der Geschichte auf den verschiedenen Ebenen der (umweltgebundenen) Mentalitätsverschiebungen, der Zyklen der Wirtschaftstätigkeit und der politischen Ereignisabfolge. Bemerkenswert – und für manchen kritischen Leser auch verwirrend – ist jedoch, daß Braudel die Materialflut, die er ausbreitet, nicht streng systematisch zur Beantwortung weniger vorher explizierter Fragestellungen ordnet, sondern – ganz in der Tradition jener »spezifischen Neugier« seiner Lehrer[18] – eine offene Darstellung für die verschiedenen Möglichkeiten von Kausalität und Zusammenhang in der Geschichte des Mittelmeerraumes gibt.

Die Annahme einer grundlegenden Determiniertheit durch die räumlichen Verhältnisse, die Braudel zur Umkehrung der ursprünglich geplanten Geschichte der Herrschaft Philipps II. in eine Geschichte des Mittelmeeres geführt hatte, findet sich eindrucksvoll wieder aufgenommen in seinem Spätwerk »L'identité de la France«. Braudel plädierte für eine Gesamtsicht der geschichtlichen Entwicklung und berief sich auf die Fortsetzung der Tradition von Globalgeschichte oder *histoire totale,* wie sie seinen Vorgängern vorgeschwebt hatte.[19] Braudel wußte die Zeitschrift vor allem seit Beginn der sechziger Jahre – ganz ähnlich den Bemühungen von Bloch und Febvre in den dreißiger Jahren – für koordinierte Untersuchungen vergleichbarer Phänomene einzusetzen und damit die Materialbasis seiner universalhistorischen Interpretationen bedeutend zu erweitern.[20]

Neben Braudel spielten aber in dieser Etappe auch andere Wissenschaftler eine prägende Rolle, vor allem auf dem Weg zur Quantifizierung: François Simiand wurde für das Profil der *Annales* »wiederentdeckt«, und Ernest Labrousse, »prägender Sozialhistoriker für eine ganze Generation französischer Forscher«[21], setzte die Geschichte der Preise fort, aus deren »langen Reihen« das Ideal aufstieg, den Strukturen auf die Spur zu kommen, die den oberflächenhaft existierenden Ereignissen zugrunde lägen. Indem Struktur und Konjunktur (in dieser begrifflichen Fassung zuerst von Pierre Chaunu) zu gliedernden Kategorien vieler monographischer Geschichtsdarstellungen erhoben wurden, ergab sich ein beinahe universell anwendbares Schema zur Integration von Wirtschafts- und Bevölkerungsgeschichte, zur Entfaltung eines weiten Konzepts von Sozialgeschichte, die sich besonders der regionalen Fallstudie und der seriellen Untersuchung auf dem Weg zu verallgemeinerbaren Aussagen bediente. Einen ganz eigenen Strang begründet der Mittelalter-Historiker Georges Duby, dessen mentalitätsgeschichtliche Ansätze in den sechziger Jahren ebenfalls an Einfluß innerhalb der *Annales* gewannen, aber doch zugleich schon auf eine nachfolgende Etappe verwiesen.

Fraglich geworden ist der Begriff einer *Annales*-Schule vor allem seit den siebziger Jahren, als zwei konkurrierende Deutungen in Umlauf gebracht wurden. Den einen erschien ein Ausbrechen aus der Braudelschen Interpretationsvorgabe der verschiedenen Zeitebenen attraktiv – ein Ausbrechen, das in unterschiedliche Richtungen betrieben wurde. Neben der Behauptung vom Immobilismus der Geschichte, die sich gegen Braudels Überzeugung richtete, der Historiker habe vor allem die Einsicht in den permanenten, wenn auch unterschiedlich schnellen historischen Wandel in die Sozialwissenschaften einzubringen, stand die Rehabilitierung des Ereignisses, des Politischen; neben der »Entdeckung« der Mentalitäten stand die engere Bindung an die Anthropologie und Kulturwissenschaft. Diese Neuansätze trugen alle Zeichen der Rebellion gegen ein als bedrückend empfundenes Paradigma – ihre Verschiedenheit wurde von einigen bald kritisch als *émiettement* (Aufsplitterung) bezeichnet und besorgt mit der Frage versehen, ob der Preis für die Innovation nicht zu hoch sei.[22] Daneben – und diese Tendenz weist darauf hin, daß der Zeitpunkt der methodologischen Krise auch der Moment des größten öffentlichen Erfolges war – verfestigt sich aber im Bewußtsein vieler Beteiligter die Gleichsetzung von Produkten des *Annales*-Kreises mit der *nouvelle histoire* schlechthin.[23] Die *Annales* werden in den Mittelpunkt der Erneuerung einer Geschichtswissenschaft gestellt, die den Historismus wie den Marxismus hinter sich gelassen habe.[24]

Spätestens der Konflikt, der mehr oder minder offen ausbrach[25], als Fernand Braudel seine Führungsposition in der Ecole des Hautes Etudes en Sciences Sociales und in der Redaktion der *Annales* zugunsten jüngerer Historiker aufgab, hat dazu geführt, die Diskontinuitäten innerhalb der *Annales*-Schule als Ablösung von Generationen wahrzunehmen.[26] Vieles spricht dafür, jeweils generationsprägende gesellschaftliche wie innerwissenschaftliche Erlebnisse zur Deutung heranzuziehen. Die Begründer, in den siebziger und achtziger Jahren des 19. Jahrhunderts geboren, erlebten vor dem Ersten Weltkrieg den internationalen Aufbruch der Soziologie, Geographie und vergleichenden Linguistik, dessen Wirkungen in Frankreich besonders mit Blick auf die in Deutschland ablaufenden Konstituierungsvorgänge der neuen akademischen Fächer reflektiert wurden.[27] Dieser Blick wurde nach dem Krieg durch die akademische Ansiedlung im ostfranzösischen Straßburg begünstigt, dessen Universität nach den wechselnden Besitzständen von 1871 und 1919 eine besondere Sensibilisierung mit sich brachte. Fernand Braudel und seine Mitstreiter, nach der Jahrhundertwende geboren, wurden wohl vor allem von der Krise der französischen Gesellschaft in den dreißiger Jahren, an deren Ende die Katastrophe von 1940 stand, und dem Erlebnis des zweiten großen Kriegsgemetzels geprägt, und unter dem neu hinzutretenden Einfluß des Strukturalismus waren sie um stringente Erklärungen komplexer gesellschaftlicher Vorgänge bemüht. Die kritische Öffnung gegenüber einem nun gesellschaftlich wahrnehmbaren Marxismus hat sicherlich auch eine Rolle gespielt bei der Ausrichtung der Fragestellungen auf wirtschaftshistorisches Gebiet und bei dem erneuten Einsatz für eine Globalerklärung von Geschichte.

Die wegen mannigfacher Brüche mit den Vorgängern ebenso oft gescholtene wie begrüßte dritte Generation wurde in der Zwischenkriegszeit geboren, fühlte sich nach 1945 häufig zum Marxismus und zu linken politischen Bewegungen hingezogen und erlebte das Jahr 1956 als Bruch in dieser Orientierung. In eine etablierte Institution hineingewachsen, übernahm sie nach 1968 das Zepter und schwang es zuweilen in Antithese zu den Vorgängern.

Die vierte Generation – von der man bei aller gebotenen Vorsicht vielleicht doch sprechen kann, wenn man auf den Einzug verschiedener Historiker in die Redaktion und die Führungsetage der EHESS blickt, die 1945 und später geboren wurden,– scheint die Krise der siebziger Jahre als prägend erlebt zu haben: ein Zurück zum Erkenntnisoptimismus und den Globalerklärungen vor dem *émiettement* gibt es für die neue Redaktion nicht; vielmehr sind die Herausforderungen der Postmoderne-Diskussion[28] und der Anstrengungen in Richtung auf eine Privilegierung der *microstoria*[29], sei sie alltags- oder mentalitätsgeschichtlicher Ausrichtung, ebenso zu verarbeiten wie die Erfahrungen gescheiterter Experimente der Vorgängergenerationen. Die Frage, ob am Ende der Konfrontation mit einer komplexer wahrgenommenen und dadurch unübersichtlicher gewordenen Landschaft ein resignatives *anything goes* oder die

Rückbesinnung auf den integrierenden Ansatz einer neuartigen *histoire totale* steht, bleibt jedenfalls für den Moment offen.

Das Kontinuum über die Generationen hinweg stellt die Zeitschrift dar. Sie spendet immer wieder personale und institutionelle Zusammenhänge und mit ihrer langen Geschichte eine gemeinsam anrufbare Legitimationsbasis, bedacht mit internationaler Anerkennung. Daraus erklärt sich eine innere Bindungskraft, die die Anhänglichkeit der einzelnen beteiligten Historiker an methodologische Leitsätze übersteigt. Trotzdem lassen sich gemeinsame Orientierungen ausmachen.

An erster Stelle steht die strategische Option, einer sozialgeschichtlich im weitesten Sinne erneuerten Geschichtswissenschaft die zentrale Position im Gefüge der *sciences de l'homme* gegen alle Veränderungen zu sichern und zu erhalten. Daraus ergibt sich die stete Forderung nach Integration neuer Forschungsergebnisse und -methoden anderer Disziplinen in die Historiographie, der Ausbau ihrer Dialogfähigkeit mit dem Ziel, eine hegemoniale Position für die Gesamtdeutung der Gesellschaft zu behaupten. Roger Chartier hat die dabei angewandten Verfahren beschrieben als »Strategie der Erschleichung«, d. i. die Einverleibung von Themenfeldern und Methoden der Nachbardisziplinen, und als »Bewahrungsstrategie«, d. i. die Anwendung vor allem quantifizierender Verfahren und der Wertmaßstäbe aus dem eigenen Fach auf die okkupierten Terrains.[30] Es scheint, als stünden diese Strategien heute neuen Bündnissen und der Offenheit gegenüber neuen Verfahren anderer sozial- und geisteswissenschaftlicher Disziplinen, mithin der angestrebten neuen Kulturgeschichte eher im Weg.

Zum zweiten versteht sich die *Annales*-Schule als der natürliche Opponent traditioneller Geschichtsschreibung. In der Linie von Marc Bloch und Lucien Febvre ist ihr ein gewisses Sendungsbewußtsein für die Erneuerung der Disziplin eigen, das zeitweise bis zur Behauptung eines Innovationsmonopols reichte. Sie ist damit teilweise zur Referenz für Historiker in anderen Ländern geworden, die gegen die Verkrustungen der eigenen Geschichtswissenschaft auftraten. Daß dies nicht zwingend so sein mußte, belegen bei aller Unterschiedlichkeit die schwierigen Rezeptionsbedingungen in West- wie Ostdeutschland.[31]

Als ein drittes Kennzeichen läßt sich eine ausgeprägte Internationalität ausmachen.[32] In allen Phasen haben die *Annales* die Karte ihrer hervorragenden Beziehungen zu anderen historiographischen Kulturen gespielt. Während in der Anfangszeit der Bezug auf die deutschsprachige Historiographie, auf die skandinavischen Länder (Bloch trug am Institut für vergleichende Kulturforschung in Oslo die Grundlegung seiner Hauptwerke vor) und auf Großbritannien dominierte[33] und Braudel – seiner Konzentration auf die mediterrane Welt entsprechend – vor allem die romanischen Länder im Blick hatte, entfalteten sich in der folgenden Phase intensive Beziehungen zur nordamerikanischen Historiographie. Hinter diesen Verschiebungen verbirgt sich eine aufmerksame Beobachtung der Entwicklung in den jeweiligen Zentren der methodologischen Diskussion, die sich auch an den Veränderungen in der Zusammensetzung der in den *Annales* (durch Artikel, Forschungsberichte, Rezensionen und die wertende Bibliographie »Le choix des Annales«) präsentierten Werke ablesen läßt.

Unsere Sammlung will in die Geschichte dieser historiographischen Richtung einführen. Die Vielfalt der Phasen, Orientierungen, Autoren und Themen in einem notgedrungen beschränkten Auswahlband vorzustellen, gleicht der Quadratur des Kreises. Tröstlicher Einwand gegen die Unmöglichkeit eines solchen Unterfangens ist nicht etwa der Hinweis auf feststellbare Lücken in ähnlich gelagerten Versuchen, sondern eher die Absicht, einen Baustein für einen komplexeren Rezeptionsvorgang zu liefern. Dieses Aufgehobensein in einem internationalen Prozeß, der die deutsche Geschichtswissenschaft vor mehr als zweieinhalb

Jahrzehnten erreichte[34], geht allerdings nicht ohne den Hinweis ab, daß die Rezeption in der DDR marginalisiert blieb und explizite Bezüge auf die *Annales* nur in den vierziger und fünfziger Jahren sowie schließlich Ende der achtziger Jahre anzutreffen sind[35], während anderswo in Mittel-, Ost- und Südosteuropa die Relationen zwischen marxistischer Methodologie und dem Ansatz der *Annales* weit ausführlicher thematisiert wurden.[36] Bei vielen Historikern scheint dafür die Sprachbarriere eine Rolle gespielt zu haben, so daß die verspätete Rezeption in Westdeutschland eine noch mehr verspätete Aufnahme in der DDR induziert haben müßte. Erstaunlicherweise weckte die energische Ablehnung der nach dem Zweiten Weltkrieg zeitweise unter Marxismusverdacht gestellten *Annales* in Westdeutschland das Interesse einer weitgehend auf die eigene Theorietradition fixierten ostdeutschen Geschichtsschreibung nicht anhaltend. Dabei hatten einige in Ostdeutschland lehrende Historiker nach 1945 durchaus die *Annales* bei ihrer Suche nach Alternativen zu den Traditionen des deutschen Historismus entdeckt. Der Jenaer Karl Griewank verwies in seiner Geschichte der Französischen Revolution von 1948 erstmals ausführlicher auf die Theorieansätze zu Sozial- und Wirtschaftsgeschichte in Frankreich.[37] Das Plädoyer des von Bonn nach Leipzig gewechselten Walter Markov für die Einbeziehung der Ergebnisse von Soziologie, Geographie und Psychologie in die Überlegungen zu einer erneuerten Geschichtswissenschaft knüpfte direkt an Febvre und Bloch an, zu denen der Bonner Lehrer Markovs, Fritz Kern, in den zwanziger Jahren in Kontakt gestanden hatte.[38] Der Mediävist Heinrich Sproemberg, zuerst in Rostock, später in Leipzig lehrend, rückte in seinen Kolloquien und Vorlesungen über den belgischen Historiker Henri Pirenne die Verbindungslinien mit Karl Lamprecht und Marc Bloch in den Mittelpunkt einer Traditionslinie, der er sich verpflichtet fühlte.[39] Zwar gehen von diesen frühen Rezeptionsleistungen, die angesichts der Entwicklungen in der west- wie der ostdeutschen Geschichtsschreibung leider allzu rasch an den Rand gedrängt wurden, Wirkungen auf die jeweiligen Schülerkreise aus; für die Gesamtdebatte um die methodische Grundlegung der DDR-Historiographie bleiben sie jedoch lange Zeit marginal.

Explizite Bezugnahme auf die *Annales* begegnet in den sechziger und siebziger Jahren kaum, Anregungen sind aber gleichwohl (mit zunehmender Tendenz in den achtziger Jahren) in den verschiedenen Untersuchungen zur Transformationsgeschichte der frühen Neuzeit nachweisbar. Die Gründe für dieses eigentümlich gebrochene Rezeptionsverhalten, das im Vergleich der ostmitteleuropäischen Nachkriegshistoriographien peripher erscheint, sind sicherlich vielfältig. Die Abhängigkeit vieler, vor allem mit Problemen der deutschen Geschichte befaßter DDR-Historiker von den methodologischen Orientierungen der westdeutschen Geschichtsschreibung scheint größer gewesen zu sein, als es die ideologischen Unterschiede vermuten lassen. Wichtig scheint aber auch, daß die *Annales* – die gerade gegen die Ereignisorientiertheit des Historismus angetreten waren – wenig Aufmerksamkeit für die politische Sphäre aufbrachten und für lange Zeit kaum Interesse an einer expliziten Theorie sozialen Wandels, reformerischen oder revolutionären Charakters, zeigten.[40] Die Verklammerung von Struktur- und Ereignisgeschichte, wie sie für Teile der marxistischen Geschichtswissenschaft in der DDR der fünfziger Jahre etwa im Bereich der vergleichenden Kolonialgeschichte typisch war[41], versuchte man dagegen erst seit Mitte der achtziger Jahre wieder zurückzugewinnen. Der rein ideologischen Kritik einer »bürgerlichen« Geschichtsschreibung, die der entsprechenden Linie in der sowjetischen Historiographie verpflichtet blieb[42], stellte Jürgen Kuczynski massiv entgegen: »Einige Zusammenhänge werden wir als Marxisten anders als die Braudel-Schule sehen, aber nicht sehr viele.«[43] Der Altmeister der DDR-Wirtschaftsgeschichtsschreibung stellte sich damit ein weiteres Mal, wie schon in seiner mehrbändigen »Geschichte der Lage der Arbeiter unter dem Kapitalismus« mit ihren zahlreichen Anleihen bei den *Annales*, gegen

Markierungen, die Rezeptionsverbote signalisieren sollten. Was bleibt, war die immer noch mehr als ein Jahrfünft ignorierte Aufforderung an Jüngere zur nachholenden Kenntnisnahme.

Die durch allzu häufigen Gebrauch glatte Formulierung vom »unverwechselbaren Beitrag«, den das jeweils gerade vorliegende Buch zu leisten imstande sei, erhält hier nun vielleicht trotzdem eine besondere Bedeutung, haben in unserem Fall doch Auswahl der Texte und Kommentar jenen Spagat zu bewältigen, den ein gesamtdeutscher Buchmarkt erzwingt, auf dem verschieden gewachsene Rezeptionsgewohnheiten noch auf längere Sicht der Vermittlung bedürfen. Es mag deshalb sinnvoll und opportun erscheinen, einleitend dem gezwungenermaßen knappen Aufweis jener Geschichte der *Annales*, die der Methodendiskussion unter Historikern immer wieder belebenden Atem eingehaucht hat, Bemerkungen zur Aufnahme dieser Provokation in Deutschland an die Seite zu stellen. Die Geschichte der *Annales* ist damit (schon aus Raumgründen) nicht geschrieben. Allenfalls ist die Herausforderung möglich, für die notwendige Diskussion um die (stete und doch nicht gleichmäßig erfolgende) Neuorientierung der Historiographie Wissenschaftsgeschichte auch jenseits des nationalen Rahmens als Erfahrungsgröße heranzuziehen.

Dies heißt heute erfreulicherweise nicht mehr, dem deutschen Leser bislang völlig Unvertrautes vorzustellen. Die Auswahlbibliographie am Ende des Bandes gibt Auskunft über eine mittlerweile beträchtliche Rezeptionsleistung. Auf den nochmaligen Abdruck einiger Texte, die für die Genese und Entwicklung der *Annales*-Schule fundamental sind, konnte so guten Gewissens für diesen Band verzichtet werden.[44] Eher geht es auch um Erweiterung des in Übersetzung verfügbaren Textkanons, der der nichtspezialisierten Forschung und den Studierenden vorgeschlagen wird.

An die Stelle ethnographischen Erstinteresses tritt nun eine Präsentation, die eher systematische Aneignung gestatten soll.

Der erste Teil ist Texten gewidmet, in denen die Redaktion der *Annales* ihr Selbstverständnis und ihre Sicht auf die Stellung der Geschichtswissenschaft im Ensemble geisteswissenschaftlicher Disziplinen formuliert. Es erscheint uns symptomatisch, daß gerade diese editorischen Notizen und Positionsbestimmungen kaum eine Rolle in der Diskussion um die *Annales*-Schule gespielt haben. Wie aber soll man sich der um eine Zeitschrift institutionell wie intellektuell gruppierten historiographischen Richtung nähern, wenn nicht mit Hilfe ihrer Erklärungen intentionalen Charakters? Die zeitliche Verteilung dieser Texte fällt dabei sofort ins Auge: Der notwendigen Erläuterung des Gründungsanliegens folgt schon ein Jahr später eine Zwischenbilanz, die in die Form von Verbesserungsvorschlägen gekleidet ist – Hinweis auf die Ausarbeitung eines systematischen Profils der polemisch als interdisziplinäres Journal eingeführten Zeitschrift. Der Zweite Weltkrieg brachte die *Annales* in schwere Turbulenzen; die Ermordung des Résistancekämpfers Marc Bloch zerstörte auch ein sich glücklich ergänzendes Herausgeberduo. Lucien Febvre formulierte die Elemente von Kontinuität und Wandel der neuen *Annales*, und 1949 konnte er stolz auf die inzwischen erreichte institutionelle Verankerung seines geschichtswissenschaftlichen Anliegens und eine Vielzahl damit verbundener Projekte verweisen. Den nächsten Schnitt in der Geschichte der *Annales*, die Übernahme der Redaktionsverantwortung durch Fernand Braudel, markiert gleichfalls ein Editorial, wobei der Autor von »La Méditerrannée«, der dem frühen Zusammentreffen mit Lucien Febvre wichtige Anregungen verdankt, bewußt im Titel das »Les Annales continuent« seines Lehrers von 1946 wieder aufnimmt. Zwei weitere Texte belegen die Prägung der zweiten Generation durch Braudel. 1959 wurde einer dreißigjährigen Geschichte gedacht und damit die Verwurzelung in der Tradition Febvres, der als erster 1949 die Dezennienfeiern eingeführt hatte, auch symbolisch noch einmal angerufen. Zwei Jahre später plädierte Braudel für die Wiederaufnahme der *enquêtes*, die u. a. die frühen *Annales* von anderen Zeitschriften unterschieden und zur Konstitutierung des *Annales*-Kreises wesentlich beigetragen hatten. Das dahinterstehende Konzept von Wissenschaftlichkeit, die Annahme einer gemeinsamen Erkennbarkeit von Realität analog zu den »exakten Wissenschaften«, erscheint vielen Autoren heute im Lichte von Konstruktion und Dekonstruktion fragwürdig. Der Abstand zwischen der Braudelschen Phase der *Annales*, in der viele konzeptionelle Ideen der Begründer radikal zu Ende konjugiert wurden, zur heutigen Ausrichtung der Zeitschrift läßt die widersprüchliche Entwicklung deutlich erkennen, die die Historiographie seitdem genommen hat. Für die folgenden Jahre haben wir dagegen gerade den Verzicht auf programmatische Erklärungen festzustellen. Der oft erörterte Wechsel von der zweiten zur dritten Generation der *Annales*-Schule war offenkundig von der neuen Mannschaft nicht gemeinsam zu formulieren, während sich Braudel mit einer knappen Notiz begnügte, die unüberbrückbare Distanz signalisierte, aber doch einen völligen Bruch der erfolgreichen Tradition vermied.[45] Statt dessen haben einzelne Autoren für sich versucht, das Spannungsverhältnis zwischen inhaltlicher und methodologischer Neuorientierung einerseits und dem legitimatorischen Verweis auf die Tradition der »Schule« andererseits zu skizzieren.[46] François Furet hat dies als Widerspruch zwischen einer »Soziologie der Einmütigkeit« und einer »Epistemologie der Zersplitterung« bezeichnet.[47]

André Burguières Text zum fünfzigjährigen Bestehen der Zeitschrift atmet die Unentschiedenheit einer nicht mehr von sich selbst überzeugten Gruppe, die sich den Moment des öffentlichen Erfolgs nicht mit dem Wort Krise verleiden will. Unschwer sind Parallelen zur Diskussion in anderen Ländern zu erkennen, in denen Geschichtswissenschaft und -unterricht gleichfalls durch Ressourcenbeschränkung und Kompetenzeinbuße zugunsten der neu aufstrebenden Sozialwissenschaften gefährdet schienen.

Erst am Ende der achtziger Jahre, einem Zeitpunkt, zu dem sich die Etablierung einer neuen Generation absehen läßt, greift die Redaktion auf die Gewohnheit des programmatischen Editorials zurück. Die internationale Aufmerksamkeit, die der 60. Geburtstag der Zeitschrift fand, mag bei dieser Rückbesinnung ebenfalls eine Rolle gespielt haben. Dafür stehen zwei kurz nacheinander publizierte Erklärungen der Redaktion, die zur Mitarbeit an einem neu formulierten Projekt einladen sollen, um auf einen immer öfter behaupteten Krisenzustand zu reagieren und – in sichtlicher Anlehnung an das Verfahren der Gründerväter – den *Annales* eine zentrale Position bei der Beschreibung und eventuellen Überwindung dieser Krise zu sichern. Es geht dabei aber nicht mehr allein um die Kritik einer Geschichtswissenschaft, deren veraltete Methoden keine ausreichenden Problemlösungen zulassen, aus der Position des Newcomers wie 1929. Vielmehr muß die eigene Tradition einer inzwischen zum Establishment gehörenden (wenn nicht dieses – wenigstens in Frankreich – dominierenden) Geschichtsschreibung selbstkritischer Befragung unterzogen werden. Aus dieser Position kann nicht einmal mehr rhetorisch das Innovationsmonopol beansprucht werden, dessen Behauptung den *Annales* lange Zeit solche Attraktivität sicherte.[48]

Die redaktionellen Erklärungen handeln, dem Genre gemäß, von Fortschritten und gescheiterten Versuchen in einem publizistischen und institutionellen Projekt, sie handeln aber auch vom jeweiligen Zustand der Geschichtsschreibung und ihres Verhältnisses zu den Sozialwissenschaften. Darin besteht ihr allgemeineres Interesse.

Die folgenden Aufsätze skizzieren in einer Verknüpfung von Chronologie der *Annales*-Schule und Systematik ihrer Themen- und Methodenschwerpunkte Wegmarken der *Annales*. Daß damit kein Anspruch auf die Vertretung aller wichtigen Historiker, die mit der *Annales*-Schule in Verbindung gebracht werden können, verbunden ist, teilt dieser Band mit ähnlichen Vorhaben. Grundsätzlich mußte aus Raumgründen auch darauf verzichtet werden, die ganze Breite der Studien von der alten Geschichte bis zur Zeitgeschichte zu präsentieren, die das Gesicht der *Annales* prägen. Eine Auswahl bleibt wohl zu einem erheblichen

Teil immer subjektiven Präferenzen verpflichtet – hier soll vor allem ein Angebot zur systematischen Wahrnehmung der *Annales*-Schule unterbreitet werden, dem vielleicht Anregungen für das Nachdenken um den gegenwärtigen Zustand der Geschichtswissenschaft auch hierzulande entspringen können.

Marc Blochs Artikel[49] über vergleichende Geschichtswissenschaft ist zu einer häufig angerufenen Referenz für komparatistische Studien geworden[50] und umschreibt zugleich wesentliche methodische Probleme, denen er und seine Mitstreiter sich stellen wollten. Herausgefordert von Durkheims Diktum, wonach die Geschichtsschreibung nur in dem Maße wissenschaftlich sei, in dem sie erkläre und demzufolge vergleiche, ging es dem Mediävisten nicht um einen Vergleich langfristiger Strukturveränderungen schlechthin, sondern zugleich um eine Positionsbestimmung der Historiographie an der Seite der Soziologie.[51] Der Vergleich als entscheidendes Hilfsmittel, um den Anspruch des Verstehens und Erklärens historischer Prozesse einlösen zu können, durchzieht das gesamte Werk Marc Blochs: von der Untersuchung der Heilungspraktiken französischer und englischer Könige bis zur komparatistischen Analyse der europäischen Feudalgesellschaften.

Der Text von François Simiand umkreist das Verhältnis von Sozial- und Geschichtswissenschaften, dessen Neubestimmung ebenso konstitutiv für die Bewegung der *Annales* war, wie es später zu einer stets begleitenden Fragestellung wurde, deren Fruchtbarkeit offenkundig bis heute nicht erschöpft ist. Nachdem der Aufsatz 1903 zuerst in der interdisziplinär ausgerichteten Zeitschrift *Revue de Synthèse historique* von Henri Berr veröffentlicht wurde, stellten die *Annales* durch einen Wiederabdruck 1960 explizit ihre direkte Beziehung zu Simiands Überlegungen her. Simiand hatte die aufstrebende Soziologie der Jahrhundertwende eindeutig in Stellung gegen eine historische Methode gebracht, die er ebenso wie später Marc Bloch, Lucien Febvre und andere idealtypisch in Charles Seignobos personifiziert sah.[52] Der insbesondere mit der Feststellung von Konjunkturverläufen anhand von Preistabellen beschäftigte sozialistische Wirtschaftshistoriker Simiand gehört neben Ernest Labrousse zu einer lange Zeit für die Entwicklung der *Annales*-Schule unterschätzten Forschungslinie.[53]

Fernand Braudel ist in diesem Band mit einem weiteren Text vertreten. Er stand in der ersten Ausgabe am Ende des Mittelmeer-Buches und wurde in den folgenden Ausgaben gestrichen. Er scheint uns jedoch auf prägnante Weise die Auffassungen des Autors zur Rolle des geographischen Milieus für die Geschichtsinterpretation vorzuführen.

Eine ganze Gruppe von Historikern wandte sich intensiver der Geschichte von Mentalitäten zu, die spätestens in den siebziger Jahren zur Innovationsdomäne der *Annales*-Schule wurde. Vom Gespräch der Geschichtsschreibung mit der Anthropologie inspiriert, entfaltete sich die Mentalitätsgeschichte, die auf die Ansätze von Marc Blochs »Rois thaumaturges«[54] und Georges Lefebvres »Foules révolutionnaires«[55] ebenso wie auf außerfranzösische Anregungen zurückgreifen konnte. Der schillernde Begriff der Mentalitäten ermöglichte in der französischen Geschichtswissenschaft der siebziger und achtziger Jahre die Eroberung einer Reihe neuer Themenfelder[56], die Entfaltung der Entgegensetzung von *microhistoire* und Makrogeschichte sowie die Untersuchung von unbewegter Geschichte (Emmanuel Le Roy Ladurie), langer Dauer (Fernand Braudel) und revolutionärem Umbruch der Mentalitäten (Michel Vovelle[57]). Daß mit den neuen Themenbereichen neue Methoden und die (wenigstens teilweise) Konstituierung eines neuen Quellenkorpus verbunden waren, belegt stellvertretend für viele andere Untersuchungen aus dem Kreis der *Annales* Maurice Agulhon, der die materielle Kultur, anders als Braudel, konsequent unter dem Gesichtspunkt ihres symbolischen Charakters betrachtet hat. Guy Bois geht auf das wechselseitige Verhältnis der *Annales* und der verschiedenen Marxismen ein, die das 20. Jahrhundert hervorgebracht hat.[58] Es wird deutlich, daß dieses Verhältnis zumeist ambivalent gewesen ist, für Verwechslung der einen mit der anderen Geschichtsschreibung bot sich ebenso Anlaß wie für eine stringente Abgrenzung gegeneinander. Die heute gebotene Historisierung dieser Beziehung heißt auch, die Veränderungen unter dem gegenseitigen Einfluß wahrzunehmen.

Roger Chartier repräsentiert die jüngere Generation der *Annales*, die auf die Aufmerksamkeit für die Diskurstheorie und die Materialität der Sprache in der neueren Geschichtsschreibung zu reagieren sucht, die zwar heute vor allem aus der Historiographie der USA rezipiert wird, gleichzeitig aber auf wichtige Versuche in Frankreich während der sechziger und frühen siebziger Jahre zurückgreift[59]: kann es eine Wirklichkeit jenseits der überlieferten Texte geben, muß nicht die Tätigkeit des Historikers konsequenter als rückwärts gerichtete Konstruktion von Weltauslegungen analysiert werden? Die »neue Kulturgeschichte« forscht »nach den Prozessen, durch die ein Sinn gebildet wird. Sie läßt die alte Vorstellung fahren, wonach Texte und Werke einen innerlichen, absoluten, einzigen Sinn besitzen, den herauszufinden die Kritik berufen ist, und wendet sich den Praktiken zu, die auf vielfältige und widersprüchliche Weise der Welt Bedeutung beilegen.«[60] Bernard Lepetit und Jacques Revel stellen die neuen Redaktionspositionen in einer Antwort auf den Moskauer Historiker Juri Besmertnych klar: aufgegeben sind der selbstgewisse Objektivitätsanspruch und die alte Idee der *histoire globale*, nicht jedoch das Ziel, soziale Interaktion in ihrer Komplexität zu erfassen.

Die *Annales* haben im Laufe ihrer Geschichte immer wieder die Leser durch die Absage an bisherige theoretische Grundlagen, auch die selbst praktizierten, schockiert. Darin sind sie bis heute dem Gründungskonzept treu geblieben. Es gibt keine Garantie, daß diese Absage jedesmal erfolgreich zu neuen fruchtbaren Ufern führt. Die Zeitschrift stellt sich heute nicht mehr exklusiv der Herausforderung anderer Disziplinen, andere tun dies vielleicht so gar konsequenter als die *Annales*. Gleichwohl lohnt es, die Entwicklung der *Annales* zu beobachten, solange Innovation von ihnen ausgeht.

Leipzig, im Juli 1993

1 Dies beschreiben ausführlich die Beiträge in: C.-O. Carbonell/G. Livet (Hrsg.), *Au berceau des Annales. Le milieu strasbourgeois*, Toulouse 1983.

2 Eine Beschreibung der Auseinandersetzung zuletzt bei L. Raphael, Historikerkontroversen im Spannungsfeld von Berufshabitus, Fächerkonkurrenz und sozialen Deutungsmustern. Lamprecht-Streit und französischer Methodenstreit um die Jahrhundertwende in vergleichender Perspektive, in: *Historische Zeitschrift* 251 (1990), S. 325–363.

3 Vgl. dazu J.-P. Aguet/B. Muller, ›Combats pour l'histoire‹ de Lucien Febvre dans la Revue de Synthèse historique (1905–1939), in: *Schweizerische Zeitschrift für Geschichte* 35 (1985), S. 389–448.

4 L. Febvre, *Combats pour l'histoire*, Paris 1953, S. 117.

5 Vgl. dazu auch ausführlicher die Argumentation von M. Bloch, *Apologie der Geschichte oder der Beruf des Historikers*, Stuttgart 1974, S. 155 f.

6 So Claudia Honegger in ihrer Einleitung zu M. Bloch/F. Braudel/L. Febvre u.a., *Schrift und Materie der Geschichte. Vorschläge zur systematischen Aneignung historischer Prozesse*, Frankfurt a. M. 1977, S. 7 f.

7 Vor allem die Konferenzen 1977 am Fernand-Braudel-Center in Binghampton (Publikation in der Zeitschrift Review 1978/79) und zum 60. Geburtstag der Zeitschrift 1989 in Moskau (Veröffentlichung in Vorbereitung) belegen die Breite der Aufmerksamkeit. Vgl. hierzu auch die chronologisch angelegte Bibliographie am Ende dieses Bandes.

8 M. Bloch, *Apologie* ..., S. 28 f.

9 Dies gilt m. E. auch ungeachtet der inzwischen vorliegenden verdienstvollen Arbeit von Peter Burke (zuerst u. d. T. *The French Historical Revolution. The Annales School 1929-89*, Cambridge 1990), die sich indes stark an den Werken und Taten der »großen Männer« entlangbewegt und aus verständlichem didaktischem Interesse die geraden Linien gegenüber den Brüchen in der Geschichte der *Annales* betont.

10 J. Revel, The *Annales:* Continuities and Discontinuities, in: *Review* 1 (1978), H. 3/4, S. 9–18.

11 Dies erörtert ausführlicher P. Burke, Die »Annales« im globalen Kontext, in: *Österreichische Zeitschrift für Geschichtswissenschaften,* 1 (1990), H. 1, S. 9–24.

12 Vgl. dazu bisher am umfassendsten L. Schorn-Schütte, *Karl Lamprecht. Kulturgeschichtsschreibung zwischen Wissenschaft und Politik,* Göttingen 1984.

13 J. H. Robinson, *The New History,* New York 1912; H. E. Barnes, *The New History and the Social Studies,* New York 1925.

14 Vgl. dazu das Editorial von 1930 (in diesem Band S. 64 ff.) und L. Febvre, Pour une histoire dirigée. Les recherches collectives et l'avenir de l'histoire, in: Ders., *Combats pour l'histoire,* Paris 1952 (Neuaufl. 1992), S. 55–60. Zuerst erschienen in: Revue de Synthèse 11 (1936).

15 «Er erschien mir sehr jung. In den Augen eines Vierzigjährigen ist man mit 32 immer sehr jung», erinnerte sich Lucien Febvre später an die erste Begegnung (L. Febvre, Souvenirs d'une grande histoire: Marc Bloch et Strasbourg, in: Ders., *Combats pour l'histoire* ..., S. 391).

16 Vgl. dazu P. Schöttler, Mentalitäten, Ideologien, Diskurse. Zur sozialgeschichtlichen Thematisierung der »dritten Ebene«, in: A. Lüdtke (Hrsg.), *Alltagsgeschichte. Zur Rekonstruktion historischer Erfahrungen und Lebensweisen,* Frankfurt a. M./New York 1989, S. 85–136.

17 B. Mazon, *Aux origines de l'EHESS.* Le rôle du mécénat américain, Paris 1988.

18 P. Schöttler, Eine spezifische Neugierde. Die frühen Annales als interdisziplinäres Projekt, in: *Frankreich und Deutschland im 18. und 19. Jahrhundert im Vergleich,* hrsg. von M. Middell, S. 112–126.

19 «Ein Historiker, der den Lehren von Lucien Febvre und Marcel Mauss treu ist, wird den Blick immer auf das Ganze, auf die gesellschaftliche Totalität lenken wollen.« (zit. in: P. Burke, Offene Geschichte ..., S. 47.) Vgl. dazu auch: M. Harsgor, Total History. The Annales School, in: *Journal of Contemporary History* (13) 1978, S. 1–13.

20 Vgl. Braudels Text in diesem Band, S. 92 ff.. Den *enquêtes* in den *Annales* standen die ebenfalls von Braudel initiierten Buchreihen der VIe Section über »Ports, Routes, Trafics«, »Affaires et Gens d'Affaires« und »Monnaie, Prix, Conjoncture« zur Seite, deren konzeptionelle Einheitlichkeit die Integration in größere Deutungen erleichterte.

21 M. Vovelle, La mémoire d'Ernest Labrousse, in: *Annales Historiques de la Révolution Française* no 276 (1989). Labrousse gab mit Braudel zusammen die monumentale *Histoire économique et sociale de la France*, Paris 1970 ff., heraus, in der praktisch der Ertrag dieser Entwicklungsphase der *Annales*-Schule resümiert wird. Mit *Esquisse du mouvement des prix et des revenues en France au XVIIIe siècle*, Paris 1933, und *La crise de l'économie française*, Paris 1944, legte Labrousse jene Werke vor, auf die nach dem Urteil Pierre Chaunus der ganze Trend zur quantitativen Geschichte in Frankreich zurückgeht (*Séville et l'Atlantique*, 12 Bde., Paris 1955–60, Bd. 8, 1. Teil, S. XIV). Labrousse verwarf weder so radikal wie Braudel die Ereignisgeschichte, noch vernachlässigte er die von Febvre und Bloch gepflegte Mentalitätsgeschichte.

22 F. Dosse, *L'histoire en miettes. Des »Annales« à la »nouvelle histoire«*, Paris 1987; mit mehr als einem kritischen Seitenhieb auf die Inszenierung der »nouvelle histoire«: H. Couteau-Bégarie, *Le phénomène nouvelle histoire. Grandeur et décadence de l'école des Annales*, Paris [2]1989.

23 Dies der Titel des 1978 in Paris erschienenen Sammelbandes; dt. (nicht als solche gekennzeichnete!) gekürzte Ausgabe: J. Le Goff/R. Chartier/J. Revel (Hrsg.), *Die Rückeroberung des historischen Denkens. Grundlagen der Neuen Geschichtswissenschaft*, Frankfurt a. M. 1990.

24 Dies führt prägnant vor: C.-O. Carbonell, *L'historiographie*, Paris 1981, in der populären Reihe »Que sais-je?«

25 Die Spannungen werden sichtbar in dem kurzen Text, mit dem Fernand Braudel sich aus der Redaktion zurückzog, weshalb er hier in einem längeren Zitat wiedergegeben werden soll:

»Die *Annales* häuten sich ein weiteres Mal. So bleiben sie dem Geist von Lucien Febvre und Marc Bloch treu, die sie vor nunmehr vierzig Jahren gründeten ... Es gibt andere Zeitschriften als die unsere, die unserem Beruf dienen und das bereits eroberte Land festhalten. Ihre Rolle scheint uns wichtig, entscheidend, unersetzlich. Sie gestattet uns, in der intellektuellen Konjunktur unserer Tage eine andere Rolle zu spielen.

Eine größere Versammlung von Freunden, Mitarbeitern und Direktoren der *Annales* gab uns vor einigen Monaten die Gelegenheit, die Rangfolge der aktuellen Erfordernisse gründlich zu diskutieren. Ein Programm wurde beschlossen. Es ist sicher nicht nötig, es vorweg im einzelnen auszuführen: der Sinn un-

serer neuen Anstrengungen wird sich von der ersten Nummer an klar ergeben ...
Ich bin sicher, daß die jungen Direktoren, die wir berufen haben, die Ausstrahlung der neuen *Annales* sichern werden und daß sie, wenn es sich später als notwendig erweisen sollte, neue *Annales* herausgeben werden. Wir rechnen dabei wie immer auf die Kontrolle, den Rat und die aufmerksame Hilfe unserer Leser, die uns nie verlassen haben.« (*Annales E. S. C.* 24 [1969], H. 3, S. 571.) Im Nachruf auf Braudel formulierte die Redaktion: »Warum soll man es verbergen? Fernand Braudel hatte zahlreiche Vorbehalte gegenüber der Zeitschrift, für die er die Verantwortung schon vor mehr als 15 Jahren abgegeben hat und mit der er sich immer weniger befaßt hat ... Sein Projekt war das einer Globalgeschichte, in die die Beiträge aller Gesellschaftswissenschaften aufzunehmen seien. Wir widmen uns beschränkteren Experimenten, in denen die angewandten wissenschaftlichen Verfahren expliziter behandelt und die gegenseitige Bereicherung der miteinander konfrontierten disziplinären Praktiken mehr geschätzt werden sollten.« *Annales E. S. C.*, 42 (1986), H. 1, S. 6.

26 Vgl. auch F. Braudel, En guise de conclusion, in: *Review* 1 (1978), S. 243–254, und das sehr kritische Interview Fernand Braudels in: *L'Histoire* no. 48 (1982), S. 70–76.

27 Zur Situation der französischen Universitäten vgl. G. Weisz, *The Emergence of Modern Universities in France 1863-1914*, Princeton 1983; zum Zusammenhang zwischen Deutschland und Frankreich beispielhaft: C. Digeon, *La crise allemande de la pensée française 1870–1914*, Paris 1959; Ch. Charle, L'élite universitaire française et le système universitaire allemand (1880–1900), in: M. Espagne/M. Werner (Hrsg.), *Transferts. Les relations interculturelles dans l'espace franco-allemand (XVIIIe-XIXe siècle)*, Paris 1988, S. 345–358; M. Espagne, Die Universität Leipzig als deutsch-französische Ausbildungsstätte, in: M. Espagne/M. Middell (Hrsg.), *Von der Elbe bis an die Seine. Kulturtransfer zwischen Sachsen und Frankreich im 18. und 19. Jh.*, Leipzig 1993, S. 330–353.

28 Vgl. dazu die Editorials von 1988 und 1989 im vorliegenden Band S. 104 ff. und S. 109 ff.

29 Der aus dem Titel einer italienischen Buchreihe aufgenommene Begriff will den Gegensatz zur sog. Makrogeschichte, der über Lokales oder ereignishaft Einzelnes hinausreichenden Deutung, bezeichnen. Vgl. C. Ginzburg, Was ist Mikroge-

schichte, in: *Geschichtswerkstatt* H. 6 (1986). Eine kompetente Erörterung des inzwischen mit viel Aufwand zu einer fast unüberwindlichen Opposition aufgebauten Unterschiedes der Perspektiven liefert neuerdings B. Lepetit, Architecture, Geographie, Histoire: Usages de l'échelle, in: *Genèses*, 3 (1993).

30 R. Chartier, Kulturgeschichte zwischen Repräsentation und Praktiken, in: ders., *Die unvollendete Vergangenheit. Geschichte und Macht der Weltauslegung*, Frankfurt a. M. 1992, S. 9f.: »Also ist die Mentalitätsgeschichte weitgehend so verfahren, daß sie auf ihre neuen Gegenstände die in der Gesellschafts- und Wirtschaftsgeschichte bewährten Erkennungsweisen angewandt hat. Daher die Bevorzugung des zahlenmäßig Häufigen, d. h. derjenigen Kultur, die man für die volkstümliche hielt, daher das Vertrauen auf Zählung und Quantifizierung, das Interesse an langfristigen Verläufen, die Versessenheit auf gesellschaftliche Scheidelinien, von denen her sich die jeweiligen Mentalitäten zwangsläufig ergeben sollten. Die Art von Kulturgeschichte, die daraus erwuchs, daß man neue Forschungsbereiche getreu den Postulaten der Sozialgeschichte beackerte, bot ein genaues Abbild von der Strategie des Faches, die darauf abzielte, sich eine neue wissenschaftliche Legitimität zu verschaffen, ohne die intellektuellen Trümpfe, denen sie ihre institutionelle Herrschaft verdankte, aus der Hand zu geben.«

31 Vgl. dazu den Beitrag von P. Schöttler in diesem Band.

32 Vergessen wir nicht, daß das ursprüngliche Projekt von Bloch und Febvre nach dem Ersten Weltkrieg eine internationale Zeitschrift war, das sie auch nicht aufgaben, als die *Annales* als ein in Frankreich angesiedeltes Journal begründet waren. Die Beziehungen zu Deutschland und Österreich untersucht P. Schöttler (Hrsg.), *Lucie Varga. Zeitenwende. Mentalitätshistorische Studien 1936-1939*, Frankfurt a. M. 1991, und ders., Die Annales und Österreich in den zwanziger und dreißiger Jahren, in: *Österreichische Zeitschrift für Geschichtswissenschaften* 4 (1993), H. 1, S. 74–99.

33 Vgl. L. Febvre, Souvenirs ...

34 Vgl. die chronologisch angelegte Bibliographie am Ende dieses Bandes.

35 Der polyglotte Leipziger Mediävist Ernst Werner unternahm, angeregt von der Debatte um die Mentalitätsgeschichte, seit Mitte der achtziger Jahre Anstrengungen, die Erträge der Forschungen von Georges Duby oder Jacques Le Goff bekanntzu-

machen (vgl. die Rezension der Arbeit von I. Holzbachova, *Společnost-dějini struktura. Historický materialism a škola Annales*, Prag 1988: E. Werner, Der historische Materialismus und die »Annales«-Schule, in: *Zeitschrift für Geschichtswissenschaft* 37 (1989), H. 10, S. 905–909; von Werner stammt auch der einzige Aufsatz aus der Feder eines DDR-Historikers, der m. W. in den *Annales* erschienen ist: De l'esclavage à la féodalité. La périodisation de l'histoire mondiale, in: *Annales E. S. C.* 17 (1962), H. 5, S. 930–939. 1989 wandte sich der Berliner Wirtschaftshistoriker Jan Peters in einem längeren Aufsatz den Thesen von Emmanuel Le Roy Ladurie zu (J. Peters, Das Angebot der »Annales« und das Beispiel Le Roy Ladurie. Nachdenkenswertes über französische Sozialgeschichtsforschung, in: *Jahrbuch für Wirtschaftsgeschichte*, 1989, Bd. 1, S. 139–159). Die Verspätung ist unübersehbar. Die Rezeption von Arbeitsergebnissen durch die wirtschaftshistorische Forschung der DDR dokumentieren nicht nur die zahlreichen Anleihen in den Werken von Jürgen Kuczynski, sondern auch die Tatsache, daß das Jahrbuch für Wirtschaftsgeschichte das einzige Periodikum war, dem regelmäßig Informationen über Neuerscheinungen aus dem Kreis der *Annales* zu entnehmen waren.
Den hier nur kurz skizzierten Befund belegt ausführlicher die Diplomarbeit von S. Sammler, *Agrarstruktur, -politik und -bewegung im Ancien Régime und während der Revolution im Spiegel der Annales E. S. C. 1946-1989*, Leipzig 1990 (Ms.), bes. S. 1–15.

36 Mit seinen Schriften zur Feudalismus-Problematik gehört W. Kula selbst zum engeren Mitarbeiterkreis der *Annales* (vgl. *Problemy i metody historii gospodarczej*, Warschau 1963; ders., *Théorie économique du système féodal. Pour un modèle de l'économie polonaise, 16e–18e siècles*, Paris/La Haye 1970), eine größere Wirkung in Ost-Mitteleuropa bestätigt auch K. Pomian, Impact of the Annales School in Eastern Europe, in: *Review* 1 (1978), H. 3/4, S. 101–119, der die Finanzierung von Forschungsaufenthalten durch die VIe Section der Ecole des Hautes Etudes als ausschlaggebend dafür ansieht, daß fast ein Drittel aller Auslandsaufenthalte polnischer Historiker nach Frankreich führte. Die Aufmerksamkeit in der Sowjetunion dokumentieren u. a. die Studien von V. M. Dalin, *Istoriki Francii XIX-XX vekov*, Moskau 1981, bes. S. 171–257, und ders., *Hommes et idées*, Moskau 1983, bes. S. 343–426 (russ. Original 1970), sowie die russische Ausgabe von Braudels *Civilisa-*

tion matérielle et capitalisme (Moskau 1987 ff.). Eine erste, sehr vorsichtige Öffnung gegenüber den Anregungen der *Annales* im Zuge des Tauwetters hatte schon der Artikel von I. S. Kon/ A. D. Ljubljinskaja, Trudy franzuskovo istorika Marka Blocha, in: *Voprosy Istorii,* 1955, H. 8, S. 147–159, und vor allem die 1957 erschienene russische Übersetzung von Blochs ›Caractères originaux‹ gezeigt. Ju. Afanas'evs Buch aus dem Jahr 1980 (*Istorizm protiv eklektiki;* vgl. dazu die kritische Rezension von C. Ingerflom, Moscou: le procès des Annales, in: *Annales E. S. C.* 37 (1982), H. 1, S. 64–71) steht in seiner ideologischen Ausrichtung noch in der Tradition rabiater Kritik »bürgerlicher Historiographie« und in einem auffälligen Widerspruch zur neueren Orientierung des Autors, die in der Konzipierung des Kongresses zum 60. Geburtstag der *Annales* in Moskau 1989 ihren Ausdruck findet.

37 K. Griewank, *Die Französische Revolution 1789–1799,* Berlin 1948.

38 W. Markov, Vom Nutzen der Historie [1946], in: ders., *Kognak und Königsmörder,* hrsg. von M. Kossok, Berlin 1979, S. 21 bis 24; ders., Historia docet? [1947], in: *ebenda,* S. 15–20. Das Markovsche Œuvre steht wohl insgesamt in einem mindestens ebenso intensiven methodologischen Dialog mit der französischen wie mit der deutschen Historiographie und bildet insofern eine Ausnahme in der hier behandelten Frage von Rezeption der *Annales.*

39 H. Spoemberg, Pirenne und Lamprecht, in: ders., *Mittelalter und demokratische Geschichtsschreibung. Ausgewählte Abhandlungen,* hrsg. von M. Unger, Berlin 1971, S. 407 ff. In Leipzig blieb die Herausforderung Lamprechts und, über ihn vermittelt, auch der anderwärts glücklicher verlaufene Paradigmenwechsel in den Diskussionen sicher stärker präsent als an anderen DDR-Hochschulen, indes bleibt zu diesem Thema noch manches Material zu sichten, ehe weiterreichende Schlüsse gezogen werden können. Von Sproemberg lassen sich u. a. Linien sowohl in der Mediävistik über Ernst Werner zu Sabine Tanz als auch in der Neuzeitforschung zu Manfred Unger und über Gerhard Heitz zu Helga Schultz verfolgen, ohne daß mit dieser Auflistung Vollständigkeit beansprucht werden soll.

40 Dies beobachtet auch I. Wallerstein, in: *Review,* a.a.O., S. 52.

41 Vgl. programmatisch W. Markov/M. Kossok, Konspekt über das spanische Kolonialsystem, in: *Wissenschaftliche Zeitschrift*

der Karl-Marx-Universität Leipzig 5 (1956), H. 2 und H. 3, und die daraus hervorgegangenen Untersuchungen. Hier finden sich auch bald Bezüge zur Lateinamerikaforschung des *Annales*-Kreises, bes. zu Pierre Chaunu.

42 Typisch dafür: *Unbewältigte Vergangenheit. Kritik der bürgerlichen Geschichtsschreibung in der BRD*, hrsg. v. G. Lozek u.a., Berlin 1977.

43 J. Kuczynski, *Geschichte des Alltags des deutschen Volkes*, Bd. 1, Berlin 1980, S. 15.

44 Dies betrifft beispielsweise Fernand Braudels »Die lange Dauer«, einen Aufsatz, den man in einer Sammlung der wichtigsten, weil theoretische Grundpositionen begründenden Texte der *Annales* wohl erwarten kann, der aber gleichzeitig in verschiedenen deutschen Ausgaben so gut verfügbar ist, daß uns sein nochmaliger Abdruck verzichtbar erschien (vgl. die Bibliographie am Ende dieses Bandes).

45 Vgl. Anmerkung 25.

46 Als Beispiele seien hier nur genannt: F. Furet, Préface, in: Ders., *L'atélier de l'histoire*, Paris 1982, S. 5–36; E. Le Roy Ladurie, *Le territoire de l'historien*, 2 Bde, Paris 1973/78; M. Ferro, *Histoire sous surveillance*, Paris 1985.

47 Die Generationserfahrung der in den späten sechziger und frühen siebziger Jahren in repräsentative Positionen Aufgerückten skizziert Furet so: »Die Historiker meiner Generation haben ein glückliches Leben geführt. Problemlos sind sie von den Universitäten übernommen worden, sie haben Zeit zum Lesen und Schreiben gehabt, sie genießen, sowohl in Frankreich als auch im Ausland, einen guten Ruf. Im übrigen bilden sie einen relativ homogenen Kreis und unterhalten untereinander eher gute als schlechte Beziehungen. Das liegt daran, daß sie die Erben der Geschichte einer Geschichte sind, die ebenfalls eine glückliche Geschichte ist. Die alte Disziplin, die in der Zeit zwischen den beiden Kriegen mit den ›Annales‹ um Marc Bloch und Lucien Febvre eine Erneuerung erfahren hatte, wurde in den fünfziger und sechziger Jahren von den Historikern meines Alters relativ einmütig akzeptiert. Dies äußerte sich in einer kollektiven Zustimmung zur Erweiterung der traditionellen Grenzen der Geschichtswissenschaft ... Aber dies führt folgerichtig zu einer fast uferlosen Ausweitung wissenschaftlicher Aktivitäten.« (F. Furet, Die Methoden der Sozialwissenschaften in der Geschichtsforschung und die ›histoire totale‹, in: P. Rossi (Hrsg.), *Theorie der modernen Geschichtsschreibung*, Frankfurt a. M. 1987, S. 147.

48 Geschichte und Sozialwissenschaften. Eine kritische Wende, in diesem Band S. 104 ff.

49 Zur Diskussion um diesen Text siehe u. a. W. H. Sewell, Marc Bloch and the Logic of Comparative History, in: *History and Theory* 6 (1967), S. 208–218; L. D. Walker, Historical Linguistics and the Comparative Method of Marc Bloch, in: *ebenda*, 19 (1980), S. 154–164; AHR Forum Marc Bloch and Comparative History, edited by A. O. Hill/B. H. Hill jr., in: *American Historical Review*, 85 (1980), S. 828–853; D. Romagnoli, La comparazione nell'opera di Marc Bloch: pratica e teoria, in: P. Rossi (ed.), *La storia comparata. Approcci e prospettive*, Mailand 1990, S. 110–128, und den Sammelband *Marc Bloch aujourd'hui. Histoire comparée & Sciences sociales*, Textes réunis et présentés par H. Atsma et A. Bruguière, Paris 1990.

50 Vgl. R. Grew, On the Current State of Comparative Studies, in: *ebenda*, S. 323–336.

51 Emile Durkheims These endete mit dem für Bloch natürlich herausfordernden Anspruch der Soziologie: »In dem Augenblick, da die Geschichte vergleicht, unterscheidet sie sich nicht mehr von der Soziologie«; vgl. dazu M. Aymard, Histoire et comparaison, in: *ebenda*, S. 271–278. E. Patlagean, Europe, seigneurie, féodalité. Marc Bloch et les limites orientales d'un espace de comparaison, situiert den Aufsatz von Bloch detailliert in die zeitgenössischen Debatten (*Studi Medievali*, 3e série, 29 [1988], S. 515–587).

52 Den dahinterliegenden Paradigmenwechsel hat die Historiographie zur *Annales*-Schule immer wieder herangezogen, innovativ zuletzt erweitert durch eine vergleichende Sicht auf den Lamprecht-Streit in Deutschland: L. Raphael, Historikerkontroversen im Spannungsfeld von Berufshabitus, Fächerkonkurrenz und sozialen Deutungsmustern. Lamprecht-Streit und französischer Methodenstreit um die Jahrhundertwende in vergleichender Perspektive, in: *Historische Zeitschrift* 251 (1990), S. 325–363; gleichfalls komparatistisch: Ch. Simon, *Staat und Geschichtswissenschaft in Deutschland und Frankreich 1871–1914. Situation und Werk von Geschichtsprofessoren an den Universitäten Berlin, München, Paris*, 2 Bde., Bern 1988.

53 Seine wohl folgenreichste Schlußfolgerung ist die Unterteilung der weltwirtschaftlichen Konjunktur in der Neuzeit in eine Phase steigender und eine Phase fallender Preise, mit der er die Debatte um die langen Wellen oder sog. Kondratjev-Zyklen beförderte: vgl. F. Simiand, *Le salaire, l'évolution sociale et la monnaie*, 2 Bde., Paris 1932.

54 Eine Untersuchung der kollektiven Haltungen, die anläßlich der Heilungspraktiken französischer und englischer Könige im Mittelalter manifest wurden. (1924)

55 Der Agrar- und Revolutionshistoriker Georges Lefebvre entwickelt in *La Grande Peur*, Paris 1932, und dem Aufsatz *Les foules révolutionnaires* (1934) anhand der Ängste und Hoffnungen von Massen im Sommer 1789, die allgemein als »Grande Peur« in der Forschung bekannt sind, eine ebenso stringente Kritik der psychologisierenden Geschichtsschreibung wie weitreichende Vorschläge für eine systematische Erforschung von Mentalitäten. Beide Texte präsentiert in einer Neuausgabe das Redaktionsmitglied der *Annales* Jacques Revel (Paris 1988).

56 Dies bilanziert etwa auch E. Le Roy Ladurie, Zehn Jahre historische Forschung, in: Klett-Cotta. *Das erste Jahrzehnt 1977-1987. Ein Almanach*, Stuttgart 1987, S. 162–182.

57 Vgl. M. Vovelle, *Idéologies et Mentalités*, Paris 1982. Der Labrousse-Schüler Vovelle, bis zum Sommer 1993 Direktor des Instituts für Geschichte der Französischen Revolution an der Sorbonne, vermittelt nicht nur, an der Seite von Pierre Vilar, Guy Bois u. a., zwischen der *Annales*-Schule und einer marxistisch inspirierten Historiographie, sondern zugleich zwischen der strukturorientierten der *Annales* und einer eher ereignisorientierten Revolutionsgeschichtsschreibung.

58 Dieser Text fehlte in der deutschen Übersetzung des Bandes »La nouvelle histoire«, in dem er zuerst erschien.

59 Vgl. etwa die Arbeiten von Roland Barthes, Regine Robin u. a.

60 R. Chartier, Kulturgeschichte zwischen Repräsentationen und Praktiken …, S. 22.

PETER SCHÖTTLER

Zur Geschichte der *Annales*-Rezeption in Deutschland (West)

Fast vierzig Jahre lang – von 1929 an gerechnet – haben die meisten deutschen Historiker die »neue Geschichtsschreibung« der *Annales* kaum zur Kenntnis genommen, geschweige denn »rezipiert«. Darüber ist schon viel geklagt und geschrieben worden.[1] Dann kam der Umschwung: Seit rund fünfzehn Jahren ist die Zahl der Übersetzungen französischer Geschichtsbücher sprunghaft gestiegen. Emblematische Begriffe aus dem *Annales*-Vokabular wie »Mentalität« oder »lange Dauer«, die früher niemand benutzte, sind plötzlich modisch geworden. Sogar eher konservative Historiker bezeichnen heute die *Annales* als ihr Vorbild: »Es ist an der Zeit, daß wir in die Schule der französischen Historiographie gehen«, schreibt zum Beispiel Hagen Schulze, »wie diese hundert Jahre zuvor in die Schule der deutschen Geschichtswissenschaft gegangen ist – diesmal nicht, um neue Methoden zu lernen (obgleich auch da manches zu lernen ist), sondern um zurückzufinden zu dem Wissen, daß Wissenschaft und Kunst, Akademikertum und Öffentlichkeit, Geschichte und Vergnügen zusammengehören.«[2] Und dennoch: In Veröffentlichungen und Gesprächen zeigt sich immer wieder, daß das Thema *Annales* nach wie vor Unruhe auslöst und daß es vielen Historikern schwerfällt, darüber unverkrampft zu diskutieren. Als ob sich Mißverständnisse und Klischees im Laufe der Jahrzehnte als eine Art »Rezeptionsschutt« angehäuft hätten, den es erst noch abzutragen gilt. Daher ist es sinnvoll, einen Blick zurückzuwerfen und die Geschichte der (west-)deutschen *Annales*-Rezeption wenigstens skizzenhaft noch einmal zu betrachten. Anschließend wird dann zu fragen sein, warum diese Geschichte so belastet war und warum die *Annales* zeitweilig zum Schreckgespenst der Historikerzunft werden konnten.

Vereinfachend lassen sich vier Phasen der *Annales*-Rezeption unterscheiden: (1) die Vorkriegsjahre, in denen die *Annales* und ihre Herausgeber zwar wahrgenommen wurden, aber eine völlig unbekannte Größe bildeten; (2) die frühen Nachkriegsjahre, in denen sie den westdeutschen Historikern als Bedrohung erschienen; (3) die sechziger und siebziger Jahre, als sie von einer kritischen Historikergeneration entdeckt, aber als methodisch und theoretisch unzulänglich verworfen wurden; und (4) die achtziger und neunziger Jahre, in denen sie als intellektuelle Herausforderung allgemein akzeptiert wurden.

Schon kurz nach der Gründung der *Annales* wurde in der *Vierteljahrschrift für Sozial- und Wirtschaftsgeschichte* auf das neue »parallele französische Organ« hingewiesen. »Auch wo die *Annales* mit größeren Aufsätzen dem gebräuchlichen Schema wissenschaftlicher Zeitschriften folgen«, kommentierte Hermann Aubin, »drängen sie auf aktuelle Zuspitzung: Nicht an der bloßen Gelehrsamkeit klebenbleiben, nicht am heutigen Leben vorbeigehen, das sind die Parolen, welche die Herausgeber ihren Mitarbeitern einschärfen.«[3] In der Folgezeit fand dann auch ein regelmäßiger Austausch zwischen beiden Zeitschriften statt, der sich auf französischer Seite in Rezensionen zahlreicher VSWG-Aufsätze oder -Beihefte niederschlug. Das gleiche gilt für andere deutsche Zeitschriften, wie die *Hansischen Geschichtsblätter*. Das eigentlich Neue am Projekt der *Annales* wurde allerdings in Deutschland kaum wahrgenommen. Dazu hätte das intellektuelle Sensorium für interdisziplinäre sozialwissenschaftliche Fragestellungen weiter entwickelt sein und die Bereitschaft bestehen müssen, »ausländische« Literatur ohne nationalistische Vorurteile zu rezipieren. Für die meisten deutschen Historiker der Zwischenkriegszeit war das undenkbar. So blieb es bei gelegentlichen Rezensionen der von Febvre und Bloch veröffentlichten Bücher.

Besonders eingehend wurde Blochs 1931 erschienene Darstellung der französischen Agrargeschichte diskutiert, der Alphons Dopsch und Hermann Wopfner umfangreiche Besprechungsaufsätze widmeten.[4] Beide Rezensenten konnten sich jedoch einen belehrenden Tonfall nicht verkneifen. Blochs frühere Bücher oder seine Aufsätze wurden dagegen nirgends besprochen. Ähnlich erging es Febvre. An seiner ersten großen Arbeit, *Philippe II et la Franche-Comté* (1911), in der eine Art *histoire totale* versucht wird, bemängelte Paul Herre: »Der Verfasser zeigt offensichtlich Neigung, die materielle Entwicklung in den Vordergrund zu stellen und die geistigen Faktoren geringer zu schätzen«[5] – im deutschen Kontext ein schlimmer Vorwurf. Febvres Methoden-Buch *»La terre et l'évolution humaine«* (1922) und sein *Luther*-Buch (1928) wurden dagegen nicht rezensiert.[6] Erst das *Rhein*-Buch von 1935 provozierte Kommentare: Da Febvre im Unterschied zu den meisten französischen Politikern und Historikern das Konzept der »natürlichen Grenze« ablehnte und statt dessen am »deutschen Rhein« eine historische Mischungszone ausmachte, die eigentlich eine deutsch-französische Annäherung hätte nach sich ziehen können, wurde seine Darstellung als besonders gefährlich – weil intellektuell verlokkend – kritisiert. Er habe zwar »ein glänzendes Feuerwerk von geistreichen Einfällen« entzündet, aber das, so meinte ein Bonner Rheinlandforscher, sei nur »Stimmungsmache«. Die »große und entscheidende Tatsache [...] der Zugehörigkeit der Rheinlande zum deutschen Volks- und Kulturboden«, also die »völkische« Dimension der Geschichte, werde vom Autor grundweg geleugnet.[7] Diesem »trefflichen« Urteil schloß sich die *Historische Zeitschrift* ausdrücklich an.[8]

Offenbar haben nur solche politischen Streitfragen und die Tatsache, daß die *Annales* jetzt zum internationalen Spektrum der Fachzeitschriften gehörten, in den Jahren vor 1939 eine minimale Wahrnehmung durch die deutsche Historikerzunft herbeigeführt. Nach dem verlorenen Krieg war die Situation dann völlig verändert: Jetzt waren die *Annales* die wichtigste französische Geschichtszeitschrift und genossen in aller Welt großes Ansehen. Der greise Lucien Febvre galt als kulturpolitisch einflußreich. Sein Nachfolger am Collège de France, Fernand Braudel, wurde auch in deutschen Zeitungen als »der kommende große französische Historiker« bezeichnet.[9] Eine intensivere Beschäftigung mit den *Annales* war also unumgänglich. Bald wurde auch von einer »*Annales*-Schule« gesprochen – und die Ausgrenzung begann.

Es gehört zu den bleibenden Verdiensten Werner Conzes, als erster Braudels *Mittelmeer-Buch* ausführlich besprochen und dessen Bedeutung sofort ausdrücklich benannt zu haben: »Die Auseinandersetzung mit diesem Buch«, schrieb er, »wird – so hoffen wir – in der Geschichtswissenschaft vielfältig und lange wirksam sein. So möge unsere Anzeige auf knappem Raum nur als ein andeutender Hinweis gegenüber dieser ungewöhnlich bedeutenden Veröffentlichung aufgefaßt werden«.[10] Heute wissen wir: Conzes »Hinweis« blieb weitgehend folgenlos. Die konservative Historikermehrheit war an »revolutionären« Gedanken, wie sie Braudel selbstbewußt ankündigte, nicht interessiert.[11] Auch wenn einzelne, wie Justus Hashagen, selbstkritisch einräumten, »wie wenig sie durchweg von den Spitzenleistungen der französischen Historiographie und Methodenlehre und von ihren Schöpfern wissen«[12], sorgten führende Vertreter der Zunft alsbald für eine Abschottung gegenüber der neuen Häresie. Vor allem Gerhard Ritter, der Vorsitzende des Historikerverbandes, machte aus seiner Ablehnung der *Annales*-Historie, die er für eine Variante des »historischen Materialismus« hielt, keinen Hehl. Da er gute Kontakte zu jenen französischen Historikern besaß, die das *Annales*-Konzept ablehnten[13], war es kein Zufall, daß auf dem Bremer Historikertag (1953) Jacques Droz als Gastredner sprach und ein weitgehend negatives Bild der wissenschaftlichen und hochschulpolitischen Auffassungen der *Annales* zeichnete.[14] Ritter selbst ließ es sich nicht nehmen, auf dem internationalen Historikerkongreß in Rom (1955) gegen die neuen Tendenzen in der Geschichtsschreibung aufzutreten und ihnen einen Hang zur »Kausalwissenschaft« sowie eine Vernachlässigung der Politikgeschichte vorzuwerfen.[15] Auch Hermann Heimpel, der es als ehemaliger Straßburger Ordinarius (1941–1944) eigentlich hätte besser wissen müssen, machte in seiner Eröffnungsrede auf dem Ulmer Historikertag (1956) abfällige Bemerkungen über die »Schule der Bloch und Fèbvre« (sic), die eine »für deutsche Ohren merkwürdig verspätete Diskussion« wieder auffrischen wolle, »als müßte der Streit zwischen Lamprecht und seinen Gegnern sich erneuern«.[16] Das war es also: *Annales* = Lamprecht. Dem Namen Lamprecht aber hing das Odium des »Materialismus« und »Positivismus« an, und seine großangelegten Synthesen zur deutschen und vergleichenden Geschichte galten als methodisch unhaltbar. Kein Zunftmitglied und erst recht kein Nachwuchshistoriker, der etwas werden wollte, hätte es gewagt, sich auf Lamprecht zu berufen.[17] Damit war die Exkommunikation der *Annales* praktisch vollzogen. Die Warnschilder waren aufgestellt: Wer künftig *Annales* sagte, begab sich ins wissenschaftliche Abseits. So ist es kein Zufall, daß in diesen Nachkriegs- und Wirtschaftswunderjahren kein einziges Buch von Febvre, Bloch oder Braudel ins Deutsche übersetzt wurde. Auch später wurden die *Annales*-Autoren zunächst aufgrund von Verlagsinitiativen und im Rahmen internationaler Buchreihen, nicht aber auf Drängen ihrer deutschen Kollegen übersetzt.[18]

Als in den sechziger Jahren die erste nach dem Krieg ausgebildete Historikergeneration in die Lehrstühle aufrückte, änderte sich die Situation. Wenigstens ein Teil dieser Generation (die Minderheit) versuchte, die überkommene Wissenschaftslandschaft zu verändern und intellektuell den Anschluß an die internationale Fachdiskussion zu finden. So kam es zu neuem Interesse an französischen Forschungen, das sich auch in einigen Übersetzungen – vor allem des berühmten Aufsatzes von Braudel über die »lange Dauer«[19] – sowie in informierenden Publikationen über die *Annales* niederschlug.[20] Als Höhepunkt dieser Rezeptionsphase kann der Heidelberger Habilitationsvortrag des Conze-Assistenten Dieter Groh von 1970 gelten, den er später auch im Rahmen eines vielgelesenen Taschenbuchs publizierte.[21] Dieser Beitrag, der mit weitausholenden erkenntnistheoretischen Überlegungen begann, kulminierte in einer langen Kette von Vorwürfen: »Hypostasierung der Erklärungsmodelle zu objektiven Gegebenheiten«, »dogmatische Verhärtung«, »Verabsolutierung der langen Dauer«, »neue Geschichtsmetaphysik«, »Projektion des Sachzwangs in die Geschichte«. Kurzum, die *Annales* seien »aufgrund mangelnder Reflexion auf ihre Voraussetzungen und Kategorien« einem »neuen Objektivismus« verfallen.

Diese heute kaum noch verständliche Attacke stand in einem doppelten Kontext: Erstens versuchte Groh – zwar als Einzelperson, aber doch nicht untypisch –, das Programm einer »emanzipatorischen Geschichtsschreibung« zu formulieren, wie es damals vielen jüngeren Historikern, die sich als kritische Marxisten verstanden, mehr oder weniger vage vorschwebte. Einige Jahre später hat sich ein ähnliches Projekt – freilich mit weniger marxistischer als weberianischer Ausrichtung – vor allem auf Betreiben von Hans-Ulrich Wehler in der Zeitschrift *Geschichte und Gesellschaft* konkretisiert.[22] Zweitens und zugleich argumentierte Groh aber auch im Kontext einer ganzen Literatur, die sich damals der Abwehr des sogenannten »französischen Strukturalismus« widmete. Dabei wurden die Arbeiten der *Annales*-Historiker vielfach (und auch von Groh) als historiographische Anwendungen der von Claude Lévi-Strauss, Michel Foucault und anderen formulierten Thesen gedeutet. Abgesehen von der Frage, ob diese Art der Verknüpfung von Strukturalismus und *Annales* überhaupt triftig war und die damalige Strukturalismus-Kritik mit überzeugenden Argumenten geführt wurde – Tatsache ist jedenfalls, daß sie grenzüberschreitende Diskussionen zwischen deutschen und französischen Intellektuellen rund zehn Jahre lang blockierte. Nicht nur die Rezeption und angemessene Übersetzung von Theoretikern wie Foucault, Lacan, Althusser oder Derrida, sondern auch vieler innovativer Historiker wurde auf diese Weise behindert. Man »wußte« ja immer schon, was sie sagten, auch wenn man sie gar nicht las![23]

Seit den späten siebziger Jahren scheint sich wiederum etwas verändert zu haben. 1977 erschien erstmals ein Sammelband, der ein breites Spektrum von Aufsätzen aus den *Annales* enthielt und die Zeitschrift als solche dem deutschen Publikum vorstellte.[24] Auch legte die Herausgeberin, Claudia Honegger, den Schwerpunkt ausnahmsweise nicht auf methodologische Fragen (die auch vorkamen), sondern auf materiale Analysen und nicht zuletzt auf Beiträge zur Mentalitätsgeschichte. Dieser äußerst wichtige Reader, der durch weitere Sammelbände und Forschungsberichte ergänzt wurde[25], hat inzwischen ganze Studentengenerationen mit den *Annales* bekanntgemacht. Deshalb sei darauf hingewiesen, daß sich auch in diesem Buch noch die Spuren der vorangegangenen Nicht-Rezeption wiederfinden: Da ist zum einen der erstaunliche Titel, so als ob sich die Beiträge »sozialphilosophisch« verstecken müßten; zum anderen kann auch Claudia Honegger in ihrer Einleitung nicht umhin, sich wenigstens theoretisch von den *Annales* zu distanzieren. So als ob dies in Deutschland und zumal in der kritischen Linken eine Vorbedingung wäre, um überhaupt gelesen zu werden. Auch sie warnt vor einer »Ontologisierung der Natur«, »Verdinglichung der Zeit«, »Vernachlässigung der Politik«, vor »Eklektizismus« und »Objektivismus«. Die alten Stoppschilder sind also immer noch da. Ihre Gültigkeit wird jedoch eingeschränkt, wenn es abschließend heißt: »Die theoretische und praktische Konstituierung einer materialistischen Geschichtswissenschaft ist ohne die Pionierarbeit der *Annales*-Historiker nicht möglich.«[26] Von da an haben sich viele Leser nicht mehr an die Schilder gehalten …

In den späten siebziger und achtziger Jahren nahm die Intensität der *Annales*-Rezeption nicht zuletzt deshalb zu, weil sich von jetzt an – indirekt gefördert durch das veränderte intellektuelle Klima und den Rückgang soziologischer und marxistischer Literatur – das Tempo der Übersetzungen französischer Geschichtswerke immer mehr beschleunigte. Die Bücher von Georges Duby zum Beispiel, die in Frankreich schon lange hohe Verkaufszahlen erreichten, kamen ab 1977 ins Programm und wurden bald zu Bestsellern. Anfang der achtziger Jahre begannen einige Verlage mit einer systematischen Übersetzungspolitik, für die in der Ära Mitterrand sogar französische Beihilfen gezahlt wurden. Fast alle wichtigen französischen Bücher sind inzwischen zugänglich: 1990, mit Abstand von vierzig Jahren, durfte endlich auch Braudels *Mittelmeer*-Buch auf Deutsch erscheinen.[27] Leider wurden bei dieser Übersetzungswelle die Gründer der *Annales* selbst weitgehend ignoriert. Von Lucien Febvre wurde zunächst nur das *Luther*-Buch (miserabel) übersetzt (1976), 1988/89 kamen einige Aufsätze hinzu. An die Übersetzung seiner Hauptwerke – die übrigens alle auf Englisch vorliegen – wagte sich kein Verlag. Auch von den Büchern Marc Blochs wurde anfangs nur die schmale *Apologie der Geschichte* übersetzt (1974); erst 1982 kam die *Feudalgesellschaft* hinzu. Wann aber erscheinen deutsche Ausgaben der *Wundertätigen Könige* und der *Agrargeschichte*?

Seit den achtziger Jahren wurden und werden die *Annales* in einem Ausmaß wahrgenommen und verarbeitet, das sich kaum noch überschauen läßt. Der Name der Zeitschrift wurde zum Topos, *Annales*-Begriffe zu gängigen, manchmal schon abgenutzten, gelegentlich auch gefälschten Münzen. Wichtig ist vor allem, daß nun etwas vom »Geist der *Annales*« in der Tiefe der Historiker-Werkstätten ankam. Obwohl einige Theoriewächter noch immer die Warnschilder hochhielten[28], fanden besonders jüngere Historiker, die manchmal erst über den Umweg des Anglo-Marxismus bzw. der *History-Workshop*-Bewegung oder der Mikrogeschichte eines Carlo Ginzburg die *Annales* für sich entdeckten, im Spektrum der französischen Historie etwas vor, das ihnen methodisch und »stilistisch« weiterhalf, das sie motivierte und anstachelte, neue Wege zu suchen. Weite Teile der Diskussion über die sogenannte Alltagsgeschichte und der eifersüchtigen Reaktion der Zunft sind erst in diesem Zusammenhang zu verstehen. Da die Zunfthistoriker (von Ausnahmen abgesehen[29]) den Dialog mit den *Annales* nie gesucht, sondern eher vermieden hatten und sich auch die Gruppe um *Geschichte und Gesellschaft* eher atlantisch orientierte[30], konnte die französische Geschichtsschreibung jetzt für eine neue, aus der Studenten- oder Ökologiebewegung kommende Generation zum nonkonformistischen Bezugspunkt werden. Dabei wurden auch die früher verteufelten »französischen Theorien«, wie vor allem die Arbeiten Foucaults und Bourdieus, von vielen Historikern gleich mitrezipiert.

Daß hierbei ein Moment der Utopie oder vielmehr der Projektion mitspielte, vor allem, was die *Annales* von Heute angeht, liegt auf der Hand. Denn der historiographische Standort der *Annales* der achtziger Jahre läßt sich kaum noch definieren. Seit dem Rücktritt Braudels 1969 und dann noch einmal seit seinem Tod 1985 haben sich Ausrichtung und Bild der Zeitschrift sehr stark gewandelt. Ob sie immer noch dieselbe Vorreiterrolle spielen kann und spielen will, die ihr Febvre und Bloch in den zwanziger Jahren zudachten, ist mehr als fraglich. Unter demselben Namen kann sich heute alles mögliche verbergen – bis hin zum Gegenteil dessen, was früher einmal mit dem Namen *Annales* identifiziert wurde. Zudem gibt es in vielen Ländern – auch in Frankreich – inzwischen Zeitschriften, die am Erbe der »klassischen« *Annales* anknüpfen und mit der heutigen Zeitschrift konkurrieren. Aus diesem Grund wird es heute von vielen Historikern als besonders wichtig angesehen, die Geschichte der *Annales* kritisch aufzuarbeiten.[31] Die bevorstehende Publikation des Briefwechsels zwischen Febvre und Bloch dürfte z. B. neue Gesichtspunkte zur Interpretation des Zeitschriftenprojekts liefern. Nur eine genauere historiographische Analyse, die sich an den Originaltexten orientiert, ihre intellektuellen und sozialen Kontexte erschließt und auch die entsprechenden internationalen Debatten und Verflechtungen berücksichtigt, kann jedenfalls auf Dauer zu einer besseren Verortung der *Annales* führen. Man wird also besser wissen, was mit diesem Namen gemeint war – und was nicht.

1987, fast fünfzig Jahre nach dem ersten Erscheinen der Zeitschrift und zwanzig Jahre nach Beginn des sozialhistorischen »Paradigmenwechsels« in der Bundesrepublik, hat Hartmut Kaelble gleichsam aus dem Innern der »historischen Sozialwissenschaft« eine Bilanz der deutsch-französischen Mißverständnisse versucht, die mit dem schönen, aber vernichtenden Satz beginnt: »In den letzten zwei Jahrzehnten der Blütezeit der europäischen Sozialgeschichte war der Rhein eine schärfere Grenze als der Ärmelkanal oder gar der Atlantik.«[32] Das ist absolut zutreffend. Aber wo liegen die Gründe? Für Kaelble läßt sich diese wechselseitige Nichtwahrnehmung von deutscher und französischer Sozialgeschichtsschreibung (was die deutsche Seite angeht) vor allem auf intellektuelle Einwände und Argumente zurückführen. Als wichtigste Beispiele nennt er: die angebliche frühneuzeitliche Schwerpunktsetzung der *Annales*, ihre Vernachlässigung der Politikgeschichte, ihre Unterschätzung des sozialen Wandels und ihr Desinteresse an Theorien. Im zweiten Teil seines Beitrags versucht er dann zu zeigen, daß diese Einwände, deren Berechtigung er nicht grundsätzlich in Frage stellt, inzwischen überholt seien. Ohne es zu merken, hätten sich die deutschen und französischen Historiker inzwischen sehr stark angenähert. Hinzu kämen internationale Faktoren, Tagungen, Stipendienprogramme, Informationsbulletins usw., die alle zu einer besseren Verständigung beitrügen.

Austauschprogramme, Stipendien und Übersetzungszuschüsse gibt es natürlich nie genug. Auch das von Kaelble erwähnte Problem der »Sprachbarriere« ist wichtig. Aber nicht bloß im Sinne einer technischen Qualifikation, die man sich leicht aneignen kann. Daß Sprachkenntnisse allein wenig helfen, mag schon daraus erhellen, daß an den allermeisten deutschen Universitäten Französischkenntnisse für Geschichtsstudenten obligatorisch sind – aber kaum gefordert und gefördert werden. Außerdem wurden die wichtigsten Weichen für die Nichtrezeption der *Annales*, wie wir sahen, von Historikern gestellt, die durchaus Französisch sprachen. Umgekehrt hatten die Vertreter der beiden ersten *Annales*-Generationen die gesamte deutsche Literatur mühelos verfolgt und teilweise sprachen sie sehr gut Deutsch: Braudel hatte immerhin fünf Gefangenenjahre Zeit, seine »Sprachkompetenz« zu vervollkommnen. Dennoch haben nur wenige deutsche Historiker das Gespräch mit diesen französischen Kollegen gesucht, und ein so weitgehend mit deutscher Fachliteratur durchsetztes Buch wie Braudels *Méditerranée* wurde kaum gelesen.

Folglich müssen noch weitere Gründe gesucht werden. Politische? Soziale? Psychische? Auf den vorangehenden Seiten habe ich anzudeuten versucht, daß die immer wieder verzögerte und behinderte *Annales*-Rezeption in Deutschland (West) eine erstaunliche Kontinuität aufweist. Das spricht dafür, sie nicht bloß auf den historiographischen oder gar politischen Standpunkt der betreffenden Historiker zurückzuführen; die Standpunkte und Generationen wechselten, aber nicht oder kaum die Vorurteile. Allenfalls die Vorzeichen. Insofern gab es eben nicht nur »Mißverständnisse«. Und jene Fehlwahrnehmung läßt sich auch nicht im nachhinein auflösen, indem man erleichtert feststellt, daß sich die inhaltlichen Positionen aufgrund der Internationalisierung der Forschung inzwischen angenähert haben. Zu erklären ist vielmehr, warum sich diese Fehlwahrnehmung trotz längst vorhandener inhaltlicher Nähe laufend reproduzierte.

Ohne Selbstkritik, meine ich, wird die deutsche Historikerzunft aus diesem Dilemma nicht herauskommen. Gewiß wird es dabei auch um die inhaltlichen Einwände gehen, die man den *Annales* entgegengehalten hat und von denen viele leicht als Mißverständnisse und Fehlinformationen korrigiert werden können. So gab es z. B., um die von Kaelble angeführten Stichworte wieder aufzugreifen, in den *Annales* nie eine bewußte Mißachtung der neueren oder neuesten Geschichte; mehr als ein Drittel aller Aufsätze und Rezensionen (nach Zeilen berechnet) bezog sich vielmehr auf das 19. und 20. Jahrhundert.[33] Auch die Politik als solche wurde von den *Annales* keineswegs ausgeklammert, wohl aber die traditionelle Politikgeschichte kritisiert. Das gleiche gilt für die Sphäre der Kultur oder für Fragen des sozialen Wandels: Wer Febvre, Bloch oder Braudel ökonomischen Determinismus vorwirft, hat sie nicht gelesen. Ohne den Beitrag von *Annales*-Historikern wie Georges Lefebvre oder Ernest Labrousse wäre die moderne französische Revolutionsgeschichte nicht zu denken. Was schließlich den angeblichen Theoriemangel angeht, so haben Febvre und Bloch in ihrem umfangreichen methodologischen Œuvre das (damals) Nötige gesagt: problemorientierte Geschichtsschreibung ja, aber keine Methodendebatten *à l'allemande*; Rezeption sozialwissenschaftlicher Konzepte ja, aber keine Soziologisierung der Geschichtsschreibung um jeden Preis.

In all diesen Punkten mag es sich nur um Informationsdefizite handeln. Die eigentliche Schwierigkeit liegt denn auch in der Bereitschaft, (sich) solche Defizite überhaupt einzugestehen und zu korrigieren. Denn dies ist im akademischen Betrieb durchaus unüblich. Welcher Humanwissenschaftler nimmt Kritik öffentlich zurück? Welcher Verlag druckt heute noch eine zweite, *korrigierte* Auflage? Lieber wird »vergessen« oder diplomatisch verharmlost. Daß dies der Wissenschaft und zumal der Historie als kritischer Vergangenheitsanalyse wenig zuträglich ist, liegt auf der Hand – aber die »Ordnung des Diskurses« (Foucault) läßt sich nur schwer durchbrechen. Nun weisen aber die Stoppschilder, Denkverbote und Klischees, die jahrzehntelang die *Annales* in Deutschland umgeben haben, darauf hin, daß es genau darum geht: nicht bloß um wissenschaftliche Argumente, die sich korrigieren lassen, sondern um heftige Reaktionen, unbewußte Reflexe und Abschottungsmechanismen, die sich, so lange sie nicht zur Sprache kommen und, wie Freud sagte, »durchgearbeitet« werden, zwanghaft wiederholen.[34]

Wie läßt sich das erklären? Warum wurde ausgerechnet den *Annales* und allem, was damit assoziiert wurde, ein solcher »Widerstand« (im psychoanalytischen Sinne) entgegengebracht? Natürlich kann hier nur eine Hypothese formuliert werden, denn eine fundierte Antwort würde eine umfangreiche Analyse der universitären, biographischen, politischen und intellektuellen Bedingungen der Nachkriegshistorie bis in die sechziger Jahre erfordern. Auch muß es erlaubt sein, ein wenig zu spekulieren und eine von den üblichen Interpretationen abweichende These zur Diskussion zu stellen: Die jahrzehntelange abwehrende Rezeption der *Annales*-Historie, meine ich, ist möglicherweise darauf zurückzuführen, daß die Zeitschrift, ihre Herausgeber und ihr Programm – auch bzw. weil dies nur schemenhaft bekannt war – die (west-)deutschen Historiker an drei höchst konfliktuelle, nicht aufgearbeitete Erfahrungen erinnerten und diese deshalb besonders aggressiv reagieren ließen: 1. den Lamprecht-Streit, 2. die Auseinandersetzung um den Marxismus und 3. die Nichtauseinandersetzung mit dem Nationalsozialismus. In allen diesen Konflikten hatten die deutschen Historiker in ihrer Mehrzahl versagt und das internationale Ansehen, aber auch die Hegemonie der deutschen Historiographie aufs Spiel gesetzt. Sie hatten wissenschaftliches Neuland tabuisiert, statt es zu erkunden; sie hatten Kollegen, die kritische Fragen stellten, nicht nur argumentativ isoliert, sondern auch menschlich und politisch ausgeschlossen; und sie hatten über Jahrzehnte hin gegen jede Demokratisierung nicht bloß der Universitäten, sondern auch der Gesellschaft gekämpft. Schon vor 1933 hatten prominente Zunftvertreter ein nationalistisches, barbarisches Regime herbeigeredet, akademisch legitimiert und »mit Herz und Verstand« verteidigt. *Darin*, nicht im verlorenen Krieg, bestand für die deutschen Historiker die »Katastrophe« von 1945. Aber nur wenige wollten sie wahrhaben. Statt dessen wurde vergessen, wieder aufgebaut und restauriert. Auch ausgewiesene NS-Historiker wurden bald wieder berufbar. Marxisten dagegen nie. Die gehörten nach »drüben« oder nach Amerika oder mußten den Beruf wechseln. So könnte es dazu gekommen sein, daß sich im Denken, im Reden und im Schreiben vieler Historiker, die zwar hochgelehrt, aber leider auch selbstgerecht waren und »aus ihrer Haut«

– nämlich der akademischen Nachkriegsmentalität – nicht herauskonnten, imaginäre Verbindungsketten bildeten, wie: *Annales* – Lamprecht – Materialismus – Kommunismus – Ostzone. Oder: Marc Bloch – Résistance – Partisanen – Rote Armee – Kommunismus. Oder: *Annales* – Alliierte – Umerziehung – Rationalismus – Objektivismus – »lange Dauer« – Braudel. Oder: *Annales* – Braudel – »lange Dauer« – Gefangenschaft – Katastrophe – Kommunismus. Diese und ähnliche Assoziationsketten waren aus dem diskursiven Fundus der Zeit quasi beliebig generierbar. Sie konnten auch immer neu variiert werden und haben sich im Laufe der Zeit tatsächlich verschoben. Das traumatische Syndrom jedoch, das durch den im weitesten Sinne »demokratisch-sozialistischen« und »materialistischen« Ansatz der *Annales* tangiert wurde, blieb erhalten. Nun hätte die linke Historikergeneration der sechziger Jahre eigentlich damit fertig werden können, indem sie eine schonungslose Aufarbeitung vornahm. Einige Ansätze wurden auch unternommen. Aber das Lamprecht-Gespenst wirkte weiter[35], und der Marxismus war durch die DDR-Realität so diskreditiert, daß nur eine Rückkehr zum subjektivistischen, vor-marxistischen »jungen Marx« einen Ausweg versprach, der aber für die Geschichtswissenschaft überhaupt nichts hergab. Und die Geschichte des Nationalsozialismus konnte zwar jetzt aufgearbeitet werden, aber die konkrete Beteiligung der Historiker blieb mysteriös. Denn davon war die eigene Lehrer- bzw. »Väter«-Generation betroffen, und jeder wußte, daß sie darüber partout nicht reden wollte. Wer konnte es wagen, dieses Tabu zu verletzen und seine Karriere aufs Spiel zu setzen?[36]

Kurzum, mit ihrem sozialgeschichtlichen Ansatz, ihrer Unbefangenheit gegenüber dem Erbe des Marxismus (und anderer sozialwissenschaftlicher Theorien) sowie ihrem dezidierten Antifaschismus, für den Marc Bloch, Maurice Halbswachs und andere Mitarbeiter der Zeitschrift in den Tod gingen, berührten die *Annales* gleichsam den »wunden Punkt« – das schlechte Gewissen, aber auch die narzißtische Narbe – der deutschen Nachkriegshistorie und provozierten damit eine heftige Überreaktion. Mal in Form offener Ablehnung, mal in Form beleidigter Besserwisserei. Folglich betraf das im nachhinein so erstaunliche Schattenboxen, an dem die *realen Annales* kaum beteiligt waren, in erster Linie ein innerdeutsches Problem, an das aber lange, viel zu lange nicht gerührt werden durfte. Erst als dieser Grundkonflikt sich allmählich entspannte, konnte man sich auch den *Annales* gelassener zuwenden, zumal man ja längst wußte, daß die Standpunkte gar nicht so weit auseinander lagen.

Paris, Juli 1993

1 Siehe dazu bereits früher: Michael Erbe, *Zur neueren französischen Sozialgeschichtsforschung. Die Gruppe um die »Annales«*, Darmstadt 1979, S. 1–25; ders., Zur Rezeption der »Annales«-Historie in der Bundesrepublik, in: *Lendemains*, 24, 1981, S. 68 bis 76; Ernst Hinrichs, Läßt sich die Geschichte mit Brettern vernageln? Bemerkungen zu deutsch-französischen Annäherungen in der Geschichtsforschung, in: *Frankreich und Deutschland. Zur Geschichte einer produktiven Nachbarschaft*, Hannover – Bonn 1986, S. 129–143.

2 Hagen Schulze, Vom Vergnügen an der Geschichte, in: *Von Geschichte umgeben. Joachim Fest zum Sechzigsten*, Berlin 1986, S. 226.

3 [Hermann Aubin], Neue Zeitschriften, in: *Vierteljahrschrift für Sozial- und Wirtschaftsgeschichte* (fortan: VSWG), 23, 1930, S. 515. Vgl. auch ebenda, 22, 1929, S. 115.

4 Alphons Dopsch, Zur französischen Agrargeschichte, in: *Zeitschrift für die gesamte Staatswissenschaft*, 94, 1933, S. 115–121; Hermann Wopfner, Zur französischen Agrargeschichte, in: *Historische Zeitschrift* (fortan: HZ), 149, 134, S. 82–97. Vgl. auch zwei Besprechungen durch Carl Brinkmann in: *Zeitschrift der Savigny-Stiftung für Rechtsgeschichte*, Germ. Abt., 51, 1931, S. 690f.; 52, 1932, S. 538–540.

5 *HZ*, 114, 1915, S. 182.

6 Allerdings gibt es andere Rezeptionsindizien. Vgl. etwa die rasche Aufnahme des Geographie-Buches durch Franz Steinbach: *Studien zur westdeutschen Stammes- und Volksgeschichte*,

Jena 1926, S. 11, 16 usw. Febvres Luther-Buch wird u. a. diskutiert bei Hans Leube: *Deutschlandbild und Lutherauffassung in Frankreich*, Stuttgart–Berlin 1941, S. 147 f.

7 Gottfried Pfeiffer, in: *Rheinische Vierteljahrsblätter*, 6, 1936, S. 95–101.

8 Paul Wentzcke, in: *HZ*, 160, 1939, S. 161 f. Siehe dazu demnächst mein Nachwort zu: Lucien Febvre, *Der Rhein. Mythos & Wirklichkeit*, Frankfurt am Main – New York 1994.

9 *Frankfurter Allgemeine Zeitung*, 24. 9. 1955.

10 *HZ*, 172, 1951, S. 358. Vgl. auch Werner Conze, Die Stellung der Sozialgeschichte in Forschung und Unterricht, in: *Geschichte in Wissenschaft und Unterricht* (fortan: GWU), 3, 1952, S. 655, wo er von Braudels Buch sagt, daß es einen »Gipfel der Darstellungskunst« erreicht habe.

11 Schon Conze meinte skeptisch: »Der Stil solchen Selbstbewußtseins gegenüber der Geschichtswissenschaft Europas im letzten Jahrhundert mag verschieden beurteilt werden« (*HZ*, 172, S. 358).

12 *HZ*, 178, 1954, S. 149 (Besprechung von: Lucien Febvre, *Combats pour l'histoire*, Paris 1953).

13 In seinem Bericht: Vereinbarung der deutschen und französischen Historiker, in: *Welt als Geschichte*, 12, 1952, S. 145–148, erwähnt Ritter namentlich Pierre Renouvin und Jacques Droz. Ich stütze mich hier auch auf eine Durchsicht der Ritterschen Korrespondenz, die im Bundesarchiv aufbewahrt wird.

14 Jacques Droz, Gegenwärtige Strömungen in der neueren französischen Geschichtsschreibung, in: *GWU*, 3, 1952, S. 177 bis 181; leicht verändert u. d. T.: Hauptprobleme der französischen Forschungen zur neueren Geschichte, in: *Welt als Geschichte*, 14, 1954, 109–118. Ein minimales Gegengewicht bildete der Aufsatz von Paul Leuilliot: Moderne Richtungen in der Behandlung der neueren Geschichte in Frankreich, in: *Welt als Geschichte*, 12, 1952, S. 122–131.

15 Gerhard Ritter, Probleme und Aufgaben der internationalen Geschichtsschreibung zur neueren Geschichte (zuerst 1955); erneut in: ders., *Lebendige Vergangenheit. Beiträge zur historisch-politischen Selbstbesinnung*, München 1958, S. 255–283. Interessant ist in diesem Zusammenhang auch ein späterer Brief Ritters an Braudel v. 16. 12. 1958. Gedruckt in: Klaus Schwabe/Rolf Reichardt (Hrsg.), *Gerhard Ritter. Ein politischer Historiker in seinen Briefen*, Boppard a. Rh. 1984, S. 532 f. Zur Rolle Ritters vgl. Peter Schumann, Gerhard Ritter und die

deutsche Geschichtswissenschaft nach dem Zweiten Weltkrieg, in: *Mentalitäten und Lebensverhältnisse. Rudolf Vierhaus zum 60. Geburtstag,* Göttingen 1982, S. 399–415; Winfried Schulze, *Deutsche Geschichtswissenschaft nach 1945,* München 1989, S. 286 und passim.

16 Hermann Heimpel, *Der Mensch in seiner Gegenwart. Acht historische Essays,* Göttingen 1957, S. 201.

17 Zur Ausgrenzungsfunktion des »Lamprecht-Streits« vgl. Lutz Niethammer, Über Kontroversen in der Geschichtswissenschaft, in: *Merkur,* 43, 1989, Nr. 479, S. 75 f.; Lutz Raphael, Historikerkontroversen im Spannungsfeld zwischen Berufshabitus, Fächerkonkurrenz und sozialen Deutungsmustern. Lamprecht-Streit und französischer Methodenstreit der Jahrhundertwende in vergleichender Perspektive, in: *HZ,* 251, 1990, S. 325–363. Siehe auch Anm. 35.

18 Zur Veranschaulichung hier eine Auflistung der ersten Übersetzungen: Charles Morazé, *Das Gesicht des 19. Jahrhunderts,* Düsseldorf – Köln 1959 (Reihe: Epochen der Menschheit [hrsg. v. L. Febvre u. F. Braudel]); André Varagnac, *Der Mensch der Urzeit,* Köln – Düsseldorf 1960 (dito); Jacques Le Goff, *Das Hochmittelalter,* Frankfurt am Main 1965 (Reihe: Fischer-Weltgeschichte); Ruggiero Romano/Alberto Tenenti, *Die Grundlagen der modernen Welt,* Frankfurt am Main 1967 (dito); Louis Bergeron/François Furet/Reinhard Koselleck, *Das Zeitalter der europäischen Revolutionen,* Frankfurt am Main 1967 (dito); François Furet/Denis Richet, *Die Französische Revolution,* Frankfurt am Main 1968; Pierre Chaunu, *Europäische Kultur im Zeitalter des Barock,* München – Zürich 1968 (Reihe: Knaurs Große Kulturgeschichte); Jacques Le Goff, *Kultur des europäischen Mittelalters,* München – Zürich 1970 (dito); Fernand Braudel, *Die Geschichte der Zivilisation,* München 1971 (Reihe: Kindlers Kulturgeschichte) usw. Zur späteren Übersetzungspolitik siehe weiter unten.

19 In: Hans-Ulrich Wehler (Hrsg.), *Geschichte und Soziologie,* Köln 1972, S. 189–215. Braudels Aufsatz wurde später noch mehrfach in Sammelbänden abgedruckt.

20 Vgl. z. B. Karl-Erich Born, Neue Wege der Wirtschafts- und Sozialgeschichte in Frankreich. Die Historikergruppe der »Annales«, in: *Saeculum,* 15, 1964, S. 298–309; Manfred Wüstemeyer, Die »Annales«: Grundsätze und Methoden ihrer »neuen Geschichtswissenschaft«, in: *VSWG,* 54, 1967, S. 1–45; Klaus Schüle, Die Tendenzen der neueren französi-

schen Historiographie und ihre Bewertung, in: *GWU*, 19, 1968, S. 229–233.

21 Dieter Groh, Strukturgeschichte als »totale Geschichte«?, in: *VSWG*, 58, 1971, S. 289–322; erneut in: ders., *Kritische Geschichtswissenschaft in emanzipatorischer Absicht*, Stuttgart 1973, S. 67–91; jetzt erneut in: ders., *Anthropologische Dimensionen der Geschichte*, Frankfurt am Main 1992, S. 117–147. Als Replik vgl. Volker Rittner, Ein Versuch systematischer Aneignung der Geschichte: die »Schule der Annales«, in: Imanuel Geiss/Rainer Tamschina (Hrsg.), *Ansichten einer künftigen Geschichtswissenschaft*, Bd. 1, München 1974, S. 153–172.

22 Wehler hat sich m. W. nie ausführlicher über die *Annales* geäußert, aber seine Kritik deckte sich natürlich mit derjenigen Grohs: Braudel habe den »Sachzwang ontologisiert, als eigentliche Determinante der Geschichte verabsolutiert« usw. (Geschichte und Soziologie [wie Anm. 19], S. 16). Daß ein so neugieriger und historiographisch interessierter Leser wie Wehler, der viele deutsche Außenseiter-Historiker erst wieder zugänglich machte, an der französischen Geschichtsschreibung so wenig Interesse zeigte und nie die »frühen« *Annales* von Febvre und Bloch rezipierte oder gar für sich entdeckte, ist im nachhinein erstaunlich.

23 Zu dieser eigentümlichen »Vernetzung« von Sozialgeschichtsschreibung, Marxismus und Strukturalismus vgl. ausführlicher: Peter Schöttler, Von den »Annales« zum »Forum-Histoire«. Hinweise zur »neuen Geschichte« in Frankreich, in: Hannes Heer/Volker Ullrich (Hrsg.), *Geschichte entdecken*, Reinbek 1985, S. 58–71; ders., Sozialhistorisches Paradigma und historische Diskursanalyse, in: Jürgen Fohrmann/Harro Müller (Hrsg.), *Diskurstheorien und Literaturwissenschaft*, Frankfurt am Main 1988, S. 159–199; ders., Mentalitäten, Ideologien, Diskurse. Zur sozialgeschichtlichen Thematisierung der »dritten Ebene«, in: Alf Lüdtke (Hrsg.), *Alltagsgeschichte. Zur Rekonstruktion historischer Erfahrungen und Lebensweisen*, Frankfurt am Main – New York 1989, S. 85–136.

24 Claudia Honegger (Hrsg.), *Schrift und Materie der Geschichte. Vorschläge zur systematischen Aneignung historischer Prozesse*, Frankfurt am Main 1977.

25 Vgl. Gilbert Ziebura/Heinz-Gerhard Haupt (Hrsg.), *Wirtschaft und Gesellschaft in Frankreich seit 1789*, Köln 1975; Eberhard Schmitt (Hrsg), *Die Französische Revolution*, Köln 1976; Johannes-Michael Scholz (Hrsg.), *Vorstudien zur Rechtshistorik*, Frank-

furt am Main 1977; Ludolf Kuchenbuch/Bernd Michael (Hrsg.), *Feudalismus – Materialien zur Theorie und Geschichte*, Frankfurt am Main–Berlin–Wien 1977; Arthur E. Imhof (Hrsg.), *Biologie des Menschen in der Geschichte*, Stuttgart/Bad Cannstatt 1978; Rolf Reichardt, Bevölkerung und Gesellschaft Frankreichs im 18. Jahrhundert, in: *Zeitschrift für historische Forschung*, 4, 1977, S. 154–221; ders., »Histoire des mentalités«. Eine neue Dimension der Sozialgeschichte am Beispiel des französischen Ancien Régime, in: *Internationales Archiv für Sozialgeschichte der deutschen Literatur*, 3, 1978, S. 130–166.

26 Honegger (wie Anm.24), S. 37.

27 Siehe die ausführliche Bibliograhie der ins Deutsche übersetzten Arbeiten am Ende des vorliegenden Buches. – Speziell zum »Mittelmeerbuch« sei hier auf eine der wenigen gründlichen Lektüren eines *Annales*-Autors hingewiesen, die von deutscher Seite publiziert wurden: Heinrich Lutz: Braudels »La Méditerranée«. Zur Problematik eines Modellversuchs, in: Reinhart Koselleck/Heinrich Lutz/Jörn Rüsen (Hrsg.), *Formen der Geschichtsschreibung*, München 1982, S. 320–352.

28 Vgl. zuletzt: Jörn Rüsen, »Historische Methode«, in: Richard v. Dülmen (Hrsg.), *Das Fischer Lexikon Geschichte*, Frankfurt am Main 1990, 24–27; Friedrich Jaeger/Jörn Rüsen, *Geschichte des Historismus*, München 1992, S. 173–180.

29 Neben Conze sind unter den Älteren vor allen Wilhelm Abel, Clemens Bauer, Erich Hassinger, Erich Maschke und Hermann Kellenbenz zu nennen, die Kontakt zu Braudel hatten oder ihn zu Vorträgen einluden. Braudel seinerseits veranlaßte die Übersetzung von Aufsätzen und sogar Büchern (Abel). Abel, Bauer, Kellenbenz und Maschke waren auch mit Beiträgen in der Braudel-Festschrift von 1973 vertreten. Unter den »nachgerückten« Historikern, die sich für einen intensiveren Dialog mit den *Annales* einsetzten, sind neben den in Anm. 1, 2, und 25 zitierten vor allen Otto Gerhard Oexle, Winfried Schulze, Rudolf v. Thadden und Karl Ferdinand Werner zu nennen.

30 Als Indiz kann das internationale »beratende Gremium« von *Geschichte und Gesellschaft* (GG) genommen werden, dem seit 1975 zwölf englischsprachige Historiker angehören, aber nur ein Franzose, François Furet. An mangelnder Sprachkompetenz hat es sicher nicht gelegen, denn auch Furet spricht nicht Deutsch; eher schon an mangelnden Frankreich-Kontakten der Herausgeber. Ausgerechnet dieser französische »Berater«

aber, der nie einen Beitrag in GG publizierte, hat sich dann bald von der Sozialgeschichte ab- und einer »neuen« Politik- und Geistesgeschichte zugewandt. Erst in den späten achtziger Jahren scheint es in GG einen Ruck gegeben zu haben, den Hartmut Kaelbles Aufsatz »Sozialgeschichte in Frankreich und der Bundesrepublik: *Annales* gegen historische Sozialwissenschaften?« signalisiert (GG, 13, 1987, S. 77–93). Siehe dazu weiter unten.

31 Die inzwischen sehr zahlreichen Publikationen zur Geschichte der *Annales* sollen künftig in dem ab Herbst 1993 erscheinenden *Bulletin de l'Association Marc Bloch* verzeichnet werden.

32 Kaelble, wie Anm. 30, S. 77.

33 Vgl. die quantifizierende Inhaltsanalyse von H. L. Wesseling und J. L. Oosterhoff: De Annales, geschiedenis en inhoudsanalyse, in: *Tijdschrift voor Geschiedenis*, 99, 1986, S. 547–569.

34 Wie zwanghaft bestimmte Topoi der Anti-*Annales*-Argumentation verwendet werden, auch wenn der Kontext dies gar nicht verlangt, erweist z. B. die Durchsicht eines Bandes der Conze-Gedenkschrift, wo hintereinander Dieter Langewiesche, Hans-Ulrich Wehler, Wolfram Fischer und Reinhard Koselleck den emblematischen Begriff der *histoire totale* aufrufen und zumindest Wehler und Koselleck ihn nur als wohlfeile Negativfolie verwenden. Auch Jürgen Kocka meint in seinem Beitrag auf eine Abgrenzung gegenüber den *Annales*, die »unglücklicherweise die Geschichte der politischen Strukturen und Prozesse größtenteils (!) vernachlässigt« hätten, nicht verzichten zu können (Wolfgang Schieder/Volker Sellin [Hrsg.], *Sozialgeschichte in Deutschland*, Bd. 1, Göttingen 1986, S. 27, 35, 55, 84, 92).

35 So schloß noch 1971 der Lamprecht gewidmete Beitrag in der von Hans-Ulrich Wehler herausgegebenen Buchreihe »Deutsche Historiker« mit der bösen Behauptung, daß »Lamprechts unzulänglicher Versuch, Sozialgeschichte im Gewand der Kulturgeschichte zu schreiben und theoretisch zu begründen, das Vordringen der Sozialgeschichte innerhalb der deutschen Geschichtswissenschaft eher gehemmt als gefördert hat« (Bd. I, Göttingen 1971; Hans-Josef Steinberg, *Karl Lamprecht*, S. 58–68, hier: S. 66).

36 Es ist vielleicht kein Zufall, daß Karl Ferdinand Werner, der sich seit den fünfziger Jahren besonders intensiv für eine Rezeption Marc Blochs und der französischen Mediävistik eingesetzt hatte, als erster das Risiko einging, das nationalsozialisti-

sche Engagement der deutschen Historiker zu analysieren (*Das NS-Geschichtsbild und die deutsche Geschichtswissenschaft,* Stuttgart – Berlin – Köln – Mainz 1967).

An unsere Leser

Dank dem Weitblick eines großen Verlegers, dank der Mitwirkung französischer und ausländischer Mitstreiter*, deren Einsatz uns erfreut und ermutigt hat, können unsere *Annales* – ein seit langem gereiftes Projekt – heute erscheinen und versuchen, nützlich zu sein. Dafür danken wir denen, die es tatsächlich ermöglichten.

Noch eine Zeitschrift, und noch dazu eine für Wirtschafts- und Sozialgeschichte? Freilich wissen wir, daß unsere Zeitschrift in der französischen, europäischen oder weltweiten Produktion nicht als erste kommt. Wir glauben dennoch, daß sie an der Seite ihrer berühmten älteren Vorgänger einen Platz finden wird. Das Beispiel der anderen ist ihr Anregung, aber sie bringt eine ganz eigene Idee ein.

Wir sind beide Historiker, die etwa die gleichen Erfahrungen gesammelt und daraus dieselben Schlußfolgerungen gezogen haben; wir sind seit langem von den Mißständen einer schon zur Tradition gewordenen Kluft betroffen.

* Dem Redaktionskollegium gehörten neben den Herausgebern Marc Bloch und Lucien Febvre an: Albert Demangeon, Professor für Geographie an der Pariser Sorbonne; Georges Espinas, Archivar, tätig beim Außenministerium Paris; Maurice Halbwachs, Professor für Soziologie an der Universität Strasbourg; Henri Hauser, Professor für Wirtschaftsgeschichte an der Sorbonne; André Piganiol, Professor für Römische Geschichte an der Universität Strasbourg; Henri Pirenne, Professor für Geschichte an der Universität Gent (Belgien); Charles Rist, Professor für politische Ökonomie an der Fakultät für Rechtswissenschaft der Pariser Sorbonne und stellv. Gouverneur der Banque de France; André Siegfried, Professor an der Ecole des Sciences Politiques, Paris. (Anm. d. Hrsg.)

Während die Historiker ihre guten, altbewährten Methoden auf die Dokumente der Vergangenheit anwenden, widmen sich immer mehr Leute, mitunter geradezu fieberhaft, der Untersuchung der gegenwärtigen Gesellschaften und Wirtschaftssysteme: zwei Gruppen von Forschern – dafür geschaffen, sich zu verstehen –, die gewöhnlich miteinander in Berührung kommen, ohne sich zu kennen. Aber das ist nicht alles. Unter den Historikern selbst, wie unter den Forschern, die sich mit der Gegenwart beschäftigen, finden wir noch ganz andere Trennwände: Historiker des Altertums, Mediävisten und »Neuzeitler«; Forscher, die sich der Beschreibung der »zivilisierten« Gesellschaften widmen (um eine alte Bezeichnung zu verwenden, deren Sinn sich mit jedem Tag mehr modifiziert), oder Forscher, die im Gegensatz dazu von jenen Gesellschaften angezogen werden, die man in Ermangelung eines besseren Begriffes »primitiv« oder exotisch nennt ... Es gibt natürlich nichts Besseres, als wenn jeder, während er eine legitime Spezialisierung verfolgt und fleißig seinen eigenen Garten bestellt, sich dennoch bemüht, das Werk des Nachbarn zu verfolgen. Aber die Mauern sind so hoch, daß sie oft genug den Blick verstellen. Welch wertvolle Anregungen für die Methode und für die Interpretation der Fakten, welcher Gewinn an Kultur, welcher Fortschritt an Intuition erwüchse indes aus häufigerem Gedankenaustausch zwischen diesen verschiedenen Gruppen! Die Zukunft der Wirtschaftsgeschichte hängt davon ab, und auch das rechte Verständnis der Ereignisse, die morgen Geschichte sein werden.

Gegen diese gefährlichen Schismen wollen wir uns erheben. Nicht mittels methodischer Aufsätze und theoretischer Abhandlungen. Durch Vorbild und Tat. Die hier vereinten Forscher unterschiedlicher Herkunft und Spezialisierung, alle jedoch besessen vom gleichen Geist strenger Unparteilichkeit, werden die Ergebnisse ihrer Forschungen über Gegenstände ihres Faches und ihrer Wahl vorstellen. Es erscheint uns unmöglich, daß erprobte Geister aus solchem Kontakt nicht rasch die notwendigen Lehren ziehen.

Unser Vorhaben ist ein Glaubensbekenntnis zur außergewöhnlichen Kraft ehrlicher, gewissenhafter und solide abgestützter Arbeit.

Die Direktoren*

A nos Lecteurs, in: *Annales d'histoire économique et sociale* 1 (1929), Heft 1, S. 1–2.

* Marc Bloch und Lucien Febvre. (Anm. d. Hrsg.)

Am Ende eines Jahres

Für die *Annales* beginnt das zweite Jahr. Sollen wir ausführlich eine Bilanz des ersten Jahres ziehen? Wir haben Besseres zu tun. An erster Stelle haben wir jenen zu danken, mit deren Hilfe das geplante Werk Wirklichkeit geworden ist. Gegenüber den vielen Freunden und Mitstreitern aus allen Ländern und allen Kreisen, die uns die Früchte ihrer Arbeit gebracht, die uns ihre Ratschläge und Kritik übermittelt haben – für uns wertvoller als verschwommene Sympathiebekundungen –, haben wir nur eine Möglichkeit, unsere Schuld abzutragen: danach zu trachten, es besser zu machen.

Auf dem Terrain, das wir von Anfang an abgesteckt haben, werden wir unsere Anstrengungen fortsetzen, und wir werden es erweitern. An den Veränderungen, die dieses Heft im Vergleich zur anfänglichen Struktur der Zeitschrift mit sich bringt, mögen die Leser den deutlichen Willen zum Fortschritt ablesen.

Wie zuvor wird jede Nummer von drei oder vier Originalstudien eingeleitet. Dabei verlangen wir von den Mitarbeitern, die uns Beiträge liefern, immer stärker zwei Dinge: Erstens, daß ihre Beiträge über die reine Gelehrsamkeit hinausgehen; diese besitzt ihre eigenen Publikationsorgane, die sehr gut an diese Art der Geschichtsschreibung angepaßt sind, aber ihre Funktion ist nicht die unsrige. Zweitens bitten wir darum, sich entschiedener der Untersuchung der Gegenwart zu widmen, denn diese ist unabdingbar für das Verständnis, ja auch für die Erkenntnis der Fakten der Vergangenheit. Trotz einiger freundschaftlicher Einwände halten wir an dieser Überzeugung fest.

Unsere Untersuchung über die Kataster hat vom ersten Tag an einen Wesenszug der Zeitschrift ausgemacht. Diesen Wesenszug sollten wir stärker herausarbeiten. Setzen wir die wissenschaftliche Erhebung von der Information ab und erschließen wir uns auch neue Gegenstände! In den folgenden Heften der Zeitschrift wollen wir drei neue Erhebungen *(enquêtes)* initiieren.

Die erste ist technischer Art, quasi das Pendant zur Untersuchung über die Grundbücher, die übrigens ihre Rolle noch nicht ausgespielt haben. Im Streben nach rationeller Ausstattung, nach Dokumentation und Kontinuität stellen sich die Leiter der großen modernen Unternehmen, wie man weiß, die Frage nach dem Umgang mit ihren Archiven. Dies geschieht überall, aber besonders dort, wo der wirtschaftliche Elan am stärksten ist: in den Vereinigten Staaten zum Beispiel und in Deutschland. Indem sie ihre Arbeitsinstrumente verbessern, bereiten diese Männer der Praxis gleichzeitig unschätzbare Erträge für die Historiker vor. Ist ein Gebiet, auf dem Geschäftswelt und Geschichtsschreibung zusammenarbeiten, nicht dazu geschaffen, daß wir uns schon heute darauf niederlassen?

Unsere zweite Erhebung stößt auf größere Probleme, die sich aber ebenfalls für die Techniker und die Gelehrten gleichermaßen stellen. Mit Bezug auf Wechselgeschäfte, über die er selbst gerade fruchtbare historische Untersuchungen angestellt hat, schrieb unser Mitarbeiter André E. Sayons an dieser Stelle nachdrücklich: »Hätte man die Wirtschaftsgeschichte besser gekannt, wäre die gegenwärtige Situation schneller durchschaut worden.« Was er über das Wechselgeschäft schreibt, könnte man genauso auf das Problem der Preise anwenden, das für die Vergangenheit gestanden hat, sich uns noch weitreichend stellt und sich in der Geschichte auch schon anderen in gleichem Umfang gestellt hat. Wir richten unsere Bestrebungen natürlich nicht auf die Lösung des Problems, sondern darauf, es genauer zu definieren und denen einen Weg aufzuzeigen, die es irritiert und gleichzeitig fasziniert.

Schließlich wird unsere dritte, noch umfassendere Untersuchung – die aus verschiedenen Gründen eher imstande sein wird, all diejenigen anzusprechen, die in den *Annales* das suchen, was wir in ihnen finden lassen wollen – sich auf die Grundlagen einer allgemeinen Kultur im wahrsten Sinne des Wortes, auf das so schlecht erschlossene Gebiet der Sozialgeschichte richten.

Von den vielen Institutionen, die widrige Umstände vor einigen Jahren fast vollständig von der Erde getilgt haben, gibt es in den alten europäischen Gesellschaften eine, die zahlreiche Probleme aufwirft, rein historische Probleme ebenso wie solche soziologischer oder psychologischer Natur. Der Adel – wie ist er entstanden, wie hat er sich entwickelt, wie ist er untergegangen? Welche Spuren haben in den verschiedenen Ländern, in denen er eine Blütezeit erlebte, von seiner früheren Existenz und seinem alten Glanz überdauert? In welchem Verhältnis stand, und in dem Maße, in dem er fortexistiert, steht er heute zu den anderen sozialen Klassen, besonders zur Bourgeoisie, die sein Erbe angetreten hat? Fragen dieser Art wollen wir nicht nur an Berufshistoriker oder professionelle Soziologen richten, sondern an alle, die – welcher Herkunft auch immer – zu solch komplexen Fragen, die so dicht an die innere Struktur unserer Gesellschaften rühren, ein Wort zu sagen haben.

Die Rubrik *Das wissenschaftliche Leben* schien uns nach unserer Erfahrung eine verständlichere und genauere Klassifizierung zu erfordern. Fortan wird sich ein Stoff, den wir uns immer reichhaltiger wünschen, in sieben Untergruppen geordnet darbieten. Zunächst die Personen: *Ökonomen und Historiker* und ihre Begegnungsfelder unter der Rubrik *Kongresse und Forschungszentren.* Dann die Instrumente und Hilfsmittel: an der Spitze die *Statistiken,* die immer zahlreicher und exakter werden; *Museen und Ausstellungen* und das weite Feld der *Ikonographie der Wirtschaft,* das wir bis jetzt allein erkunden. Es folgen *Archive und Bibliotheken; Instrumente der Forschung, Periodika* und andere *laufende Veröffentlichungen.* Schließen wollen wir mit einigen kurzen *Informationen* aus dem wissenschaftlichen Leben. Es sei auf zwei neue Abschnitte hingewiesen, deren besonderes Interesse wohl nicht besonders erläutert werden muß.

Unter der Überschrift *Von der Vergangenheit zur Gegenwart in Büchern und Zeitschriften* wird sich künftig der Besprechungsteil in unserer Zeitschrift präsentieren. Mehrere Leser waren so freundlich uns mitzuteilen, daß keine andere Zeitschrift auf unserem Gebiet ein so umfassendes und lebendiges Bild von der internationalen Diskussion zeichnet. War jedoch der durchgehende, leitende Gedanke bei all dieser Informationsfülle in ausreichendem Maße sichtbar? Eine strengere Einteilung wird die Freunde der *Annales* in diesem Punkt zufriedenstellen. An der Spitze werden problemorientierte Sammelbesprechungen stehen *(Problèmes d'ensemble)*: mehrere Bücher oder Artikel über besonders aktuelle Forschungsthemen werden zusammengefaßt. Danach folgen unter der Rubrik *Inhaltliche und methodische Fragestellungen (Questions de fait et de méthodes)* kurze Problemaufrisse zu einem oder zwei Büchern. Schließlich die vielen Einzelbesprechungen *(Courriers Critiques)*, unterteilt nach Gegenständen oder Sachthemen in einer bestimmten Ordnung und Reihenfolge, für die wir allerdings keinen strengen Rahmen anstreben. Der Lauf der Dinge wird von selbst verschiedene Rubriken hervorbringen und in mehr oder weniger regelmäßigen Abständen erneut in den Vordergrund rücken, die vielfältig genug sind, um in Gegenwart und Vergangenheit alle Gesellschaften zu erfassen, die wir erreichen können.

Im Land des Praktizismus schlechthin – womit wir die Vereinigten Staaten meinen – zeugt eine wachsende Zahl von Institutionen davon, wie die Geschäftsleute sich bewußt werden, daß es keine Führungsgestalten ohne Kultur, keine Kultur ohne eine objektive Untersuchung der Vergangenheit gibt. Was die Historiker angeht, wie könnten sie nicht begreifen, daß nur das Verstehen der Gegenwart in das Leben einführt? Aber warum sprechen wir von der Vergangenheit und der Gegenwart? Die Realität ist ein unteilbares Ganzes. Ihre Einheit für alle plastisch hervortreten zu lassen, sie mit dem Finger zu berühren – dies wird morgen, wie es schon gestern war, das Ziel der *Annales* sein.

1. Januar 1930 Die Direktoren*

An bout d'un an, in: *Annales d'histoire économique et sociale* 2 (1930), Heft 1, S. 1–3.

* Marc Bloch und Lucien Febvre. (Anm. d. Hrsg.)

LUCIEN FEBVRE

Mit dem Gesicht zum Wind
Das Manifest der neuen *Annales*

Die *Annales* haben seit 1929 nicht aufgehört zu erscheinen. Auch von 1940 bis 1945 haben sie ihren Lesern nicht gefehlt.

Nicht ein Jahr haben die *Annales* aufgegeben, wie groß auch das Unheil war, das über Frankreich und die Welt hereinbrach. Sie haben ihre zweifache Aufgabe, der Wissenschaft und der Erziehung zu dienen, nie aufgegeben.

Die *Annales* gehen weiter; in einer neuen Atmosphäre.

Folgerichtig in neuer Art. Und mit jenem neuen Titel, den man auf dem Umschlag lesen kann.

»Welche Verwandlungssucht! Ihr habt euch zuerst *Annales d'histoire économique et sociale* genannt, dann *Annales d'histoire sociale,* schließlich *Mélanges d'histoire sociale.* Und nun ganz kurz *Annales,* mit dem langen Untertitel: *Economies, Sociétés, Civilisations.*«

Wir könnten darauf antworten, daß diese Veränderungen zum Teil zufälliger Natur waren. Aber warum den Anschein erwecken, wir entschuldigten uns? Bloch und ich wollten 1929 lebendige *Annales* – und ich hoffe sehr, daß jene, die unsere Anstrengungen fortsetzen werden, noch lange Zeit auch unsere Absicht fortführen werden. Leben bedeutet aber verändern.

Wir bewundern jene großen Zeitschriften – und man muß sie einfach bewundern –, die sich mit der ruhigen Gewißheit und unerschütterlichen Gelassenheit einer ägyptischen Pyramide auf einem Wissensgebiet einrichten. Sie sind an ihrem Platz, und dort bleiben sie. Von weitem bieten sie ein majestätisches Bild. Doch schließlich – Pyramiden sind Grabmäler. Sie halten in ihrem massiven Körper einen berühmten und mumifizierten Toten gefangen.

Es lebe der Zement und das transparente Glas! Wenn ihre Verbindung nicht mehr den neuen Anforderungen genügt, reißt man sie ohne Mühe oder Gewissensbisse ein. Man baut wieder auf, beginnt von neuem. Darin liegt eine andere Kraft: die Expansionskraft der großen amerikanischen Städte, die alle zehn Jahre ihre mächtigen Avenues um- und neubauen und sich ein neues Äußeres zulegen.

Die *Annales* verändern sich, weil um sie herum alles sich verändert, die Menschen, die Dinge, mit einem Wort: die Welt. Schon die Welt von 1938 war nicht mehr die von 1929. Was soll man da über die Welt von 1942 oder 1946 sagen, was zutreffend und folglich zugkräftig wäre?

Denn wir bewegen uns gemeinhin vorwärts, indem wir das romantische Motiv der Ruinen inszenieren. Wir haken die Elektrizitätswerke, die Viadukte und Brücken, die Stadtviertel und Dörfer ab, die verschwunden sind. Mit unruhevoll geweiteten Augen flüstern wir: »Und die Atombombe … Ach, die Welt ist zerstört!« – Zerstört? Es gibt anderes als Ruinen und Schlimmeres: Diese gewaltige Beschleunigung der Geschwindigkeit, die, indem sie Kontinente aufeinanderprallen, Meere und Wüsten verschwinden läßt, plötzlich Menschengruppen miteinander zusammenschließt, die unterschiedlich aufgeladen sind und die bis heute zu Recht darauf geachtet haben, moralisch wie physisch »Abstand zu halten«. Ein plötzlicher Kontakt, ein Kurzschluß …

Dadurch ist unsere Welt im Grunde zerstört worden. Es ist lebenswichtig, dies zu begreifen. Wer nur Augen für die Ruinen hat, wird sich bald trösten: »Geduld … Ein Jahr, zwei Jahre, zehn Jahre, und alles wird wiederhergestellt sein. Alle Metrostationen werden wieder geöffnet, die Viadukte wieder aufgebaut sein. Und bei allen Gemüsehändlern gibt es Bananen.« – Eine trügerische Sicherheit.

Ebenso gibt es eine gewisse Art und Weise, die Geschwindigkeit aufzufassen, die uns genauso gefährlich in die Irre führt. »Bah! – ein einfaches Problem des Austausches! Man hat es für die Nationen im Rahmen ihrer Grenzen gelöst. Man ist dabei, es für die Kontinente zu lösen. Und man wird es ebensogut für den gesamten Planeten lösen. Es ist lediglich eine Frage der Zeit, der Forschung, der Ausrüstung. Besonders der Ausrüstung.« Die Illusion des Ingenieurs. Auch die Illusion der Politik, die von Beamten besetzt ist, denen man gut Algebra beigebracht hat, damit sie mit Menschen umgehen können.

Gewiß gibt es technische Probleme. Und wirtschaftliche. Das Problem, das für die Zukunft der Menschheit zählt, ist allerdings das menschliche Problem. Jenes Problem, das ich 1932 nach der Rückkehr von der Kolonialausstellung, auf der ich gesehen habe, wie sich das neue Grauen unaufhaltsam bemerkbar machte, mit folgenden Worten beschrieben habe: »Der Historiker geht in die Stadt zurück und denkt über all das nach, was die abwechselnden Veränderungen in den Entfernungen zwischen Rassen und Völkern schon an Funktionsstörungen in der Geschichte hervorgerufen haben: die materiellen Distanzen verringern sich mit jedem Tag; die anderen, die enormen moralischen Entfernungen sind dagegen wohl unüberbrückbar.«[1]

Darin liegt das ganze Drama. Das Drama der Zivilisation. Es hat sich 1932 angekündigt; es spielt 1946.

»Wir anderen, zivilisierten Gesellschaften, wissen jetzt sehr gut, daß wir sterblich sind.« Dieser Satz, den Paul Valéry Ende der zwanziger Jahre niederschrieb und der im übrigen für den Historiker keinen völlig neuen Ton anschlug, hat großes Aufsehen erregt. Der alte Ballanche, um nur ein Beispiel zu zitieren, hatte schon 1817 ähnliches geäußert. In beiden Fällen handelt es sich um die Überlegung von Besiegten. Doch Ballanche konnte so etwas sagen, als *citoyen* eines glanzvollen Europas, das sich trotz des Hohngelächters von Fourier als das zivilisierte Reich schlechthin fühlte und proklamierte. Valéry dagegen? Bereits zur Zeit der *Regards sur le monde actuel* geht es schon nicht mehr darum zu wissen, ob *unsere* Zivilisation, die wir immer noch *die* Zivilisation nennen, sterben wird. Sterben, ein edles Wort, durchdrungen von ruhiger Majestät und natürlicher Ausgeglichenheit. Das Problem ist nicht einmal mehr, zu wissen, ob unsere Zivilisation ermordet untergehen wird. Es besteht darin, zu wissen, welche Zivilisation sich morgen auf dieser neuen Welt ausbreiten wird, die bereits auf dem Grunde des Schmelztiegels Gestalt annimmt.

Denn *eine* Zivilisation kann sterben. *Die* Zivilisation stirbt nicht. Dieser Instinkt, diese Eigenart der Menschen, sich gegenseitig zu übertreffen, seinen Willen wie ein Sprungbrett zu benutzen, um immer höher zu springen. Nur, bisher haben die Menschen in dem engen Rahmen begrenzter Gruppen ihre größten Leistungen vollbracht. So haben sie die Zivilisationen der Gruppen, Stämme, Nationen, selbst der Kontinente oder Teilkontinente hervorgebracht – eingepferchte Zivilisationen. Morgen werden sie ohne jeden Zweifel zum ersten Mal und ohne daß es zu einer Katastrophe kommt, wenn nicht gleich eine Weltzivilisation, die Zivilisation der Erdenbewohner, die sich über die gesamte Ökumene erstreckt, so doch zumindest eine oder zwei interkontinentale Zivilisationen darstellen, die bereits um mehrere regionale Zivilisationen gewachsen und darauf aus sind, indem sie einander die Stirn bieten, einander zu verschlingen.

Welches werden die Etappen dieser gigantischen Entwicklung sein? Welches die ersten Teilerfolge? Auf welchen Ebenen werden sie sich nacheinander einstellen? Welche Bedeutung wird der Beitrag der Nichteuropäer zu diesem Gesamtwerk haben? Was wird mit unserer Zivilisation geschehen im Rahmen dieser weltweiten Zivilisationen, die nach und nach an ihre Stelle treten werden? Ein Geheimnis, das die Zukunft birgt. Wie sehr möchte man voraussehen und, wenn nicht wissen, so doch wenigstens erraten …

»Dies sind nichts als Torheiten, und noch dazu aus der Feder eines Historikers.« Und aus wessen Feder sollten sie denn kommen, diese Anmerkungen zur Geschichte? Was hat sich schließlich, bitte schön, abgespielt im Europa des 5. bis 10. Jahrhunderts? Was, inmitten fortgesetzter Beben, Erdrutsche, Massaker und Brandstiftungen, wenn nicht eine Schlacht der Zivilisationen: barbarische gegen römische, nordische gegen mittelmeerische, asiatische gegen europäische – ein gegenseitiges Verschlingen von Kulturen. Am Ende stand, ganz frisch, ganz jung, die christliche Zivilisation des Mittelalters. Diese große Neuerung, von der wir noch gestern allein lebten; von der wir immer noch gesättigt sind. Was sind also meine »Vorhersagen« als Historiker? Reisen in die Vergangenheit.

Eines ist schon jetzt sicher. Leben wird für uns selbst und für unsere Kinder morgen bedeuten, ja bedeutet bereits heute, sich an eine Welt anzupassen, die in ständiger Veränderung begriffen ist.

Ein großes Werk ist begonnen. Es wird nicht mehr aufzuhalten sein, wie lange auch immer die Atempausen dauern mögen. Versicherungsgesellschaften, liquidiert eure Abteilungen für Lebensversicherungen! Die Zeiten sind vorbei, da die Väter ein paar hundert Ecus auf den Kopf ihrer Söhne eingezahlt haben, um sie zwanzig Jahre später mit Zinsen zurückzubekommen. Modernisiert eure »Feuerversicherungen« und eure »Diebstahlversicherungen« ...

Ja, wir werden sehr bedroht sein. Jammern nützt nichts. Wir müssen uns damit abfinden. Zunächst heißt es, sich nicht zu verlieren. Jeden Tag den Standort bestimmen. Sich in Zeit und Raum verankern.

Der Raum – den wir auch das Universum nennen. Diese kleine Kugel von Materie, die sich inmitten Millionen anderer in einer Ecke der Milchstraße verliert und die bereits beginnt, unseren Forscherträumen nicht mehr zu genügen. Zum ersten Mal wird uns ihre Winzigkeit bewußt. Nach Klaftern gemessen erschien sie uns so groß! Nach Kilometern schon weniger, mit der Geschwindigkeit eines Flugzeuges bedeutet sie gar nichts mehr. Wer morgens ein Flugzeug in Karatschi besteigt, nimmt am nächsten Tag um 16 Uhr den Tee in London. Ist es Zufall, daß wir seit zehn Jahren, gleichgültig gegenüber unserem Planeten, der nunmehr ohne Unbekannte ist, von Raketen träumen, von Reisen ins Unendliche, in Richtung des bleichen Mondes, den wir eines Tages gewiß erreichen werden ...

Unser bescheidener Planet erscheint uns plötzlich klein, nichtig, ohne Geheimnis. Aber wir alle, Weiße, Schwarze,

Gelbe, müssen wohl oder übel unsere Existenz auf ihm zubringen. Im Haus der Menschen – mit seiner »Hausordnung«, die am Fuß der Treppe angebracht ist: auf jedweden Verstoß wartet der Tod …

Ein Haus mit hundert Wohnungen, mit tausend Zimmern. In allen Farben, allen Größen, jeglicher Art von Möblierung. Man muß sie allerdings alle kennen, weil nun, nach einigen Schritten auf dem Flur oder nach zwei Etagen im Fahrstuhl, der Gelbe beim Weißen eintritt, der Weiße beim Schwarzen, Maschinenpistole in der Hand und Rucksack voller guter Dinge auf dem Rücken: die beiden jüngsten Erscheinungsformen des Internationalismus.

Die erste Aufgabe des Europäers in diesem Jahr 1946 besteht darin, erkennen zu lernen, wie dieses Universum im ganzen verknüpft ist, was es in seinen Räumen birgt, die voller Waren, aber auch voller Gewalt stecken, die wir alle zu erfassen haben, freilich immer vom Standpunkt des Menschen aus. Und die zweite Aufgabe? Sich in Beziehung zu setzen nicht nur mit jenen Gesellschaften, die unsere eigene Wohnung vor unserer Geburt bewohnt haben, sondern mit all jenen, die den heutigen Bewohnern in den anderen Wohnungen des menschlichen Hauses vorangegangen sind, die den Ort wohnlich gemacht und ihren Erben einige Möbel hinterlassen haben, die mit unseren eigenen Vorfahren bestimmte Beziehungen unterhielten. Der erste Bezugspunkt ist der Raum, der zweite die Zeit. Greifen wir eine Formulierung von Gustave Monod auf, dem Reformer unseres Bildungssystems: Wer ist im Jahre 1946 ein kultivierter Mensch? Derjenige, der es vermag, »seine Lage als Mensch gleichzeitig in Raum und Zeit zu erfassen. Der anderen Zivilisationen diejenige nahebringen kann, deren Akteur und Zeuge er ist. Der Mensch, der sich anhand der Kenntnis einer bestimmten Anzahl wesentlicher Ereignisse seit der Schule und mit Hilfe der erneuerten Schule eine bestimmte Erfahrung von Leben und Tod der Zivilisationen erworben hat.«

Um deutlich zu werden: sagen wir für »Raum« »Geographie«, ersetzen wir »Zeit« durch »Geschichte«.

Gewiß haben auch andere Lösungen ihre Verteidiger.

»Seht euch den Nachbarn an«, sagen wir hier. Von ihm geht die Gefahr aus. Selbst wenn er uns nichts Böses will, es besteht bereits ein solch enges Beieinander der Menschen – Weiße, Schwarze, Gelbe –, daß jede Regung der einen unmittelbare Auswirkungen auf die anderen haben muß. Eine solch enge Berührung bedeutet nicht solch enge Brüderlichkeit. Denn welch seltsame, welch beunruhigende Nachbarn umgeben uns! Es sind Menschen, und damit ist alles gesagt.

Ja, sagt der Humanist, Menschen. Und ihr sagt uns: seht sie euch an. Ich antworte mit Sokrates: »Schaut euch selbst an.« Werdet euch des Menschen bewußt, der in euch wohnt. Der Mensch, der dem Menschen gleicht, durch die Jahrhunderte und Zivilisationen hinweg. Immer der gleiche in seinen Tugenden, Qualitäten, Vorzügen, von dem allein die äußeren Formen, der äußere Schein sich verändern. Vernachlässigen wir den Menschen des Augenblicks, der ohne Größe und Beständigkeit ist. Pittoresk ist er, damit ist alles gesagt. Haltet euch gleich an den ewigen Menschen. Bemüht euch, ihn als Kind in euch zu entdecken, als Erwachsener, ihn in euch zu formen. Stark, stolz, kräftig, imstande, äußerem Druck zu widerstehen, ohne zerschmettert zu werden ...«

Der ewige Mensch? Aber läuft nicht unser ganzes Trachten bei dieser schönen, nach allen Regeln ausgeführten Aktskizze (man wählt zehn schöne Modelle aus, nimmt von dem einen die Schultern, vom zweiten die Beine usw.), das ganze Trachten der jungen »Humanwissenschaften« – der Psychologie, der Humanökologie, der Ethnographie, der Volkskunde, der Soziologie, der Geschichte natürlich, bis hin zur Chirurgie von Leriche, die jeden Tag menschlicher, sorgsamer gegenüber dem menschlichen Wesen sein will – im Gegenteil immer stärker darauf hinaus, die Menschen immer mehr einander gegenüberzustellen? Sprachen die Geographen nicht vor dreißig Jahren ganz selbstverständlich vom »Menschen« und seinen Schöpfungen auf der Erde? Haben wir sie nicht inzwischen dazu gebracht, nur noch von Menschengruppen und ihren gewaltigen Anpassungsversuchen zu sprechen, durch die sich der irdische Erfolg von Lebewesen erklärt, die von der Natur so wenig widerstandsfähig, so empfindlich und verwundbar gemacht sind – und die man dennoch auf dem Polarkreis ebenso trifft wie am Äquator, in Grönland wie am Kongo, überall oder fast überall auf dem Erdball? Besteht nicht unser ganzes Begehren darin, sie bei ihrem Werk zu erfassen, in dieser beharrlichen und großartigen Anstrengung, die sie entfalten, seitdem sie die Erde bewohnen, um sich in den feindlichsten Gegenden festzusetzen, indem sie sie auseinanderbrechen, auflösen, von der geringsten Erdspalte profitieren, um sich dort einen immer größeren Platz zu sichern, sich eine Rolle zuzumessen – eben zu leben, in der menschlichen Fülle dieses schönen Wortes?

»Schaut euch selbst an«? Aber wenn wir unsere Tiefen aufspüren, wenn wir uns selbst ergründen, dann sind es nicht die Konturen eines idealen Aktbildes in seiner abstrakten Nacktheit, sondern die Spuren unserer Vorfahren, die wir zu unserem Erstaunen so zahlreich in uns finden; eine überraschende Sammlung von Zeugnissen vergangener Zeitalter, alter Glaubensformen, der ältesten Formen zu denken und zu fühlen, die jeder von uns am Tag seiner Geburt erbt, ohne es zu wissen, und die unsere Historiker bis in das Bewußtsein eines Perikles, Phidias, Plato zurückverfolgen, um den Preis der Entweihung, die unsere Humanisten alter Prägung immer wieder verspüren. Denn im Grunde gefallen uns solche Entdeckungen nicht übermäßig, sie demütigen uns. Sie erniedrigen uns in unseren Augen. Aber die Tatsachen sind nun einmal vorhanden. Und manchmal bricht das alte Erbgut in Form einer gewaltigen individuellen, oder öfter noch kollektiven Entladung brutal hervor, jener Teil Wildheit, der Angst und Schrecken hervorruft, eine Menschenmenge mit heiliger oder verfluchter Wut antreibt – und sich unserer bemächtigt, bis wir uns »entfremden«?

Schauen wir uns selbst an. Die übereinanderliegenden

Schichten der Ablagerungen, die den Grund unseres Bewußtseins füllen – welche Fundgrube für die Archäologie des menschlichen Denkens! Das Erbe unserer Vorfahren. Aber es unter Vorbehalt der Inventarerrichtung anzunehmen ist unmöglich. Der Tod hält uns fest, lebendig, wie wir sind.

Also Historiker, geschwind an die Arbeit! Genug der Diskussionen. Die Zeit vergeht, sie sitzt uns im Nacken. Ihr wünscht vielleicht, daß man euch verschnaufen läßt? Die Zeit, daß jeder vor seiner Tür kehren kann? Genau darum geht es. Die Welt drängt euch, bläst euch ihren fiebrigen Atem ins Gesicht. Nein, ihr werdet nicht in Ruhe gelassen. Weder die Engländer, noch die Amerikaner, die Russen oder die Libanesen, die Syrer, die Araber, die Kabylen, die Lastträger von Dakar oder die Boys von Saigon. Ihr möchtet gern ruhig leben, aber ihr seid in der Masse gefangen. Gepreßt, eingezwängt, gestoßen von Leuten, die kein gutes Benehmen gelernt haben. Euer gutes Benehmen, auf das ihr so stolz seid. (Man weiß, was beim geringsten Anlaß aus diesen guten Manieren wird.) Sie treten euch auf den Füßen herum, die Nachbarn: »Verschwinde von hier, ich will mich hier niederlassen.« Was soll man da tun? Mit verkniffenem Gesicht reagieren: »Aber mein Herr ...« Er wird euch angrinsen, der Herr Kabyle, der Herr Ouoloff, der Herr Tonkinchinese – und peng!, schon haben sie einen richtig brüderlichen Rippenstoß weg. Also Panzer, Geschütze, Flugzeuge? Aber die anderen haben auch welche. Ihr selbst seid es sogar, die sie ihnen verkaufen. Und schließlich sind sie viele, viel zu viele ... Atombomben über die Erde streuen, systematisch, Kilometer für Kilometer? Mit einem Präzisionsgerät? Welch schöner Fortschritt! Es gibt freilich preiswertere Mittel, sich ins Jenseits zu befördern ...

Die Welt von gestern ist untergegangen; für immer zu Ende. Wenn wir eine Chance haben, davonzukommen, wir Franzosen, dann, indem wir schneller und besser als die anderen diese offenkundige Wahrheit begreifen. Indem wir das Wrack liegenlassen. Ins Wasser, sage ich, und feste schwimmen. Diese faktische Solidarität vereint fortan die Schiffbrüchigen – sie wird morgen alle Menschen vereinen – arbeiten wir daran, daraus eine Solidarität der Arbeit, des Austauschs und des freien Zusammenwirkens zu entwickeln. Wir haben alles oder fast alles von unseren materiellen Gütern verloren. Doch wir haben nichts verloren, wenn uns der Intellekt bleibt. Erklären wir der Welt die Welt.

Mit Hilfe der Geschichte. Aber welche Geschichte? Die das Leben der Maria Stuart verklärt? Oder jene, die die Affäre um den Chevalier d'Eon und seine Röcke »vollständig aufklärt«? Die seit fünfzig Jahren die beiden letzten Segmente des vierten Tatzenpaares untersucht? Verzeihung, hier verwechsle ich etwas.

Nein. Dafür haben wir keine Zeit mehr. Es gibt zu viele gut ausgebildete und gewissenhaft arbeitende Historiker, das ist das Schlimme, die sich noch immer von den armseligen Lehren der Verlierer von 1870 verleiten lassen. Oh, sie arbeiten gut. Sie schreiben die Geschichte so, wie ihre alten Großmütter Wandteppiche gestickt haben. Mit kleinen Stichen, hingebungsvoll. Wenn man sie aber fragt, warum sie diese Arbeit tun, dann ist das Beste, was sie mit treuherzigem Kinderlächeln zu entgegnen wissen, das unbefangene Wort des alten Ranke: »Um genau zu wissen, *wie es eigentlich gewesen.«* [Deutsch im Original.] In allen Einzelheiten natürlich.

Wir haben dafür keine Zeit mehr, und wir haben dazu auch kein Recht mehr. Als ich im Jahre 1920, vor 26 Jahren, zum ersten Mal auf das Katheder meines Lehrstuhls an der Universität des befreiten Strasbourg stieg[2] – ich selbst ein Überlebender, aber vor mir die Friedhöfe, auf denen friedlos die Toten zweier in der Blüte ihres Lebens hinweggerafften Generationen ruhten –, da habe ich mich beunruhigt nach meiner Pflicht befragt!

Hatte ich als Historiker das Recht, Geschichte neu zu schreiben? Meine Zeit, mein Engagement, alles, was mir an Kraft geblieben war, der Geschichte zu widmen, in einer Zeit, in der so viele andere Aufgaben zwingend die

Aufmerksamkeit der Bürger verlangten? Hatte ich das Recht, als Lehrer den anderen als Beispiel voranzugehen, junge Menschen für den Weg zu begeistern, der der meinige war? Mit wieviel mehr Angst müssen wir uns heute, in einer weitaus dramatischeren Situation, erneut befragen?

Es gilt klar zu antworten. Nun, ich antworte hier ohne zu zögern: »Sich auf die Geschichte einlassen – ja. In dem Maße, in dem die Geschichte in der Lage ist, *allein in der Lage ist,* uns in einer auf immer instabilen Welt ein Leben mit anderen Reflexen als denen der Angst zu ermöglichen – Angst vor verzweifeltem Hinabsteigen in den Keller, wo alle menschliche Anstrengung darauf reduziert ist, einige Stunden standzuhalten, über dröhnenden Köpfen berstende Dächer und aufgerissene Decken abzustützen.«

Die Geschichte verbindet die Menschen nicht. Die Geschichte verpflichtet niemanden. Aber ohne sie kann man nichts Haltbares schaffen. Wer auf dem Montmartre Sacré-Cœur errichten will, der wird zunächst eine Untersuchung des Hügels bis auf das Niveau der Seine hinab vornehmen. Sand, Mergel, Gips, Kalkstein: wenn man weiß, was den brüchigen Boden unterhalb der Oberfläche stützt, kann man mit Sachkenntnis bauen. Die Geologie zwingt freilich den Architekten nicht, den neubyzantinischen Stil dem neugotischen vorzuziehen. Welchen Stil er aber letztlich auch wählen wird, sie gestattet ihm, sein Bauwerk auf solide Fundamente zu stellen, ohne daß es übers Jahr absinkt. Ebenso die Geschichte. Eine Geschichte, die versteht und zu verstehen erlaubt; die keine Lektion ist, die manjeden Morgen andächtig zu lernen hat, sondern tatsächlich eine ständige Existenzbedingung. Was sie für Marc Bloch und für mich immer gewesen ist. Was sie morgen für Fernand Braudel, Charles Morazé und all die anderen Freunde sein wird, die mir bei meiner Aufgabe helfen. Die Geschichte gibt Antworten auf die Fragen, die der Mensch von heute sich zwangsläufig stellt. Sie bietet Erklärungen für komplizierte Situationen, in denen der betroffene Mensch weniger blind agieren wird, wenn er deren Ursprünge kennt. Erinnerung an Lösungen, die jene der Vergangenheit waren und die folglich auf keinen Fall die Lösungen der Gegenwart sein dürfen. Doch richtig zu verstehen, worin sich die Vergangenheit von der Gegenwart unterscheidet – welche Schule für die Flexibilität eines Menschen, der sich mit der Geschichte befaßt!

»Folglich ordnen Sie die Würde einer Wissenschaft den Erfordernissen dessen unter, was unsere Journalisten Aktualität nennen ...« Ich ordne nichts unter. Ich verwechsle die Historiker nicht – muß ich es betonen? – mit jenen liebenswürdigen Damen, die die Fernsprechteilnehmer, nachdem sie »bitte« gesagt haben, nach dem Alter ihrer berühmten Zeitgenossen oder nach den Schulterstücken in der peruanischen Armee fragen dürfen. Ebensowenig will ich den Fulgence Tapir des alten Anatole France unter den Begriff des Ewigen subsumieren. Ich verlange von den Historikern, wenn sie sich an ihre Arbeit machen, dies nicht nach der Art Magendies zu tun: jenes Lehrers von Claude Bernard, des Vorläufers der Physiologie, der so gern spazierenging, Hände in den Taschen, um seltene und kuriose Begebenheiten und – wie der Lumpensammler, meinte er – Schmutz aufzuspüren. Ich bitte die Historiker, sich dabei an Claude Bernard zu halten, nämlich mit einer guten Hypothese im Kopf. Niemals Faktensammler auf gut Glück zu werden, wie man einst auf den Quais auf gut Glück nach Büchern stöberte. Sie mögen uns eine Geschichte geben, die nicht automatisch, sondern problemorientiert ist.

So werden sie auf ihre Zeit wirken. So werden sie ihren Zeitgenossen und Mitbürgern helfen, die Ereignisse besser zu verstehen, deren Akteure und Zuschauer zugleich sie sind und noch sein werden. So werden sie die nützlichsten Bausteine für eine Lösung der Probleme beitragen, die die Menschen ihrer Zeit bewegen.

Die Geschichtsschreibung der *Annales* will 1946 nützlich sein. Gegenwärtig, da Schriftsteller, Romanautoren und selbst Dichter von einer »Kunst um der Kunst willen« nichts mehr hören wollen – von einer Kunst, die Gefahr läuft, oft nur noch ein künstliches Produkt zu sein –, sollten auch wir Historiker unser Gewissen prüfen; zu uns selbst zurückfinden. Und wir sollten sagen: nie Gelehrsamkeit um der Gelehrsamkeit willen. Nie eine Geschichtsschreibung im Dienste der Parteien und der parteigebundenen Meinungen. Aber zu einer Geschichte, die Fragen an die Vergangenheit im Interesse der heutigen Bedürfnisse der Menschheit stellt, sagen wir ja. Das ist unsere Auffassung. Das ist unsere Geschichte.

Indem wir sie jenen darbieten, die sie suchen, sollten wir vermeiden, es so zu tun, wie es zuweilen geschieht, daß sie gutwilligen Menschen häßlich, abstoßend, zusammenhanglos und in unverständlicher, barbarischer Sprache erscheint. Schreiben wir sie klar und deutlich, in menschlicher Absicht. Und um die in wissenschaftlicher wie in menschlicher Hinsicht verächtliche und abscheuliche Sippschaft der Geschichtsklitterer zu beseitigen, von denen es überall wimmelt, stellen wir dem Publikum selbst die Geschichte vor, unsere Geschichte, die wirkliche Geschichte, auf eine Art und Weise, daß dieses Publikum schließlich versteht, was sie bedeutet und wozu sie dient.

Die historische, die philologische, die kritische Methode sind nützliche Präzisionswerkzeuge. Sie gereichen ihren Erfindern und den Generationen von Nutzern, die sie von ihren Vorgängern übernommen und durch ihre Anwendung perfektioniert haben, zur Ehre. Aber ihre Anwendung zu beherrschen, sich ihrer mit Freude zu bedienen, das macht noch keinen Historiker aus. Nur der verdient diesen guten Namen, der sich mitten in das Leben begibt, mit dem Gefühl, daß er, wenn er dort eintaucht, darin badet, sich mit gegenwärtigen Menschheitsproblemen tränkt, seine Vorstellungskraft und seine Fähigkeit, die Vergangenheit wiederauferstehen zu lassen, verzehnfacht. Einer Vergangenheit, die den geheimen Sinn der menschlichen Geschicke bewahrt und diesen als Gegenleistung preisgibt.

Face au vent. Manifeste des Annales nouvelles, in: *A. E. S. C.* 1 (1946), Heft 1, S. 1–8.

1 Lucien Febvre, L'histoire économique et la vie: leçon d'une exposition, in: *Annales d'histoire économique et sociale,* Bd. IV (1932), S. 1–11.

2 Vgl. ders., L'histoire dans le monde en ruines. Lecon d'ouverture du cours d'histoire moderne à l'université de Strasbourg, in: *Revue de synthèse historique,* Bd. XXX, Februar 1920.

LUCIEN FEBVRE

Zwanzig Jahre danach

Die *Annales* gehen in das zwanzigste Jahr ihres Bestehens. Das erste Heft, das ihren Namen in die Welt der Bibliotheken und Universitäten trug, erschien unter dem Datum vom 15. Januar 1929. Ich habe das kurze Geleitwort an unsere Leser vor Augen, das ich verfaßt und gemeinsam mit Marc Bloch unterzeichnet hatte. »Wir sind beide Historiker«, sagte ich, indem ich von unserem Bündnis sprach, »die etwa die gleichen Erfahrungen gesammelt und daraus dieselben Schlußfolgerungen gezogen haben; wir sind seit langem von den Mißständen einer schon zur Tradition gewordenen Kluft betroffen. Während die Historiker ihre guten, altbewährten Methoden auf die Dokumente der Vergangenheit anwenden, widmen sich immer mehr Leute der Untersuchung der gegenwärtigen Gesellschaften und Wirtschaftssysteme: zwei Gruppen von Forschern – dafür geschaffen, sich zu verstehen –, die gewöhnlich miteinander in Berührung kommen, ohne sich zu kennen.« Und ich erklärte in wenigen Worten, daß unser Ziel genau darin bestünde, beide dazu zu bewegen, ihre Methoden zu verbinden und zusammenzuarbeiten. Das Ziel der *Annales*, haben wir es erreicht? Ja und nein.

Ja – in dem Sinne, daß heute in Frankreich niemand mehr, ich sage nicht die Legitimität, aber die Fruchtbarkeit jener Untersuchungen zur Wirtschafts-, Sozial- und Kulturgeschichte anzweifelt, deren Förderung sich die *Annales* zur Aufgabe gemacht haben. Ja – in dem Sinne, daß viele, ja sehr viele junge Leute (ich würde niemals sagen zu viele, wie stark sie auch immer unsere knapp bemessene Zeit beanspruchen) zu uns kommen – manchmal von sehr weit her –, um unseren Rat einzuholen und einen Funken Inspiration aus dem großen Herd der *Annales* davonzutragen. Ja – denn in wachsender Zahl entstehen Habilitationsarbeiten [thèses], werden Examensarbeiten verfaßt und

Aufsätze geschrieben, die sich von den Grundsätzen des »Hauses« inspirieren lassen. Besonders jene große Bewegung – zu einem Großteil von den *Annales* angeregt –, die so viele junge Menschen dahin bringt, Probleme der Agrargeschichte zu studieren, entwickelt sich weltweit mit einer Kraft, die uns erfreut.

Nein – denn nichts an dem hat sich verändert, was die Programme unserer Geschichtsausbildung noch immer so archaisch macht und den Fragen unserer Zeit so fremd gegenüberstehen läßt. Nein – denn die Agregation, die in Frankreich zu neun Zehnteln die Laufbahn bestimmt, die die »Pilger« der Geschichte einschlagen, bleibt zwangsläufig den Ansprüchen der Ausbildungsprogramme untergeordnet und verlangt den Kandidaten jene Mühe einer Erneuerung nicht ab, der sich die offiziellen Institutionen selbst nicht unterziehen. Nein – denn das Frankreich der Ministerien und Amtsstuben wartet auf einen starken, unwiderstehlichen Druck internationaler Organismen von außen (wenn es nur Organismen wären! Man muß aber von geistigen Strömungen sprechen), der sie zwingt, Veränderungen durchzuführen, die wir seit zwanzig Jahren einfordern und bei denen unser Land die Initiative übernehmen könnte ohne das Risiko, einen Schritt in die falsche Richtung zu tun. Schon seit geraumer Zeit ist der Weg vorgezeichnet!

Wir haben also ein gewisses Recht, auf unsere Aktivitäten stolz zu sein. Die Fortschritte unserer Zeitschrift sind täglich sichtbar. Trotz der Härte der Zeit, trotz der Erhöhungen des Bezugspreises, deren jede, wie »gerechtfertigt« und mäßig sie auch sein mag, uns weh tut, wenn wir daran denken, daß sie vielleicht einen unserer Verbündeten dazu zwingen wird, auf sein Abonnement zu verzichten, einen Studenten oder Lehrer mit schmalem Geldbeutel, in welchem er heldenmütig noch Mittel abzweigte, ja abzweigen wollte, derer es bedurfte, um uns zu helfen und sich eines Arbeitsinstruments zu versichern, das wir aus besten Kräften entwickelten, da wir an ihn und seinesgleichen dachten – trotz so vieler Schwerigkeiten und Sorgen erweitert, vergrößert und verdichtet sich unser Verbreitungsgebiet. Auf jedem internationalen Treffen gebildeter Menschen – ich fand es soeben erst in Beirut bestätigt – ist der Name der *Annales* das Kennwort, das Türen öffnet und ein wissendes Lächeln auf die Lippen des Gegenüber zaubert. Wir werden uns bemühen, dieses internationale Vertrauen zu rechtfertigen und zu vertiefen. Unser Doppelheft über Südamerika wird, wie wir hoffen, gewiß dazu beitragen.

Aber es gibt nicht nur die *Annales*. Es gibt die *Cahiers de la Société Marc Bloch:* darunter das Heft von Pierre Sardella, »Nachrichten und Spekulation in Venedig zu Beginn des 16. Jahrhunderts«, das überall eine wohlwollende Aufnahme gefunden hat und diese auch verdient; ebenso jenes von Charles Morazé mit seinen drei sehr lebendigen »Essays über Geschichte und Kultur«. Und demnächst ein großes Ereignis: In der Reihe der *Cahiers* wird ein unveröffentlichtes Manuskript von Marc Bloch erscheinen (ich gebe es gerade zum Druck frei) – jenes Buch über die Geschichte, an dem er 1941 und 1942 in Augenblicken der Ruhe gearbeitet hatte und das er leider nicht mehr beenden konnte. Wir können aber zwei Drittel der Arbeit unter jenem Titel veröffentlichen, den Bloch selbst vorgesehen hatte: »Apologie der Geschichte oder Der Beruf des Historikers«. Und andere *Cahiers* werden in möglichst kurzen Abständen folgen. Darunter werden große Überraschungen sein ...

Zur Zeit beschäftigen wir uns mit der Neuauflage der »Caractères originaux de l'histoire rurale française«, dem seit langer Zeit vergriffenen »Klassiker« von Marc Bloch, der bei Armand Colin erscheinen wird. Die Neuauflage wird dank der sorgfältigen Arbeit von Herrn Dauvergne, einem Schüler Blochs, der die von letzterem eröffneten Wege weiterverfolgt, einen Wiederabdruck wesentlicher Abschnitte der von Bloch in den *Annales* veröffentlichten Aufsätze enthalten, die einige Thesen des ursprünglichen Werkes bestätigen oder korrigieren. Wir haben noch zahlreiche andere Publikationen und erweiterte Ausgaben vor. Zu unserem größten Leidwesen sind wir aber nur zu viert, und der Tag hat keine 48 Stunden ...

Wie sollten wir unseren treuen Lesern die gewaltige Anstrengung verschweigen, die für uns alle überdies die Einrichtung der *Sixième Section de l'Ecole des Hautes Etudes* bedeutet? Es ist ein altes Projekt, das auf Duruy zurückgeht. Hätte man es vor dreißig oder vierzig Jahren verwirklicht, zu wieviel mehr Ausstrahlung hätte es Frankreich verholfen? Ein kühner Verantwortlicher im Ministerium für Hochschulwesen hat die Entscheidung getroffen, die Sechste Sektion einzurichten. Und ich habe im vergangenen Jahr zu Ostern den Lehrbetrieb an ihr eröffnet. Wir hatten keinen Pfennig Geld, keine Räume, keinen Stuhl, nichts. Ein Zuschuß der Rockefeller-Stiftung und die grenzenlose Aufopferung meiner Mitarbeiter an den *Annales* ermöglichten das Wunder. Ein üppiges Veranstaltungsverzeichnis faßt unsere Anstrengungen, ein effizientes und neues Bildungssystem zu gestalten, zusammen. Aber das ist noch gar nichts.

Wir vermochten die weiten Räumlichkeiten zu finden, die man uns höheren Orts nicht verschaffen konnte. Wir haben unsere Forschungszentren organisiert, ein Zentrum für historische Forschungen begründet, das sich in der Rue de Varenne 54 unter der Obhut und Leitung von Fernand Braudel entwickelt; wir haben am selben Ort ein Zentrum für Wirtschaftsforschungen gegründet, das Charles Morazé betreut. Es ist uns gelungen, in Rekordzeit unsere Räume auszustatten, die gesamte Arbeitsausrüstung bereitzustellen, nicht nur Möbel, sondern Rechenmaschinen und Vervielfältigungsgeräte, Apparate zum Fotografieren der Dokumente und Lesegeräte für Mikrofilme. Die ersten Arbeiten und Erhebungen haben begonnen, und ihre Ergebnisse werden von Ende des Jahres an in einer Reihe von Veröffentlichungen sichtbar sein. Georges Friedmann organisiert mit Unterstützung der VIe Section eine umfangreiche Untersuchung über die Renault-Werke. Die UNESCO hat uns beauftragt, die auf Frankreich bezogenen Untersuchungen der Gemeinschaft durchzuführen. Das Institut für Politische Studien gibt uns Unterstützung, und ein ganzes Centre d'Etude des Civilisations ist im Entstehen begriffen, welches sich auf die VIe Section und das Musée de l'Homme stützt. Es fehlt uns nicht an Beihilfe. Wir finden sie zunächst am Quai d'Orsay 13, im Centre National de la Recherche Scientifique, das uns im Rahmen seiner finanziellen Möglichkeiten Starthilfe gewährt. Wir finden sie im Hochschulministerium, das uns mit für uns wertvoller Sympathie umgibt. Die VIe Section, die Schwester unserer *Annales,* ist ein Bienenhaus, in dem tatkräftig gearbeitet wird, und sie ist mit den *Annales* verbunden durch die engen persönlichen Bande, die wir – beschäftigt mit so vielen verschiedenen, doch aufeinander zulaufenden Aufgaben – unterhalten.

Morgen werden wir vier der renommiertesten italienischen Historiker für eine Woche französisch-italienischer Diskussionen in Paris begrüßen: Gino Luzzatto, ein alter Freund Frankreichs und seiner Kultur, Roberto Cessi, einer der bedeutendsten Spezialisten der Geschichte der Geldwirtschaft im mittelalterlichen Italien, Armando Sapori, den man den Lesern der *Annales* nicht vorstellen muß, und Federico Chabod, der mit großem Ansehen das berühmte Institut für historische Studien in Neapel leitet. Wir können sie furchtlos empfangen. Sie werden nur intensives Leben, unaufhaltsames Arbeiten, abzuschließende Projekte, entstehende Veröffentlichungen wahrnehmen. Vorwärts, das Leben ist nicht so häßlich, wenn man ein Ziel hat und dieses ohne Schwächen verfolgt! Und Sie, liebe Leser und Freunde, unterstützen Sie uns in unseren Anstrengungen mit all ihrer herzlichen Sympathie! Wir arbeiten genauso für Sie.

Paris, am 15. Januar 1949

Vingt ans après, in: *A. E. S. C.* 4 (1949), Heft 1, S. 1–3.

FERNAND BRAUDEL

Die *Annales* gehen weiter

In weniger als dreißig Jahren ihrer Geschichte haben die *Annales* von Marc Bloch und Lucien Febvre einen ungeheuren Aufschwung und eine außergewöhnliche Ausstrahlung erlebt. Sie haben aber auch außerordentliche Schwierigkeiten meistern müssen. Der tragische Tod von Marc Bloch im Jahre 1944; der plötzliche Tod von Lucien Febvre, der erst wenige Monate zurückliegt. Aber die *Annales* sind es sich schuldig, weiter zu erscheinen.

Ein so altes geistiges Abenteuer wie die Geschichtsschreibung muß seinen Lauf fortsetzen, der nie ohne Überraschungen ist. Es ist viel zu sehr mit allen Abenteuern des Geistes und des Menschen verbunden, um in einem bestimmten Stadium der Technik, der Problemstellung oder der Gewohnheit anzuhalten. Weder Marc Bloch noch Lucien Febvre hatten den Wunsch oder die Illusion, eine Schule mit bestimmten Formeln und Lösungen gegründet zu haben.

Sie haben ihr ganzes Leben lang gesucht. Sie haben ohne Unterlaß alle neuen Ideen, alle brauchbaren Methoden und Techniken aufgenommen und verarbeitet, alles, was unseren Beruf allmählich immer exakter – warum sagen wir nicht: immer wissenschaftlicher? – gemacht hat. Aber dieses Neue, diese Neugier müssen auf die Geschichtsschreibung zurückwirken, auf das Erreichte, die etablierten Anforderungen, die alten Bezugssysteme, soweit sie noch gültig sind. Dies zu wiederholen und zu bekräftigen heißt, sich jedes Mal genau auf der Linie unserer Zeitschrift zu bewegen, die im Zeichen der Leidenschaft für die Geschichte und ihre Erforschung gegründet worden ist, im Zeichen der Treue und des Risikos, im Zeichen des unbedingten Vertrauens in ein empfindliches, schwieriges Metier, in dem wir etwas gänzlich anderes sehen als ein Spiel, einen netten Zeitvertreib oder beruflichen Aufstieg.

Die Geschichte, bis an ihre äußersten Grenzen getrieben, bis in das Herz aller anderen Wissenschaften, die den Menschen zum Gegenstand haben; bis in die Gegenwart, die von den gefährlichen Flammen des Ereignisses beherrscht wird. Denn die Geschichte ist Erklärung, der Maßstab des Menschen in der Vergangenheit, aber auch – wir werden es immer wieder zu zeigen versuchen – in der Gegenwart.

So wird es uns leichter fallen – das glaube ich wenigstens –, der Geschichtsschreibung ihren notwendigen Platz beim Zusammentreffen aller Sozialwissenschaften zu bewahren, in einer Strömung, die ohne die Geschichte schrecklich unvollständig wäre.

Les *Annales* continuent ..., in: *A. E. S. C.* 12 (1957), Heft 1, S. 1–2.

FERNAND BRAUDEL

Die *Annales* sind dreißig Jahre alt[1]

Ja, schon dreißig Jahre – das ist wenig und viel zugleich. Man gestatte uns, diesen Geburtstag diskret zu feiern. Seit Marc Bloch und Lucien Febvre uns verlassen haben, kann sich das Haus, das sie gegründet haben, kaum ungetrübter, Freude hingeben. Wir haben sie so sehr gebraucht, wir hätten sie und die ihnen eigene Neigung zu Leidenschaftlichkeit und Originalität noch immer sehr nötig! Daß ihr Geist sich auf jeden Fall fortsetze, soll Sinn unserer Treue zu ihnen sein, unseres Weitermachens, so gut wir können. Das Risiko bleibt indes auf der Tagesordnung.

Gestern strebte die Geschichtswissenschaft – gemäß dem Programm von Henri Berr – danach, die verschiedenen Bereiche ihres Forschungsfeldes zu einem Komplex zu vereinigen. Mit Marc Bloch und Lucien Febvre wollte sie dann das gesamte Gebiet der Humanwissenschaften *(Sciences de l'Homme)* erobern und zu ihrem Nutzen organisieren, zumindest in dieses vordringen und dadurch ihr Problembewußtsein schärfen und ihre Techniken erneuern. Heute besteht das Problem darin, voll und ganz am notwendigen Zusammenschluß der Humanwissenschaften mitzuwirken.

Es sind dies aufeinanderfolgende Programme, Etappen und Forschungsrichtungen, doch keine dieser Aufgaben ist wirklich vollständig gelöst, und die letztere zeichnet sich kaum erst ab. Der Leser möge nicht erstaunen, wenn wir zwischen den verschiedenen notwendigen Unternehmungen schwanken, wenn wir unsere Aufmerksamkeit vor allem auf die letztgenannte Aufgabe lenken; sie ist im Augenblick die wichtigste von allen, denn von ihrer Lösung hängt die Zukunft einer humanistischen Geschichtsschreibung ab, der wir uns alle verschrieben haben.

Die Veränderungen, die die letzten Hefte unserer Zeitschrift bereits angedeutet hatten, sind Antworten auf diese Programme.

Doch diese Schwierigkeiten, die wir aufzuzeigen und auch zu meistern versuchen, stehen nicht vor uns allein. Sie bauen sich vor allen historischen Schulen in Frankreich auf, die – zu unserer Freude – unterschiedlich und doch solidarisch sind und einander näher stehen, als man denkt. Gleichzeitig gibt es diese Schwierigkeiten auch für alle Historiker außerhalb Frankreichs. Deshalb werden wir uns bemühen, den ausländischen Kollegen in unserer Zeitschrift immer häufiger das Wort zu erteilen. Eine wissenschaftliche Geschichtsschreibung ist im Entstehen begriffen. Sie zeichnet sich ab in einer einzigen Sprache, die unsere Kulturen, unsere politischen Systeme und gesellschaftlichen Verbände überschreitet. Es ist eine Universalsprache von unschätzbarem Wert, die sich im Innern wie außerhalb unserer Sozialwissenschaften, von einer Denkrichtung zur anderen, von Mensch zu Mensch, von Volk zu Volk herausbildet – eine Sprache, für die wir entschlossen arbeiten und ohne nachzulassen streiten wollen, solange die *Annales* am Leben sind.

Les *Annales* ont trente ans (1929-1959), in: *A. E. S. C.* 14 (1959), Heft 1, S. 1–2.

FERNAND BRAUDEL

Die Rückkehr zu den Enquetes

Nach langem Nachdenken und nicht minder langem Zögern kehren die *Annales* zu den Enquetes* zurück. Nicht zu jenen, die Marc Bloch und Lucien Febvre vor nunmehr zwanzig Jahren zur Geschichte des Adels und zur Technikgeschichte in Angriff genommen hatten, obwohl keine dieser beiden Enquetes, die zu ihrer Zeit von revolutionärer Bedeutung waren, wirklich abgeschlossen sind. Doch gibt es überhaupt eine einzige Enquete, eine einzige Forschungsarbeit, eine einzige historische Darstellung, die zu einer definitiven, für alle Zeiten gültigen Bilanz führen könnte? Niemand wird es ernsthaft glauben.

Die Geschichte ist vor allem die Antwort auf Fragen – über einen langen Zeitraum nicht selten die gleichen, doch wohl niemals genau dieselben –, die jede neue Generation an uns richtet hinsichtlich einer unermeßlichen Vergangenheit unter unserer Obhut. Allein dieser einfache und notwendige Dialog zwingt uns, unsere Standpunkte und unsere Antworten zu verändern. Außerdem folgt die historische Forschung eigenen Bewegungsabläufen. Und von allen Seiten bedrängen uns die exakten Wissenschaften und die Humanwissenschaften, verändern unablässig den Schwerpunkt unseres Interesses. Wie es eine Aktualität

* Enquetes meint sowohl die kollektive Untersuchung nach gemeinsamer Problemstellung und vereinbarten Kriterien als auch die Analyse langer Datenreihen. Braudel greift hier, gestützt auf die wissenschaftsorganisatorischen Voraussetzungen der VIe Section, das Verfahren wieder auf, das in den dreißiger Jahren von Bloch und Febvre auf der Grundlage der freiwilligen Zusammenarbeit von Forschern vorangetrieben wurde. Der Terminus wird hier wegen seiner zentralen Stellung für die Argumentation im Original belassen, an anderen Stellen in diesem Band mit »kollektive Untersuchungen« bzw. »Erhebungen« verdeutscht. (Anm. d. Hrsg.)

aller Wissenschaften gibt, so gibt es auch eine Aktualität der Geschichte, die lebendig und in stetem Wandel begriffen ist.

Wir wiederholen es, nicht um darob zu frohlocken, sondern weil es die Wahrheit ist: Die Geschichte hört nicht auf, sich rasch, quasi vor unseren Augen, zu verändern, ob es unsere ruhmreicheren Kollegen mögen oder nicht. Die Geschichte wandelt sich mit derselben Geschwindigkeit, mit der sich die Welt der Menschen ändert, die Welt der Ideen, die uns umgibt, und ebenso schnell wie unsere unmittelbaren Begleiter, die exakten Wissenschaften und die Humanwissenschaften.

In stärkerem Maße als der gewöhnliche Forschungsaufsatz bzw. das gelehrte Buch oder eine zusammenfassende Darstellung, die auf die Arbeitsergebnisse anderer angewiesen ist (eine gute Gesamtdarstellung setzt ein gutes Einzelwerk voraus), besitzt die Enquete den enormen Vorteil, die Geschichte an jenem Punkt zu erfassen, wo sie entsteht, wo sie im Fortschreiten begriffen ist, und sie vermag neuartige Verbindungen zu den Nachbardisziplinen herzustellen. Darin liegt ihr Vorteil und ihr Verdienst: in dieser natürlichen Lebendigkeit, in der Geschwindigkeit, die sich kaum erst abzeichnenden Tendenzen und Möglichkeiten einer fruchtbringenden Diskussion zu signalisieren.

Dies vorangestellt, werden unsere Enquetes nicht über Jahre hinweg unter ein und derselben Flagge segeln. Es geht nicht darum, Enzyklopädien zu erarbeiten, so nützlich diese auch sein mögen. Der Vorzug der Enquetes, die von Marc Bloch und Lucien Febvre ins Leben gerufen wurden, lag, wie wir meinen, gerade in ihrer Kürze: Sie haben zu einem bestimmten Zeitpunkt interessante Probleme und lohnende Forschungsfelder aufgezeigt und daher ihr Ziel erreicht. Die Technikgeschichte befindet sich heute auf gutem Wege, während die *Sozialgeschichte* der Technik noch auf sich warten läßt. Auch die Sozialgeschichte kommt voran. Unter der gebieterischen und großartigen Leitung von Ernest Labrousse widmet sie sich umfangreichen Forschungen und Berechnungen und bedient sich dabei der maschinellen Datenverarbeitung, die uns freilich das Denken nicht abnimmt, die uns aber morgen zwingen wird, diese entscheidenden Probleme neu zu durchdenken. Denn, sagen wir es laut und vernehmlich: es gibt noch keine Sozialgeschichte, die diesen guten Namen verdient. Wir waren und bleiben bestrebt, auf diesem Gebiet, auf dem unsere schwierigsten Errungenschaften liegen, eine unabdingbare vorausgehende Problemstellung zu befördern, die in soziologischen Arbeiten und den üblichen, unzureichenden Gesellschaftsschilderungen der Historiker ihren Ausgangspunkt nimmt. Ein großes Problem besteht darin, daß es den Historikern schwerer fällt, von der Sprache eines Georges Gurvitch, eines Claude Lévi-Strauss oder Georges Friedmann zu unserer eigenen historischen Sprache zu finden, als die grundlegenden Methoden der politischen Ökonomie oder der strengen Demographie zu assimilieren, wie es heutzutage geschieht. Auf diesen Gebieten bedroht uns die Routine, die sich bereits festsetzt und mit naiver Selbstgefälligkeit schwadroniert.

So sehr wir also versucht sind, diese grundlegende Debatte in den *Annales* aufzugreifen, haben wir es doch vorgezogen, die ersten Ergebnisse der Untersuchungen abzuwarten, die im relativ leicht zugänglichen Rahmen des 18. und 19. Jahrhunderts im Gange sind. Wir werden sobald wie möglich darauf zurückkommen.

Unsere ersten Enquetes richten sich auf zwei Themen: *Die Geschichte als gegenwärtige Sozialwissenschaft* und *Die Geschichte des materiellen Lebens und der biologischen Verhaltensweisen.* Das sind natürlich komplizierte Themen.

Der Leser möge nicht erstaunt sein über unsere beharrlichen Anstrengungen zugunsten einer Geschichte, die über ihre gewöhnlichen Aufgaben hinaus als eine Wissenschaft der Gegenwart, ich würde sogar hinzufügen, als die Wissenschaft von den Humanwissenschaften angesehen wird, denn indem sich die Geschichtswissenschaft mit den Humanwissenschaften vermischt, ihnen die ihr eigene Stärke und ihre Dialektik zuführt, findet sie zugleich einen Nährboden in der vielfältigen und unersetzbaren Bewegung der Humanwissenschaften. Ist es aber nötig, erneut und ausführlich auf diese Ansicht zurückzukommen? Ich habe sie schon des öfteren dargelegt, und sie wird im übrigen nicht nur von mir, sondern von allen unseren Mitarbeitern geteilt – und ohne einen größeren Irrtum zu riskieren, könnte man sagen, von all den jungen französischen Historikern, die darauf bedacht sind, ihr Metier an der Nahtstelle aller Humanwissenschaften zu betreiben.

Dieses Vertrauen in eine Geschichte, die Verständnis der Gegenwart ist, verdient es, anhand konkreter Beispiele diskutiert, abgewogen und überprüft zu werden, und zwar sowohl für den Soziologen, der kaum an eine lebendige Geschichte glaubt bzw. deren Regeln verkennt, wie für den Ökonomen, der, da er uns ignoriert, sich die Türen der »langen Dauer« verschließt, als auch schließlich für den Mann der Tat, der nur an das glaubt, was er sehen oder anfassen kann, oder zumindest was er zu sehen oder anzufassen meint. Kurz, diese Debatte muß nicht nur unter Historikern stattfinden, auch wenn die Historiker einen wesentlichen Platz in ihr einnehmen.

Dies gilt ebenso für unsere Enquete über das materielle Leben, die mit dem vorliegenden Heft angebahnt wird.

Da ich schon seit Jahren an einem Buch über die Geschichte des materiellen Lebens arbeite und es immer wieder verschiebe – es wird sich sowohl mit dem ökonomischen als auch mit dem außerökonomischen Leben beschäftigen –, kam ich dazu, Sinn und Grenzen des Themas zu erweitern. Das materielle Leben bezeichnet für mich ziemlich treffend jenen Bereich eines unvollkommenen Bewußtseins, der – unter dem Vorzeichen lebhafter Bewußtwerdungsprozesse, die indes nicht immer von ungetrübter Klarheit sind – über die Aktivitäten des wirtschaftlichen Lebens hinausreicht. Unabhängig von jeder Definition ist es schlechterdings unmöglich, die gewaltigen Materialmengen zu übersehen, die uns auf diesem schlecht erkundeten Feld zur Verfügung stehen, und zugleich der Schwierigkeiten nicht gewahr zu werden, diesen Stoff angemessen zu sammeln und gar zu organisieren. Wie immer also stehen sich Gelehrsamkeit auf der einen, Methode und Anwendung auf der anderen Seite gegenüber.

Die Tatsache, daß diese bereits umfangreiche Enquete bis auf das Biologische ausgedehnt wird, soll nicht bedeuten, daß wir bloß in die Bereiche der retrospektiven Demographie vorstoßen wollen. Wir haben lediglich dem Wunsch nachgegeben, dieses weite Forschungsfeld nicht mit wackligen, unnützen, ja gefährlichen Absperrungen zu umstellen. Unsere erste Sorge war, uns in unserer Arbeit frei und wohl zu fühlen. Aber lassen wir der Enquete ihren Lauf, sie soll sich selbst verteidigen! Der Anstoß ist gegeben. Möge uns jeder nach der Partie beurteilen, die nun beginnt – oder besser von neuem beginnt.

Retour aux enquêtes, in: *A. E. S. C.* 16 (1961), Heft 3, S. 421–424.

ANDRÉ BURGUIÈRE

Die *Annales* 1929–1979

Im Jahr 1979 sind die *Annales* fünfzig Jahre alt geworden. Verlangt ein Geburtstag eine Bilanz? Nichts ist weniger gewiß; Gedenkfeiern sind immer zwiespältig und geraten nur oft genug zu einer Rechtfertigung. Heute sehen sich die Geschichtswissenschaft und der Beruf des Historikers mit neuen Problemen konfrontiert.

Es muß wiederholt werden: so wie ein an Gedächtnisschwund leidender Mensch ein Kranker ist, kann eine Gesellschaft nicht ohne Geschichte leben. Es gibt nur dann einen Sinn der Gegenwart (einen Sinn in der Gegenwart), wenn man sich der Vergangenheit versichert und diese ohne Unterlaß neu befragt. Das ist eine Binsenweisheit, an die zu erinnern dennoch angebracht ist in einem Augenblick, da man sich hartnäckig daranmacht, uns das Gedächtnis zu rauben. Man hat die Geschichte aus der Grundschule vertrieben; an den Gymnasien, wo blutleere Lehrprogramme sie zur bloßen Dekoration verkommen lassen, wird sie entstellt; sie führt zu einer Vorliebe für das Exotische, ohne die elementaren Mittel zum Nachdenken zu liefern. Und wer soll morgen Geschichte unterrichten, in einer Zeit, da geradezu lächerlich wenig neue Lehrer eingestellt werden? Wer wird die Forschung vorantreiben, wenn junge Historiker noch nicht einmal die Hoffnung auf eine Anstellung haben? Verstehen wir uns richtig: Wir plädieren hier weder für die Verteidigung einer Disziplin noch einer Korporation, sondern dafür, daß sowohl in der schulischen Ausbildung als auch in der fortgeschrittenen Forschung eine Reihe von Fragen auf der Tagesordnung bleiben.

Die Gesellschaft verteidigt sich allerdings: zur Tür hinausgejagt, kehrt die Geschichte durchs Fenster zurück und setzt sich allmählich überall fest. Zu keiner Zeit war bei uns die Nachfrage nach Geschichte so hoch. Verlagswesen,

Presse und Fernsehen reagieren darauf, indem sie ihre Produktion vervielfachen, die nach Auffassung der *Annales* bisweilen sehr frei an die Geschichte herangeht. Die sehr unterschiedliche Qualität der Werke soll an dieser Stelle keine Rolle spielen. Sie genügen nicht, uns zu beruhigen, weil der gesellschaftliche Gebrauch der Geschichte, den sie vorschlagen, zumindest zweifelhaft ist. Angesichts schwieriger, ungewisser Zeiten versucht Frankreich die Rückkehr zu seinen Wurzeln. Das Land findet mehr Gewißheiten in den Dorfgemeinden des Ancien Régime als in der Halsbandaffäre der Königin oder in der Geschichte vom Mann mit der eisernen Maske. Wozu dient aber diese wiederentdeckte Geschichte? Sie wird gleichsam zu einer Art Tourismus, bietet Strände zum Träumen, lädt zu nostalgisch verklärter Identifikation ein. Sie flieht vor der Gegenwart, anstatt diese zu befragen und sich anhand der Fragen, die sie aufwirft, selbst zu prüfen. Auch diese Geschichte ist nicht die, die wir verteidigen.

Geschichte muß stören, provozieren. Wir brauchen nicht mehr die belehrende Geschichtsschreibung von vorgestern, welche Staatsbürger und Soldaten geformt hat. Auch nicht zwangsläufig eine Geschichte, zu der uns die radikalen Strömungen auffordern, die die Historiker von heute – insbesondere die der *Annales* – der Taubheit gegenüber den Erfordernissen der Gegenwart anklagen, des Zauderns, ihr Wissen in den Dienst viel wichtigerer Auseinandersetzungen zu stellen. In Wirklichkeit wühlt die ideologische Geschichte nur die Oberfläche auf, denn sie hat sich schon beizeiten erschöpft. Allzu oft begnügt auch sie sich damit, Folklore zu produzieren, ein Ritual aufzuführen, mit ihren Straßennamen, ihren unbekannten Soldaten und ihren Prozessionen. Die Geschichte, die stört und provoziert, ist diejenige, die verstehen läßt, die das Intelligible hervorbringt, nicht diejenige, die würdige Gedenkfeiern zelebriert, denn das Gedächtnis ist nichts, wenn es kritisches Nachdenken verbietet. Weder die Vergangenheit um der Vergangenheit willen, noch eine Vergangenheit, die allein zum Nutzen der Gegenwart mobilisiert wird, sondern ein unaufhörliches Wechselspiel von Fragen, die Aufdeckung von Solidaritäten, die Vermessung der Zwischenräume zwischen Vergangenheit und Gegenwart. Die Analyse der Phänomene der langen Dauer, das nachdrückliche Bestehen auf den Beharrungskräften, die die Geschichte der Menschheit beeinflußt haben – sind sie, wie man allen Ernstes geschrieben hat, Gegenmittel zum Klassenkampf? Oder ermöglichen sie ein besseres Verständnis der wirklichen Kämpfe? Die Geschichte hat, wie alle Sozialwissenschaften, nicht die Aufgabe, die »Wirklichkeit« nachzuerzählen; sie muß im Gegenteil ihre Gegenstände konstruieren, die Stringenz ihrer Konzeptionen hinterfragen, die Gültigkeit ihrer Hypothesen überprüfen. Der falsche Streit um eine Geschichte um der Geschichte willen und eine Geschichte im Dienst einer Sache muß zurückgewiesen werden. Dem Historiker – und das ist schon viel – kommt nur der Versuch zu, einige Probleme genauer zu benennen. Wenigstens in dieser Hinsicht wollen die Annales der Absicht ihrer Gründer treu bleiben.

Treue? Gewiß kommt es nicht jenen zu, die für eine bestimmte Zeit die Leitung der Zeitschrift innehaben, darüber zu urteilen. Unstreitig haben sich die *Annales* verändert. Sie haben sich seit ihrer Entstehung sogar mehrfach verändert, und es bleibt zu wünschen, wie es Fernand Braudel vor einigen Jahren an dieser Stelle tat, daß sie sich weiterhin verändern, so oft es nötig sein wird. Wie könnte es anders gehen? Die Fragestellungen der Geschichtswissenschaft haben sich seit einem halben Jahrhundert stetig erneuert. Die Bedingungen der historischen Forschung, die Beziehungen zwischen der Geschichte und den Sozialwissenschaften (die von Anfang an von entscheidender Bedeutung waren), die kollektive Sensibilität (einige sagen Mode) haben sich tiefgreifend und kontinuierlich verändert. Treue kann fortan nicht einfache Wiederholung bedeuten.

Auch die Treue muß kritisch sein – oder Untreue muß durchdacht und begründet sein. Wir haben dagegen oft den Eindruck, daß wir dem Wandel zu wenig Aufmerksamkeit entgegenbringen, daß wir zu abhängig sind von-

institutionellen Schwerfälligkeiten, von Gewohnheiten, von Anregungen der Nachbarn. Wenn man noch einmal die *Annales* der ersten Jahre durchblättert, so fällt auf, daß die Spezialgebiete von Marc Bloch und Lucien Febvre, das Mittelalter und die Neuzeit, nicht im geringsten vorherrschend sind. Dafür nimmt die Zeitgeschichte bemerkenswerten Raum ein. Sie ist inzwischen fast vollständig aus der Zeitschrift verschwunden. Die Gründe für dieses allmähliche Zurücktreten sind vielschichtig. Zum einen haben sich die Bündnisse aus den Anfangsjahren, wenigstens zum Teil, aufgelöst: so das mit der Geographie, deren Entwicklung in Frankreich nicht immer parallel zu jener der Geschichte verlaufen ist; das mit der Ökonomie, über viele Jahre hinweg und entgegen allem Anschein. Andere Verbindungen sind geknüpft worden, beispielsweise zur Anthropologie. Doch diese wollte sich lange nicht für den sozialen Wandel interessieren, und wenn sie sich den »entwickelten« Gesellschaften zuwendet, dann befaßt sie sich lieber mit einer Vergangenheit, die sie beinahe als zeitlos betrachtet. Bei den Historikern selbst schien die Hinwendung zur *longue durée* die Analyse der Zeitgeschichte auszuschließen; dabei kann sie zweifellos helfen, die Herangehensweise an die Zeitgeschichte neu zu bestimmen. Schließlich muß man den errungenen Positionen und auch der Vorsicht ihren Teil einräumen. Die mittelalterliche und die neuzeitliche Geschichte, neuerdings und räumlich begrenzter auch die alte Geschichte, sind die Gebiete, auf denen die Innovationen der Forschung am spektakulärsten waren. Es ist dennoch nicht sicher, ob diese Erfolge unsere heutigen Entscheidungen bestimmen müssen. Ist nun eine neue Geschichte der Gegenwart möglich? Die *Annales* sind bereit, sie zu ermutigen. Es gibt weitere Felder, die immer außerhalb des Interesses der Zeitschrift gestanden haben; so das Politische, das lange Zeit mit der Ereignisgeschichte, mit der bedeutungslosen Schaumkrone einer tieferliegenden Geschichte gleichgesetzt wurde. Doch auch auf diesem Gebiet sind neue Fragen, neue Problemstellungen aufgetaucht. Sie kommen ein weiteres Mal aus der Anthropologie, von der Reflexion über die sozialen Formen des Politischen. Mitunter kommen sie aus der Geschichte selbst: jenseits der divergierenden Interpretationen oder der ideologischen Polemik hat die jüngste Debatte über die Französische Revolution das Problem der Relevanz des Politischen als Ebene der historischen Analyse aufgeworfen. Hier liegt ein Gebiet, das es von neuem zu betreten gilt. Setzen wir das Politische auf die Tagesordnung!

Für eine Zeitschrift haben sich die Arbeitsbedingungen ebenfalls verändert. Dieser Wandel ist freilich weniger gewollt als erlitten. Marc Bloch und Lucien Febvre hatten die *Annales* als Organ einer eher intellektuellen denn einer universitären Gemeinschaft konzipiert. Daher rührte ihr Anspruch auf Originalität, ihre dynamische Kraft. Man mußte nicht Historiker sein, um zur Gemeinschaft zu gehören. Es genügte, durch verschiedene Herangehensweisen starke und von anderen geteilte Positionen zu erringen. Das Programm der *Annales* war das einer Minderheit, es stieß an. Aus ihrer Vereinzelung heraus gab die Zeitschrift den Ton an, schlug neue Wege ein. Indem sie sich behauptete und widersetzte, wurde diese Gemeinschaft, die dennoch eher ein Programm als eine Theorie unterbreitete, von außen und manchmal auch von innen als eine Schule wahrgenommen. Aber der Erfolg des Unternehmens, die Institutionalisierung der Forschung, eine strengere Definition der Aufgabe haben die Funktionsweise verändert, die Positionen und Anliegen verschoben. Aus der Gruppe ist eine Bewegung geworden (mit ihren ständigen Mitgliedern, ihren Wegbegleitern und ihrer Laufkundschaft), bisweilen auch nur eine Referenz. Heute gehört das Erbe der *Annales* nicht mehr der Zeitschrift. Es ist Gemeingut der Mehrheit der Historiker, und das ist ein Grund zur Freude. Innovation ist nicht länger das Monopol einer kleinen Gruppe. Die Geschichte, wie im übrigen auch die anderen Wissenschaften, wird zur Tätigkeit eines Körpers, der anonymer ist als früher, und diese Aktivität verläuft diskreter. Die Innovation ist alltäglicher geworden. Jegliche Nostalgie wäre an dieser Stelle unangebracht, anachronistisch. Obgleich es häufig geschrieben wird, hatten die *Annales* nie und haben auch heute nicht den Anspruch auf eine wie auch immer geartete Hegemonie. Sie plädieren für eine bestimmte Form der Geschichtsschreibung und freuen sich, daß diese vorangetrieben und vertieft wird. Denn der Beruf des Historikers zählt nur durch die Erfahrungen, durch die Befragungen, die er zuläßt.

Gerade in dieser Hinsicht ist Aufmerksamkeit wohl am notwendigsten. Das Arbeitsfeld des Historikers ist in ständiger Erweiterung begriffen. In dem Maße, wie es sich vergrößert hat, ist die Forschung spezialisierter, technischer geworden. Zur gleichen Zeit hat sie vielfältigere und immer speziellere Gegenstände ausgewählt. Wie könnte man aber heute übersehen, daß die Vervielfachung der Gegenstände – bis in die *Annales* hinein – die Gefahr einer Rückkehr zur kumulativen Geschichte heraufbeschwört, in der die Ergebnisse mehr zählen als die Fragen? Die Anwendung der quantifizierenden Methoden, die immer stärker verfeinert werden, bietet dafür ein anschauliches Beispiel. Die quantifizierende Methode ist sicher der Ausgangspunkt für eine der entscheidenden epistemologischen Neuerungen, die die Geschichtswissenschaft in den vergangenen Jahrzehnten erlebte, denn sie zwang den Historiker anzuerkennen, daß er den Gegenstand seiner Beobachtung konstruiert und wie er ihn konstruiert. Aber es kommt auch der Zeitpunkt, da die Quantifizierung zur Routine wird, die Methode sich gegenüber dem, was man beweisen will, verselbständigt. Die Übung wird zum Selbstzweck, jedes Resultat ist genehm. Dieser Fall ist keine Ausnahme. Wir stehen vor der Errichtung neuer Barrieren im Namen der positivistischen Erkenntnis. Die Atomisierung des Feldes der Geschichtswissenschaft wird erneut zum Problem. Einzelne Geschichten – gut und schön: sie sind trotzdem nur dann von Belang und sinnvoll, wenn sie aufeinander Bezug nehmen, wenn sie gestatten, mittels der Verbindungen oder der Lücken die Komplexität der sozialen Zeit zu erfassen. Es gilt, die Standpunkte zu vervielfachen, die Herangehensweisen zu diversifizieren, nicht um zu trennen, sondern um besser artikulieren und effektiver konstruieren zu können. Weil zu gewärtigende Gefahren der Preis für einen Erfolg sind, müssen sie uns ein weiteres Mal an die Erfordernisse der Problemgeschichte erinnern.

Les Annales 1929–1979, in: *A. E. S. C.* 34 (1979), Heft 6, S. 144–146.

Geschichte und Sozialwissenschaften. Eine kritische Wende?

Seit sechzig Jahren haben die *Annales* ihr Projekt auf der Gegenüberstellung von Geschichts- und Sozialwissenschaften aufgebaut. Diese Begegnung hat verschiedene Formen angenommen und nicht immer gleich große Erfolge gezeitigt, doch sie hat dazu beigetragen, die historiographische Landschaft tiefgreifend umzugestalten. Während die Annäherung der Sozialwissenschaften zugleich eine geteilte Überzeugung hervorbrachte wie die Aussicht auf neue Praktiken eröffnete, haben die Feldforschungen an vielen Beispielen gezeigt, wie die konkreten Wege eines interdisziplinären Austausches aussehen könnten, und die gemeinsamen Erträge nutzbringend angelegt. Während einer glänzenden und optimistisch stimmenden intellektuellen Aufschwungperiode hat die Zeitschrift solche Forschungen, die »durch Vorbild und Tat« von der Erneuerung der Gegenstände, Fragen und Methoden zeugten, angeregt, unterstützt und begleitet.

Heute scheint die Zeit der Ungewißheiten gekommen. Die Neueinteilung der Fächer und Disziplinen verändert die Wissenschaftslandschaft, stellt etablierte Prioritäten in Frage, beeinträchtigt die traditionellen Wege, auf denen die Innovation zirkulierte. Die vorherrschenden Paradigmen, die man in den Marxismen oder den verschiedenen Richtungen des Strukturalismus ebenso gesucht hatte wie in der zuversichtlichen Anwendung der Quantifizierung, büßen ihre strukturierende Fähigkeit ein, während sich in einer Atmosphäre, die von der »Rückkehr aus China« geprägt ist, ein einseitiges Mißtrauen gegenüber jeder Art von Ideologie entwickelt. Die vielgestaltigen Entwicklungen der Forschung machen schließlich den stillschweigenden Konsens hinfällig, der die Einheit des Sozialen begründete, indem er es mit der Realität identifizierte.

Die Geschichtsschreibung, die einen Großteil ihrer Dynamik auf ihren vereinigenden, übergreifenden Anspruch gegründet hatte, ist von dieser allgemeinen Krise der Sozialwissenschaften selbstverständlich nicht verschont geblieben. Ihre eigene Lebenskraft bildet paradoxerweise eine zusätzliche Schwierigkeit. Die ungezügelte Vervielfachung der Forschungsgegenstände bietet ein Bild, das an Überschaubarkeit verliert. Die unscharfe Anprangerung einer »Fragmentierung der Geschichte« hat dazu gedient, gleichzeitig die unvermeidbaren Konsequenzen einer notwendigen Spezialisierung und den Eklektizismus einer überaus reichlichen, aber planlosen wissenschaftlichen Produktion zu benennen. Wegen der Unmöglichkeit, in einer sich ständig wandelnden intellektuellen Landschaft jene Disziplinen genau zu bestimmen, mit denen man neue Bündnisse schließen kann, sowie die Paradigmen, um diese zu begründen, gewinnen bequeme Lösungen die Oberhand: eine argumentativ nur schwach untersetzte Denunziation einer »Schule der Annales«, in Konturen gezeichnet, die dem jeweiligen Anliegen genügten, ein Wiederaufgreifen alter Motive – die Rückkehr des Narrativen, des Ereignisses, der Politik, der Biographie – als müßten sie genügen, um etwas mehr Ordnung in unsere Praktiken zu bringen. Die paradoxe gesellschaftliche Position der Geschichtswissenschaft, die an der Spitze anerkannt ist, während gleichzeitig die Rekrutierungsquellen an der Basis versiegen, trägt zu dieser Entwicklung bei.

Der Zeitpunkt ist gekommen, die Karten neu zu mischen. Es geht nicht darum, die abgeschlossene Bilanz eines Zustandes zu präsentieren, der sich vor unseren Augen ständig weiter verändert, noch weniger um das generelle Eingeständnis einer Niederlage. Es geht vielmehr um den Versuch, ausgehend von den gewonnenen und stets hinzukommenden neuen Erfahrungen einige Markierungspunkte zu ermitteln, einige Leitlinien zu umreißen für unangreifbare und innovatorische Praktiken in Zeiten der Ungewißheit.

Das kann nur eine kollektive Arbeit sein. Getreu ihrer Rolle werden die *Annales* diese Arbeit aufnehmen und darin ihren Platz haben. Die Zeitschrift ist offen für Überlegungen und Diskussionen, zu denen wir aufrufen. Sie beabsichtigt, 1989 eine erste Serie von Diskussionsbeiträgen in einem Sonderheft zu veröffentlichen. Ein solches Vorhaben hat nur dann einen Sinn, wenn es die Erfahrung jedes einzelnen berücksichtigt: wir wären deshalb sehr froh, bis Ende April 1989 in einer Form, die variieren kann, Reaktionen und Überlegungen zu folgenden Punkten zu erhalten:

Neue Methoden. Wir möchten die Aufmerksamkeit vor allem auf zwei Grundfragen richten: die Maßstäbe der Analyse und die Art, Geschichte zu schreiben. Bestimmte Vorschläge der »Mikrogeschichte« zwingen nach einer langen Zeit ausschließlichen Interesses für globale Entwicklungen und Gesamtstrukturen zu einer heilsamen intellektuellen Übung. Sie verpflichten besonders dazu, die Formen der Entsprechung und Anpassung zwischen Umfang der Forschungsgegenstände, den Untersuchungsmodalitäten und Problemstellungen zu präzisieren und zu diskutieren. Vom Individuum zur Gruppe und zur Gesellschaft, - vom Lokalen zum Globalen – wie kann man die Verbindung zwischen den verschiedenen Ebenen der Beobachtung sichern und die Art und Weise der notwendigen Verallgemeinerungen bestimmen? Oder in einer anderen Richtung: Wie kann man die Bedingungen der Angleichung und Gegenüberstellung von Forschungsergebnissen schaffen und die Praxis des Vergleichs gründlicher entwickeln, dessen Notwendigkeit immer wieder proklamiert worden ist, dessen tatsächliche Anwendung jedoch die Ausnahme bleibt?

Diese Interessenfelder führen zwangsläufig zum Nachdenken über Aussagewert und Beweisfähigkeiten der Geschichte und, davon nicht zu trennen, über die Art, Geschichte zu schreiben. Einen Beweis zu führen, bedeutet für den Historiker nicht nur, sich korrekt der Quellenkritik und Analysemethoden zu bedienen; die Beziehung zwischen der Art der Hypothesen und den Elementen ihrer Verifikation ist womöglich noch wichtiger. In dieser Frage hat die Zunft – in ihrer quantifizierenden ebenso wie in der eher literarischen Ausrichtung – ihre Gepflogenheiten und rhetorischen Konventionen. Kann sie sich mit diesen begnügen, oder muß sie anderen Argumentationsmustern Platz machen? Wie vermag sie Gebrauch und Wirkungen der einen wie der anderen zu kontrollieren? Es ist angebracht, die verschiedenen Formen der Geschichtsschreibung ernst zu nehmen. Diese hat ihre fest verankerten Traditionen; sie ist aber auch zu jeder Zeit für formale Anregungen von außen, erzählende Formen im besonderen, empfänglich. Seit einem halben Jahrhundert haben die Wahl ganz neuer Untersuchungsgegenstände, das Primat der Zahl und der seriellen Untersuchung die Geschichtsschreibung grundlegend erneuert, ohne daß man diesem Umstand große Aufmerksamkeit geschenkt, ohne daß man versucht hätte, das Ausmaß dieser Umgestaltungen zu analysieren. Auch hier verändern sich die Dinge noch vor unseren Augen. Einige experimentieren viel entschiedener mit bisher nicht dagewesenen Lösungen. Indessen ist der Zweck der Übung nicht ungebunden. Was kann man tun, damit das Erfordernis der Beweisführung nicht aus dem Blick verloren wird?

Neue Bündnisse. Wir greifen hier nicht auf die traditionellen Beziehungen zurück, die es der Geschichtswissenschaft gestattet haben, nacheinander oder gleichzeitig in der Geographie, der Soziologie oder der Anthropologie Anregungen zu finden. Wir wünschen uns andere Anregungen, andere Untersuchungen aus den Grenzbereichen. Am Rande des Faches gibt es Gebiete, die die Geschichtswissenschaft für sich in Anspruch nimmt, seltsamerweise ohne jemals über die Mittel verfügt zu haben, ihre Vormachtstellung über sie abzusichern: die Kunstgeschichte, die Wissenschaftsgeschichte, die Geschichte einiger weit zurückliegender Kulturen gehören zu diesem Bereich. An neuen Frontlinien nehmen andererseits die Versuche zu, deren Nützlichkeit freilich jetzt noch nicht beurteilt werden kann: von der retrospektiven Ökonometrie zur Literaturkritik, von der Soziolinguistik zur politischen Philosophie, man könnte noch weitere Beispiele anführen. Wie schreibt man auf diesen Gebieten Geschichte? Wie praktiziert man – oder auch nicht – Interdisziplinarität, mit welchen gemeinsamen Fragestellungen, mit welchen Grenzen und welchen Ergebnissen?

Es ist auf keinen Fall wünschenswert, wenn nur die Historiker oder gar nur die französischen Historiker auf diese Fragen antworten. Soll das interdisziplinäre Vorhaben einen Sinn haben, verlangt der Austausch, auf den es sich gründet, auch eine Prüfung durch unsere Partner. Welchen Gebrauch machen heute Anthropologen, Philosophen, Soziologen von der Geschichte – nicht nur des historisch Intelligiblen, sondern der historischen Produktion? Die *Annales* haben im übrigen niemals vorgegeben, in diesem Bestreben allein zu sein. Besonders im Ausland haben die Versuche, auf die hier formulierten Fragen zu antworten, andere Formen angenommen. Wir appellieren auch an die Forscher im Ausland und werden ihre Meinung verbreiten – wir bitten sie, indem sie unsere eingefahrenen Gewohnheiten brechen, an dieser Arbeit der Analyse und der Neuvorschläge mitzuwirken.

Wir wollen keine Bilanz, keine Gewissensprüfung. Der Zeitpunkt einer Krise der Geschichtswissenschaft, eine Annahme, die einige gar zu leicht hinnehmen, scheint uns nicht gekommen. Wir sind im Gegenteil der Überzeugung, an einer neuen, noch unklaren Situation teilzuhaben, die genauer zu beschreiben ist, um morgen den Beruf des Historikers ausüben zu können. Wir wollen einen kritischen Wendepunkt mitten im wirklichen Leben packen.

Histoire et sciences sociales: Un tournant critique, in: *A. E. S. C.* 43 (1988), Heft 2, S. 291–293.

Wagen wir den Versuch

Das Erbe der *Annales* gehört allen. Es ist jedem freigestellt, sich dies in einer speziellen Lesart zu eigen zu machen, daraus die Elemente einer geistigen Praxis oder Positionsbestimmung zu schöpfen, sie zu analysieren, was im allgemeinen mehr Aufschluß über die Entwicklung des Autors als über die der Zeitschrift geben wird. Aber wer glaubte schon, daß der geistige Einfall mit einer materiellen Übertragung einhergehen könne? Die Erneuerung ist keine Frage des Erbes, sondern Prozeß einer ständigen Neubestimmung in einem Kraftfeld, das sich in ständiger Entwicklung befindet. Die historischen Fragestellungen resultieren aus der Verknüpfung der früheren Praktiken des Faches, der gegenwärtigen Konstellation der Disziplinen und den augenblicklichen Bedingungen der Produktion des gesellschaftlichen Wissens zugleich: von allen Büchern schreibt der Historiker die vergänglichsten.

Die Trennwände zwischen den Wissensgebieten niederreißen – »die Mauern sind so hoch, daß sie oft den Blick verstellen«, seufzten Marc Bloch und Lucien Febvre 1929 –, »so weit wie irgend möglich vordringen, dabei alle Risiken in Kauf nehmen, selbst bis an die Grenzen sich abzeichnender Neuerungen«, wie Fernand Braudel 1969 schrieb – darin besteht das Festhalten an den Ambitionen, die die Zeitschrift seit Beginn ihrer Existenz prägen. Außerdem sind es gerade die Aufgaben des Augenblicks, die ständig neu bestimmt sein wollen. Gibt es einen besseren Anlaß als jetzt, da die *Annales* sechzig Jahre alt werden, dies zu tun und zugleich die Alternative zwischen Versteinerung und Auflösung, die einige uns vorschlugen, zurückzuweisen? Das vorliegende Heft vereint eine erste Reihe von Texten – andere werden in regelmäßigen Abständen folgen –, zu denen wir 1988 aufgerufen haben[1], und es verweist auf die Rolle, die wir übernehmen wollen. Weder eine Schule

– so groß ist das Risiko, entweder zu einem Klüngel oder zur Institution zu werden – noch ein Briefkasten (wenn auch mit gutem Ruf), sondern ein Ort des Experimentierens wollen wir sein.

Wir wollen das Feld einer fruchtbaren Konfrontation der laufenden Forschungen umreißen, die neuen Fragestellungen und Herangehensweisen deutlich machen, die sich in zahlreichen, jedoch zerstreuten Projekten abzeichnen, erneuerte Grundlagen für den Beruf des Historikers und den Dialog mit den Sozialwissenschaften etablieren: Unsere Ambitionen sind maßlos, wenn sie kein Echo im kollektiven Nachdenken und keinen Rückhalt in gemeinsamer Arbeit finden. Es gilt deshalb schon jetzt, erste Generallinien zu skizzieren, an denen entlang wir gemeinsam voranschreiten möchten. Sie bilden die Grundlage der Redaktionspolitik. Sie verstehen sich als Ermunterung zu einem gemeinsamen Werk.

Weder die chronologische Anordnung ihrer Gegenstände, noch ihre analytischen Verfahren oder die Natur ihrer Quellenbasis vermögen die Originalität der Geschichtswissenschaft hinreichend zu begründen. Der Historiker konstruiert seine Problemstellungen an der Schnittlinie einer langen Folge von Kommentaren und Fragen der Gegenwart, und er entlehnt heute viele seiner Methoden den benachbarten Humanwissenschaften. Umgekehrt findet der Ökonom, der die Preisentwicklung im 18. Jahrhundert darstellt, oder der Philosoph, der die Entstehungs- und Entwicklungsgeschichte von Strukturen des Gefangenseins untersucht, in vergangenen Epochen ein reichhaltigeres Repertoire von Fällen vor als heute. Doch es ist ja auch weniger die Geschichtsschreibung, die verbindend wirkt, als vielmehr ihr Anwendungsfeld: die Vergangenheit ist nahezu universell.

Braucht der Historiker nun nichts weiter zu tun als sein Territorium einer ökumenischen Praxis der Humanwissenschaften zu öffnen, nachdem er allen die Methoden der Ausgrabung und der Nutzung alter Quellen beigebracht hat? Das Risiko bestünde dann darin, auf dem Gebiet der

Geschichtswissenschaft nur noch Anthropologen, Ökonomen oder Soziologen anzutreffen, die sich mit der Vergangenheit beschäftigen. Ein Risiko, denn wenn der Wirtschaftshistoriker ein Ökonom ist, der sich mit der Vergangenheit beschäftigt, können Geschichte und Ökonomie nichts Grundlegendes mehr voneinander lernen. Die Verbreitung von Innovationen setzt Unterschiede in der Leistungsfähigkeit voraus. Zu einem Zeitpunkt, da einigen die Fähigkeiten der Sozialwissenschaften, die Welt zu erklären, zweifelhaft erscheinen, muß man scheinbar paradox für eine Bestärkung der einzelwissenschaftlichen Identitäten eintreten. Wir werden darauf zurückkommen.

In diesem mehrschichtigen Unternehmen muß der besondere Beitrag der Geschichtswissenschaft in der speziellen Erforschung der zeitlichen Mechanismen bestehen. Gegen die lineare Zeitvorstellung der Chroniken und der positivistischen Geschichtsschreibung haben die Historiker der *Annales* als erste die Komplexität der sozialen Zeit hervorgehoben und die *longue durée* bevorzugt. Die Aufmerksamkeit, die heutzutage dem Ereignis beigemessen wird, und das Wiederaufleben eines gewissen Historismus signalisieren, daß die ursprüngliche Intuition dabei ist, in ihren Wirkungen nachzulassen. Die Metapher von der Abstufung der verschiedenen Ebenen der Geschichte und die besondere Aufmerksamkeit für Phänomene der längsten Dauer bergen das Risiko, darüber jene Prozesse zu vergessen, vermittels derer Neues geschieht. In dem Augenblick, da die Theorien der Selbstorganisation die Tatsache wiederentdecken, daß die Zukunft kaum vorhersehbar und zugleich voll und ganz in der Vergangenheit angelegt ist, bleiben die Historiker merkwürdig still. Zu Recht, wenn man sieht, daß die Antworten auf diese Fragen bisher vor allem rhetorischer Art sind. Zu Unrecht aber, wenn man bedenkt, daß die Zeit vielleicht der einzige wirklich spezifische Gegenstand der Geschichtswissenschaft ist.

Die Ablehnung, Mechanismen zukünftiger Veränderungen in der gegenwärtigen Beschaffenheit eines Systems zu finden, ist gleichbedeutend mit einer Verlegung der Ursachen für Veränderungen nach außen. Wir sehen in einer historischen Erklärung, die eine solche kritische Variable außerhalb ihres Zugriffs, in eine äußere Position, verlagern würde, ein logisches Problem. Die Aufmerksamkeit für den Prozeß setzt dagegen voraus, daß die menschliche Zeitlichkeit vielfältig ist, daß eine chronologische Koinzidenz noch keine wirkliche Gleichzeitigkeit hervorbringt, daß Phasenverschiebungen schöpferische Wirkung haben. Denn weil eine Gesellschaft immer partiell neben ihrer formellen Organisation funktioniert, weil ein Wirtschaftssystem nur teilweise den Konjunkturverlauf seiner Strukturen aufweist, ist Neues überhaupt möglich. (Oder besser, weil diese Kategorien starr und unbeweglich sind, ist das reflexive Durchdringen von Entwicklungen schwierig.) Man muß die Hypothese wagen, daß sich in den vielfältigen Phasenverschiebungen zwischen Formen, Strukturen und Funktionsweisen die Ursprünge einer Entwicklung finden, die weder in überdurchschnittlichem Wachstum noch in Stillstand begriffen, sondern eben historisch ist, d. h. unumkehrbar, unvorhersehbar und determiniert. Wir müssen die Hypothese wagen, daß sich jede Gesellschaft in einem ständigen Prozeß der Selbstkonstruktion befindet und daß in der Analyse dieses Prozesses die einzige Möglichkeit besteht, mit der Belanglosigkeit von Ereignisschilderungen wie mit der Tautologie von Beschreibungen innerhalb vorherbestimmter Kategorien zu brechen.

In ihrer vorherrschenden Version ist die Sozialgeschichte auf Anhieb als eine Geschichte des Kollektiven und der Masse verstanden worden. Sie hat sehr zeitig begonnen, die sozialen Phänomene mit Hilfe einfacher (oder vereinfachter) Indikatoren zu messen, die quantifizierbar waren. Sie hat Distributionstabellen und Verlaufskurven aufgestellt, beschrieben und erklärt. Ein umfangreiches Material ist auf diese Weise zusammengetragen und analysiert worden. Was aber die Entwicklung der Forschung selbst angeht, gewann die Akkumulation von Fakten die Oberhand über die Ambition und bisweilen auch über das Streben nach Interpretation. Wenn die zahlenmäßige Beschreibung das Wesentliche ausmachte, mußte man behaupten, daß das erzielte Ergebnis – um ihm Evidenz zu verleihen – mit etwas in der Wirklichkeit übereinstimmte. Die Priorität der einfacher quantifizierbaren Strukturen gegenüber den Zusammenhängen und die Umdeutung der Kategorien erschienen deshalb in diesem Vorgehen logisch enthalten. Man hat sich auch an dieser Stelle seit langem über das Abdriften der Geschichte der Preise beunruhigt oder über die Art und Weise, in der die sozio-professionellen Kategorien der Vergangenheit analysiert wurden. Man hätte es ebensogut tun können, indem man darüber nachdenkt, wie man sich – vor allem in Frankreich – oft genug damit begnügt hat, die verschiedenen Aspekte der historischen Realität nebeneinanderzustellen, indem man die sozialen Kategorien den großen von der Wirtschaftsgeschichte vorgeschlagenen Einheiten anpaßte und dann die kulturellen Phänomene in das solcherart konstituierte sozialökonomische Schema einpaßte. Eine Art allgemeine Soziographie ist daraus erwachsen, die sehr schnell ihre Grenzen gezeigt hat. Die Entwicklung von umfassenden Datenbanken, die man in dem Maße der Realität um so näher glaubt, wie sie an Vollständigkeit gewinnen, oder der Rückgriff auf die Methoden der Faktorenanalyse, perfektere Beschreibungstechniken der großen statistischen Tabellen konnten eine Zeitlang als Allheilmittel erscheinen. In Wirklichkeit stoßen sie auf dieselben Aporien, die von einer vereinfachten Vorstellung von den Beziehungen des Historikers zum Dokument und der Archive zur Vergangenheit herrühren und in die Umwandlung der analytischen Strukturen münden.

Die Gesellschaft ist kein dingliches Objekt. Es ist nicht gleichgültig, daß zahlreiche gegenwärtige Forschungsrichtungen sich übereinstimmend von den beiden großen Modellen – dem funktionalistischen und dem strukturalistischen Modell – entfernen, die die Sozialwissenschaften beherrscht haben, und sich analytischen Strategien zuwenden, die es gestatten, das Gedächtnis, das Lernen, die Ungewißheit und die Verhandlung wieder in das soziale Geschehen einzuführen. Diese Begriffe, die heute eine zentrale Rolle in allen Sozialwissenschaften spielen, tun dem Denken gut. Sie erinnern daran, daß soziale Objekte keine mit bestimmten Eigenschaften versehenen Dinge sind, sondern Gefüge wechselnder Interrelationen inmitten von Konfigurationen, die in ständiger Anpassung begriffen sind. Der ökonomische Austausch in seiner einfachsten Form setzt eine konstitutive Übereinkunft oder die vorhergehende Entscheidung zwischen alternativen Übereinkünften voraus. Nicht alle gehören in die Sphäre des ausgeglichenen Handels, sondern verweisen auf mentale Repräsentationen und gesellschaftliche Verhältnisse. Sie ordnen sich in eine lange Zeitdauer ein, die durch jede Operation reaktualisiert und verändert wird. Soziale Identitäten müssen als dynamische Realitäten aufgefaßt werden, die sich angesichts der Probleme, mit denen die sozialen Akteure konfrontiert sind, entwickeln und verändern; ebenso wie Formationen, die man nur verstehen kann, wenn man ihre Entwicklung im Verlauf eines ausreichend langen Zeitraumes untersucht. In ähnlicher Weise ist die Definition des Politischen nicht zu trennen von der Organisation eines instabilen, sich stets neu ordnenden Kraftfeldes. Die Ausübung der Macht ist der Lohn für die, die die Möglichkeiten einer Situation auszunutzen verstehen und aus den Widersprüchen und Spannungen, die das soziale Geschehen kennzeichnen, Vorteil ziehen.

Diese Beziehungen ordnen sich in einen dynamischen Prozeß ein. Sie entziehen sich sogleich der Analyse, wenn man versucht, sie in einem bestimmten Moment zu fixieren, um ihre Bestandteile zu erkennen. Diese Prozesse – in denen die Akteure durch das, was sie zu tun meinen und das, was sie unwissentlich tun, die Organisation des Gesellschaftlichen ständig neu bestimmen – bilden den ureigenen Gegenstand der Geschichtswissenschaft. Man sollte nicht annehmen, daß sie *a priori* feststehen würden. So kann beispielsweise die Beziehung zwischen dem Verhalten einer Gruppe, ihrer sozialen Zusammensetzung und dem politischen Bewußtsein, die scheinbar eine Eigenbewegung zu haben und auch wieder zusammen zu gehen scheinen, nicht auf Anhieb ermittelt werden. Es sind genau die Beziehungsmodalitäten zwischen diesen drei Polen, deren Aufklärung der Historiker sich zur Aufgabe machen muß. Der Untertitel der *Annales*, »Economies. Sociétés. Civilisation«, darf nicht als Ermutigung gelesen werden, die Totalgeschichte mit einer Art arithmetischer Summe zu verwechseln oder auch nur die aufeinanderfolgenden Determinationen zwischen abgestuften Ebenen der sozialen Erfahrung zu suchen. Das Ökonomische gehört nämlich zum Kulturellen wie das Soziale zum Ökonomischen. Jede Gesellschaft funktioniert wie ein generalisiertes System von Äquivalenzen zwischen diesen drei Kategorien (die überdies nur im Gebrauch Wert besitzen). In der Analyse der Modalitäten dieser Gleichwertigkeiten ist eine Quelle für das Verständnis der Gesellschaften und der Zeiten zu sehen.

Ebensowenig wie andere Wissensgebiete schreitet die Geschichtswissenschaft durch immer dichtere Annäherung an die Prozesse der Vergangenheit voran. Informationsmangel ist hierfür nicht in erster Linie verantwortlich. Die Quellenkritik führt nicht so sehr ein Moment gradueller Anpassung an die Realität ein – die eine Zeitlang verwendete Metapher des Spiegels ist in dieser Hinsicht irreführend –, sondern beurteilt vielmehr die internen Merkmale des Dokuments und umreißt den anzuwendenden Fragenkatalog. Die Ursachen müssen an anderer Stelle gesucht werden. Einerseits verweist ein sozialer Prozeß auf eine Vielzahl von individuellen und irreduziblen existentiellen Erfahrungen. Andererseits bringt die Geschichtswissenschaft, wie jeder wissenschaftliche Diskurs, nur Kommentare, nur Verstehensmodelle hervor. Vom Bild des Sozialen als Text, das von einer Strömung der zeitgenössischen Anthropologie entwickelt worden ist, müssen wir wenigstens die Begriffe der Polysemie und der aktiven Partizipation des Lesers an der Sinnproduktion aufgreifen. Aus der Modellbildung müssen wir festhalten, daß eine gute historische Darstellung ein System von Erklärungsvorschlägen darstellt, die solide miteinander verknüpft sind.

Die Geschichtswissenschaft beschränkt sich folglich nicht darauf, ihre Probleme zu erfinden, indem sie ihr Untersuchungsinteresse aktualisiert, sich die Fragestellungen der Nachbardisziplinen zu eigen macht oder eine soziale Nachfrage bündelt. Sie konstruiert zugleich ihre Gegenstände. Ein Aufsatz oder ein Buch über die Geschichte ist keine verkleinerte Reproduktion der Wirklichkeit, sondern Ausdruck einer Struktur, die deren Undurchsichtigkeit auflockert – in Abhängigkeit von Ausgangshypothesen und zuvor etablierten experimentellen Regeln. Eine Konstruktion also, die revidierbar ist, wenn von anderen Verstehensprinzipien oder neuen Methoden ausgegangen wird. Doch es handelt sich auch um eine determinierte Konstruktion, da die Angebote, aus denen sie besteht, weder mit den verfügbaren Daten in Widerspruch geraten noch die Prinzipien der inneren Kohärenz verletzen dürfen.

Wenn der Gegenstand der Geschichtswissenschaft nicht in eine äußerliche Position verlegt und nicht *a priori* in vorgefaßte Kategorien gezwängt werden darf, dann ist es die Vorgehensweise der Forschung selbst, sind es die Verfahren des Experimentierens, die diesen konstruieren und verständlich machen. Das historische Wissen schreitet nicht durch Totalaufnahmen voran, sondern – um eine Metapher aus der Photographie zu verwenden – durch Richtungsänderung des Objektivs und Variation der Brennweite. Aus dieser Tatsache sind keineswegs bereits alle Konsequenzen gezogen. Eine Technik, die zum Gepäck eines jeden Historikers gehört – die Analyse zeitlicher Serien –, müßte Fortschritte in dieser Richtung ermöglichen. Um zu jedem Zeitpunkt den Wert einer Größe zu verstehen, die einer chronologischen Veränderung unterliegt, zerlegt man die Serie, indem man zum Beispiel nacheinander die Veränderungen über mehrere Jahrhunderte, die langen Entwicklungen und die zyklischen Veränderungen isoliert, deren Richtung und Rhythmus an jedem zeitlichen Einschnitt auf spezifische Ursachen zurückgeht. Für die Beobachtung sozialer Prozesse stellt die systematische Variation der Beobachtungsebenen ein gleichartiges Herangehen dar. Die unterschiedliche Einstellung des Blickwinkels enthüllt neue Konfigurationen, unterstreicht die partielle Inadäquatheit, mithin das reduktionistische Wesen des verfügbaren Begriffsapparates, regt neue Erklärungsprinzipien an: auf jeder Ebene der Lektüre erscheint die Bewegung des Realen als eine andere. Dies führt in methodischer Hinsicht dazu, der Rolle des Beobachters und seiner Hilfsmittel bei der analytischen Durchdringung besondere Aufmerksamkeit beizumessen. Es gilt den vereinfachenden Gegensatz zwischen Mikro- und Makroanalyse aufzubrechen, um die wichtigere Frage nach den annehmbaren Formen der Adäquanz zwischen Fragestellungen, Untersuchungsmethoden und Beobachtungsmaßstab zu vertiefen. Hinsichtlich der Erklärungsprinzipien führt dies zur Feststellung, daß zwischen den analytischen Stufen kein Gegensatz, sondern vielmehr Komplementarität besteht. Jeder Maßstab betrifft eine spezielle Erklärungsebene (deshalb wirft zum Beispiel die *micro-histoire* nicht die Frage nach der Repräsentativität auf, die eine Homogenität der erklärenden Variablen unterstellt, sondern die Frage nach der Verallgemeinerung). So verläuft die historische Synthese über die Konstruktion neuer Gegenstände, und der Wechsel der Maßstäbe, den diese mit sich bringen, erfordert eine Modifizierung der Hypothesen, deren Verknüpfung das Erklärungsmodell ausmacht. Andererseits bilden die auf einer Ebene verifizierten Erklärungsprinzipien keine Argumente, die den auf einer anderen Ebene etablierten Prinzipien entgegengesetzt werden können. Die Erforschung der Vielgestaltigkeit der Realität kann nicht über eine Reduktion der Kausalbeziehungen oder die Suche nach einem alleinigen hypothetischen Erklärungsprinzip erfolgen. Gegenüber der Simplifizierung müssen die historischen Modelle die Komplexität bevorzugen; gegenüber der methodischen Verarmung müssen sie die Erweiterung und Vertiefung wählen – das einzige Mittel, um die Komplexität der sozialen Prozesse zu erfassen.

Dieses Unternehmen erfordert eine Neudefinition von Zielen und Mitteln der Interdisziplinarität. Unter diesem

Schlagwort sind seit der Geburtsstunde der *Annales* das Recht und die Pflicht der Historiker eingefordert worden, sich von den Zwängen der Einzeldisziplinen zu befreien und alle von den Sozialwissenschaften, ja sogar von den Wissenschaften vom Leben dargebotenen Ressourcen nutzbar zu machen. Die Geschichte der Interdisziplinarität ist die Geschichte einer intellektuellen Großzügigkeit, die vielleicht das Beste von allem ist, was die *Annales* der Gemeinschaft der Historiker gegeben haben. Wir wollen keineswegs mit dieser Tradition brechen, sondern genauer bestimmen, was man heute von Interdisziplinarität erwarten und wie sie fruchtbar gemacht werden kann.

Interdisziplinarität ist eine bestimmte Art von Beziehungen zwischen spezialisierten wissenschaftlichen Praktiken. Diese Beziehungen, ihre Natur, ihre Funktion, ihre Wirksamkeit werden durch das Verhältnis bestimmt, das zu einem gegebenen Zeitpunkt zwischen den Disziplinen besteht, und durch die Entwicklung der Disziplinen selbst. Dieses Verhältnis hat sich seit Beginn des Jahrhunderts verändert. Durkheim und seine Schüler haben von einer Sozialwissenschaft geträumt, die durch eine allen Disziplinen gemeinsame Methode vereint sein sollte. Eine Generation später legten Marc Bloch und Lucien Febvre, nach ihnen Fernand Braudel, das Schwergewicht auf das, was sie treffend die Überwindung disziplinärer Abgeschlossenheit, die Entfaltung der geistigen Arbeit nannten. Die oft ungezügelte Anleihe bei Nachbarwissenschaften, gegründet auf einen ungeheuren Wissensdurst, wurde mit ihnen zur Regel. Aber die beschleunigte Erweiterung des Territoriums des Historikers, die Vervielfachung neuer Forschungsfelder wurden um den Preis eines unerwarteten Risikos erreicht: einer neuerlichen Abschottung, die diesmal nicht zwischen den Sozialwissenschaften verläuft, sondern unter dem Deckmantel der neuen Spezialisierungen innerhalb unserer Disziplin selbst. Man hat gestern von einer »Zersplitterung« der Geschichte gesprochen. Heute stellt sich das Problem anders dar. Wir wissen wohl, daß kein leitendes Paradigma mehr vorgibt, das Feld der Sozialwissenschaften zu ordnen oder gar zu vereinigen. Die Geschichtsschreibung befindet sich in einem Prozeß der Neudefinition ihrer Forschungsprojekte und Praktiken; dieses Heft legt davon Zeugnis ab. Wir ahnen freilich, daß sie nicht allein in einer solchen Lage ist, selbst wenn sie – vielleicht weil sie die am wenigsten streng kodierte der Sozialwissenschaften ist – als erste ihre Fragen und Unsicherheiten öffentlich vorträgt. 1989 kann jedenfalls keine Disziplin eine intellektuelle oder institutionelle Hegemonie über die Sozialwissenschaften beanspruchen.

Das Anliegen ist nicht zwangsläufig melancholisch, um so weniger, als nie zuvor die einschränkenden Folgen der Spezialisierung so wenig spürbar waren. Nicht nur die Grundlagen einer gemeinsamen Kultur sind nunmehr verbreitet, sondern die Forschungspraxis regt mehr und mehr die Nutzbarmachung von Kompetenzen an, die sich weniger um die bestehenden Grenzen scheren. Heute arbeitet man stärker auf eng begrenzten Forschungsfeldern, auf denen man sich anschickt, die Realität, die den Gegenstand der Analyse bildet, komplexer, tiefgründiger zu erfassen. Für diese Aufgabe sind alle Mittel gut, und das disziplinäre Problem scheint sich kaum noch zu stellen.

Dennoch birgt diese positive Praxis auch Gefahren in sich. Die erste besteht in der unbegrenzten Vermehrung vereinzelter individueller Erfahrungen, an denen jeder Forscher souverän die Regeln seiner persönlichen Alchimie erprobte. Daraus würde eine Anhäufung von Fallstudien hervorgehen, die nicht imstande sind, wiederholt zu werden und deren Ergebnisse weder vergleichbar noch kumulierbar sind. Die zweite Gefahr besteht darin, daß diese empirische Lösung des Problems der Interdisziplinarität die Überzeugung nähren könnte, daß sich ein solches Problem gar nicht mehr stelle, daß ein jeder sein Wohl dort sucht, wo er es findet, und daß mit der Zeit diese Zirkulation von Begriffen und Methoden genügen würde, um eine faktische Konvergenz zu gewährleisten.

Dagegen scheint uns der Zeitpunkt gut gewählt, die Interdisziplinarität erneut als Frage zu formulieren. Nicht im

Sinne einer allgemeinen Sinnfrage (in dieser Hinsicht scheint man mittlerweile niemanden mehr überzeugen zu müssen), sondern als ein Problem der ganz alltäglichen geschichtswissenschaftlichen Praxis. Wir wollen hier zur Diskussion stellen, daß es – anstatt die Beziehung zwischen Disziplinen, wie alles uns nahelegt, im Sinne von Homologie und Konvergenz zu denken – nützlich ist, auf ihrer Spezifik, ja sogar ihrer Irreduzibilität zu bestehen. Das Paradoxon ist nur ein scheinbares. Jede wissenschaftliche Praxis konstruiert die Realität aufgrund von Hypothesen, die der Verifizierung unterzogen werden. Weil sich Gewohnheiten und begriffliche Instrumentarien der Wissenschaftsdisziplinen unterscheiden, sind die solchermaßen bearbeiteten Gegenstände nicht deckungsgleich. Daraus resultieren mehrere Vorteile. Eine Konfrontation der Problemstellungen, aber auch der Praktiken erinnert zum einen nützlicherweise an den entschieden experimentellen Charakter jedweder Analyse des Sozialen. Zum anderen setzt Innovation in der geistigen Welt wie in jeder anderen Unterschiede voraus. Wie kann man der Last der angehäuften Traditionen entgehen, wie kann man die überkommenen mentalen Kategorien, diese »Gefängnisse der langen Dauer«, vergessen, um ein neues Wissen zu produzieren? Weil sie die Perspektiven vervielfacht, sichert Interdisziplinarität die kritische Distanzhaltung gegenüber jeglicher Art der Repräsentation von Realität, sorgt vielleicht dafür, daß man in keiner von ihnen gefangen bleibt. Sie muß uns helfen, anders zu denken.

Die *Annales*

Tentons l'expérience, in: *A. E. S. C.* 44 (1989), Heft 6, S. 1317–1323.

1 »Histoire et sciences sociales. Un tournant critique«, mars-avril 1988, S. 291–293. [Vgl. den Text im vorliegenden Band, S. 104]

MARC BLOCH

Für eine vergleichende Geschichtsbetrachtung der europäischen Gesellschaften[1]

I

Lassen Sie mich gleich zu Beginn einem Mißverständnis entgegenwirken und Lächerlichkeit vermeiden. Ich komme zu Ihnen nicht als »Entdecker« eines neuen Allheilmittels. Die vergleichende Methode vermag vieles; ich halte ihre Verallgemeinerung und Vervollkommnung für eins der zwingendsten Erfordernisse, die sich den historischen Studien heute aufdrängen. Aber sie vermag nicht alles: in der Wissenschaft gibt es keine Zaubermittel. Sie muß auch nicht mehr neu erfunden werden. In mehreren Gesellschaftswissenschaften hat sie schon längst ihre Fähigkeiten unter Beweis gestellt. Wiederholt ist ihre Anwendung auf die Geschichte der politischen, wirtschaftlichen und rechtlichen Institutionen gefordert worden.[2] Und doch ist deutlich, daß die Mehrzahl der Historiker davon nicht wirklich bekehrt ist: sie stimmen höflich zu und wenden sich wieder ihrer Arbeit zu, ohne ihr Herangehen in irgendeiner Weise zu ändern. Warum? Zweifellos, weil man sie zu leicht hat glauben lassen, daß die vergleichende Geschichtswissenschaft Bestandteil der Geschichtsphilosophie oder der allgemeinen Soziologie sei, von Disziplinen also, die der solide Arbeiter je nach seiner Einstellung hoch verehrt oder mit skeptischem Lächeln betrachtet, sich jedoch für gewöhnlich hütet zu praktizieren. Von einer Methode verlangt er, daß sie ein technisches Instrument sei, geläufig in der Anwendung, handhabbar und geeignet, positive Ergebnisse zu erreichen. Die vergleichende Methode besitzt eben diese Eigenschaften, ich bin aber nicht sicher, ob man dies bis heute in ausreichendem Maß aufgezeigt hat. Sie kann, ja sie muß die Einzelforschungen durchdringen. Ihre Zukunft, ja vielleicht die Zukunft unserer Wissenschaft hängt davon ab. Ich möchte hier vor Ihnen und mit Ihrer Hilfe das Wesen und die Anwendungsmöglichkeiten dieses nützlichen Werkzeugs verdeutlichen, anhand einiger Beispiele die wichtigsten Dienste aufzeigen, die man berechtigterweise von der vergleichenden Methode erwarten darf, und schließlich einige praktische Maßnahmen anregen, um ihre Anwendung zu erleichtern.

Da ich hier vor einem Publikum von Mediävisten spreche, werde ich meine Beispiele vorzugsweise aus jenem Abschnitt der Geschichte wählen, den man, zu Recht oder zu Unrecht, üblicherweise Mittelalter nennt. Doch selbstverständlich könnten die folgenden Beobachtungen mutatis mutandis ebensogut auf die europäischen Gesellschaften der Neuzeit Anwendung finden. Und so gedenke ich auch nicht, jegliche Bezugnahme auf die letzteren auszuklammern.

II

Der Begriff der »vergleichenden Geschichtswissenschaft«, der heute geläufig ist, hat das Schicksal fast aller gebräuchlichen Wörter erfahren: das der Sinnverschiebungen. Lassen wir einige deutlich mißbräuchliche Verwendungen beiseite, bleibt eine Zweideutigkeit noch immer bestehen. Man vereint in dem Wort »vergleichende Methode« in den Gesellschaftswissenschaften fast durchgängig zwei sehr verschiedene geistige Herangehensweisen. Nur die Linguisten scheinen sich damit befaßt zu haben, sie sorgsam zu unterscheiden.[3] Versuchen wir nun unsererseits eine Präzisierung vom Standpunkt des Historikers.

Was bedeutet zunächst einmal »vergleichen« in unserer Wissenschaftsdisziplin? Unbestreitbar das folgende: aus einem oder mehreren verschiedenen sozialen Milieus zwei oder mehr Phänomene auszuwählen, die scheinbar auf den ersten Blick gewisse Analogien aufweisen, den Verlauf ihrer Entwicklung zu beschreiben, Ähnlichkeiten und Unterschiede festzustellen und diese soweit wie möglich zu erklären. Es sind also zwei Bedingungen notwendig, damit es zu einem historischen Vergleich kommt: eine gewisse Ähnlichkeit der beobachteten Erscheinungen – das versteht sich von selbst – und eine gewisse Verschiedenartigkeit der Milieus, aus denen sie hervorgegangen sind. Wenn ich zum Beispiel das grundherrschaftliche System im Limousin untersuche, bin ich fortwährend veranlaßt, die Informationen aus dieser oder jener Grundherrschaft miteinander in Beziehung zu setzen, im gewöhnlichen Sinne des Wortes zu vergleichen. Ich werde dennoch nicht den Eindruck haben, das zu betreiben, was man mit dem Terminus technicus als vergleichende Geschichtsbetrachtung bezeichnet, denn ich entnehme die verschiedenen Untersuchungsgegenstände aus Teilbereichen ein und derselben Gesellschaft, die in ihrer Gesamtheit eine Einheit darstellt. In der Praxis hat es sich eingebürgert, den Begriff der vergleichenden Geschichtsbetrachtung fast ausschließlich auf die Gegenüberstellung von Ereignissen anzuwenden, die sich diesseits oder jenseits einer Staats- oder Nationengrenze abgespielt haben. Unter allen gesellschaftlichen Gegensätzen sind es tatsächlich die politischen und nationalen Widersprüche, die unmittelbar ins Auge fallen. Wie wir aber noch sehen werden, liegt darin eine etwas grobe Vereinfachung. Halten wir uns lieber an den zugleich geschmeidigeren und genaueren Begriff der Milieuverschiedenheit.

Das Verfahren des Vergleichs, so aufgefaßt, ist allen Aspekten der Methode eigen. Doch je nach dem ins Auge gefaßten Untersuchungsfeld eignet es sich für zwei in ihren Grundsätzen und Ergebnissen vollkommen unterschiedliche Anwendungen.

Der erste Fall: Man wählt Gesellschaften aus, die zeitlich wie räumlich so weit voneinander entfernt sind, daß zwischen dieser und jener Erscheinung in den einzelnen Gesellschaften beobachtete Gemeinsamkeiten sich ganz offenkundig weder durch gegenseitige Beeinflussung noch durch irgendeinen gemeinsamen Ursprung erklären lassen. Zum Beispiel – schon seit jener weit zurückliegenden Epoche, da der Jesuitenpater P. Lafitau seine Leser aufforderte, »die Sitten der amerikanischen Wilden« mit denen der »Ur- und Frühgeschichte« zu vergleichen[4], ist dies der am weitesten verbreitete komparative Typ – vergleicht man die griechischen und römischen Mittelmeerkulturen mit den sogenannten primitiven Gesellschaften unserer Zeit. In der Frühphase des Römischen Reiches war an den reizvollen Ufern des Nemi-Sees, unweit von Rom, ein Ritus von grausamer Absonderlichkeit in einer relativ zivilisierten Gesellschaft verbreitet. Ein jeder, der Priester des kleinen Tempels der Diana werden will, kann dieses Ziel unter einer Bedingung und nur unter dieser erreichen: er muß den amtierenden Priester töten, dessen Platz er dann einnimmt. »Wenn wir zeigen können, daß ein barbarischer Brauch, ähnlich dem von Nemi, auch anderswo existiert hat; wenn wir die Motive aufdecken, die diesen Brauch dauerhaft verankert haben, beweisen können, daß diese Motive einen weiten Wirkungskreis hatten, vielleicht universell wirkten innerhalb der menschlichen Gesellschaften, indem sie unter unterschiedlichen Bedingungen eine Vielzahl von Einrichtungen geschaffen haben, die spezifische Merkmale aufweisen, aber in ihrem Wesen gleich waren; und wenn wir schließlich die Spuren ihres Wirkens bis ins klassische Altertum zurückverfolgen können ..., dann können wir mit Recht daraus folgern, daß dieselben Motive vor langer Zeit den Priesterstand von Nemi hervorgebracht haben.«[5] Dies war der Ausgangspunkt einer umfangreichen Untersuchung über den *Goldenen Zweig*, ein anschauliches und lehrreiches Beispiel für eine Form der induktiven Forschung, die vollständig auf Zeugnisse aus allen vier Erdteilen gegründet ist. Die so verstandene vergleichende Forschung hat überaus großen und vielfältigen Nutzen gebracht. Zunächst speziell in bezug auf die antike Mittelmeerwelt: Durch die humanistische Bildung waren wir daran gewöhnt, Rom und Griechenland uns selbst viel zu ähnlich vorzustellen. Der Vergleich gibt uns nun mittels der Arbeit der Ethnographen in einer Art mentalen Schocks jenes Gefühl für den Unterschied, für das Exotische zurück, das eine unverzichtbare Voraussetzung für jede vernünftige Auffassung von Vergangenheit ist. Andere Vorzüge sind allgemeinerer Natur: so die Möglichkeit, mit Hilfe von Analogieschlüssen einige Lücken des Quellenmaterials zu schließen; die Eröffnung neuer Forschungsrichtungen, angeregt durch den Vergleich; vor allem die Erklärung zahlreicher bis heute überlieferter Erscheinungen, die bisher unverständlich geblieben waren. Ich meine damit Sitten und Bräuche, die noch nach dem Verschwinden des ursprünglichen psychologischen Milieus, in dem sie entstanden waren, fortexistierten und sich weiter ausprägten und deshalb von unauflösbarer Absonderlichkeit erscheinen müßten, wenn nicht die Untersuchung ähnlicher Fälle in anderen Kulturen eine genaue Rekonstruktion des entschwundenen Milieus gestatten würde. So etwa der Ritualmord von Nemi.[6] Um es kurz und knapp auszudrücken: diese Art vergleichende Methode über lange Zeiträume hinweg ist wesentlich ein Verfahren der Interpolation von Verlaufskurven. Ihr Postulat ist, wie auch die Schlußfolgerung, zu der sie immer wieder gelangt, die grundlegende Einheit des menschlichen Geistes, oder, wenn man so will, die Gleichförmigkeit, die erstaunliche Armut der Geistesquellen, über die die Menschheit im Verlauf der Geschichte verfügte, besonders die »Primitiven« zu jener Zeit, da sie, um mit Sir James Frazer zu sprechen, »eine Lebensphilosophie in ihrer anfänglichen Roheit erarbeiteten«.

Doch es gibt auch eine andere Anwendung für das Verfahren des Vergleichs: Die parallele Untersuchung von Nachbargesellschaften in derselben historischen Epoche, die sich ununterbrochen gegenseitig beeinflussen, die in ihrer Entwicklung aufgrund der räumlichen Nähe und der Zeitgleichheit dem Wirken derselben Hauptursachen unterworfen sind und die, zumindest teilweise, auf einen gemeinsamen Ursprung zurückgehen. Dies entspricht in der Geschichtswissenschaft im eigentlichen Sinne der historischen Sprachwissenschaft (z. B. der indoeuropäischen Linguistik), während die großangelegte vergleichende Geschichtsbetrachtung etwa der allgemeinen Sprachwissenschaft entspricht. Nun hat es durchaus den Anschein, daß

– ob es um Geschichte oder um Sprache geht – von beiden Typen der vergleichenden Methode derjenige mit dem enger umrissenen Horizont der wissenschaftlich ergiebigere ist. Da er besser in der Lage ist, streng zu klassifizieren und Zusammenhänge kritisch zu untersuchen, läßt er sowohl bedeutend weniger hypothetische als auch weitaus genauere Schlußfolgerungen erwarten.[7] Dies werde ich wenigstens versuchen, näher zu beleuchten, denn natürlich gehört der Vergleich, wie ich ihn für die verschiedenen europäischen Gesellschaften (vor allem West- und Mitteleuropas) vorschlage – synchroner Gesellschaften, die räumlich benachbart und wenn nicht aus einer, so doch wenigstens aus mehreren gemeinsamen Quellen hervorgegangen sind – zu dieser methodologischen Variante.

III

Vor der Interpretation der Phänomene steht ihre Entdekkung. Bei diesem uranfänglichen Schritt zeigt sich zuallererst der Nutzen der vergleichenden Methode. Doch man wird vielleicht fragen, ob es wirklich nötig sei, soviel Mühe auf sich zu nehmen, um historische Fakten zu »entdecken«. Sie sind uns nur anhand von Dokumenten bekannt und erkennbar; genügt es dann nicht, die Texte oder Überlieferungen zu lesen, um sie hervortreten zu sehen? Zweifelsohne, aber dazu muß man sie überhaupt erst lesen können. Ein Dokument ist ein Zeuge, und wie die meisten Zeugen gibt es höchstens Auskunft, wenn man es befragt. Das Schwierige ist nun, die Fragen zu entwerfen. Gerade hier bietet dem Historiker, diesem ewigen Untersuchungsrichter, der Vergleich die wertvollste Hilfe.

Denn häufig geschieht folgendes. In einer bestimmten Gesellschaft ist ein Phänomen in solcher Fülle aufgetreten und hat überdies so viele deutlich erkennbare Konsequenzen gezeitigt, daß der Historiker, wenn er denn nicht mit völliger Blindheit geschlagen ist, gar nicht umhin kann, sie wahrzunehmen. Vor allem auf dem Gebiet der politischen Geschichte sind derartige Auswirkungen in der Regel am einfachsten in unseren Quellen zu erfassen. Betrachten wir nun die benachbarte Gesellschaft. Vielleicht haben sich hier analoge Ereignisse mit ähnlicher Durchschlagskraft und Breitenwirkung vollzogen, deren Wirkung aber aufgrund unseres Quellenbestands oder wegen ihrer andersartigen sozialen und politischen Ausprägung nicht sogleich wahrnehmbar ist. Sie muß nicht weniger nachhaltig gewesen sein, doch hat sie sich allmählich unter der Oberfläche entwickelt. Sie gleicht darin schleichenden organischen Leiden, die sich nicht unvermittelt in genau definierten Symptomen niederschlagen, sondern jahrelang im stillen wuchern, und die, wenn sie schließlich zum Ausbruch kommen, noch immer kaum zu erklären sind, weil der Beobachter nicht imstande ist, die sichtbaren Folgen mit einer allzu lange zurückliegenden Ursache zu verknüpfen. Ist das nun eine rein theoretische Überlegung? Um zu zeigen, daß dies mitnichten der Fall ist, muß ich ein Beispiel aus meinen eigenen Forschungen heranziehen. Nur ungern setze ich mich so in den Vordergrund. Aber da die Historiker im allgemeinen nicht die Mühe auf sich nehmen, ihre Vorarbeiten und diversen Versuche zu schildern, liefert mir die Literatur kein Beispiel, das meine persönlichen Erfahrungen ersetzen könnte.[8]

Wenn sich in der europäischen Agrargeschichte ein Transformationsprozeß vollzogen hat, der unübersehbar ins Auge springt, dann waren das die *enclosures*, die im größten Teil Englands etwa vom frühen 16. bis zum beginnenden 19. Jahrhundert stattfanden. In ihrer zweifachen Ausprägung (Einhegungen der Gemeindegüter, Einhegungen der Felder) waren sie im wesentlichen durch das Verschwinden der gemeinschaftlichen Dienstverpflichtungen und die Individualisierung der landwirtschaftlichen Nutzung gekennzeichnet. Konzentrieren wir uns hier auf die Einhegungen der Felder. Ausgangspunkt war ein Wirtschaftssystem, in dem der Acker unmittelbar nach Abschluß der Ernte aufgrund der Weiderechte zum Objekt gemeinsamer Nutzung wurde und deshalb schon im Moment der Aussaat bzw. der vollen Reife in der Abfolge der

Pflanzenkulturen Regelungen unterlag, die die Interessen der Gemeinschaft schützen sollten. Endergebnis war ein Zustand der strikten persönlichen Aneignung. Alles an diesem weitreichenden Wandlungsprozeß erweckt und fesselt unsere Aufmerksamkeit: die vielfache Polemik, die er während seiner gesamten Dauer hervorgerufen hat; der relativ einfache Zugriff auf den Großteil der Dokumente (Parlamentsakten, offizielle Erhebungen) über ihn; seine Verflechtungen mit der politischen Geschichte – denn begünstigt durch die fortschreitende Entwicklung des Parlaments, in dem die großen Grundeigentümer die Vorherrschaft ausübten, trug dieser Transformationsprozeß gewissermaßen als Bumerang zur Festigung der Macht der *Gentry* bei; sein möglicher Zusammenhang mit den beiden am unmittelbarsten faßbaren Momenten der englischen Wirtschaftsgeschichte, nämlich der Kolonialexpansion und der industriellen Revolution, die er vielleicht beide begünstigt hat (man hat daran gezweifelt, aber für unseren Zweck genügt es, daß man den Zusammenhang erörtert); und schließlich der günstige Umstand, daß seine Auswirkungen nicht nur soziale Phänomene betrafen, die immer schwer zu belegen sind, sondern auch den Charakter der Landschaft veränderten, indem er in allen englischen Landstrichen, die früher offen waren, so weit das Auge reichte, Abgrenzungen, Zäune und Hecken entstehen ließ. Daher gibt es auch keine Geschichte Englands, und sei es nur ein Grundkurs, die nicht den *enclosures* ihren Platz einräumt.

Nehmen wir nun eine Geschichte Frankreichs, selbst eine Wirtschaftsgeschichte, zur Hand: Wir werden darin nicht den geringsten Hinweis auf solche Bewegungen finden. Sie haben indessen stattgefunden. Heute erst beginnen wir, sie wahrzunehmen, vor allem dank der Arbeiten von Henri Sée. Wir sind freilich weit davon entfernt, deren Dimensionen ermessen zu können, und erst recht haben wir noch keine hinreichend klare Vorstellung von den Unterschieden, die die zugleich ähnlichen wie divergierenden Entwicklungen der französischen und der englischen Gesellschaft in dieser Hinsicht aufweisen. Doch lassen wir letztere Überlegung für einen Augenblick beiseite; die Wahrnehmung der Unterschiede steht in der vergleichenden Methode erst an zweiter Stelle, wir sind augenblicklich erst bei ihrer Entdeckung. Es ist durchaus bemerkenswert, daß bis heute das Verschwinden der kollektiven Dienstpflichten fast nur in jenen Zeiträumen und für jene Gegenden untersucht worden ist, da dieses Phänomen, wie in England, seinen Ausdruck in offiziellen Dokumenten fand, also leicht zu erkennen war: in den *édits de clôture* des 18. Jahrhunderts und den vorbereitenden wie nachfolgenden Erhebungen. Derselbe Transformationsprozeß fand jedoch in einer anderen französischen Region statt, wo er nach meiner Kenntnis noch nie signalisiert wurde: in der Provence, und zwar schon in einer relativ weit zurückliegenden Zeit, im 15., 16. und 17. Jahrhundert. Aller Wahrscheinlichkeit nach war dieser Prozeß hier viel tiefgreifender und wirkungsvoller als in den meisten nördlicheren Regionen, die mehrfach untersucht worden sind. Aber da er sich unglücklicherweise zu einer Zeit vollzog, in der das Wirtschaftsleben, vor allem das Landleben, weder Literaten noch Verwaltungsbeamte sonderlich interessierte und überdies keinerlei sichtbare Veränderung der Agrarlandschaft hervorbrachte (das Verschwinden der kollektiven Dienstverpflichtungen hat nicht zu Einhegungen geführt), konnte er unserer Aufmerksamkeit leicht entgehen.

Waren die Auswirkungen dieser Vorgänge in der Provence dieselben wie in England? Momentan weiß ich darauf keine Antwort. Im übrigen glaube ich nicht im mindesten, daß sich alle Charakterzüge der englischen Entwicklung in der Mittelmeerregion wiederfinden. Im Gegenteil, ich bin verblüfft über die besonderen Wesenszüge der meridionalen Entwicklung; sie bezog diese aus einer von der des Nordens deutlich unterschiedenen Agrarverfassung (anders als in England kam es hier nicht zu einer Neuverteilung der Parzellen, einer »Flurbereinigung«), aus spezifischen wirtschaftlichen Praktiken (besonders der Transhumanz) und – als Folge dieser Praktiken – aus sozialen Verhältnissen, die sich in dieser Form in der englischen

Landwirtschaft nicht finden (ich denke vor allem an den Gegensatz zwischen großen Viehzüchtern, den *nourriguiers*, und den anderen Bevölkerungsgruppen). Nichtsdestoweniger ist es äußerst interessant, in einer Mittelmeerregion auf ein Phänomen, noch dazu mit eigenen Ausprägungen, zu stoßen, das bisher eher in höheren Breitengraden vorzuherrschen schien. Überdies ist es nicht besonders schwierig, dieses Phänomen in der Provence zu beobachten; schaut man etwas genauer hin, lassen sich seine Spuren in zahlreichen Texten nachvollziehen: im *statut comtal*, in Protokollen von Gemeindeberatungen, in Prozessen, deren Dauer und verschiedentliche Wendungen hinlänglich von der Relevanz der umkämpften Interessen künden. Man muß freilich danach trachten, diese Texte aufzuspüren und sie miteinander in Beziehung zu setzen. Wenn mir das gelungen ist, dann gewiß nicht, weil ich die lokalen Quellen besonders gut kenne. Im Gegenteil, ich kenne sie weitaus weniger gut – und das wird so bleiben – als jene Gelehrten, die die provenzalische Geschichte zu ihrem ureigensten Forschungsgebiet erkoren haben. Nur sie als Spezialisten werden diese Ader wirklich ausbeuten können, auf die ich lediglich hinweisen kann. Mein einziger Vorteil ihnen gegenüber ist recht bescheiden und mitnichten an meine Person gebunden. Ich habe die Arbeiten über die englischen *enclosures* und über vergleichbare agrarische Umwälzungen in anderen europäischen Ländern gelesen und habe versucht, daraus Anregungen zu beziehen. Mit einem Wort, ich habe einen besonders wirksamen Zauberstab verwendet: die vergleichende Methode.

IV

Gehen wir nun zur Interpretation über.

Der wohl eindeutigste Dienst, den wir von einem sorgfältigen Vergleich von Tatsachenmaterial aus unterschiedlichen und gleichzeitig benachbarten Gesellschaften erhoffen dürfen, besteht darin, daß wir die wechselseitigen Einflüsse zwischen ihnen herausschälen können. Eingehende

Untersuchungen würden zwischen den mittelalterlichen Gesellschaften gewiß Ströme von Anleihen und Übernahmen aufdecken, die bis heute nur unzureichend beleuchtet sind. Im folgenden sei ein Beispiel als Arbeitshypothese vorgestellt.

Die karolingische Monarchie weist im Unterschied zum zeitlich unmittelbar vorausgehenden Merowingerkönigtum vollkommen eigenständige Wesenszüge auf. Während die Merowinger in bezug auf die Kirche stets nur einfache Laien waren, empfingen Pippin und seine Nachkommen seit ihrer Thronbesteigung durch die Salbung mit geweihtem Öl eine heilige Prägung. Gläubig wie alle Menschen der damaligen Zeit, haben die Merowinger Schritt um Schritt die Kirche beherrscht, bereichert und ausgebeutet, doch sie haben sich nie sehr darum bemüht, ihre öffentliche Gewalt in den Dienst der religiösen Gebote zu stellen. Ganz anders die Karolinger. Ohne davon abzugehen, während ihrer Herrschaftszeit den Klerus zu bevormunden und seine Güter zum Nutzen ihrer Politik zu verwenden, betrachteten sie sich offensichtlich als Sachwalter der Gesetze Gottes auf Erden. So ist ihre Gesetzgebung wesentlich religiös und moralisierend; als ich kürzlich in einer Zeitung einen Erlaß des wahhabitischen Emirs von Nedjed gelesen hatte, war ich verblüfft über die Ähnlichkeiten mit der frommen Literatur der Kapitularien. Die großen *cours*, die um den König oder Kaiser einberufen wurden, unterscheiden sich kaum von Konzilien. Schließlich blieben unter den Merowingern die Schutz- und Klientelbeziehungen, die in der Gesellschaft bereits einen bedeutenden Platz einnahmen, außerhalb der Gesetze, die diese in der Regel ignorierten. Die Karolinger dagegen erkannten diese Beziehungen an, sanktionierten sie und legten die Fälle und deren Grenzen fest, in denen der Schutzbefohlene seinen Grundherrn verlassen konnte. Sie suchten die persönlichen Beziehungen zur Konsolidierung des öffentlichen Friedens zu nutzen, dieses ebenso geschätzten wie vergänglichen Gegenstands ihres anhaltenden Ehrgeizes. »Jeder Anführer übe einen Zwang auf seine Untertanen aus, damit diese immer besser den kaiserlichen Mandaten und Vorschriften gehorchen und ihnen zustimmen«[9], dieser Satz aus einem Kapitular des Jahres 810 resümiert in expressiver Kürze die Sozialpolitik des Karolingerreiches. Gewiß könnte man bei gründlicher Nachforschung die Keime des einen oder anderen Charakterzuges im merowingischen Gallien finden. Dennoch erscheint der Staat der Karolinger, wenn man nur Gallien betrachtet, nahezu wie eine Schöpfung *ex nihilo*. Aber richten wir unseren Blick über die Pyrenäen hinaus. Dort, im Europa der Barbaren, erhielten Könige seit dem 7. Jahrhundert, wie Ervige, einer von ihnen, berichtet, die »hochheilige Salbung«[10] – es waren dies die Könige der Westgoten; dort existierte ein stark religiöses Königtum, das bemüht war, mit der Macht des Staates Anordnungen der Kirche durchzusetzen – nämlich die Monarchie der Westgoten; dort fanden Konzile statt, die sich mit den politischen Versammlungen mischten: die spanischen Konzile; dort gab es Gesetze, die schon seit langer Zeit die Beziehungen zwischen Grundherrn und Schutzbefohlenen regelten[11] und versuchten, auf den Abhängigkeitsbeziehungen zwischen den Menschen die militärische Organisation zu gründen[12] – die Gesetze der westgotischen Herrscher. Natürlich ist es nicht schwer, neben den Gemeinsamkeiten auch Unterschiede festzustellen. Der wichtigste ist der, daß die ersten Karolinger die Kirche regierten, anstatt, wie die gotischen Fürsten im 7. Jahrhundert, durch diese regiert zu werden. Die Gemeinsamkeiten bleiben indes sehr augenfällig. Ist darin nun nur das Ergebnis ähnlicher Ursachen zu sehen, die von zwei Seiten auf dieselbe Richtung hinwirkten und deren Natur in diesem Fall zu präzisieren wäre? Oder sollte man meinen – die westgotische Entwicklung liegt natürlich weit vor der fränkischen –, daß eine bestimmte Vorstellung vom Königtum und seiner Rolle, bestimmte Auffassungen über die Verfassung der Lehensgesellschaft und ihre Nutzung durch den Staat, die zuerst in Spanien aufkamen und sich dort in Gesetzestexten niederschlugen, von der Umgebung der fränkischen Könige und von diesen selbst bewußt aufgegriffen wurden? Um auf diese Frage kompetent antworten zu können, bedarf es einer detaillierten Untersuchung, die ich hier nicht vornehmen kann. Ihr wichtigstes Ziel müßte die Erkundung jener Kanäle sein, über die westgotischer Einfluß in Gallien eindringen konnte. Einige allgemein bekannte Fakten machen die Hypothese eines solchen Einflusses wahrscheinlich. Es gab ohne Zweifel im Jahrhundert nach der arabischen Eroberung eine spanische Diaspora im fränkischen Königreich. Die Flüchtigen des *partibus Hispaniae*, die von Karl dem Großen und Ludwig dem Frommen in Septimanien angesiedelt wurden, waren zwar größtenteils kleine Leute, doch unter ihnen fanden sich auch Vertreter der höheren Schichten (*majores* und *potentiores*) sowie Priester, Menschen also, die mit den politischen und religiösen Gepflogenheiten des Landes vertraut waren, das sie verlassen mußten.[13] Einige Spanier, die nach Gallien geflohen waren, nahmen dort in der Kirche einen glänzenden Aufstieg: so Claude de Turin, Agobard de Lyon, letzterer im Frankenreich ein Streiter für jene Einheit der Gesetzgebung, die er in seinem Heimatland erlebt hatte, und besonders Théodulfe d'Orléans, der als erster eintraf und zweifellos der einflußreichste unter den Immigranten war. Schließlich beeinflußten die spanischen Sammlungen der *conciliaires* das kanonische Recht der Karolingerzeit in einem Maße, das noch zu präzisieren, jedoch grundsätzlich nicht zu leugnen ist. Ich wiederhole ein weiteres Mal, daß ich nichts und niemandem vorgreifen will. Man wird zugeben, so hoffe ich, daß die Problemstellung angebracht ist. Sie ist im übrigen längst nicht die einzige ihrer Art.[14]

V

Renan bemerkte einmal mit Bezug auf Jesus und die Essener, daß Ähnlichkeiten in der Geschichte nicht in jedem Falle Beziehungen beinhalten müssen. Gewiß. Etliche Ähnlichkeiten erscheinen uns, wenn man sie näher untersucht, nicht auf einfache Übernahme reduzierbar. Ich würde bereitwillig sagen, daß deren Untersuchung am interessantesten ist, gestatten sie uns doch einen weiteren Schritt bei der spannenden Suche nach den Ursachen. Hier scheint nun die vergleichende Methode geeignet, den Historikern die bemerkenswertesten Dienste zu leisten, indem sie sie zum einen auf den Weg bringt, der zu den wirklichen Ursachen zu führen vermag, und außerdem – vielleicht ist das noch wichtiger –, um mit einem bescheideneren, doch notwendigen Vorzug zu beginnen, indem sie die Historiker von bestimmten Fährten abbringt, die nichts als Sackgassen sind.

Jeder kennt die Institutionen, die im Frankreich des 14. und 15. Jahrhunderts General- oder Provinzialstände genannt werden. (Ich verwende diese Begriffe im gebräuchlichen und annähernden Sinn, der bequem ist, ohne freilich zu ignorieren, daß Generalstände und Provinzialstände durch eine ganze Reihe von Abstufungen miteinander zusammenhingen, daß wirkliche »General«stände fast nie einberufen wurden und daß schließlich der Provinzrahmen lange Zeit nicht fest umrissen war.) Über die Provinzialstände, besonders über die der großen feudalen Fürstentümer, sind in den letzten Jahren zahlreiche Monographien verfaßt worden.[15] Sie zeugen von einem Fortschritt der gelehrten Forschung, der um so verdienstvoller ist, als die quellenmäßige Überlieferung zumindest für die frühe Zeit fast überall entsetzlich dürftig und undankbar ist. Diese Arbeiten haben zu vielen wichtigen Punkten genauere Kenntnisse von großem Interesse erbracht. Doch beinahe alle Autoren sind von Anfang an auf eine Schwierigkeit gestoßen, die sie nicht überwinden konnten, ja deren Natur sie zumeist nicht einmal wirklich erkannten: das Problem der »Ursprünge«. Ich verwende absichtlich diesen Ausdruck, dessen sich die Historiker für gewöhnlich bedienen; er ist geläufig, aber durchaus mehrdeutig. Er neigt dazu, zwei unterschiedlich geartete und ungleich umfassende geistige Vorgänge durcheinanderzubringen; einerseits werden ältere Institutionen untersucht (zum Beispiel die *cours* der Herzöge oder Grafen), im Vergleich mit denen die Stände oft nur als Weiterentwicklung erscheinen. Dieses Vorgehen ist völlig gerechtfertigt und notwendig; doch es bleiben – und das ist der zweite Schritt – die Gründe zu ermitteln, die die Ausdehnung und neue Bedeutung solcher traditionellen Institutionen zu einem bestimmten Zeitpunkt, ihre Umwandlung in *Stände* erklären können, also in Versammlungen, denen eine politische Funktion und besonders eine Kompetenz in finanziellen Fragen zufiel, die das Bewußtsein besaßen, gegenüber dem Souverän und seinem Rat eine vielleicht untergeordnete, jedoch deutlich abgeteilte Macht auszuüben, und die schließlich auf überaus vielfältige Weise die verschiedenen sozialen Kräfte des Landes repräsentierten. Wenn man den Keim zum Vorschein bringt, bedeutet dies nicht, daß man die Ursachen des Aufkeimens freilegt. Können wir aber hoffen, diese Ursachen jemals zu entdecken, wenn wir beispielsweise im Artois (bei den Ständeversammlungen des Artois) oder in der Bretagne (bei den bretonischen Ständen) verbleiben, oder auch, wenn wir uns damit begnügen, das französische Königreich zu durchqueren? Ganz sicher nicht. Ein solches Herangehen führt nur dazu, daß wir uns in einem Labyrinth von unzähligen lokalen Fakten verlieren, denen wir dann einen Wert beimessen, den sie gewißlich nie besaßen. Am Wesentlichen gehen wir aber unausweichlich vorbei. Denn eine allgemein wirksame Erscheinung kann nur ebenso allgemein wirkende Ursachen haben; und wenn es denn ein Phänomen von europäischer Reichweite gibt, so ist es jenes, das ich unter seinem französischen Namen die Herausbildung der Stände (*Etats*) genannt habe. Zu unterschiedlichen, indessen nicht sehr weit auseinanderliegenden Zeiten entstehen überall in Frankreich die *Etats*, in Deutschland bilden sich in den »Territorialfürstentümern« die *Stände* heraus (diese beiden Begriffe besitzen eine merkwürdig ähnliche Bedeutung), in Spanien die *Cortes*, in Italien die *Parliamenti*. Dieser Prozeß betrifft sogar das englische Parlament, das zwar in einem völlig anderen politischen Umfeld entstand, dessen Entwicklung indes geistigen Strömungen und Erfordernissen folgte, die häufig denen glichen, die die Herausbildung des *Ständestaates* [deutsch im Original] lenkten. Man möge mich bitte nicht mißverstehen! Ich erkenne den ungeheuren Nutzen von Regionalstudien voll und ganz an und verlange von deren Autoren keineswegs, über den Rahmen ihrer Untersuchungen hinauszugehen, um nach der Lösung des eben aufgezeigten großen europäischen Problems zu suchen. Ganz im Gegenteil, wir bitten sie inständig, sich bewußt zu werden, daß sie es allein, jeder von seiner Warte aus, nicht zu lösen vermögen. Der wichtigste Dienst, den sie uns leisten können, besteht darin, die unterschiedlichen politischen und sozialen Phänomene aufzudecken, die in ihrer Provinz der Herausbildung der *Stände* vorausgingen bzw. diese begleiteten und daher geeignet scheinen, vorläufig unter die möglichen Ursachen dieses Prozesses eingeordnet zu werden. Bei dieser Untersuchung wird die Kenntnisnahme und Prüfung der in anderen Regionen bereits erzielten Ergebnisse, mit einem Wort, ein wenig vergleichende Geschichtsbetrachtung, ihr Augenmerk auf nutzbringende Weise lenken. Der Gesamtvergleich kann erst danach erfolgen. Ohne vorausgehende Lokalstudien wäre er vergeblich; doch nur er vermag im Dickicht der vorstellbarenUrsachen diejenigen herauszufinden, die von allgemeiner Bedeutung waren, also die einzig wirklichen sind.

Es wäre, wie leicht zu bemerken, nicht sehr schwierig, weitere Beispiele anzuführen. So scheint mir bezeichnend, daß die deutschen Historiker, wenn sie die Herausbildung der Territorialstaaten untersuchen (der kleinen Staaten, die im Verlaufe des 12. und 13. Jahrhunderts innerhalb des Reiches entstanden und diesem nach und nach den größten Teil der öffentlichen Gewalt entzogen), diese zu oft als ein spezifisch deutsches Phänomen ansehen; wie kann man das aber von der Konsolidierung der feudalen Fürstentümer in Frankreich trennen? Nehmen wir noch ein anderes Beispiel für die Vorsicht, die die vergleichende Methode jenen Historikern eingeben müßte, die nur allzu rasch bereit sind, die Ursachen für sozialen Wandel ausschließlich in lokalen Gegebenheiten zu suchen: die Entwicklung der Grundherrschaft in den letzten Jahrhunderten des Mittelalters und zu Beginn der Neuzeit. Die Grundherren, infolge des realen Wertverfalls der Geldrente durch Einkommensverluste bedroht, entwickeln zum ersten Mal ein klares Bewußtsein der Verarmung, die seit langem schon tropfenweise ihr Vermögen in Gefahr brachte[16]; in allen Ländern bereiten sie sich darauf vor, dieser Gefahr zu begegnen. Zu diesem Zweck nutzen sie, je nach den örtlichen Gegebenheiten, sehr verschiedene und mehr oder weniger wirksame Mittel: Erhöhung bestimmter fallweiser Einkünfte, deren Höhe durch das Gewohnheitsrecht nicht genau festgelegt war (die englischen *fines*); wo es rechtlich möglich war, Umwandlung der Geldpacht in Naturalpacht proportional zur Ernte (hier liegt der Ausgangspunkt für die starke Verbreitung der Halbpacht in Frankreich); brutale Enteignung der Pächter, die in den einzelnen Ländern durch recht unterschiedliche Maßnahmen erzielt wurde (England, Ostelbien). Dem Prinzip nach war dieser Prozeß allgemein, Art und Weise der Anwendung und vor allem der Erfolg gingen jedoch extrem auseinander. Hier bringt uns nun der Vergleich zur Feststellung stark ausgeprägter Unterschiede zwischen den einzelnen nationalen Milieus – wir werden gleich sehen, daß dies einen seiner wichtigsten Vorzüge ausmacht. Zugleich aber zwingt er uns, in dem auslösenden Impuls, der eine solche Vielfalt von Ergebnissen hervorbringt, ein europäisches Phänomen zu sehen, das auch nur mit europäischen Ursachen zu rechtfertigen ist. Die Herausbildung der mecklenburgischen oder pommerschen *Gutsherrschaft* [deutsch im Original], die Usurpation der Ländereien durch den englischen *Squire* allein mit Hilfe solcher Fakten erklären zu wollen, auf die man in Mecklenburg, in Pommern, in England gestoßen ist und die sich anderswo nicht finden, würde bedeuten, seine Zeit mit recht inhaltslosen Gedankenspielereien zu verlieren.[17]

VI

Aber hüten wir uns davor, ein Mißverständnis zu nähren, unter dem die vergleichende Methode nur allzusehr gelitten hat. Zu oft glaubt man oder gibt man vor zu glauben, daß sie nichts anderes verfolge als die Jagd nach Ähnlichkeiten; es wird ihr gern vorgeworfen, sich mit erzwungenen Analogien zufriedenzugeben, ja gelegentlich sogar, solche zu erfinden, indem sie willkürlich irgendeine notwendige Parallelität zwischen verschiedenen Entwicklungen postuliere. Es lohnt nicht die Nachprüfung, ob solche Vorwürfe manchmal gerechtfertigt erscheinen konnten; es ist jedoch nur zu offensichtlich, daß die solchermaßen gehandhabte Methode nur eine boshafte Karikatur darstellt. Dagegen zeigt sie, richtig aufgefaßt, ein besonders lebhaftes Interesse für die Wahrnehmung von Unterschieden, seien sie nun originär oder Resultat unterschiedlicher Entwicklungen, die von einem gemeinsamen Ausgangspunkt ausgingen. Am Anfang einer Arbeit über die Besonderheiten, »die die Entwicklung der germanischen Sprachen unter allen indoeuropäischen Sprachen auszeichnen«, schlug Meillet kürzlich der vergleichenden Sprachwissenschaft als eine ihrer wesentlichen Aufgaben vor, sich anhaltend zu bemühen, »die Originalität der verschiedenen Sprachen herauszustellen«.[18] Ebenso ist es Aufgabe der vergleichenden Geschichte, die »Originalität« der verschiedenen Gesellschaften freizulegen. Muß man noch betonen, daß es kaum eine Arbeit gibt, die heikler wäre, noch eine, die des systematischen Vergleichs zwingender bedürfte? Nicht nur grob bestimmen, daß zwei Dinge einander nicht ähneln, sondern darüber hinaus – eine ungleich schwierigere, aber auch viel interessantere Arbeit – herausfinden, durch welche Merkmale sie sich genau unterscheiden, dies setzt natürlich als ersten Schritt voraus, daß man sie der Reihe nach eingehend betrachtet.

Vor allem muß man das Feld von den trügerischen Ähnlichkeiten freimachen, die zumeist nichts als Homonymien sind. Es gibt darunter heimtückische!

Wie oft hat man die englische *villainage* des 13., 14. und 15. Jahrhunderts mit der französischen Leibeigenschaft *(servage)* gleichgesetzt! Gewiß, ein flüchtiger Blick von der einen zur anderen Institution meint leicht Ähnlichkeiten festzustellen. Der Leibeigene *(serf)* und der *villain* gelten beide sowohl bei den Juristen als auch bei der öffentlichen Meinung als ihrer »Freiheit« beraubt, werden in dieser Hinsicht in einigen lateinischen Texten als *servi* bezeichnet (die englischen Autoren zögern nicht, *serf* als synonym zu *villain* zu verwenden, wenn sie auf französisch schreiben) und schließlich, eben aufgrund ihrer »Unfreiheit« und der genannten Bezeichnung, von den Gelehrten häufig römischen Sklaven gleichgestellt. Doch das ist eine oberflächliche Analogie: der Begriff der Unfreiheit hat sich in seinem Inhalt je nach Raum und Zeit stark verändert. Tatsächlich ist die *villainage* eine typisch englische Institution. Wie Vinogradoff in einer heute klassischen Arbeit gezeigt hat, bezieht sie ihre grundlegenden Charakterzüge aus der ganz besonderen Entwicklung des politischen Milieus, in dem sie entstand.[19]

Seit der zweiten Hälfte des 12. Jahrhunderts, also viel früher als ihre französischen Nachbarn, setzten die englischen Könige im ganzen Land die Autorität ihrer Gerichtshöfe durch. Diese frühe Machtfülle hatte freilich ihren Preis. Der Zustand der Gesellschaft, wie sie sich damals konstituiert hatte, zwang den königlichen Richtern die Beachtung einer Grenze auf, die sie bis zum Ende des Mittelalters nicht überschreiten sollten: sie durften sich grundsätzlich niemals in die Belange zwischen den Grundherren und den abhängigen Bauern einmischen, die von ersteren Land als *villainage* bekamen, das demzufolge mit Abgaben und Frondiensten belastet war, die jeweils durch das Gewohnheitsrecht des *manoir* (so bezeichnet man in England die Grundherrschaft) festgelegt wurden. Die rechtliche Lage dieser Hintersassen *(tenanciers)* war ursprünglich sehr verschieden; die einen – die eigentlichen *villains* – galten als Freie, weil sie vom Grundherren nur durch ihren Pachtbesitz *(tenure)*, durch ihre Zugehörigkeit zur *villa* abhingen;

die anderen – *servi, nativi* – waren durch persönliche und erbliche Abhängigkeit an ihren Herrn gebunden, worin man zu dieser Zeit ein Merkmal der Unfreiheit, der Leibeigenschaft sah. Aber alle, unabhängig von ihrem traditionellen Status, standen außerhalb der königlichen Gerichtsbefugnis. Hinsichtlich der Beziehungen zu ihren Grundherren (allerdings nur in dieser Beziehung) waren sie völlig der Zuständigkeit der staatlichen Gerichtshöfe und infolgedessen der Reichweite des von diesen entwickelten und angewandten Rechts, des *Common Law* des Königreichs, entzogen. Das Ergebnis war, daß beide Gruppen aufgrund dieser so offensichtlichen und denkbar nachteiligen gemeinschaftlichen Rechtsunfähigkeit, ungeachtet der anfänglichen Unterschiede, im Verlauf des 13. Jahrhunderts zu einer einheitlichen Klasse verschmolzen. Den Juristen gelang es nur mit Mühe, diese neue Gruppe zu definieren, die aus so disparaten Elementen bestand. Doch sie kamen rasch überein – und die Umgangssprache mit ihnen –, die Bezeichnung des Freien nur für jene Untertanen des Königs gelten zu lassen, die seine Gerichtshöfe gegen alles und jeden schützten. Damit war ein neuer Freiheitsbegriff entstanden.[20] Der frühere *villain*, also der reine Zinspächter *(tenancier)*, wurde nun nicht mehr unter die *liberi homines* eingestuft und dafür dem erblichen *servus* gleichgestellt, dem *nativus*, weil er ebenso wie dieser von jeglicher Zuflucht zur königlichen Gerichtsbarkeit ausgeschlossen war. Die Termini *servus* und *villain* wurden als Synonyme behandelt. Dieser Prozeß vollzog sich etwa bis 1300. Gleichzeitig kam es dazu, daß sich bestimmte Belastungen besonders repressiver Natur, die ursprünglich auf die Unfreien beschränkt waren – vor allem die die Heirat einschränkenden Rechte – und im Prinzip nur auf den Nachkommen der früheren *servi* hätten lasten dürfen, in vielen Grundherrschaften auf alle *villains* im neuen Sinne des Wortes ausdehnten. Diese Art Übertragung, in den mittelalterlichen Gesellschaften relativ häufig, vollzog sich hier besonders ungehindert. Zweifellos war diese Angleichung von Zinspächtern und Unfreien mißbräuchlich, doch wie hätten die Opfer wirksam dagegen protestieren können, wenn sie *per definitionem* nur vor der grundherrlichen Gerichtsbarkeit, also vor dem Nutznießer des Mißbrauchs, Klage erheben konnten? Und rasch wurde es hingenommen, daß sich die *villainage* wie die alte Leibeigenschaft mit den Blutsbanden übertrug. Diese Tendenz zur Erblichkeit entsprach den allgemeinen Entwicklungslinien der Zeit. In England wurde sie durch einen besonderen Umstand noch beschleunigt. Es kam bisweilen vor, daß eine hochgestellte Person ein Gut erwarb, das der *villainage* unterlag. Selbstverständlich blieb es in den Händen des neuen Besitzers allen Lasten und Rechtsunfähigkeiten unterworfen, von denen es auch zuvor betroffen war und die der Erwerber keineswegs ignorieren konnte: vor allem das Fehlen jeglichen Eigentumsschutzes gegenüber dem Grundherrn durch königliche Gerichte. Aber es war unvorstellbar, den Besitzer selbst – möglicherweise eine bedeutende Person – jäh unter die Schicht der Unfreien zu verweisen. So galt es also, wieder eine Unterscheidung zwischen dem Status des Bodens und dem des Menschen zu treffen und eine Übereinkunft zu erzielen, als *villains* nur die Nachfahren – aber alle Nachfahren – der ursprünglichen Zinspächter *(tenanciers)* zu bezeichnen. Eine neue, niedrige Kaste war geschaffen worden. Sie definierte sich im wesentlichen durch eine Regel des öffentlichen Rechts, die die Rechtsgelehrten wie folgt formulierten: der *villain* ist Leibeigener oder Sklave *(servus)* gegenüber seinem Grundherrn, was bedeutet: zwischen seinem Grundherrn und ihm steht niemand, nicht einmal der König.

In Frankreich gibt es nichts Vergleichbares. Der Vormarsch der königlichen Gerichtsbarkeit erfolgte viel später und auf völlig andere Art und Weise. Wir finden keine großen gesetzgeberischen Verfügungen ähnlich denen Heinrichs II. von England. Wir finden auch keine strenge Klassifizierung der Handlungsmöglichkeiten (die englischen *writs*), wie sie die königlichen Gerichtshöfe den Klägern in die Hand gaben. Durch eine Reihe von zumeist kaum vorbedachten Eingriffen zogen die königlichen Beamten, an einem Ort früher, an einem anderen später, diesen oder jenen Rechtsfall an sich und bauten ihre Herrschaft über das Land Schritt für Schritt aus. Ihre Eroberungen aber, gerade aufgrund ihres langsamen Vorgehens und, zumindest am Anfang, wegen des Fehlens eines durchdachten theoretischen Plans, gingen weiter und drangen nachhaltiger vor. Die grundherrliche Gerichtsbarkeit, ein Amalgam von Machtpositionen sehr unterschiedlicher Herkunft, erstreckte sich in Frankreich wie in England auf äußerst verschiedene Gruppen: militärische Vasallen, Stadtbürger, freie Bauern, Unfreie. Doch die französische Monarchie behandelte sie als ein Ganzes. Die königlichen Gerichte überließen oder entzogen dem einen oder anderen Grundherrn diese oder jene Form von Prozessen; sie bestanden auf der Anerkennung des Appellationsrechtes oder auch nicht, aber alles ohne die geringste prinzipielle Unterscheidung zwischen den einzelnen Untertanen der Grundherrschaft. So schob sich Schritt für Schritt der königliche Richter zwischen den Grundherren und seinen Pächter. Infolgedessen gab es keinen Grund, den freien Pächter, den man auch in Frankreich »vilain« nannte, dem Unfreien anzugleichen. Diese beiden Kategorien von Menschen bestanden weiter nebeneinander. Der französische Leibeigene des frühen 12. Jahrhunderts und der englische *servus, nativus* oder *theow* der gleichen Zeit unterlagen sehr ähnlichen rechtlichen Bedingungen, so daß es durchaus möglich ist, sie als zwei Erscheinungsweisen derselben Institution zu behandeln. Doch dann setzt in England die Herausbildung der *villainage* ein, und jede Parallele endet. Der französische Leibeigene des 14. Jahrhunderts und der englische *villain* der gleichen Periode gehören zwei völlig verschiedenartigen Klassen an. Lohnt es die Mühe, sie zu vergleichen? Sicher, doch diesmal, um die Unterschiede herauszuarbeiten, in denen sich ein auffallender Gegensatz in der Entwicklung beider Nationen ausdrückt.[21]

Dringen wir noch tiefer in die Einzelheiten des Vergleichs vor. Es war nicht immer ein leichtes Spiel, in den englischen Grundherrschaften des 13. und 14. Jahrhunderts unter den auf dem Boden lastenden Rechten, die in unendlicher Vielfalt existierten, mit einiger Sicherheit diejenigen zu bestimmen, die als *villainage*-Besitztum zusammenzufassen waren, und damit jene Lehen aus der recht gemischten Masse herauszulösen, denen das Beiwort »frei« vorzubehalten war. Dennoch war es unverzichtbar, sich auf ein Reihe annähernd feststehender Kriterien zu einigen, denn man mußte das Land und davon ausgehend – zumindest anfänglich – die Hintersassen bestimmen können, vor denen der Schutz der königlichen Rechtsprechung, in Respekt vor der grundherrlichen Gerichtsbarkeit, haltmachte. Die Juristen, die diese Merkmale herauszuarbeiten bemüht waren, glaubten sie mitunter in der Natur der Dienste zu finden, die auf dem Land lasteten. Sie konstruierten den Begriff der *villains services*, der die Dienste bezeichnete, die nur von *villains* zu leisten waren.[22] Man kam überein, die Fron als Symptom anzusetzen, denn diese umfaßte die Ableistung sehr vieler Arbeitstage und wies vor allem eine gewisse Unbestimmtheit auf, sei es in der Anzahl der Tage, sei es zumindest in ihrer Verwendung, was beides dem Ermessen des Grundherren oblag. Außerdem wurde allgemein anerkannt, daß die Verpflichtung, das Amt des Dorfvorstehers, des *reeve* (durchaus vergleichbar mit dem *Starost*, uns vertraut durch die russischen Romane), zu übernehmen, ebenfalls als eine Beschneidung der Freiheit derjenigen gelten mußte, die kraft der Rechtsbelastung ihres Bodens gezwungen waren, diese schwere Bürde wohl oder übel zu akzeptieren. Die englischen Rechtstheoretiker und Richter erfanden nichts Neues, als sie diese Normen aufstellten. Sie schöpften lediglich aus dem Strom kollektiver Vorstellungen, die in den mittelalterlichen Gesellschaften des Kontinents ebenso wie der Insel seit langem mehr oder weniger verschwommen entwickelt worden waren. Die Idee, daß landwirtschaftliche Arbeit an sich unvereinbar mit Freiheit ist, entspricht alten Regungen der menschlichen Seele; sie drückte sich im Altertum in dem Terminus *opera servilia* aus, der sehr oft zur Bezeichnung dieser Art von Arbeit verwendet wurde. Die

Vorstellung, daß der *servus* sich vom freien Zinsbauern durch den unbestimmten Charakter der Frondienste unterschied, denen ersterer unterlag, war aus dem ursprünglichen Unterschied zwischen Sklaverei und Kolonat hervorgegangen und besaß im karolingischen Gallien und in Italien großes Gewicht. Sie verschwand niemals vollständig. Nannte man nicht im Frankreich der Kapetinger allgemein die Privilegien *franchises*, die die Lasten der Bauern, ohne sie aufzuheben, doch begrenzten und vor allem genau festlegten? Die Verpflichtung, unabhängig von den allgemeinen Frondiensten die eine oder andere vom Grundherrn nach Belieben einzufordernde spezielle Dienstleistung erbringen zu müssen (ein Zwang, der in England auf die Funktion des *reeve* beschränkt war), galt in Deutschland in zahlreichen Gebieten als eine den Unfreien auferlegte Bedingung; in Frankreich hat diese Form, obgleich weniger allgemein verbreitet, dennoch einige Spuren in den Texten hinterlassen, besonders im 12. Jahrhundert.[23] Aber in Frankreich, um mich darauf zu beschränken, lieferten diese Vorstellungen nie die Bausteine für eine präzise juristische Konstruktion. Eine von ihnen – die den erniedrigenden Charakter der landwirtschaftlichen Arbeit hervorhob – wurde zwar schon im 13. Jahrhundert verwendet, um eine deutlichere Abgrenzung der Klassen als zuvor zu erreichen. Sie diente jedoch nicht zur Bestimmung der Grenze zwischen Freien und Unfreien wie in England. Man nahm sie als ein Merkmal, mit dessen Hilfe der Adlige (dem es verboten war, »seinen Stand zu erniedrigen« *[déroger]*, wobei körperliche Arbeit als ein solcher Verstoß gegen die Regeln der adligen Herkunft angesehen wurde) von der Masse der Nichtadligen zu unterscheiden war, die stets und in wachsender Zahl Personen umfaßte, denen niemand den Status der »Freiheit« zu verweigern trachtete. Doch gab es niemals Bestrebungen, auch in Frankreich den Unfreien durch die Besonderheiten der Dienste zu bestimmen, denen er unterworfen war? Es scheint, als hätte sich die Volksmeinung Überlegungen dieser Art nicht völlig verschlossen. In Gonesse in der Nähe von Paris wurden im frühen 13. Jahrhundert einige Bauern von ihren Nachbarn als Unfreie bezeichnet, weil sie spezielle Frondienste zu leisten hatten – besonders die Begleitung von Gefangenen, die als unehrenhaft galt. Es gelang ihnen allerdings leicht, vom König anerkannt zu bekommen, daß ihre Freiheit im juristischen Sinne unanfechtbar war.[24] Kein Justizbeamter und kein französisches Gericht nahmen jemals Bezug auf ein von den Diensten abgeleitetes Kriterium, um einen Unfreien zu definieren. Wir stehen also einem der anschaulichsten Aspekte gegenüber, den die Unterschiede zwischen zwei verwandten Gesellschaften aufweisen können: Auf beiden Seiten gibt es analoge Tendenzen; doch auf der einen Seite bleiben sie undeutlich, amorph und ohne offizielle Sanktionierung und verlieren sich in der Masse verschwommener Ideen und Vorstellungen, die man öffentliche Meinung nennt, während sie sich auf der anderen Seite voll entfalten und in klar umrissenen rechtlichen Institutionen konkrete Gestalt annehmen.

Bleiben wir noch einen Augenblick bei der Geschichte der Klassen in den mittelalterlichen Gesellschaften. Keine Studie wäre besser geeignet, zwischen diesen Gesellschaften tiefgreifende Unterschiede herauszuarbeiten, so grundlegende Unterschiede, daß sie uns, offen gesagt, beinahe unerklärlich erscheinen und wir uns im Augenblick darauf beschränken müssen, sie zu konstatieren.

Beginnen wir in West- und Mitteleuropa im 10. und 11. Jahrhundert. Die fast jeder historischen Epoche eigene Vorstellung, daß die Geburt bedeutsame Grenzen zwischen den Menschen errichtet, war auch in jener Zeit im Bewußtsein präsent. Um im Jahre 987 gegen Karl von Lothringen, Anwärter auf den französischen Thron und legitimer Nachfahre der Karolinger, den Ausschluß von der Thronfolge zu rechtfertigen, führte der Erzbischof Auberon – oder, wenn man so will, der Chronist Richer, der unter dem Namen des Prälaten eine Rede vorbrachte, die möglicherweise aus verschiedenen Dokumenten zusammengesetzt war, auf jeden Fall aber den Ideen der Zeit entsprach – die Einheirat des Thronprätendenten unterhalb seines

Standes in die Klasse der Vasallen ins Feld.[25] Und welcher Sohn eines Ritters hätte es hingenommen, den Sohn eines Leibeigenen oder sogar eines *villain* für seinesgleichen zu halten? Täuschen wir uns indes nicht: Die Erblichkeit als rechtsbildender Grundsatz besaß in dieser Zeit nur geringes Gewicht. Die Gesellschaft bestand viel weniger aus einer Abstufung durch verschiedene Geburt voneinander getrennter Kasten als aus einem Geflecht von Gruppen, die sich aufgrund von Abhängigkeitsbeziehungen bildeten. Diese Schutz- und Gefolgschaftsbeziehungen wurden als die stabilsten Bande wahrgenommen, die man sich vorstellen konnte. Betrachten wir etwa im genannten Fall Karls von Lothringen aufmerksam jene Wendung, die das Argument von Auberon ganz wie von selbst nimmt. Zwar wirft der Bischof dem karolingischen Fürsten zunächst eine nicht standesgemäße Heirat vor: »Er hat eine Frau aus dem Stande der Vasallen geheiratet, die nicht seinesgleichen war.« Doch er erinnerte sich, daß der Vater dieser Frau den Herzögen von Frankreich gedient hatte, und fügte sogleich hinzu: »Wie könnte es dieser hohe Herzog (Hugo Capet) erdulden, als Königin eine Frau zu haben, die aus dem Kreis *seiner eigenen Vasallen* stammt?« Damit wird die Frage unvermittelt auf die persönliche Ebene gehoben. Nur der Status des Unfreien wurde für zwangsläufig erblich angesehen. Noch war er gewohnheitsmäßig nicht vollkommen unvereinbar mit der Ritterschaft. Was das Recht der Freien angeht, so bot es zwar in der Praxis zahllose Nuancen, doch diese bezogen sich auf örtliche Unterschiede, auf Varianten in den vertraglichen Beziehungen, auf die soziale Stellung des Individuums als solches und nicht auf die Geburt. Im 12. und 13. Jahrhundert vollzog sich eine kaum merkliche, jedoch entscheidende Veränderung in der Vorstellungswelt und im Rechtswesen. Die Stärke der persönlichen Beziehungen ließ nach; die Huldigung an den Lehnsherren begann sich, wenn auch sehr langsam, zueiner recht inhaltsleeren Förmlichkeit zu verwandeln. Der französische Unfreie (*homme de corps*) galt seither weitweniger als »der Mann« seines Grundherrn denn als Angehöriger einer verachteten Klasse. Überall entstanden auf Erblichkeit begründete Klassen, deren jede ihre eigenen Rechtsgrundsätze besaß. Aber welche Unterschiede in der Vielgestaltigkeit dieser Entwicklung![26] In England eta-blierte sich das System der *villainage* auf fester Grundlage, aber die *villains* bilden nahezu die einzige tatsächliche Klasse. Zwischen den Freien gibt es keine rechtlichen Unterschiede. In Frankreich stand die Leibeigenschaft, deren Angehörige von nun an keinen Zugang zur Ritterschaft mehr erhielten, am Fuße der Stufenleiter. Ganz oben stand der Adel, der sich durch eine Reihe von Besonderheiten (mitunter bloße Überreste alter Bräuche), die das Privat-, Straf- und Steuerrecht berührten, allmählich von der übrigen Bevölkerung abhob. In Deutschland schließlich manifestierte sich die Hierarchisierung seit dem 13. Jahrhundert in unvergleichlicher Fülle. Die leibeigenen Ritter (*serfschevaliers*), die die Konsolidierung des Gemeinschaftsgefühls in Frankreich verschwinden ließ, werden in Deutschland zum Kern einer, im Süden sogar zweier genau bestimmter sozialer Kategorien. Der Adel auf der einen, die Masse der Unfreien auf der anderen Seite splittern sich in etliche übereinanderliegende Teilschichten auf. Nicht alle Adligen sind einander *ebenbürtig* [deutsch im Original], haben nicht das *connubium.* Und um die Einordnung der sozialen Oberschichten zu regeln, erarbeiten die Juristen, ausgehend von der Praxis, die berühmte Theorie des *Heerschilds* [deutsch im Original]. Sie stellten sich eine Art Stufenleiter vor, auf der jede Gruppe ihren festen Platz auf einer Sprosse einnimmt; keiner aus diesen Gruppen darf, so er nicht absteigen will, ein Lehen von einer Person annehmen, die in der Hierarchie unter ihm steht.

In benachbarten, zeitgleichen Gesellschaften vollzieht sich eine Entwicklung in die gleiche Richtung, die Hierarchisierung und Erblichkeit verstärkt; im Verlauf und in den Ergebnissen dieser Entwicklung treten dagegen graduelle Unterschiede auf, die so beschaffen sind, daß sie beinahe Wesensunterschieden gleichkommen und in jedem Fall charakteristische Gegensätzlichkeiten zwischen den in

Frage stehenden Milieus hervortreten lassen. Dies hat uns das Beispiel gezeigt, das ich eben kurz dargestellt habe. Andere Gegensätze, die leichter zu erfassen, wenn nicht zu erklären sind, resultieren aus einer anderen divergierenden Entwicklungsform: in der einen Gesellschaft die lange Fortexistenz, in der benachbarten die Schwächung und Auszehrung von Institutionen, die ursprünglich beiden gemeinsam waren. Zur Zeit der Karolinger war sowohl auf dem späteren Territorium Frankreichs als auch Deutschlands in jeder Grundherrschaft der größte Teil des Bodens für die Zinsbauern aufgeteilt in *manses* (wie man zumeist in romanischen Ländern sagte) oder *Hufen* (so der deutsche Terminus, der gewöhnlich im Lateinischen mit *mansus* übersetzt wurde). Recht häufig fand man mehrere bäuerliche Familien auf einer Hufe. Aus der Sicht des Grundherrn blieb diese nichtsdestoweniger eine Einheit; auf der Hufe als ganzer, nicht aufgeteilt auf die Landstücke und Gebäude, aus denen sie bestand, lasteten Abgaben und Dienste, und im Prinzip durfte keine dieser kleinen landwirtschaftlichen Zellen jemals aufgeteilt werden. Begeben wir uns nach Frankreich um das Jahr 1200. Man spricht hier fast nirgendwo mehr von der Hufe im Sinne einer Katastereinheit (wo der Begriff in den romanischen Formen *meix* oder *mas* fortbesteht, geschieht es in der völlig anderen Bedeutung von Haus als Mittelpunkt des bäuerlichen Betriebes).[27] Die Verfasser der Urkunden bestimmten den Umfang der Grundherrschaften nicht länger nach der Anzahl der Hufen, die sie umfaßten. Die *censiers* oder Listen der Abgaben, die vom Grundherrn erhoben wurden, beschränkten sich nicht mehr wie früher auf eine Aufzählung der Hufen. Sie führten entweder detailliert ein Flurstück nach dem anderen oder wenigstens eine Person nach der anderen auf. Es gab keine Pachthöfe (*tenures*) von feststehender Größe mehr. Felder, Weinberge, Obstbäume können unabhängig voneinander unter verschiedene Erben oder Käufer aufgeteilt werden. In Deutschland dagegen bleibt die Hufe, die man nicht zersplittern darf, in den meisten Grundherrschaften die Basis der Einziehung von Abgaben und Diensten. Freilich verschwindet letzten Endes auch sie, jedoch sehr langsam und oft mehr dem Namen nach als in der Realität, denn bis zum Ende desSeigneurialregimes versuchen die Grundherren mit unterschiedlichen Mitteln das Prinzip der Unteilbarkeit der Höfe zu bewahren – ein Trachten, das ihren französischen Standesgenossen nahezu fremd war. Der Gegensatz scheint sehr alt zu sein, da der Zerfall der Hufe im westlichen Teil des Frankenreiches seit der Herrschaft Karls des Kahlen überliefert ist.[28] Ich möchte nicht versuchen, hier die möglichen Gründe zu prüfen. Aber man wird mir zustimmen, daß jede französische oder deutsche Agrargeschichte, die an dieser Frage vorbeigeht, einen wichtigen Aspekt ihrer Aufgabe vernachlässigt. Wenn man nur eines der beiden Länder betrachtet, könnten das Verschwinden der Hufe auf der einen, ihr Überleben auf der anderen Seite als eines jener völlig natürlichen Phänomene erscheinen, die keinerlei Erklärung bedürfen. Nur der Vergleich zeigt, daß darin ein Problem liegt. Er erweist uns damit einen großen Dienst! Denn gibt es – in jeder Art von Wissenschaft – etwas Gefährlicheres als die Versuchung, alles »natürlich« zu finden?

VII

Die vergleichende Sprachwissenschaft kann sich heute als eine ihrer wichtigsten Aufgaben vornehmen, die Ursprünge und Besonderheiten der verschiedenen Sprachen zu ergründen. Ihr ursprüngliches Trachten ging allerdings zunächst in eine ganz andere Richtung: es konzentrierte sich auf die Bestimmung von Verwandtschaften und Verbindungen zwischen den Sprachen, die Suche nach den Muttersprachen. Die Abgrenzung der indoeuropäischen Sprachfamilie, die – zweifellos hypothetische, aber auf abgesicherten Vermutungen basierende – Rekonstruktion des ursprünglichen Indoeuropäischen in seinen Grundzügen zählen zu den großartigsten Erfolgen einer voll und ganz auf dem Vergleich beruhenden Methode. Die Geschichte der sozialen Organisationsformen befindet sich in dieser Beziehung in einer sehr viel ungünstigeren Situation. Eine Sprache besitzt eine viel einheitlichere und leichter zu bestimmende Struktur als ein wie auch immer beschaffenes System gesellschaftlicher Institutionen; daher rührt die relative Einfachheit des Problems der linguistischen Filiationen. »Bis jetzt ist uns kein Fall bekannt«, schrieb Antoine Meillet, »der uns zu der Annahme gebracht hätte, daß das morphologische System einer bestimmten Sprache aus einer Mischung der Morphologien zweier verschiedener Sprachen entstanden sein könnte. In allen bis heute beobachteten Fällen liegt eine fortlaufende Traditionslinie einer Sprache vor«, sei diese Tradition nun »vom gewöhnlichen Typ, also Weitergabe der Sprache von den Alten an die Jungen«, oder resultiere sie »aus einem Sprachwechsel«. Doch nehmen wir einmal an, man entdeckt zu einer bestimmten Zeit Beispiele des heute unbekannten Phänomens »wirklicher Vermischungen« zwischen den Sprachen. An diesem Tag – ich zitiere weiter Meillet – »wird die Sprachwissenschaft neue Methoden entwickeln müssen«.[29] Diese gefürchtete Hypothese einer »Vermischung«, die, wenn sie sich auf dem Gebiet der Sprache als zutreffend erweisen würde, Verwirrung in diese selbstsicherste der Humanwissenschaften brächte, wird nun der Gesellschaftsgeschichte *(histoire des sociétés)* jeden Augenblick durch die Fakten aufgedrängt. Auch wenn das Französische im Vokabular und gewiß ebenso in der Phonetik sehr stark von den germanischen Sprachen beeinflußt wurde, entstand es doch aus der von den sprechenden Subjekten unbeabsichtigten und zumeist unbewußten Veränderung des Lateinischen im römischen Gallien. Die Nachfahren der Germanen, die die römischen Dialekte annahmen, wechselten dagegen tatsächlich von einer Sprache in eine andere. Aber wer würde es wagen, die französische Gesellschaft des Mittelalters schlicht und einfach als Abwandlung der gallo-romanischen Gesellschaft darzustellen? Die vergleichende Geschichtswissenschaft vermag uns bisher unbekannte Wechselwirkungen zwischen menschlichen

Gesellschaften aufzuzeigen; von ihr zu erwarten, daß sie uns dazu führe, angesichts von bislang als bar jedes genetischen Zusammenhangs geltenden Gesellschaften in diesen Teile einer zuvor unbekannten, ursprünglichen Muttergesellschaft zu erkennen, die sich zu einem frühen Zeitpunkt von dieser abspalteten – das hieße allerdings Hoffnungen zu nähren, die beinahe immer enttäuscht werden müssen.

In einigen Fällen, die indessen eher die Ausnahme darstellen, kann der Vergleich zwischen historisch grundverschiedenen Gesellschaften sehr alte Beziehungen aufdekken, aus denen man freilich nur mit übergroßer Vermessenheit auf eine gemeinsame Abstammung schließen könnte, die aber wenigstens dazu führen, in einer weit zurückliegenden Epoche die Existenz einer gewissen zivilisatorischen Gemeinschaft anzuerkennen. Die Idee, die agrarischen Gewohnheitsrechte zu untersuchen, um die ethnische Karte Europas vor dem Einsetzen der schriftlichen Überlieferung zu rekonstruieren, ist seit längerer Zeit schon verschiedenen Forschern gekommen. Niemand unterschätzt die große Leistung Meitzens. Heute ist man sich jedoch einig, daß sein Werk in diesem Punkt mißglückte. Ohne hier im einzelnen die Ursachen für diesen Mißerfolg erörtern zu wollen, sei es gestattet, die grundlegenden methodischen Fehler anzudeuten, die als Ursache dafür gelten müssen. 1. Meitzen hat verschiedene Tatsachenreihen in seiner Untersuchung vermischt, die er methodisch präzis zunächst hätte gesondert behandeln müssen: Siedlungsstruktur und Form der Felder. 2. Er hat den »primitiven« Charakter zahlreicher Phänomene postuliert, die er in einer der unseren oft naheliegenden historischen Epoche beobachtet hat, und dabei vernachlässigt, daß diese Phänomene womöglich aus jüngeren Transformationsprozessen herrühren können. 3. Er hat sich viel zu stark auf die Untersuchung materieller Faktoren fixiert, zu Lasten der sozialen Gewohnheiten, von denen materielle Faktoren zum Teil nur der spürbare Ausdruck sind. 4. Er hat nur die historisch nachgewiesenen Gruppen – Kelten, Germanen, Slawen und andere – als ethnische Elemente einbezogen, die alle neu in ihr Siedlungsgebiet gekommen waren, und hat damit der anonymen Bevölkerungsmasse, die zuvor auf jenem Land siedelte – dem »Substrat«, wie die Linguisten sagen –, jeglichen Einfluß abgesprochen. Nichts deutet aber darauf hin, daß sie durch die Invasionen aufgerieben worden wäre oder ihre alten Sitten und Bräuche vollständig aufgeben mußte. Aus diesen Fehlern ist folgende Lehre zu ziehen: Es geht nicht darum, die Untersuchung aufzugeben, sondern sie mit einer besseren Methode und besser geschultem kritischem Geist voranzutreiben. Schon jetzt drängen sich einige Feststellungen auf. Die durch zersplitterten Besitz, langgestreckte und schmale Felder ohne Einfriedungen gekennzeichnete Ackerflur hat in Europa weite Flächen bedeckt: England, Nord- und Zentralfrankreich, fast das gesamte Territorium Deutschlands und sicher auch einen großen Teil der Fläche Polens und Rußlands. Sie steht sehr verschiedenen Flurformen gegenüber: den nahezu quadratischen Feldern Südfrankreichs, den eingehegten Parzellen in den westlichen Regionen Frankreichs und Englands. Aufs ganze gesehen steht die Karte der Agrarstrukturen Europas in keinerlei Übereinstimmung mit seiner politischen und linguistischen Karte. Sie hat sich möglicherweise eher herausgebildet; zumindest kann man diese Vermutung formulieren. Augenblicklich sind wir bei der Sammlung der Fakten, nicht bei ihrer Erklärung. Um uns an die so erstaunliche Ausdehnung des oben genannten ersten Flurtyps (lange, offene Parzellen mit zerstückelten Besitzungen) in Gesellschaften, die scheinbar in allem voneinander abwichen, zu halten: es ist *a priori* klar, daß sehr unterschiedliche Erklärungsmuster nacheinander geprüft werden müssen, d. h. nicht nur die anfängliche Zivilisationsgemeinschaft, sondern auch Entlehnungen, Ausstrahlung bestimmter technischer Verfahren von einem ursprünglichen Zentrum aus. Doch eins ist sicher: Man wird das englische *openfield*, das deutsche *Gewanndorf*, die französischen offenen Felder *(champs ouverts)* nie verstehen, wenn man jedesmal nur England, Deutschland oder Frankreich betrachtet.

Die möglicherweise eindeutigste und zwingendste Erkenntnis, die uns die vergleichende Geschichte vermittelt, besteht darin, daß es tatsächlich an der Zeit ist, die überholten topographischen Einteilungen aufzubrechen, in die wir die sozialen Realitäten einzusperren pflegen: sie passen nicht zu den Inhalten, die wir in sie hineinzupressen suchen. Ein achtbarer Gelehrter hat einst ein Buch über die Templer im Departement Eure-et-Loire verfaßt.[30] Gern lächeln wir über diese Naivität. Sind wir aber alle ganz sicher, Historiker, die wir sind, nicht beinahe ständig in denselben Fehler zu verfallen? Es ist zwar kaum üblich, die Departements in das Mittelalter zu verlagern. Aber wie oft hat man mit den Grenzen der heutigen Staaten einen geeigneten Rahmen für eine Untersuchung über rechtliche oder wirtschaftliche Institutionen der Vergangenheit zu finden gemeint? Das ist gleich ein doppelter Fehler. Zunächst ein ganz offensichtlicher Anachronismus: Welch blinder Glaube in eine verschwommene historische Prädestination konnte veranlassen, diesen Konturen irgendeine Bedeutung, sozusagen eine pränatale Existenz vor dem konkreten Zeitpunkt, da das komplexe Spiel von Kriegen und Verträgen sie festschrieb, zuzuschreiben? Es ist darüber hinaus ein grundlegender Fehler, der sogar dann fortbesteht, wenn man mittels einer scheinbar zwingenderen Methode politische, administrative oder nationale Einteilungsschemata aus der Zeit der zu untersuchenden Fakten zugrunde legt. Denn wo hätte man je gesehen, daß soziale Phänomene, in welcher Epoche auch immer, in ihrer Entwicklung an genau denselben Grenzen innehalten, die auch politische Herrschaftsbereiche oder Nationalitäten einschließen? Jeder weiß, daß die Abgrenzung oder, wenn man so will, die Randzone zwischen *langue d'oil* und *langue d'oc* ebenso wie die Sprachgrenze zwischen der *langue d'oil* und den germanischen Sprachen mit keiner Grenze eines Staates oder eines großen Feudalfürstentums übereinstimmt. Gleiches gilt für eine Reihe weiterer Kulturphänomene. Die französischen Städte im Mittelalter zum Zeitpunkt des urbanen Aufschwungs zu untersuchen, bedeutet, in ein und derselben Betrachtung zwei mit Ausnahme der Bezeichnung völlig verschiedenartige Forschungsgegenstände zu vermengen. Die alten Städte der Mittelmeerregion, traditionelle Zentren des Lebens auf dem flachen Lande, seit jeher von den Mächtigen, den Grundherren und »Rittern«, bewohnte *oppida* auf der einen, die Städte des übrigen Frankreichs auf der anderen Seite, die vor allem von Kaufleuten bewohnt und von diesen neu belebt wurden. Mit welchem willkürlichen Schnitt wiederum dürfte man letzteren Stadttyp von analogen Typen im deutschen Rheingebiet trennen? Oder nehmen wir die Grundherrschaft im mittelalterlichen Frankreich: fühlt sich ein Historiker, der begonnen hat, diese nördlich der Loire zu untersuchen, nicht viel stärker in eine fremde Welt versetzt, wenn er in Quellentexten aus dem Languedoc blättert, als wenn er sich Dokumenten aus dem Gebiet der *Hennegauer* oder dem Moselland zuwendet?

Für jeden Aspekt des gesellschaftlichen Lebens Europas zu verschiedenen Perioden muß man, um künstlichen Grenzziehungen endlich zu entgehen, einen eigenen geographischen Rahmen finden, der sich nicht von außen, sondern aus dem Innern des untersuchten Phänomens herleitet. Ein schwieriges Unterfangen, das große Umsicht und unzählige Annäherungsversuche verlangt. Sich diesem Versuch zu verweigern, wäre ein Eingeständnis geistiger Trägheit.

VIII

Wie soll man nun in der Praxis arbeiten?

Es versteht sich von selbst, daß der Vergleich nur dann Wert besitzt, wenn er sich auf das eingehende, kritische und solide dokumentierte Studium der Fakten stützt. Ebenso leuchtet ein, daß es die Begrenztheit der menschlichen Kräfte verbietet, für Forschungen aus erster Hand allzu große geographische oder chronologische Bereiche abzustecken. Unweigerlich wird die eigentliche vergleichende Arbeit immer auf einen kleinen Teil der Historiker beschränkt bleiben. Doch man sollte jetzt vielleicht daran denken, diese zu organisieren und ihr vor allem einen Platz in der Ausbildung an den Universitäten einzuräumen.[31] Verhehlen wir uns aber nicht, daß die vergleichende Analyse nur sehr langsam voranschreiten kann, da in vielen Bereichen noch kaum Einzelstudien vorliegen. Es gilt immer die alte Weisheit: es braucht Jahre der Analyse für einen Tag der Synthese.[32] Aber man zitiert diese Maxime zu oft, ohne das notwendige Korrektiv hinzuzufügen: die »Analyse« wird für die »Synthese« nur nutzbar sein, wenn sie diese vom Grundsatz her im Blick hat und ihr auch zuarbeiten will.

Man muß es für die Autoren von Monographien immer wieder betonen, daß sie die Pflicht haben, das zur Kenntnis zu nehmen, was vor ihnen über ähnliche Themen publiziert worden ist; nicht nur das über ihre eigene Region, was fast alle tun, auch nicht nur – wie es die meisten tun – das über die unmittelbar benachbarten Regionen, sondern auch – ein gar zu oft vernachlässigter Umstand – das über weiter entfernte Gesellschaften, die von den untersuchten durch politische Bedingungen oder Nationalität getrennt sind. Ich wage hinzuzufügen: nicht nur allgemeine Handbücher, sondern auch, sofern dies möglich ist, detaillierte Monographien, die ähnlich angelegt sind wie die von den Autoren selbst zu erarbeitenden. Sie sind für gewöhnlich sehr viel lebendiger und materialreicher als die großen Überblickswerke. In diesen Arbeiten werden sie Elemente ihres Fragenkatalogs und vielleicht leitende Hypothesen finden, die die Forschung so lange lenken können, bis deren Fortschritte selbst eine Korrektur oder die Aufgabe dieser Hypothesen angeraten erscheinen lassen. Sie werden lernen, lokalen Pseudo-Ursachen keine übergroße Bedeutung beizumessen, und zugleich ein Gefühl für spezifische Differenzen entwickeln.

Die Gelehrten zu einer solchen vorangehenden Untersuchung der Sekundärliteratur aufzufordern bedeutet allerdings keineswegs, ihnen einen völlig geradlinigen, ebenen Weg vorzuschlagen. Ich möchte mich nicht im einzelnen mit den materiellen Schwierigkeiten beschäftigen. Warum aber nicht daran erinnern, daß sie erheblich sind? Die bibliographischen Informationen sind nur schwer zu bekommen, die Arbeiten selbst noch umständlicher zugänglich. Eine gute Organisation des internationalen Fernleihverkehrs der Bibliotheken, schneller funktionierend und auf einige große Länder ausgedehnt, die bisher ihre Bücherschätze eifersüchtig hüten, wäre für die Zukunft der vergleichenden Geschichtsbetrachtung hilfreicher als viele gute Ratschläge. Das wichtigste Hindernis ist allerdings intellektueller Natur: es rührt von Arbeitsgewohnheiten her, die zu reformieren aber sicher nicht unmöglich ist.

Der speziell auf die Untersuchung einer Sprache konzentrierte Linguist, der einige Informationen über den allgemeinen Charakter einer anderen Sprache braucht, hat dabei in der Regel keine große Mühe. Die Grammatik, die er zu Rate zieht, bietet ihm die Fakten nach einem Schema dar, das von dem seinigen nur wenig entfernt ist, und drückt diese mit Hilfe von Modellen aus, die jenen gleichen, die er selbst entschlüsseln kann. Wieviel weniger glücklich ist doch der Historiker! Wenn er, vertraut beispielsweise mit der französischen Gesellschaft, diesen oder jenen Aspekt mit ähnlichen Erscheinungen einer benachbarten Gesellschaft, sagen wir der deutschen, konfrontieren möchte und in einigen Arbeiten über die letztere blättert – und seien es die elementarsten Handbücher –, vermeint er plötzlich in eine völlig neue Welt zu tasten.

Liegt dies an den unterschiedlichen Sprachen? Nicht unbedingt, denn im Prinzip kann das wissenschaftliche Vokabular zweier Sprachen einander einigermaßen entsprechen. Die Naturwissenschaften geben uns manches Beispiel für solche Übereinstimmungen. Schwerwiegend ist dagegen die Tatsache, daß die Wortinhalte in einer deutschen und einer französischen Arbeit in den meisten Fällen nicht deckungsgleich sind. Wie soll man etwa den deutschen *Hörigen* ins Französische übertragen, wie den französischen *tenancier* ins Deutsche? Man hat wohl Übersetzungen parat, doch diese sind entweder Umschreibungen (»die von der Seigneurie Abhängigen« für *Hörige)* oder Annäherungen (so stimmt das deutsche Wort *Zinsleute* nur für die zinspflichtigen Pächter, die *tenanciers en censive*, also für einen Sonderfall eines umfassenderen Begriffes),[33] oft auch ungebräuchliche Ausdrücke – wie im Falle des von mir vorgeschlagenen Äquivalents für den Ausdruck *Höriger* –, die die Bücher nicht verwenden. Könnten sich diese fehlenden Entsprechungen durch ein beiderseits zu hartnäckiges Festhalten an den Bezeichnungen der mittelalterlichen Vulgärsprache erklären lassen, deren Unterschiede eine historische Tatsache sind, die man hinnehmen muß? Weit gefehlt! Die meisten dieser dissonanten Begriffe haben die Historiker geprägt, zumindest haben sie ihren Sinn präzisiert und zugleich erweitert. Wir haben, zu Recht oder zu Unrecht und mehr oder weniger unbewußt, verschiedene Arbeitswortschätze entwickelt. Jede nationale Schule hat ihr eigenes Vokabular hervorgebracht, ohne sich um das benachbarte zu kümmern. Dabei ist das Feld der europäischen Geschichte zu einem wahrhaftigen Babel geworden. Hier lauern die schlimmsten Gefahren für den ungeübten Forscher – und auf welchen Forscher, der sein nationales Gebiet verläßt, träfe dieses Attribut nicht zu? In der Diskussion mit einem Forscher, der auf einem alten germanischen Territorium ein Gemeindeland untersuchte, das von mehreren Dörfern zusammen genutzt wurde – also das, was in den deutschen Arbeiten, zumindest seit einer bestimmten Zeit, eine *Mark* genannt wird[34] –, hatte ich große Mühe, ihm klarzumachen, daß analoge Praktiken auch außerhalb Deutschlands in vielen Gegenden existiert haben und teilweise noch existieren, besonders gerade in Frankreich. Denn für diese Form des Gemeindelandes haben die französischen Bücher kein spezielles Wort.

Aber die Diskrepanzen der wissenschaftlichen Sprache drücken letztlich nur einen tieferliegenden Mangel an Übereinstimmung aus. Ob es sich nun um französische, deutsche, italienische oder englische Untersuchungen handelt, es werden fast niemals die gleichen Fragen gestellt. Ich habe weiter oben ein Beispiel für dieses fortwährende

Mißverständnis in bezug auf die Agrarumwälzungen gegeben. Es wäre nicht sehr schwierig, weitere, ebenso aussagekräftige Beispiele zu finden: etwa zum Thema der Ministerialität, einem bis in die jüngste Vergangenheit in den Beschreibungen der mittelalterlichen Gesellschaft Frankreichs und Englands völlig vernachlässigten Gegenstand; zum Thema der Gerichtsbarkeit (*droits de justice*), die in den einzelnen Ländern nach völlig verschiedenen Einteilungen vorgestellt wird. Stellt sich ein Historiker die Frage, ob es diese oder jene Institution, diese oder jene Erscheinung seiner Nationalgeschichte auch anderswo gegeben hat, welchen Veränderungen und Entwicklungsbrüchen sie unterlagen oder welche Entfaltung sie genommen haben, ist es ihm in den meisten Fällen unmöglich, diese legitime Neugierde zu befriedigen. Wenn er nämlich in der Literatur, die er konsultiert, in dieser Hinsicht nichts findet, darf er rätseln, ob dieses Stillschweigen in den Büchern durch das Stillschweigen der Dinge selbst zu erklären ist, oder ob ein großes Problem einfach vergessen wurde.

Ich denke, es wird auf diesem Kongreß viel die Rede sein von einer Versöhnung der Völker durch die Geschichtswissenschaft. Seien Sie unbesorgt, ich werde hier dieses überaus delikate Thema keineswegs aus dem Stegreif abhandeln. Die vergleichende Geschichte, wie ich sie verstehe, ist eine rein wissenschaftliche Disziplin, die auf Erkenntnis gerichtet ist, nicht auf die Praxis. Aber was würden Sie von einer Versöhnung unserer Terminologie und Fragestellungen halten? Wir wenden uns vor allem an die Verfasser der Handbücher, ist doch ihre Rolle als Informationsspender und Leitfaden von größter Wichtigkeit. Wir fordern vorerst nicht von ihnen, den nationalen Rahmen aufzugeben, in dem sie sich im allgemeinen einrichten. Er ist ganz offensichtlich künstlich, aber praktische Notwendigkeiten machen ihn noch erforderlich. Nur ganz allmählich wird die Wissenschaft in diesem Punkt eine bessere Anpassung an die Realität erreichen. Doch wir bitten sie schon jetzt, nicht zu vergessen, daß sie auch außerhalb der Grenzen gelesen werden. Wir bitten sie inständig, wie wir auch schon die

Autoren der Monographien gebeten haben, sich in ihrer Konzeption, in der Problemstellung, ja auch in den verwendeten Begriffen von den Informationen anregen zu lassen, die in anderen Ländern erarbeitete Werke vermitteln. So wird sich durch allseitigen guten Willen schrittweise eine gemeinsame Wissenschaftssprache herausbilden – im gehobenen Sinne des Wortes, als Sammlung von Zeichen und Klassifizierungsordnung zugleich. Die vergleichende Geschichtsbetrachtung wird, wenn sie leichter kennenzulernen und zu handhaben ist, mit ihrem Geist lokale Untersuchungen beleben, ohne die sie nichts vermag, doch die auch ohne die vergleichende Methode zu nichts führen. Mit einem Wort: hören wir auf, in alle Ewigkeit von Nationalgeschichte zu Nationalgeschichte zu plaudern, ohne uns zu verstehen. Ein Dialog unter Schwerhörigen, von denen jeder völlig verkehrt auf die Fragen des anderen antwortet, ist ein alter Kunstgriff der Komödie, dazu angetan, ein aufgeschlossenes Publikum zu erheitern; eine empfehlenswerte intellektuelle Übung ist er nicht.

Pour une histoire comparée des sociétés européennes, in: *Revue de synthèse historique* 1928.

1 Dieser Aufsatz beruht auf dem Vortrag, den ich im August [1927] in Oslo auf dem Internationalen Historikerkongreß (Sektion »Geschichte des Mittelalters«) gehalten habe. Ich habe mich darauf beschränkt, jene Gedanken einzufügen, die ich dort wegen der begrenzten Zeit kürzen mußte.

2 Ohne den geringsten Anspruch, eine vollständige Bibliographie vorlegen zu wollen, die hier unangebracht wäre, verweise ich auf den Vortrag von Henri Pirenne auf dem V. Internationalen Historikerkongreß (Compte rendu, S. 17–32), der um so aussagekräftiger ist, als er den gedanklichen Ansatz eines Historikers vorstellt, den eine Arbeit über Nationalgeschichte bekannt gemacht hat. Außerdem in der *Revue de Synthèse* neben den Aufsätzen von Louis Davillé, *La comparaison*

et la méthode comparative en particulier dans les études historiques (Bd. XXVII, 1913), die anders konzipiert sind als der vorliegende Beitrag, der Artikel von Henri Sée, Remarques sur l'application de la méthode comparative à l'histoire économique (Bd. XXXVI, 1923; wiederabgedruckt in: *Science et philosophie de l'histoire,* 1928) und die Überlegungen von Henri Berr, *le Vᵉ Congrès international des sciences historiques (Bruxelles 8–15 avril) et la synthès en histoire* (Bd. XXXV, 1923, S. 11). Als gelungene Versuche vergleichender Geschichtsbetrachtung sei für die politische Geschichte verwiesen auf den bemerkenswerten Aufsatz von Charles-Victor Langlois, »The comparative history of England and France during the Middle Ages«, in: *English Historical Review,* 1900, und, in eine andere Richtung gehend, auf einige erhellende Seiten aus *Les Villes du Moyen Age. Essai d'histoire économique et Sociale, Bruxelles 1927,* von Henri Pirenne.

3 Vgl. vor allem Antoine Meillet, *La méthode comparative en linguistique historique,* Paris 1925, von dem ich die Grundidee der beiden Formen der Methode entnehme.

4 *Mœurs des sauvages amériquains comparées aux mœurs des premiers temps,* Paris 1724. Zu dieser Arbeit vgl. Gilbert Chinard, *L'Amérique et le rêve exotique dans la littérature française au XVIIᵉ et XVIIIᵉ siècles,* Paris 1913, S. 315ff.

5 James G. Frazer, *The Golden Bough. A study in comparative religion,* 2 Bde., London 1890, (3. Aufl.) Bd. 1, S. 10. – Antoine Meillet hat in der oben zitierten Untersuchung ein anderes Beispiel gewählt, das aus der Forschung über die Tierfabeln stammt.

6 Natürlich genügt die Feststellung des »Überliefertseins« an sich nicht. Man muß ihm jedoch Rechnung tragen, denn die interessante Tatsache, die erklärt werden muß, besteht gerade in der Beibehaltung des Rituals oder der Institution in offensichtlicher Nichtübereinstimmung mit dem neuen Milieu.

7 Die Untersuchung der »primitiven« Kulturen richtet sich heutzutage auf eine genauere Klassifizierung der Gesellschaften aus, die sie vergleicht; es gibt keinen Grund, warum der zweite Typ der Methode, den ich hier zu entwickeln versuche, sich nicht auch auf diese Gesellschaften anwenden lassen sollte. Im übrigen ist es klar, daß bestimmte Vorteile der vergleichenden Geschichtsbetrachtung im enger begrenzten Rahmen, wie sie weiter unten dargestellt werden sollen – Anregungen für die Forschung, Warnung vor den lokalen Pseudoursachen –, zu-

gleich auch dem anderen Typ eigen sind. Beide Formen der Methode haben gemeinsame Charakterzüge, was nicht daran hindern darf, sie sorgfältig voneinander zu unterscheiden. Die Untersuchung des geheiligten europäischen Königtums bietet ein einleuchtendes Beispiel für den unvergleichlichen Nutzen ebenso wie für die Grenzen der vergleichenden Ethnographie; diese ist zwar als einzige in der Lage, uns auf den Weg der psychologischen Erklärung des Phänomens zu bringen, aber sie erweist sich erfahrungsgemäß als völlig ungeeignet, dessen Realität zu durchdringen. Dies habe ich zumindest in meiner Arbeit *Les Rois Thaumaturges*, Paris 1924 (bes. S. 53 und 59) zu zeigen versucht.

8 Ich nehme im folgenden – wie auch weiter unten in bezug auf die Theorien von Meitzen – die Ergebnisse einer Untersuchung über die Agrarsysteme vorweg, mit der ich mich seit längerem beschäftige und deren Schlußfolgerungen auf einer anderen Sektion des Kongresses vorgestellt worden sind. [Vgl. Marc Bloch, *Les caractères originaux de l'histoire rurale française*, Oslo 1931. Anm. d. Hrsg.]

9 »Ut unusquisque suos iuniores distringat ut melius ac melius oboediant et consentiant mandatis et praeceptis imperialibus«. Capitularia regum Francorum, hrsg. von Alfred Boretius, 2 Bde., Hannover 1883–1896, Cap. Nr. 64, c. 17.

10 Zwölftes Konzil von Toledo (681), Brief des Königs Ervige: Mansi, Bd. XI, col. 1025. (Sacrorum conciliorum nova et amplissima collectio ..., von Joannes Dominicus Mansi, 31 Bde., Florenz 1759–1798).

11 Vgl. die Textsammlung von Sánchez-Albornoz, Les behetrias, in: *Anuario de historia del derecho espanol*, Bd. 1, 1924, S. 183, 184, 185. Die Studie von Sánchez-Albornoz gibt die ausführlichste und genaueste Darstellung des westgotischen *patrocinium*. Verwiesen sei besonders auf den Abschnitt des *Codex Euricianus*, CCCX, der sich ursprünglich auf den *buccellarius* bezog und in der *Lex Reccessvindiana*, V, 3,1 mit der Ersetzung des Wortes *buccellarius* durch die weitergehende Bezeichnung: *ei quem in patrocinio habuerit.*

12 Gesetz des Ervige (680-687), in: *Leges Visigothorum antiquiores*, hrsg. von Karl Zeumer, Hannover/Leipzig 1894, IX, 2, 9, S. 378. – Vgl. Sánchez-Albornoz, a. a. O., S. 194.

13 *Maiores et potentiores:* Cap. Nr. 133 (Bd. I, S. 263). Priester: Diplomata Karolin., Bd. I, Nr. 217; Histoire de Languedoc, Bd. II, pr. col. 228. Vgl. Emile Cauvet, *Etude historique sur l'établisse-*

ment des Espagnols dans la Septimanie aux VIIIe et IXe siècles et sur la fondation de Fontjoncouse par l'espagnol Jean au VIIIe siècle, Montpellier 1898; Imbart de la Tour, »Les colonies agricoles et l'occupation des terres désertes à l'époque carolingienne«, in: *Questions d'histoire sociale et religieuse,* 1907.

14 Das von Fremdeinflüssen genährte karolingische Königtum wurde seinerseits nachgeahmt. Sein Einfluß auf die angelsächsischen Monarchien scheint noch nicht genügend untersucht zu sein. Die nützliche Studie von Helen M. Cam, *Local gouvernment in Francia and England. A comparision of the local administration and jurisdiction of the carolingian Empire with that of west saxon kingdom,* London 1912, ist weit davon entfernt, das Thema erschöpfend zu behandeln.

15 Vgl. Hubert Prentout, »Les Etats provinciaux en France«, in: *Bulletin of the International Committee of historical sciences,* Juli 1928 (Scientific reports presented to the sixth international congress of historical sciences).

16 Alain Chartier legt in seiner »Quadriloge invectif« aus dem Jahre 1422 (hrsg. von E. Droz in: *Les Classiques français du Moyen Age,* S. 30) dem Ritter folgende Worte in den Mund: »cest avantaige ont les populaires que leur bourse est comme la cisterne qui a recueilli et recueult les eaues et les agoutz de toutes les richesses de ce royaume ... *car la fieblesce des monnoies leur a diminué le paiement des devoirs et des rentes qu'ilz nous doivent,* et l'outrageuse chierté qu'ilz ont mise es vivres et ouvraiges leur a creu l'avoir que par chascun jour ilz recueillent et amassent». Ich bin bisher noch keinem älteren Text begegnet, in dem diese Feststellung ebenso klar ausgedrückt wird. Aber es würde sich lohnen, die Untersuchung fortzusetzen. Denn – was man oft vergißt – in diesem Zusammenhang ist nicht so sehr der Zeitpunkt wichtig, an dem ein Phänomen sichtbar zu werden beginnt (um diesen Zeitpunkt zu bestimmen, müßte man in sehr viel frühere Zeiten zurückgehen), als vielmehr der Zeitpunkt, da es erstmals wahrgenommen wird. Solange die Grundherren nicht bemerkten, daß ihre Einkünfte sich verringern, solange suchten sie natürlich auch nicht nach Mitteln, diese Einbußen auszugleichen. Heute wissen wir aus ein paar guten Gründen, daß die Entwertung einer Währung bei stabilem Nennwert während eines durchaus recht langen Zeitraums der Wahrnehmung der betroffenen Individuen leicht entgehen kann. Es scheint einmal mehr, daß ein ökonomisches Problem sich in ein psychologisches Problem auflöst.

17 Die Notwendigkeit vergleichender Untersuchungen, die allein in der Lage sind, das Trugbild der vermeintlichen lokalen Ursachen zu zerstreuen, hat Auguste Brun in seiner trotz einiger Unzulänglichkeiten bemerkenswerten Arbeit *Recherches historiques sur l'introduction du français dans les provinces du Midi*, Paris 1923, herausgestellt. (Vgl. Lucien Febvre, in: *Revue de Synthese*, Bd. XXXVIII, 1924, S. 37f.) Brun hat nachgewiesen, daß die französische Sprache erst seit der Mitte des 15. Jahrhunderts begonnen hat, den Süden zu erobern. Lassen wir ihn erklären, warum er sich von vornherein auf eine nur unvollständige Prüfung der Dokumente einließ und dafür beschloß, seine Untersuchung auf den ganzen Midi auszudehnen, anstatt – wie es ihm sicher viele Gelehrte geraten hätten – nur eine Region zu untersuchen, diese aber gründlich. »Vielleicht wäre es ratsam gewesen, das Problem auf eine Region zu begrenzen und die Quellen voll auszuschöpfen, die sich dafür bieten. Nach strengem methodischem Vorgehen ganz gewiß – in der Realität setzt man sich damit jedoch schwerwiegenden Interpretationsfehlern aus. Nachdem man zum Beispiel die Provence ausgewählt und herausgefunden hat, daß die französische Sprache hier eine Errungenschaft des 16. Jahrhunderts war, hätte man vorgebracht, daß es sich um einen Prozeß im Gefolge der Reunion (1481–1486) handelt; das ist nicht falsch; aber hätte man dann bemerkt, daß die tieferliegende Ursache nicht die Angliederung der Provence an die französische Krone selbst war, sondern jener besondere Umstand, daß diese im 15. Jahrhundert stattfand, an einem Wendepunkt unserer Geschichte, und daß die Provence damit an einer allen Mittelmeerländern gemeinsamen und gleichzeitig ablaufenden Entwicklung teilhatte? Eine lokal beschränkte Untersuchung hätte eine lokal beschränkte Erklärung gefunden, und die allgemeinen Charakterzüge – die einzig wichtigen – des Phänomens wären uns entgangen.« (S. XII) Man könnte es nicht besser ausdrücken. Das Ergebnis von Bruns Forschungen ist ein glänzendes Plädoyer für die Methode, die ich hier verfechte.

18 Antoine Meillet, *Caractères généraux des langues germaniques*, Paris 1917, S. VII.

19 Paul Vinogradoff, *Villainage in England. Essays in English Medieval History*, Oxford 1892. Natürlich ist die Literatur zum Gegenstand beträchtlich. Zusammenfassende Darstellungen fehlen aber, selbst englische (siehe jedoch Frederick Pollock/Frede-

rick W. Maitland, *The history of english law before the time of Edward I*, 2 Bde., Cambridge 1895, Bd. I, S. 356f. und 412f.), um so mehr aber französische, was den zwangsläufigen Schematismus meiner Darlegung hoffentlich etwas entschuldigen wird.

20 Neu oder erneuert. Der Sklave hatte in der Zeit der Sklavere im eigentlichen Sinne in den Beziehungen zu seinem Herrn natürlich keinen anderen Richter als eben diesen. Der Freie unterstand den Gerichtshöfen des Stammes, des Volkes oder des Königs. Die Fortschritte der grundherrschaftlichen Gerichtsbarkeit – übrigens in England weniger weitreichend als auf dem Kontinent –, die Entwicklung einer neuen Form persönlicher und erblicher Bindung, die als unfrei eingestuft wurde, hatten die alte Vorstellung ausgehöhlt und ihres juristischen Wertes beraubt, ohne sie wahrscheinlich völlig aus dem Bewußtsein zu streichen. Die Wiedergeburt der staatlichen Gerichtsbarkeit ließ sie von neuem aufleben. Das mittelalterliche Recht, das seine Grundsätze der Entwicklung der Tatsachen anpaßte, schöpfte mithin mehrfach aus dem alten Schatz der volkstümlichen Vorstellungen, die im Verlaufe der Zeit mehr oder weniger in Vergessenheit geraten waren. Wir werden weiter unten im Zusammenhang mit den *villains services* ein ganz erstaunliches Beispiel sehen.

21 Es existiert eine andere, noch subtilere Form der trügerischen Ähnlichkeiten: zwei Institutionen in zwei verschiedenen Gesellschaften scheinen ähnliche Zwecke anzustreben; die Analyse ergibt jedoch, daß diese Zwecke einander in Wirklichkeit diametral gegenüberstehen und die Institutionen völlig entgegengesetzten Bedürfnissen entsprangen. So das mittelalterliche und moderne Testament auf der einen Seite, das römische auf der anderen. Während das erste den »Sieg« des »Individualismus« über den »alten Familienkommunismus« darstellt, ist das zweite im Gegenteil darauf gerichtet, die Allmacht des *pater familias* zu sichern, und es entsprang folglich nicht einer »Auffächerung«, sondern einer außergewöhnlichen »Konzentration der Familie«. Ich entnehme dieses Beispiel einer Besprechung von E. Durkheim [zu Edouard Lambert, *La tradition romaine sur la succes des formes du testament devant l'histoire comparative*, Paris 1901] in: *Année sociologique*, Bd. V (1900–1901), S. 375, eines der vollendetsten methodischen Lehrstücke aus seiner Feder.

22 In diesem Ausdruck lag allerdings eine gewisse Zweideutigkeit:

servitium wurde in der englischen Rechtssprache – oder genauer in der mittelalterlichen Rechtssprache im allgemeinen – sowohl als Bezeichnung für die Abgabe als auch für den Dienst im engeren Sinn verwendet. Ich beziehe mich hier auf die Bedeutung im engeren Sinn.

23 Ich habe einige dieser Dokumente zitiert in: *Revue historique du droit,* 1928, S. 49–50.

24 Zu diesem Zwischenfall vgl. meinen Aufsatz in: *Mélanges d'histoire du Moyen Age, offert à Ferdinand Lot,* 1925, S. 55f., wo ich allerdings den Fehler beging, den Zusammenhang zur englischen Entwicklung zu vernachlässigen.

25 IV. Buch, Kap. 11.

26 Vgl. M. Bloch, »Un problème d'histoire comparée: la ministérialité en France et en Allemagne«, in: *Revue historique de droit français et étranger,* 1928, besonders S. 86f.

27 Dies war im übrigen die ursprüngliche Bedeutung (der Zusammenhang zwischen *mansus* und *manere* ist offensichtlich); die *tenure* erhielt ihren Namen nach dem Haus, der »Mutter des Feldes«, wie es in skandinavischen Texten heißt. Die abgeleitete Bedeutung war zu einem technischen Begriff geworden, der mit der Institution verschwand, die er beschrieb. Der anfängliche Sinn hielt sich oder lebte wieder auf. Natürlich stoßen wir an einigen Stellen auf Überbleibsel der Hufe in ihrer alten katastralen Bedeutung: gleichsam veraltete Zeugnisse, die sowohl den vergangenen Zustand als auch die allgemeine Umwälzung belegen, der stellenweise nur einige Grundherrschaften entgangen sind.

28 Cap. Nr. 273, c. 30 (Bd. 2, S. 323). Man ist versucht, diesen Text mit der schon bei Gregor von Tours erwähnten Zerstückelung der *possessiones,* der Grundlage der römisch-fränkischen Grundsteuer, in Verbindung zu bringen. (Histoire des Francs, Zehntes Buch, 7). Hier ist jedoch nicht der Ort, die Beziehungen zwischen der fränkischen *Hufe* und dem römischen *caput* zu erörtern, die ein überaus schwieriges Problem darstellen.

29 Antoine Meillet, *La méthode comparative en linguistique historique,* S. 82f.

30 Vgl. Charles Métais, *Les Templiers en Eure-et-Loir,* Chartres 1902. Beispiele für solche Anachronismen sind weniger selten als man annehmen möchte. Für das gleiche Departement stoße ich auf Henry Lehr, *La Réforme et les églises réformées dans le département actuel d'Eure-et-Loir* (1523–1912), Paris 1912. Für eine benachbarte Region: Fréderic Auguste (abbé) Denis,

Lectures sur l'histoire de l'agriculture dans le département de Seine-et-Marne depuis les temps les plus reculés jusqu'à nos jours, Meaux 1874–1879. (Der größte Teil des Buches behandelt die Zeit vor der Revolution).

31 An dieser Stelle muß ich eine Betrachtung über die französischen Universitäten anfügen, die nicht nach Oslo gehörte. Unsere Hochschulbildung wird von den Programmen zum Erwerb der Licence und in den wichtigsten Fakultäten noch stärker von den Programmen zum Erwerb der Agregation, die der Professor fix und fertig aus den Händen der Jury erhält, geradezu gefesselt. Weder die einen noch die anderen beschränken sich auf die Geschichte Frankreichs, fast immer enthalten sie Fragen der ausländischen Geschichte. Aber aus völlig legitimen praktischen Erwägungen heraus betrachten sie alle diese Fragen jedesmal in einem nationalen Rahmen. So kann der Professor durchaus veranlaßt werden, Kurse über die englischen oder deutschen Institutionen zu geben oder Arbeiten darüber anzuleiten; ohne jedoch die in jedem Fall achtbaren Interessen der ihm anvertrauten Studenten zu vernachlässigen, kann er nur in Ausnahmefällen auf einige Probleme eingehen, die heute unbedingt nach der vergleichenden Methode behandelt werden müssen, so etwa das System der Grund- und Lehnsherrschaft in Westeuropa, die Entwicklung der städtischen Gesellschaften, die agrarische Revolution. Da Lehre und persönliche Forschung naturgemäß eng miteinander verbunden sind und es von großem Nutzen ist, wenn beide sich gegenseitig unterstützen, spürt man sogleich, wie schädlich diese Situation für unsere Forschungsarbeit ist.

32 Genau heißt es: »Ein Tag der Synthese bedarf Jahre der Analyse.« (»Pour un jour de synthèse il faut des années d'analyse.«) Fustel de Coulanges/Numa Denis, *Histoire des Institutions politiques de l'ancienne France,* Bd. I, La Gaule romaine, Paris 1891, S. XIII, Vorwort von 1875. Vgl. die Überlegungen von Henri Berr, in: *Bulletin du centre international de synthèse,* Juni 1928, S. 28.

33 Man könnte natürlich auch so etwas wie »Inhaber der Leihegüter« [deutsch im Original] sagen, aber wer verwendet schon solche Ausdrücke? *Höriger* wiederum entspricht nicht genau dem *tenancier.* Der französische Begriff ist umfassender. Im Spanischen, wie ich mich bei Gelegenheit einer Übersetzung überzeugen konnte, gibt es dagegen buchstäblich kein einziges Wort für *tenure.*

34 Daß dieser Begriff nie diesen eng begrenzten Inhalt besaß und

einfach, wie *Allmende*, als eine Entsprechung für Gemeindeland gelten muß, dürfte heute nicht mehr dem geringsten Zweifel unterliegen. Vgl. Georg von Below, »Allmende und Markgenossenschaft«, in: *Vierteljahresschrift für Sozial- und Wirtschaftsgeschichte*, 1903.

FRANÇOIS SIMIAND

Historische Methode und Sozialwissenschaft

Die methodischen Unsicherheiten, die sich heute bei den Historikern durch vielerlei Anzeichen bemerkbar machen, rühren, so scheint es, zu einem gut Teil von dem Nebeneinander, der Rivalität und – um es sogleich zu sagen – von dem konfliktgeladenen Verhältnis her, das die traditionelle Geschichtswissenschaft und die neue Sozialwissenschaft zunehmend zueinander unterhalten. Was haben historische Methode und Sozialwissenschaft eigentlich gemeinsam?

Ihrem Wesen nach ist die sogenannte historische Methode nur ein experimenteller *indirekter* Erkenntnisprozeß, das heißt eine Kenntnisnahme der Fakten vermittels einer anderen Einstellung/Geisteshaltung (sie kann indirekt im Raum oder in der Zeit sein – der logische Prozeß ist in beiden Fällen der gleiche). In diesem Sinne wird sie stets in allen positiven Wissenschaften angewandt, nur eben nicht als alleinige Methode. Dieser Erkenntnisprozeß schließt dort – von Ausnahmen abgesehen – die Kontrolle einer möglichen Feststellung ein und geht mit der Gewißheit zu Werke, daß eine genau definierte Methode den ersten empirischen Befund erbracht hat. Warum hat die Geschichtswissenschaft, also im aktuellen Sinn des Wortes das Studium der menschlichen Gegebenheiten der Vergangenheit, dieser Methode ihren Namen verliehen? Weil in der Erforschung vergangener Ereignisse, die nur einmal geschehen und nicht wieder wachzurufen sind, diese Form der Erkenntnis die einzig mögliche ist (mit der seltenen Ausnahme der Tatsachen, die vom Historiker selbst festgestellt werden). Es kommt hinzu – und der Begriff »historische Methode« beinhaltet im allgemeinen diese Bedeutungserweiterung –, daß hier, von ganz wenigen Ausnahmen abgesehen, die Elemente, auf die sich die indirekte Erkenntnis stützt, keine »Beobachtungen« im wissenschaftlichen

Sinn des Wortes sind, sondern Aufzeichnungen von Sachverhalten, die nicht aufgrund bekannter und genau definierter Methoden erfolgten und im allgemeinen auch zu anderen als rein wissenschaftlichen Zwecken angefertigt wurden: Um aus einem Dokument einen legitimen Tatsachenbegriff zu gewinnen, ist daher eine Reihe kritischer Vorkehrungen zu treffen, deren Mechanismus von der historischen Methodologie entwickelt worden ist.[1]

Wenden wir uns nun dem Begriff der Sozialwissenschaft zu.[2] Ohne an dieser Stelle auf definitorische Kontroversen einzugehen, halten wir einfach fest, daß die Sozialwissenschaft die Disziplin ist, die gesellschaftliche Phänomene untersucht und diese wiederum Phänomene sind, die das Leben des Menschen in der Gesellschaft charakterisieren. Will diese Disziplin eine positive Wissenschaft sein und Sachverhalte durch Beobachtung und Experiment untersuchen, so wird sogleich deutlich, daß gesellschaftliche Phänomene aufgrund ihrer Reichweite oder ihrer Natur kaum mit individueller direkter Beobachtung erfaßt werden können: ein Rückgriff auf die indirekte Erkenntnis ist also notwendig. Ebenso wird sichtbar, daß das künstlich durch-geführte Experiment, das nach dem Willen und vor den Augen des Wissenschaftlers abläuft, auf dem Feld des Sozialen so selten und so schwer zu realisieren ist, daß der Sozialwissenschaftler nachgerade gezwungen ist, seine Tatsachen und Versuchsreihen in Beziehung zur Vergangenheit der Menschheit zu suchen: Daher rührt die notwendige Anwendung der historischen Methode.

Die Sozialwissenschaft als positive Wissenschaft arbeitet folglich – in dem Maße, wie sie, um ihren Erfahrungsschatz anzureichern, auf die Kenntnis der Vergangenheit zurückgreift – mit dem gleichen Material wie die Geschichtswissenschaft. Arbeitet sie mit diesem Material nun auf andere Weise? Solange es sich nur darum handelt, die Dokumente zur Erhebung von Fakten zu benutzen, muß sie sich zwangsläufig derselben Erkenntnismittel, d. h. der historischen Methode, bedienen und kann (vorbehaltlich der Beobachtungen, die weiter unten vorgestellt werden)[3] aus den Fortschritten bei der Anwendung dieser Methode Nutzen ziehen. Sie vermag nur den vervollkommneten Regeln und Praktiken zu folgen, die die Historiker mittlerweile genau kennen und deren sichere Handhabung sie gelernt haben. Der Historiker beschränkt seine Arbeit jedoch nicht auf die Auflistung von Fakten: Er gruppiert, er ordnet, er führt sie zu einem Gebäude zusammen; er möchte aus ihnen ein bestimmtes Wissenssystem errichten, das eine gewisse Wissenschaft konstituiert, die *Geschichtswissenschaft.* In diesem Stadium der wissenschaftlichen Arbeit, in der Erarbeitung der Angaben zu einem Ganzen, in der Art und Weise sowie in der Geisteshaltung, die die Verwendung der Fakten bestimmt, um eine Wissenschaft zu konstituieren, zeigt sich ein Unterschied im Herangehen und ein tendenzieller Gegensatz zwischen der Sozialwissenschaft und der traditionellen Geschichtswissenschaft. Das Problem, das aus diesem Konflikt erwächst, zieht die Methodologen der einen wie der anderen Seite sichtbar in seinen Bann. Ich habe nicht die Absicht, dieses Problem hier zu lösen oder auch nur in seiner ganzen Breite zu behandeln. Ich habe mir lediglich vorgenommen und halte es für nützlich, die wichtigsten Punkte der Debatte festzuhalten, indem ich mich besonders auf zwei von Historikern verfaßte methodische Arbeiten stütze.[4]

Das Zusammenfügen der Fakten der menschlichen Gesellschaft, wie es die Sozialwissenschaft betreibt, geschieht in der Absicht, analog zu den bereits bestehenden positiven Naturwissenschaften eine Wissenschaft der gesellschaftlichen Phänomene zu konstituieren. Diese Vorstellung ist vielen noch nicht vertraut, vor allem stößt sie gegen mehrere Denkgewohnheiten, die die Konstruktionen der traditionellen Geschichtswissenschaft ausmachen. Denn die Geisteshaltung des »historisierenden Historikers«, auf das Problem der Sozialwissenschaft angewandt, strebt eigentlich nach der Negation dieser Wissenschaft, *ob er sich dessen bewußt ist oder nicht*. Dies sind die Hauptthesen, in die dieser Gegensatz sich analytisch auflöst. Ich werde sie nacheinander zu entwickeln und zu prüfen versuchen.

I

»Der soziale Sachverhalt ist psychologischer Natur. Indem er psychologischer Natur ist, ist er subjektiv.« – Die erste dieser Feststellungen ist voll und ganz zu akzeptieren. Wenn gesellschaftliche Phänomene wie Faktoren des Wohnens, materielle Praktiken oder auch der Besitz materieller Güter eine Beziehung zu den Dingen der äußeren Welt zur Voraussetzung haben, so ist leicht zu sehen, daß das, was das eigentliche gesellschaftliche Phänomen konstituiert, die Beziehung zwischen dem Menschen und diesen Dingen oder die Beziehung zwischen den Menschen untereinander in bezug auf diese Dinge sind. Es handelt sich um menschliche Gepflogenheiten, um anerkanntes Recht, mit einem Wort: um psychologische Elemente, nicht um äußere Faktoren.

Die zweite Feststellung (die Reduzierung des Psychologischen auf das Subjektive) erfordert eine längere Erörterung. Zunächst ist es notwendig, ihre Tragweite zu erkennen. Wenn ein gesellschaftlicher Sachverhalt seinem Wesen nach subjektiv ist, muß man darauf verzichten, eine *Sozialwissenschaft* im Sinne der bereits existierenden positiven Wissenschaften zu konstituieren, da diese alle auf einem objektiven Gebiet arbeiten und nur unter dieser Bedingung Bestand haben. Es ist nicht sicher, ob die Bedeutung dieser Feststellung von allen deutlich erkannt worden ist. Herr Seignobos verwendet »psychologisch« und »subjektiv« unterschiedslos und wechselt die Termini, als ob ihre vollständige Bedeutungsgleichheit selbstverständlich wäre.[5] Möglicherweise verwechselt er eher beide Begriffe, als daß er sie identifiziert. Von unserer methodischen Fragestellung aus ist es allerdings ebenso schwerwiegend, die beiden Begriffe nicht zu unterscheiden, wie sie für identisch zu erklären, und die Konsequenzen sind die gleichen. Die klare Definition von Objektivem und Subjektivem und die genaue Bedeutung der beiden Begriffe zu ignorieren oder zu vernachlässigen, bedeutet, das eigentliche Wesen der heutigen positiven Wissenschaft radikal mißzuverstehen.

Wenn man die Bedingungen der Wissenschaft für ein bestimmtes Gebiet betrachtet, kann man nicht »das Problem der äußeren Welt« stellen wollen (ebensowenig steht es in Frage); aber wir können das Problem der Kenntnisse, die wir von ihr haben, nicht außer acht lassen. Ob man will oder nicht, in einer Studie dieser Art postuliert man implizit eine bestimmte Lösung dieses Problems. Und wenn die implizierte Lösung dann nicht der Einstellung der gegenwärtigen sozialen Wissenschaft entspricht, ist man aus diesem Grund von vornherein dazu verurteilt, die notwendige und hinreichende Bedingung für objektive Erkenntnis dort, wo sie sich zeigt, nicht zu erkennen. Wird das Problem der notwendigen Unterscheidung von psychologisch und subjektiv nicht gestellt oder setzt man die beiden Begriffe bewußt in eins, ist man von Anfang an verurteilt, die Möglichkeit einer positiven Wissenschaft im Gesellschaftlichen nicht wahrnehmen zu können. Es erscheint deshalb notwendig, hier den Begriff *Ding* in seinem Ursprung und in seinem Wesen aufzugreifen, wie ihn unsere Kenntnisse und unsere Wissenschaft beschreiben.

Muß allerdings in allen Einzelheiten die Analyse unserer »äußeren Wahrnehmung« wiedergegeben werden, die die Elementarpsychologie entwickelt hat? Muß man ausführlich daran erinnern, daß wir in keinem Fall direkt die Wirklichkeit, eine *Sache* außerhalb von uns erreichen können; daß unsere Wahrnehmungen, die einzigen Elemente unserer äußeren empirischen Erkenntnis, sich alle auf uns beziehen, allesamt psychologische Faktoren und in dieser Hinsicht *subjektive* Phänomene sind? Daß wir die Wahrnehmung einer Sache, die es nicht gibt, nur erlangen, weil uns sehr schnell scheint, in diesem psychologischen Ganzen sei ein Teil unabhängig von uns, er gehe nicht von uns aus, verändere sich nicht mit uns, dränge sich uns auf? Der Unterschied zwischen Traum, Halluzination, Einbildung, Erinnerung und der Wahrnehmung (dieser »wahren Halluzination«) besteht allein darin, daß sich uns im Fall der Wahrnehmung ein Zusammenhang zwischen den wahrnehmbaren Dingen zeigt, der nicht von uns abhängt, der sich uns aufzwingt, und daß im Gegensatz dazu in den anderen Fällen unsere eigene Spontaneität maßgeblich beteiligt ist? Objektivität ist keine den Dingen innewohnende Eigenschaft, sie existiert in Abstufungen, sie teilt sich in jedem unserer psychologischen Zustände mit der Subjektivität einen mehr oder weniger großen Raum. Und schließlich ist das *Ding*, die *Sache* der sogenannten äußeren Welt, vom Gesichtspunkt der empirischen Erkenntnis aus ganz einfach nur die Gesamtheit der durch Abstraktion zu einem Ganzen gebildeten Wahrnehmungen.

Müssen wir ausführlich zeigen, daß auf einer zweiten Stufe der Erkenntnis, auf der Stufe der Wissenschaft selbst, Objektivität keinen anderen Sinn erhält? Die Objektivität der Ergebnisse der positiven Wissenschaft ist nichts anderes als ihre Unabhängigkeit von unserem eigenen Handeln und unserer denkenden Spontaneität; die Regelmäßigkeiten der Koexistenz und der Aufeinanderfolge der Phänomene, die die Wissenschaft entdeckt und ausdrückt, drängen sich uns auf, gehen nicht von uns aus und gewinnen daher ihren objektiven Wert. Mitunter hält man die wissenschaftliche Gesetzmäßigkeit für eine immer nur annähernde Formel – die nie ganz treffend, immer auf uns bezogen, immer *subjektiv* ist – von einer *allein wirklich objektiven* Realität, die in Gesetzmäßigkeiten nicht zu fassen ist. Dies ist eine *metaphysische Hypothese*, der die positive Wissenschaft als solche vollkommen entbehrt hat. Die positive Wissenschaft steht nicht über den Phänomenen, und die Phänomene, die sie in letztlich immer unvollkommenen Formeln auszudrükken versucht, weisen keine andere Objektivität auf als die Gesetzmäßigkeiten selbst. Im umgekehrten Sinn bedeutet das: sobald wir phänomenaler Regelmäßigkeiten gewahr werden, sobald sich auf einem bestimmten Gebiet wissenschaftliche Gesetzmäßigkeiten abzeichnen, ein mehr oder weniger klar umrissenes System stabiler und definierter Beziehungen zwischen den Phänomenen sich andeutet, können wir behaupten, daß es sich um ein *objektives* Feld handelt, ob wir nun hinter den Phänomenen eine metaphysische Wirklichkeit wahrnehmen oder nicht.

Mit einem Wort: in unserer empirischen Erkenntnis wie auch in der positiven Wissenschaft *bedeutet objektiv nichts anderes als unabhängig von unserer individuellen Spontaneität.* Ohne Zweifel ist diese Auffassung zum jetzigen Zeitpunkt nicht allgemein anerkannt, da man dem *materiellen Ding* im alltäglichen Leben oft noch keinen substantiellen Sinn verleiht und keine entschiedene Trennung zwischen dem psychologischen und dem sogenannten materiellen Phänomen vornimmt. An dieser Stelle müssen wir uns freilich bemühen, unseren Geist von diesen metaphysischen Überresten zu säubern.

Wenn »psychologisch« und »subjektiv« identisch wären, müßten wir erklären, daß zum Beispiel die gesamte Physik ebenso subjektiv sei wie die Sozialwissenschaft. Sind nicht Klänge, Farben, die Eindrücke von Wärme und Kälte ihrer Natur nach Wahrnehmungen, psychologische Phänomene, subjektive Begriffe? In diesem Fall ist die gewöhnliche Auffassung voll und ganz bereit, diesen eine objektive Existenz zuzubilligen, ja sie vergißt sogar häufig das subjektive Element, das in allen Empfindungen existiert und fortbesteht. Die positive Wissenschaft weiß sehr wohl, daß sie aus dem »Über Geschmack und Farben läßt sich nicht streiten« das herausfiltern will, was in Geschmack, Farben, Klängen usw. von unseren individuellen Veranlagungen unabhängig ist und worüber sich durchaus »streiten läßt«, was sich analysieren und schließlich in Gesetzmäßigkeiten ausdrücken läßt. Sie weiß also, daß ihre Rolle darin besteht, das Subjektive vom Objektiven zu trennen, um letzteres zu untersuchen.

Ist dieser Anteil des Subjektiven und des Objektiven, der in der Wahrnehmungspsychologie unterschieden wird, nicht in derselben Art und Weise auch in der intellektuellen Psychologie zu unterscheiden? Kann ein Gebiet der Objektivität nicht hier wie dort erkannt, definiert und dargestellt werden, was das Feld der positiven Wissenschaft kennzeichnet? – Lassen wir die Frage beiseite, ob und in welchem Sinne eine Psychologie als positive Wissenschaft existieren kann, da sie in diesem Fall nicht von Belang ist.

Aber besitzen nicht alle von der Gesellschaft herrührenden Phänomene auf Grund der Tatsache, daß wir in der Gesellschaft leben, scheinbar *per definitionem* Objektivität? Ein Rechtsgrundsatz, ein religiöses Dogma, ein Aberglaube, ein Brauch, die Form des Eigentums, die soziale Organisation, eine bestimmte Arbeitsteilung, ein bestimmter Austauschprozeß, eine bestimmte Art und Weise zu wohnen und sich zu kleiden, eine moralische Vorschrift usw., all das ist mir in fertiger Gestalt gegeben, all das existiert in meinem Leben unabhängig von meinen eigenen Spontaneitäten und läuft ihnen bisweilen zuwider. Mein individueller Wille unterscheidet sich sehr deutlich von diesem Ganzen, das mir nicht eigen ist, er stößt sich manchmal an diesen Elementen, die ich fertig ausgebildet erhalten habe und die nicht aus meiner eigenen Entwicklung herrühren. Sie drängen sich mir auf, ich reagiere auf und selbst gegen sie. Wenn sie aber nicht meiner eigenen Spontaneität entstammen, entstehen sie dann wenigstens durch Wiederholung oder Summierung aus einer Vielzahl individueller Spontaneitäten? Nein. Sie besitzen einen Charakter *sui generis* und lassen sich nicht in eine Masse individueller Phänomene zergliedern. Das Ganze ist in diesem Fall anders und mehr als die Summe seiner Teile; ebensowenig wie die Eigenschaften des Wassers die einfache Addition der Eigenschaften von Wasserstoff und Sauerstoff sind, oder jene der lebenden Zelle eine Ansammlung von Eigenschaften der chemischen Elemente, die in das Protoplasma eindringen, ist das gesellschaftliche Element nicht einfaches Nebeneinander und Anhäufen individueller Elemente. So ist dieses gesellschaftliche Element, das in unserem psychologischen Leben einen so großen Stellenwert einnimmt, unabhängig von unserer individuellen Spontaneität gegeben: es ist *Wirklichkeit* in demselben Sinne, in dem für die positive Erkenntnis das sogenannte materielle Element wirklich ist; es ist *Ding*, wie die sogenannte äußere Welt dinglich ist.

Man wird aber einwenden, daß dieses neue Ding nicht für sich gegeben, nicht abgesondert worden ist. Ich will gern einräumen, daß das soziale Phänomen tatsächlich nur im individuellen Bewußtsein vorhanden ist, daß es sich nicht irgendwo im Raum außerhalb der Menschen, die die Gesellschaft bilden, lokalisieren läßt. Doch ebensowenig hat die ganz und gar materielle, ziemlich grobe Konzeption des Äußerlichen und der Unabhängigkeit hier ihren Platz, da die fraglichen psychologischen Phänomene, Meinungen, Glaubensbekenntnisse, Gewohnheiten usw. nicht wie die Empfindungen des Sehens oder Tastens die Eigenschaft besitzen, erweiterbar zu sein. Sie können nur metaphorisch lokalisiert und als innerlich oder äußerlich wirkend bezeichnet werden. Es kann sogar passieren, daß jedes soziale Element in jedem von uns eine besondere individuelle Färbung annimmt und als solches nur durch Abstraktion erfaßbar und für sich erforschbar ist. Wichtig ist, daß dieses Element unabhängig von individuellen Formen besteht, daß es isolierbar ist, ohne sich aufzulösen oder zu verschwinden, so, wie von subjektiven und konkreten Wahrnehmungen der Farbe ein objektiver und abstrakter Farbbegriff abgeleitet werden kann. Wesentlich ist, daß die Abstraktion, die zum Begriff führt, die Realität nicht im mindesten zerstört oder deformiert, sondern ganz im Gegenteil sie hier eigentlich erst *bildet,* sie *macht,* so daß dadurch und nur dadurch wissenschaftliche Erkenntnis und Durchdringung möglich werden.

II

»Das gesellschaftliche Phänomen ist nur eine Abstraktion«, wird man nun sagen. Und es ist tatsächlich diese zweite Haltung, die jene einnehmen, die die Sozialwissenschaft negieren.[6] »Um auf die Realität einwirken zu können, muß man die Individuen erreichen, die allein wirkliche Dinge sind.« Wir finden hier in anderer Form die metaphysische Illusion, die metaphysische Konzeption der gewöhnlichen Anschauung wieder, die sich durch die begriffliche Konfusion von Subjektivem und Psychologischem schon weiter oben verraten hat. Diese Geisteshaltung bezieht ihre Daseinsberechtigung aus der Überzeugung, daß die sogenannten materiellen Dinge eine substantielle Realität besitzen, daß sie so existieren, wie sie uns erscheinen, daß sie die einzige solide Basis der wirklichen Existenz bilden, auf die sich unsere gesamte Erkenntnis stützt. Aber die psychologische Analyse, deren Ergebnisse wir bereits vorgestellt haben, zeigt, daß die sogenannten materiellen Dinge nur Gruppierungen unserer Wahrnehmungen sind, daß ihre weitreichende Form, ihr Gewicht usw. Begriffe sind, die auf unseren Geist bezogen sind, daß die absolute Existenz einer Sache, die der Träger solcher Phänomene und von diesen im übrigen grundverschieden ist, sich der positiven Erforschung entzieht und unter dem engen Gesichtspunkt der positivistischen Erkenntnis auch nicht von Bedeutung ist. Was sind denn diese menschlichen Individuen, auf denen angeblich das Gesellschaftliche beruhen soll, für die heutige positive Wissenschaft, die sich ihres Wesens bewußt ist, anderes als Abstraktionen? Ist denn das organische Individuum etwas anderes als eine Ansammlung vielfältiger organischer Elemente? Besteht die sogenannte unabhängige Wirklichkeit auf andere Art und Weise als für unseren Geist und durch unsere Abstraktion, sei es alltägliche, gebräuchliche Abstraktion oder die Abstraktion eines Wissenschaftlers? Existieren die Zellen für sich, unabhängig von den Bausteinen, aus denen sie bestehen, anders als durch eine geistige Operation, die ebenso ein Abstraktionsvorgang ist? Am Ende gelangen wir immer zu den wahrnehmbaren Dingen, die auf uns bezogen und teilweise subjektiver Natur sind.[7] – Das gesellschaftliche Phänomen ist eine Abstraktion – nun gut: aber nicht mehr und nicht weniger als das organische Phänomen, das chemische oder physikalische. Unser empirischer Erkenntnisprozeß verläuft in dem einen wie in dem anderen Fall auf die gleiche Weise, und unsere wissenschaftliche Arbeit befaßt sich hier wie dort mit einem *wissenschaftlichen Fakt, der eine Abstraktion ist*. Es ist auch kaum zulässig, allein der Sozialwissenschaft das eigenartige Privileg vorzubehalten, das ich als gar zu einfache *nominalistische Spielereien* bezeichnen würde. Man sagt uns: »Seht euch vor, das gesellschaftliche Phänomen ist nur eine Abstraktion. Die Regierung ist eine Abstraktion, die Kirche, die Familie, die Textilindustrie sind Abstraktionen. Vergeßt nicht, daß diese Abstraktionen nicht durch sich selbst handeln, daß die Individuen, die sie bilden, die einzige Realität darstellen. Sagt lieber: die Regierenden, der Klerus, die Mitglieder der Familie, die Individuen, die die Textilindustrie betreiben.«[8] Doch warum sagt man nicht in gleichem Tonfall zu den Physiologen: »Habt acht, der Hund, der Magen, die Funktion des Blutkreislaufs sind nur Abstraktionen; es gibt nur Hunde, Mägen, Blut, Herzen, ja besser noch: das sind nur mehr oder weniger ausdifferenzierte Zellen, Blutgefäße, Magenzellen. Ihr habt nicht das Recht zu sagen: ›Der Hund ist ein Tier, das bellt.‹ Denn vergeßt nicht, daß *der* Hund – der weder groß noch klein, weder dick noch dünn, weder weiß noch schwarz, weder grau noch braun ist – nicht existiert und folglich auch nicht bellt. Ihr dürft nicht sagen: ›Das Herz pumpt das Blut in den Organismus‹, denn das Herz ist keine handelnde Person. Ebensowenig ›Der Blutkreislauf versorgt den Organismus‹, weil der Blutkreislauf kein Wesen ist, das für sich existiert.« Warum macht man nichtallen positiven Wissenschaften genau dieselben und genauso (bzw. genauso wenig) geltende Vorwürfe?

Soll damit gesagt werden, daß man diese Abstraktionen nicht hypostasieren, sie nicht zu Wesen einer neuen Schöpfung machen darf? Aber damit überträgt man immer noch die metaphysischen Gewohnheiten des gewöhnlichen Verständnisses in den Bereich der positiven Wissenschaft. Der gewöhnliche Verstand denkt sich tatsächlich oft Wirkungen als von stofflich faßbaren Kräften ausgehend, und diese Kräfte als handelnde Substanzen, Lebewesen gleich. Auch im Mittelalter personifizierte die Wissenschaft die wirkenden Kräfte und erklärte die Ursachen zu Wesenheiten. Aber der Geist der positiven Wissenschaft hat ja gerade zum Ziel, die Verwendung abstrakter Begriffe und Ideen zur Gewohnheit zu machen (obgleich dies keineswegs eine leichte Aufgabe ist), ohne diesen eine metaphysische Existenz zuzuschreiben. Nicht anders als der Physiker, der von den Gesetzen der Ausdehnung oder den Ampèreschen Gesetzen spricht, ohne an die Existenz von Agenzien wie Wärme oder Elektrizität zu glauben, die ausdehnen, anziehen oder abstoßen würden; ebensowenig wie der Physiologe an den Blutkreislauf oder den Magen als Faktor an sich oder eigenständiges Wesen glaubt, glaubt der Soziologe an mythische Faktoren wie Warenaustausch oder Maschinenproduktion, an substantielle Geschöpfe neuer Art wie die Textilindustrie oder die katholische Kirche.

Aber er hat das gleiche Recht wie der Physiker oder der Physiologe, diese abstrakten Worte und Begriffe zu verwenden. Ja gehen wir noch weiter: *Es ist seine Pflicht.* Er *muß* diese Abstraktionen verwenden und mit ihnen arbeiten, weil sie allein es ihm gestatten, das Untersuchungsobjekt begrifflich zu fassen und das eigentliche Verhältnis zu erlangen, um in eine Wissenschaft eindringen zu können. Diese Begriffe zu eliminieren, den Begriff der Maschinenproduktion und der Textilindustrie durch die Individuen zu ersetzen, die sich der Maschinen bedienen und die in der Textilindustrie arbeiten, heißt sich von vornherein dazu zu verurteilen, keinerlei eigentlich wissenschaftliches Ergebnis zu erzielen. Wenn ich anstelle der Maschinenindustrie die Individuen in Betracht ziehe, wenn ich nicht die Formen der Arbeitsorganisation, die Nutzung der Naturkräfte untersuche, wenn ich statt dessen die Individuen in ihrer vielgestaltigen persönlichen Komplexität betrachte, wenn ich mir versage, aus ihnen das herauszufiltern, was von dieser Organisationsform abhängt und was dieser fremd oder von ihr unabhängig ist, wenn ich mir verbiete, das gemeinsame soziale Element dieser ökonomischen Form zu abstrahieren, das nicht Sache der Individuen ist, die dieser unterworfen sind, sondern sich ihnen im Gegenteil aufzwingt und sie beherrscht – wenn ich, mit anderen Worten, mir aus methodischen Grundsätzen verbiete, das Phänomen, das ich untersuchen möchte, zu isolieren, um es zu untersuchen, frage ich mich, welche Beziehungen zwischen den Phänomenen ich aufdecken, welches Ergebnis im Sinne einer positiven Wissenschaft ich erzielen kann. Und wenn meine Untersuchung, die auf einer legitimen und notwendigen Abstraktion beruht, erst einmal beendet ist, habe ich nicht nur das Recht, sondern die Pflicht, das Ergebnis in einer exakten Form auszudrücken, in der es den Beziehungen zwischen den Phänomenen entspricht. Ich habe die Pflicht zu sagen: »Die Maschinenindustrie zieht diese oder jene Konsequenz nach sich«, denn es ist in der Tat die Maschinenindustrie, die diese oder jene Konsequenz zeitigt. Dazu brauche ich die Maschinenindustrie nicht zu personifizieren, ich betrachte sie deshalb nicht als eine mythische oder menschliche Person, die handelt, denkt und einen eigenen Willen hat. Ich sage lediglich, und das in der einzigen exakten Form: »Die *Tatsache*, daß in einer Gesellschaft die Form der Produktion die Maschinenindustrie ist, führt als Konsequenz zu der *Tatsache*, daß dieses oder jenes gesellschaftliche Phänomen entsteht.« Es sind nicht die in diesen Prozeß eingebundenen Individuen, die das sagen, denn sie erleben und ertragen ihn. Es ist ein gesellschaftliches Element, das als solches gebührend untersucht worden ist, das diese Beziehung zu einem anderen gesellschaftlichen Element aufweist, das ebenso untersucht worden ist.

Es ist ebenso willkürlich und illegitim, bestimmte Abstraktionen sogenannter zweiter oder dritter Ordnung zu eliminieren, um sie durch sogenannte Abstraktionen erster Ordnung zu ersetzen: zum Beispiel die Verwendung des Begriffs *Kirche* zu verurteilen und ihn durch den Begriff *Klerus* ersetzen zu wollen. Eine Eliminierung dieser Art besitzt *a priori* keinerlei wissenschaftliche Grundlage. Es gibt tatsächlich soziale Phänomene, die davon abhängen, daß es eine Kirche gibt, und andere, die davon abhängen, daß es einen Klerus gibt. Die Kirche erklärt den Klerus mehr als dieser die Kirche. Bestimmte Handlungen und Reaktionen in einer Gesellschaft gehen von der Kirche als solcher und nicht vom Klerus aus. Der Klerus stellt das Organ eines Körpers, der Kirche, dar. Er erfährt das Handeln dieses Körpers eher, als daß er selbst auf diesen Körper einwirkt. Schließlich kann die Kirche, eine Religion, als Körper auch ohne dieses Organ, ohne einen Klerus existieren. Es bedeutet deshalb, sich der Erkenntnis eines Teils, vielleicht des größten Teils der sozialreligiösen Phänomene zu verschließen, wenn man die Kirche *a priori* und *willkürlich* auf den Klerus reduziert. – »Die Regierung«, »die demokratische Partei« sind eine Realität, ein *Gegenstand*; und »die Regierenden«, »die Demokraten« sind eine andere. Es gibt Fälle, in denen sich die positive Untersuchung auf das Objekt Regierung, und andere, in denen sie sich auf das Objekt Regierende richtet. Die Abstraktion »Regierende« entspricht bestimmten Beziehungen zwischen Phänomenen, die Abstraktion »Regierung« bestimmten anderen. Beide Abstraktionen besitzen jedoch ihren eigenen Wert und die gleiche Legitimität.

Wenn aber die Wahl der abstrakten Forschungsgegenstände nicht willkürlich ist, wie kann man dann erkennen, daß bestimmte Abstraktionen gültig und legitim, andere dagegen es nicht sind? Die Regel ist hier, wie in den anderen positiven Wissenschaften, den *treffenden Abstraktionen* zu folgen, solchen also, die geeignet sind, Regelmäßigkeiten zu erkennen und wenn möglich Gesetzmäßigkeiten aufzudecken.

Zweifellos ist diese Arbeit hier schwieriger und ungewisser als in den anderen positiven Wissenschaften. Und, um ehrlich zu sein, Charles Seignobos zählt mit den Gründen, die er anführt, um die Anwendung dieser Abstraktionen abzulehnen[9], auch nur bestimmte *Schwierigkeiten* auf, denen der Abstraktionsvorgang in diesen Bereichen tatsächlich begegnet. Aber es gibt keinen anderen logischen Prozeß, und das Beispiel der weiter vorangeschrittenen Wissenschaften zeigt, daß er für die Herausbildung einer positiven Wissenschaft unabdingbar und wesentlich ist.

III

Das Problem läuft also darauf hinaus zu untersuchen, ob die »soziologische Abstraktion«, das heißt die objektive Betrachtung gesellschaftlicher Phänomene als solcher, zu Regelmäßigkeiten, Gesetzmäßigkeiten, einer *wissenschaftlichen Erklärung* führt. Und in diesem Punkt hält uns der Geist der »traditionellen Geschichtswissenschaft« hauptsächlich entgegen: »Die gesellschaftlichen Phänomene existieren und unterscheiden sich voneinander, sie können jedoch immer nur individuellen Ursprungs sein, woher sollten sie kommen, wenn nicht von den Individuen? Das gesellschaftliche Phänomen, die Handlung, die kollektive Vorstellung rühren in letzter Instanz stets nur von Handlungen und individuellen Vorstellungen her, die wiederholt und verallgemeinert werden. Es ist möglich, daß dieser Brauch, jene Institution nicht unser Werk sind, aber dann sind sie das Werk unserer Väter oder Großväter oder noch früher lebender Individuen. Ob man aber mehr oder weniger weit zurückgeht, sie lassen sich doch immer nur durch das Handeln, das Einverständnis, die *Übereinkunft* zwischen Individuen erklären.[10]

Hier wird das entscheidende Wort ausgesprochen, hier zeigt sich, wenn ich mich nicht täusche, die treibende Idee, auf die sich diese geistige Opposition gründet. Die Idee des »Gesellschaftsvertrages«, die von der Philosophie und der Geschichte all die sattsam bekannten Verletzungen erfahren hat, lebt im gemeinsamen Ideenschatz der Menschheit fort. Noch heute ist er, freilich eher unbewußt als bewußt, von dieser Vorstellung durchdrungen. Es scheint nachgerade selbstverständlich, daß die gesellschaftliche Organisation ein ganz und gar künstliches Werk sei, daß sie aus einem Einvernehmen zwischen den Menschen resultiert, welches sich jeden Tag erneuert, daß sie, wenn wir diese Organisationsform einmal zufällig nicht mehr wollen, allein schon dadurch andere Gestalt annehmen wird, denn sie besteht nur und ist nur so beschaffen, weil wir, die Individuen, sie eben so wollen und akzeptieren. Es ist eine vorgefertigte Redensart, die unkritisch wiederholt wird, die Bräuche und gesellschaftlichen Regeln (z. B. die Regeln der mondänen Welt) als »soziale Konventionen« zu behandeln. – Dabei hat es aber den Anschein, daß diese Denkhaltung einer selbst oberflächlichen Kritik nicht standhält.

So gibt es etwa eine Gruppe von Menschen, die als Zeichen ihrer Ehrerbietung im Tempel des Herrn das Haupt entblößt, und es gibt eine andere Gruppe, die sich in gleicher Absicht das Haupt bedeckt. Meint man tatsächlich, daß die Menschen der erstgenannten Gruppe sich jemals versammelt haben, um diesen Gebrauch der Kopfbedeckung zu vereinbaren, und daß die Menschen der zweiten Gruppe sich in ähnlicher Weise verabredet haben, um den gegenteiligen Gebrauch festzulegen? Je weiter man in der Geschichte oder auf der Stufenleiter der Gesellschaften zurückgeht, desto stärker findet man das Individuum eingebunden in zahlreichere und strengere soziale Regeln, desto weniger treffen wir auf individuelles spontanes Handeln oder auf freie und ausdrückliche Übereinkunft zwischen den Individuen. Die Individualisierung ist ein sich langsam, aber stetig herausbildendes Ergebnis der gesellschaftlichen Entwicklung, mitnichten ist die Gesellschaft ein Produkt des Individuums. Nirgendwo trifft man am Anfang auf einen Vertrag zwischen vordem unabhängigen und isolierten Individuen. Man stößt im Gegenteil auf eine vollständigere, stärkere Einbindung des Individuums in die Gruppe, auf ein Verschwinden der Individualität, wobei eine ursprüngliche Quelle und schöpferische Kraft der Gesellschaft nicht erkennbar sind.

Doch dieses faktische Argument genügt nicht, um eine Denkgewohnheit auszumerzen, die uns bequem und angenehm ist und in den »vorgefertigten Vorstellungen« unseres gegenwärtigen gesellschaftlichen Milieus beträchtlichen Halt erfährt. Wir müssen weitergehen und zur grundlegenden Konzeption vordringen, auf die sich eine Theorie der wissenschaftlichen Erklärung gründet, mithin zum *Begriff der Ursache*.

Es ist zunächst nicht unwichtig festzustellen, wie verschwommen und schlecht definiert dieser Begriff bei unseren Methodologen der Geschichtswissenschaft ist. So scheint beispielsweise Charles Seignobos auf Seite 270 die Ursache mit der *notwendigen* Bedingung zu verwechseln, und auf Seite 275 scheint er sie mit der *hinreichenden* Bedingung zu identifizieren.[11] Ist nun für ihn die Ursache die notwendige Bedingung oder lieber die hinreichende Bedingung, oder kann sie vielleicht die notwendige und hinreichende Bedingung sein? Das sind drei sehr unterschiedliche Positionen, unter denen man auswählen muß, und wenn die Wahl getroffen ist, muß man sich an den genauen Begriff halten, den man sich angeeignet hat. Keine dieser Positionen ist übrigens ganz exakt. – Betrachten wir ein vielleicht noch eher zur Sache gehörendes Beispiel: »Wenn man einen Felsen sprengt, indem man eine Menge Pulver anzündet«, schreibt Seignobos, »sind der Felsen, das Pulver und das Feuer gleichermaßen Bedingungen und Ursachen« (S. 270). Ich übergehe diese freilich ungenaue Identifizierung von Ursache und Bedingung. Erstaunlich ist aber die Tatsache, daß der Autor mehrere zweitrangige Faktoren aufzählt und gerade die *Ursache* – im wissenschaftlichen Sinne – des Auseinanderbrechens eines Felsens vergißt, und zwar die Ausdehnungskräfte von Gasen (die durch Verbrennung des Pulvers entstehen). Das ist keineswegs unnütze Haarspalterei. Diese begriffliche Unschärfe, die Verkennung des eigentlichen Sinns der Ursache in der Wissenschaftssprache, die Ungenauigkeit in der Terminologie bei einem Methodologen erklären im voraus, daß die Historiker in ihrer Praxis von einem festen Begriff der Ursache weit entfernt sind.

a) Es war unter Historikern überaus geläufig, und es geschieht ihnen heute noch häufiger, als sie glauben, als *Ursache* eines Sachverhaltes einen oder mehrere vorausgegangene Sachverhalte zu benennen, die ohne genaue Regel nach ihrem Urteil, ihrem Eindruck, dem persönlichen Gespür und, sagen wir es, auf gut Glück ausgewählt wurden. Genau dieses Fehlen einer bewußten Methode macht es so schwierig, den eingeschlagenen Prozeß zu analysieren und zu kritisieren. Anscheinend läßt man sich oft einfach von *Wahrscheinlichkeiten* leiten, d.h. von Beziehungen zwischen den Phänomenen, die der Historiker mit seinen Ideen, den Ideen des Milieus, den geistigen Moden der Zeit oder der Saison für *wahrscheinlich hält*. Charles Seignobos verrät vielleicht, indem er es der Sozialwissenschaft empfehlen will, das durch und durch empirische und (diesmal im exakten Sinn des Wortes) *subjektive* Verfahren, das dem Denken des Historikers vertraut ist: Die Praxis besteht darin, sich die Handlungen, Denkweisen und Motive der Menschen der Vergangenheit *vorzustellen*, und zwar nach den Handlungen, Denkweisen und Motiven der Menschen, die er kennt, der heutigen Menschen. Und aus dieser willkürlichen Konstruktion, die aus seiner Einbildungskraft erwächst, aus der kritiklosen Anwendung einer solchen unbestimmten und schlecht entwickelten Psychologie, aus der unbewußten Anwendung von Analogieschlüssen, die ohne vorausgehende Diskussion postuliert werden, leitet der Historiker die »Erklärung« ab. – Wenn er sich enthält, solche Beziehungen aufzustellen, begnügt er sich gern mit der Erklärung durch den *Anlaß*. Es kommt nicht nur in Romanen vor, daß die Worte eines Hirten über das Schicksal eines Reiches bestimmen, und die Länge von Kleopatras Nase behält weiterhin ihren Platz in den historischen Erklärungen. Man gibt als Ursache einer Revolution den Zwischenfall aus, der sie hat ausbrechen lassen, so als würde man das Streichholz, welches ins Pulver gefallen ist, als Ursache der Explosion annehmen. Wir werden diese Geisteshaltung wiederfinden, wenn wir weiter unten die Kontingenz behandeln.

b) Versucht nun die psychologische Erklärung ihr Herangehen etwas besser zu erklären? Es scheint – da es sich hier beim Agens um den Menschen handelt, d. h. um ein Wesen, das bewußt und aus bestimmten Beweggründen handelt –, daß die Ursache der menschlichen Handlungen, der gesellschaftlichen Phänomene immer in letzter Instanz in den *Motiven* des menschlichen Handelns gefunden werden muß. Eine Gepflogenheit wird durch ihr Ziel, ein Organ durch seine Funktion, eine Institution durch den Zweck, dem sie dient oder zu dienen scheint, erklärt. – In Wirklichkeit ist diese Tendenz sehr gefährlich. Die Erklärung durch die Motive der Menschen, die auf den ersten Blick, durch direkte Introspektion und unmittelbare Schlußfolgerung, versucht wird, ist nichts anderes als eine Erklärung durch *finale Ursachen*, und diese Erklärungsweise muß (obgleich unter noch größeren Schwierigkeiten) ebenso aus der Sozialwissenschaft wie aus den anderen positiven Wissenschaften verbannt werden. Der Grund für diese Ächtung liegt nicht nur darin, daß der Endzweck, aus dessen Perspektive man ein Phänomen in Betracht zieht, oft nur einen vom Beobachter oder vom Historiker *angenommenen* oder *wahrgenommenen* Endzweck darstellt und sehr wohl der nicht tatsächlich verfolgte Endzweck sein kann. Selbst wenn man die Motive der betreffenden Menschen gut erschließt, wenn man zum Beispiel weiß, welchen Sinn die Menschen einer gegebenen Gesellschaft einem bestimmten Brauch zuschreiben, welches Ziel sie einer bestimmten Institution setzen, ist es methodisch nicht legitim, allein auf die Tatsache unserer Kenntnis gegründet diesem Brauch oder dieser Institution genau dieses Ziel oder diesen Sinn als erklärende Ursache zu unterstellen. Die Neigung, so zu verfahren, ist allerdings sehr stark. Sie ergibt sich aus der unbewußten Annahme, der für Menschen ganz natürlichen Illusion, daß der Mensch sich in seinem Handeln seiner wahren Beweggründe tatsächlich bewußt ist, im gesellschaftlichen Leben ebenso wie im individuellen. Es ist freilich eine Illusion, und man muß sich von ihr lossagen. Die Fakten zeigen, daß zum Beispiel eine Institution nicht zwangsläufig von ihrem Endzweck abhängt, da ein und dieselbe Institution zu verschiedenen Zeitpunkten unterschiedlichen, selbst entgegengesetzten Zielstellungen dienen kann. Die Fakten zeigen, daß die gesellschaftlichen Phänomene, die Bräuche, die Institutionen im Verlauf einer systematischen Untersuchung eine Komplexität offenbaren, Besonderheiten, spezifische Merkmale an den Tag legen, über die der Endzweck, der von den Menschen diesem Brauch bzw. jener Institution zugeschriebene Nutzen in seiner einfachen Formulierung keinerlei Auskunft gibt, da er dazu nicht in der Lage ist. Die

Menschen einer Gesellschaft empfinden das Bedürfnis, sich die soziale Praxis zu erklären, nach der sie sich richten, und sie suchen darin Beweggründe, ein Ziel, einen Endzweck. Dieser Zweck wird aber gesetzt, nachdem die Institution etabliert ist, weit davon entfernt, daß die Institution von ihm herrührt. Dieser Zweck erklärt nicht das Besondere, Charakteristische der Institution selbst.

c) Aber die finalistische Erklärung ist noch nicht die Denkhaltung, von der sich zu trennen am schwersten fällt bei der Konservierung einer Sozialwissenschaft. Wenn es gelingt, die Beachtung von Triebkräften und Zielen zu beseitigen, welche die Menschen in ihrem gesellschaftlichen Handeln wahrnehmen oder ihm zuschreiben, dann bleibt immer noch die Vorstellung, die Menschen seien handelnde, ursächliche Mächte. Und diese Vorstellung von der Ursache als einer *ursächlichen Macht* ist in der soziologischen Forschung eine hartnäckigere Zwangsvorstellung als in allen anderen Wissenschaften. Man weiß indessen, welche Mühe die wissenschaftliche Erkenntnis schon in den Naturwissenschaften hatte, aus ihren Erklärungen den Begriff des Agens, der aktiven wesenhaften Entität, zu eliminieren. Erst mit der modernen Naturwissenschaft hört das »natürliche Agens« auf, als ursächliche Macht angesehen zu werden, und ist nur noch ein bildlicher Ausdruck. Weder die Wärme noch die Elektrizität sind für die gegenwärtige positive Wissenschaft Entitäten; es sind bequeme Ausdrücke, um eine Kategorie von Phänomenen zu charakterisieren. Auf dem Feld der Humanwissenschaften hält sich diese Auffassung der Ursache, die aus der Analyse unseres eigenen, vertrauten Handelns abgeleitet ist, allerdings zäher. Die positive Sozialwissenschaft muß sich dennoch bemühen, diese Vorstellung zu überwinden. Der Bann, den – wie wir weiter oben gesehen haben –, Charles Seignobos über bestimmte soziologische Abstraktionen verhängt, impliziert im Grunde die Konfusion der Begriffe »Ursache« und »Agens«. Die Benennung der Maschinenindustrie oder des Marktes als *Ursache* eines anderen Phänomens, wir sagten es bereits, bedeutet nicht im mindesten die Erschaffung einer Entität oder eines mythischen Wesens. Die Kritik wird also hinfällig, sobald man, auf gesellschaftlichem Gebiet ebenso wie im Bereich der Natur, dem Begriff der Ursache einen streng positiven Sinn gibt.

Hier wie in den anderen positiven Wissenschaften ist die Ursache eines Phänomens, nach der Formulierung von Mill, allein und nichts anderes als das antezedente unveränderliche und unbedingte Phänomen. Eine Kausalbeziehung wird nicht zwischen einem Agens und einer Handlung, nicht zwischen einer Macht und einem Ergebnis aufgestellt, sondern zwischen zwei Sachverhalten von genau derselben Ordnung. Sie schließt eine stabile Beziehung, eine Regelmäßigkeit, eine Gesetzmäßigkeit ein. Eine Ursache gibt es, im positiven Sinn des Wortes, nur dort, wo es eine Gesetzmäßigkeit, zumindest eine denkbare, gibt. *In diesem Sinn* erkennt man sogleich, daß ein individuelles Phänomen, einzig in seiner Art, *keine Ursache hat,* weil es nicht durch eine konstante Beziehung zu einem anderen Phänomen erklärt und weil in einem einmaligen Fall das antezedente unveränderliche und unbedingte Phänomen nicht ermittelt werden kann. Wenn sich die Untersuchung der menschlichen Faktoren also zu einer positiven Wissenschaft konstituieren will, wird sie veranlaßt, sich von den einmaligen Fakten abzuwenden und sich den Fakten zuzuwenden, die sich wiederholen, d. h. das Zufällige beiseite zu lassen, um sich dem Regelmäßigen zuzuwenden, das Individuelle zu eliminieren, um das Gesellschaftliche zu studieren.

IV

Wenn das so ist, werden wir dann aber genug erklären? Werden wir das Wesentliche erklären? Ist nicht *der Anteil der Kontingenz* im Gegenstand unserer Untersuchung, auf diesem Feld der menschlichen Faktoren, so groß, daß der Versuch, ihn aus der Untersuchung auszuschließen, bedeuten würde, sich dem wahren Verständnis vieler und vor allem entscheidender Fakten zu verschließen? – Erinnern wir zunächst an die genaue Bedeutung von »kontingent«. Dieser Begriff ist insgesamt das Äquivalent zu »Nichtvorhersehbarkeit«. In der Wissenschaftssprache bezeichnen wir als Zufall das Zusammentreffen zweier oder mehrerer Folgen von als unabhängig bekannten oder betrachteten Phänomenen. Ob diese Unabhängigkeit absolut oder nur relativ ist, ob die Kontingenz reell oder für unseren beschränkten Geist nur eine scheinbare ist, spielt hier keine Rolle. Woher rührt daher die besondere Rolle der Kontingenz in der Geschichte? Paul Lacombe hat ausgezeichnet gezeigt, daß alles Individuelle, alles, was unter den Menschen vom ursprünglichen und spontanen Handeln der Individuen herrührt, von der Wissenschaft als kontingent anzusehen ist.[12] Ob diese Kontingenz absolut oder relativ sei, ob sie vom Bestehen der *Freiheit* unter den Menschen abhängt oder lediglich von der Komplexität ihres eigenen Determinismus – das Ergebnis ist letzten Endes dasselbe, und die positive Forschung ist sehr wohl verpflichtet, theoretisch oder praktisch anzuerkennen, daß das Handeln des individuellen Faktors normalerweise unvorhersehbar und folglich für zufällig zu halten ist. Kann sie in ihrer erklärenden Arbeit über diesen Faktor hinweggehen?

Fügen wir hinzu, daß die Bedeutung des Kontingenten eher von der Denkhaltung des Beobachters abhängt, als daß sie aus der Natur der Fakten hervorgeht. Es gibt keinen Sachverhalt, bei dem man nicht einen individuellen und einen gesellschaftlichen Teil, einen Teil Zufall und einen Teil Gesetzmäßigkeit ausmachen könnte.[13] Die Denkhaltung der Sozialwissenschaft widmet ihre Aufmerksamkeit den einen, die der traditionellen Geschichtswissenschaft den anderen Teilen. Ein ausgezeichnetes Beispiel dafür liefert Charles Seignobos selbst, als er am Ende seiner »Histoire politique de l'Europe contemporaine« schlußfolgert, daß die gesamte zeitgenössische politische Entwicklung von drei Zufällen abhing: der Revolution von 1830, der von 1848 und dem Krieg von 1870/71. Worin sind diese Ereignisse nun zufällig?

»1. Die Revolution von 1830, die das Bündnis Europas gegen die Revolution zerstört, im Westen das parlamentarische Regime eingeführt und die Entstehung der katholischen und sozialistischen Partei vorbereitet hat, ... war das Werk einer Gruppe finsterer Republikaner, die sich die Unerfahrenheit Karls X. zunutze machten;

2. Die Revolution von 1848, die das allgemeine Wahlrecht in die politische Praxis eingeführt hat, die nationale Einheit in Mitteleuropa vorbereitet und die sozialistischen und katholischen Parteien organisiert hat, ... war das Werk einiger demokratischer und sozialistischer Agitatoren, denen die plötzliche Mutlosigkeit Louis Philippes zu Hilfe kam;

3. Der Krieg von 1870, der das Deutsche Reich geschaffen, es zur Vormachtstellung in Europa geführt hat, der die weltliche Macht des Papstes zerstört, den Charakter des Krieges verändert und das Prinzip des bewaffneten Friedens etabliert hat, ... war das persönliche Werk Bismarcks, das durch die persönliche Politik Napoleons III. vorbereitet wurde.«[14]

Wir finden hier, sozusagen hautnah, jene Denkhaltung wieder, die uns vorhin als Ursache der Explosion eines Felsens das Felsgestein, das Pulver und das Feuer aufgezählt und die wirkliche Ursache, die Sprengkraft des Gases, vergessen hat. Es hat in zahlreichen Ländern und während vieler historischer Epochen kleine Gruppen »obskurer« Agitatoren und unerfahrene oder entmutigte Könige gegeben. Das Auftreten einiger weniger Agitatoren hat jedoch nicht ausgereicht, einen revolutionären Wechsel der Regierung herbeizuführen. Und die Handlungen einiger Agitatoren in einem Land hat zu keiner Zeit ausgereicht, um innerhalb weniger Wochen in allen anderen Ländern analoge Umwälzungen hervorzurufen. Die tieferliegenden, die wahren Ursachen werden dabei übersehen: die gesellschaftliche Desintegration, die durch die Französische Revolution vollzogen wurde und die die künstliche Restauration des Ancien Régime überdauert hat, die mangelnde Anpassung der wiederhergestellten Regierungen an die neuen sozialen Tendenzen, eine kollektive Geisteshaltung usw. Man erwähnt den Funken und vergißt die Sprengkraft des Pulvers. Für den Krieg von 1870 erwähnt man die Handlung zweier Individuen, Bismarck und Napoleon III., und man übersieht die ganze lange Vorbereitung der Institutionen und der gesellschaftlichen Ideen, die sich in Deutschland während des gesamten 19. Jahrhunderts entwickelte und ohne die auch das Genie eines Bismarck sein Werk nicht vollbracht, vielleicht nicht einmal existiert hätte. Und man vergißt auch die gesamte französische Entwicklung; man läßt ganz einfach alle sozialen Faktoren beiseite, die allerdings von entscheidender Bedeutung sind. Unter den Auswirkungen dieser »Zufälle« (wie die Aufhebung der weltlichen Macht des Papstes als Folge des Krieges von 1870) findet man Sachverhalte, für die das »zufällige« Ereignis ganz offensichtlich nur ein *Anlaß* war, der mit ihnen in keiner wirklich ursächlichen Beziehung stand. Indem man den Anlaß eines Sachverhaltes aufzeigt, *erklärt* man ihn in keiner Weise.

Wenn also die Untersuchung der menschlichen Faktoren auf *Erklärung* im wissenschaftlichen Sinn des Wortes abzielt, wird sie danach streben, das individuelle und zufällige Element nicht zu vernachlässigen, sondern ihm seinen Anteil einzuräumen, um dann in ihren eigenen Untersuchungsergebnissen dessen Wirken auszuschalten. Diese Untersuchung wird sich nicht zur Hauptaufgabe machen, die Abfolge dieser Zufälligkeiten sichtbar werden zu lassen, sondern im Gegenteil die dauerhaften und genau bestimmten Beziehungen herauszuarbeiten, die zwischen den Phänomenen sichtbar werden, nachdem die Zufälle festgestellt und ausgeschlossen wurden. Es ist möglich, daß der Zufall hier öfter auftritt und mit der vermuteten Regelmäßigkeit enger verflochten ist, so daß sich seine Ausschaltung schwieriger gestaltet und mehr Sorgfalt und Umsicht verlangt. Der methodische Vorgang ist freilich kein anderer als in den bereits bestehenden positiven Wissenschaften, in denen er gewöhnlich praktiziert wird. Die Erhöhung der Schwelle eines Meerbusens hat Meerestiere in Seetiere verwandelt. Der Anatom richtet seine Untersuchung nicht auf diese Schwellenerhöhung, die für ihn ein *Zufall* ist, sondern auf die Entwicklung der Formen und Lebewesen, auf die Regelmäßigkeiten, deren Anlaß dieser Zufall gewesen sein mag. Wenn ein Individuum sich eine Krankheit zuzieht, kann das zumeist als kontingent angesehen werden. Der Physiologe, der Mediziner registriert dieses zufällige Moment, doch er richtet seine eigene Arbeit darauf aus, die Beziehungen zwischen den Ursachen und den Wirkungen aufzudecken, die sich in der Folge oder aus Anlaß dieses zufälligen Ereignisses im Organismus abspielen. Und nur in diesem Werk besteht der Fortschritt der Wissenschaft. So treten im Gebiet aller positiven Wissenschaften kontingente Bedingungen auf: die Sozialwissenschaft braucht sich nur ein Beispiel daran zu nehmen, wie diese mit dem Zufall umgehen. Sie ist möglicherweise in einer schwierigeren, jedoch nicht in einer grundsätzlich anderen Lage.

V

Es bleibt eine letzte Opposition, die dem entgegensteht, eine Sozialwissenschaft nach dem Modell der anderen positiven Wissenschaften zu konstituieren. Diese Opposition gründet sich auf die Erkenntnisbedingungen im untersuchten Gebiet.

a) Das *Dokument*, Vermittler zwischen dem forschenden Geist und dem untersuchten Sachverhalt, ist, wie man gesehen hat, von einer wissenschaftlichen Beobachtung weit entfernt. Es ist ohne klar beschriebene Methode und zu anderen als wissenschaftlichen Zwecken angefertigt worden. Es besitzt folglich, sagt man, *subjektiven* Charakter.[15] – Die Sozialwissenschaft befindet sich in diesem Punkt sicher in unterlegener Position. Es ist jedoch wichtig, anzumerken, daß hier ebenso wie in der Frage des Zufalls der Einwand seine Kraft mehr aus der Denkrichtung des Historikers als aus der Natur der Dinge selbst bezieht. Wenn man das Dokument, wie es der traditionelle Historiker tut, nach individuellen Ereignissen, mehr noch Erklärungen mittels individueller Motive, Handlungen und Gedanken befragt, deren Erkenntnis zwangsläufig nur durch Vermittlung eines Denksystems gewonnen wird, dann ist das Dokument in der Tat kein Feld wissenschaftlicher Arbeit im eigentlichen Sinne. Wenn sich die Forschung aber auf die »Institution« richtet und nicht auf das »Ereignis«, auf die objektiven Beziehungen zwischen den Sachverhalten und nicht auf Absichten und angenommene Zwecke, geschieht es häufig, daß man den untersuchten Sachverhalt nicht durch die Vermittlung eines Denksystems erreicht, sondern *direkt* zu ihm vordringt. Die Tatsache, daß in einer Sprache verschiedene Termini den Onkel väterlicherseits und den Onkel mütterlicherseits bezeichnen, ist eine *direkte Spur* zu einer von unserer heutigen unterschiedenen Familienform. Ein Gesetzbuch ist kein »Dokument« im Sinne der Geschichtswissenschaft, es ist eine unmittelbare und direkte Feststellung von Tatsachen, gerade wenn der Rechtsgrundsatz selbst Gegenstand der Untersuchung ist. Bräuche, kollektive Vorstellungen, soziale Formen sind oft unbewußt registriert oder hinterlassen von selbst Spuren in dem, was Historiker Dokumente nennen. Die gesellschaftlichen Phänomene können hier mittels wirklicher Beobachtung durch den *Verfasser der Forschungsarbeit* erfaßt werden, eine bisweilen unmittelbare, direkte Beobachtung, häufiger aber eine mittelbare (d. h. eine Beobachtung der Auswirkungen oder der Spuren des Phänomens). In jedem Fall aber nicht mehr durch den indirekten Weg, also über die Vermittlung durch den *Verfasser des Dokuments.* Die Erkenntniskritik, die die Geschichtsmethodologen entwickeln und unverändert auf die Sozialwissenschaft anwenden, hat folglich nur für den Gegenstand und die Praxis der »traditionellen Geschichtsschreibung« volle Gültigkeit. Um die gesamte Praxis der positiven Sozialwissenschaft einzuschließen und um ihren besten und fruchtbarsten Teil zu treffen, muß sie *vollständig überarbeitet,* bedeutend modifiziert und vervollständigt werden.

b) und c) Ich werde nicht auf zwei weitere Einwände eingehen, die zwar gewichtig sind, aber nicht speziell aus der Denkrichtung der Historiker stammen: die Unmöglichkeit des Experiments und die Unmöglichkeit des Messens auf dem Gebiet des Gesellschaftlichen. – Das *künstliche* Experimentieren, die Anordnung von Elementen und Faktoren nach dem Willen und der Wahl des Wissenschaftlers ist zweifellos normalerweise nicht möglich. Aber ein Experiment wird nicht dadurch charakterisiert, daß es durch einen Bedienungsfachmann gestaltet wird; Kennzeichen des Experiments ist, daß so geplant und durchgeführt wird, daß eine Beziehung zwischen den Phänomenen erscheint und begründbar aufgestellt werden kann. Aber es ist möglich, daß sich im reichen Inventar gesellschaftlicher Materie, die eine Erforschung der Vergangenheit aufhäuft, hier oder dort, in der einen oder anderen Epoche wirkliche *soziologische Experimente* konstituiert haben, aus denen die Wisssenschaft nützliche Induktionen ableiten kann.– Was die Meßbarkeit gesellschaftlicher Phänomene angeht, so werden gewöhnlich viele ungenaue Vorschläge vorgetragen.[16] Sicher ist eine »Quantifizierung« solcher Phänomene immer nur indirekt, doch das trifft im Grunde für viele Sachverhalte in den anderen Wissenschaften ebenfalls zu. Gewiß ist auch die quantitative Beobachtung hier sehr schwierig und scheint andererseits sehr wenig und sehr schlecht praktiziert zu werden. Der Unterschied zu den anderen Disziplinen ist aber nur umständehalber oder graduell, nicht jedoch wesentlich. – Die Bedingungen der Erkenntnis bilden also kein radikales Hindernis für die Arbeit, die vor uns steht.

Zusammenfassend scheint sich aus dieser kurzen Überschau auf die Einwände des »historischen Geistes« zu ergeben: Wenngleich die Bedingungen für die Schaffung einer positiven Wissenschaft auf dem Gebiet des Sozialen schwieriger sind als in den Naturwissenschaften, so besteht doch zwischen ihnen kein Gegensatz oder gar wesentlicher Unterschied. Aber lohnt es die Anstrengung, diese wissenschaftliche Disziplin für die menschliche Geschichte zu konstituieren, lohnt sie zu diesem Zeitpunkt? Ist es nicht verfrüht? Bietet nicht die Praxis des eigentlichen Historikers, wenigstens im Augenblick, größere Vorteile? Muß sie nicht, kann sie nicht in jedem Falle gleichzeitigbestehen? Oder soll sie sich von heute an allmählich auf die neue Disziplin ausrichten? Und muß eine neue Organisation des Erkenntnisprozesses systematisch an die Stellc der »traditionellen Geschichte« gesetzt werden?

VI

Wenn man lange genug mit der modernen Schule wiederholt, daß die Geschichtswissenschaft eine genaue, unparteiische Darstellung der Vergangenheit ist, ohne tendenziöse oder moralisierende, literarische, romaneske oder anekdotische Absichten – was tatsächlich eine den früheren Konzeptionen und Praktiken der Historiker überlegene Konzeption ist –, vergißt man oder schenkt zumindest der Tatsache nicht mehr genügende Aufmerksamkeit, daß »genau« nicht »vollständig« heißt, daß »unparteiisch« nicht »automatisch« bedeutet, daß »untendenziös, ohne dichterische Ambitionen« nicht sagen will »ohne vorausgehendes Konzept, wahllos«. Ich verstehe zum Beispiel sehr gut, daß unter den Forschern, die die Sternenwelt untersuchen, einige sich auf Fotografie des Himmels spezialisieren, ihre gegenwärtige Tätigkeit darauf beschränken und das Bestreben anderen überlassen oder auf später verschieben, neue Erkenntnisse zu gewinnen, Verbindungen, Gesetzmäßigkeiten aufzudecken, die dieses Arbeitsinstrument zu erwarten gestattet. Die Vorstellung von der Vergangenheit der Menschheit, die uns die Geschichtswissenschaft vermitteln kann und will, ist freilich auf keiner Stufe eine »Fotografie der Vergangenheit«; sie ist auf keiner Stufe eine vollständige Reproduktion, eine automatische Aufzeichnung aller Tatsachen, die sich ereignet haben, auch nicht aller Fakten, die die überlieferten Dokumente erkennen lassen. Die erste, allergröbste geschichtswissenschaftliche Arbeit, die formlose Durchsicht von Texten, das passivste

Sammeln von Texten bedeutet bereits Auswahl, impliziert Auslassungen, setzt eine gewisse geistige Perspektivierung voraus. Selbst um gewöhnlichen Quarz abzubauen, muß man eine Grundvorstellung von der Konstruktion, in der dieses Gestein eingesetzt wird, von den verschiedenen Formen und Größen der zu verwendenden Stücke haben. Man muß wissen, daß man aus Stein baut und nicht nur aus Eisen oder Holz. Selbst wenn die Geschichte ihre Rolle darauf beschränkte, Materialien für eine spätere Verwendung in einer wissenschaftlichen Bearbeitung vorzubereiten und zu sammeln, müßten wir zunächst prüfen, ob diese »Materialien« zu jenen gehören, die der Wissenschaftler gebrauchen kann, ob sie zu irgendeiner Verwendung geeignet sind, ob sie nicht Gefahr laufen, zugunsten anderer verworfen zu werden oder einer neuen Aufbereitung zu bedürfen, wie sie für die Wissenschaft früher unternommen wurde, die dieses Material gar nicht besaß und direkt aus dem allgemeinen Stoff das Beabsichtigte herausziehen mußte. Doch die Geschichtswissenschaft möchte ihre Arbeit natürlich nicht auf die Aufbereitung des Stoffes beschränken: das ist für sie nur der erste und am wenigsten wichtige Teil ihres Werkes; der zweite, höherstehende Teil ist die *Konstruktion* der Fakten. Sie sammelt, gruppiert und stellt die Fakten, die mittels analytischer Forschung freigelegt wurden, in einen gewissen Verbund. Dieser Teil der Arbeit konstituiert mehr oder minder reflektiert, mehr oder minder kritisch bestimmte Bezugssysteme, in die sie die einzelnen Fakten einordnet. Und die gesamte Durcharbeitung der Angaben erfolgt auf diese Bezugssysteme hin. – Welchen Wert besitzen nun diese Bezugsrahmen für eine wissenschaftliche Erkenntnis menschlicher Faktoren? Wenn es stimmt, daß sie aufgestellt wurden, um Fakten zu gruppieren, ist es nicht ebenso zutreffend, daß die Fakten erhoben wurden, um in den Rahmen zu passen? Welche Garantie haben wir dafür, daß die Vorstellung von der Vergangenheit, die auf diese Art und Weise durch die Geschichtsschreibung rekonstruiert wurde, im geringsten zufriedenstellend ist?

Man empfiehlt »die historische und geographische Untersuchung der sozialen Tatsachen«. Was bedeutet das? Wenn es bedeutet – da sich gesellschaftliche Tatsachen immer zu einem bestimmten Zeitpunkt und in einem bestimmten Raum abspielen und das künstliche Experiment sie normalerweise nicht beliebig reproduzieren kann –, daß eine genaue Beobachtung verpflichtet ist, jeden dieser Fakten zu dem Zeitpunkt und in dem räumlichen Zusammenhang zu erfassen, in dem sie sich entwickelt haben, dann wäre diese Vorschrift nicht die Mühe wert, uns so auffällig präsentiert zu werden. Ebenso könnte man den Meteorologen »die historische und geographische Untersuchung der meteorologischen Begebenheiten« empfehlen. Wenn man sagen will, daß man auf diese vorgeblichen »Beobachtungen« verzichten muß, die unklar, ohne Angabe der Herkunft sind, Behauptungen ohne Ort oder Datum über kaum definierte Phänomene, mit denen sich hastige Erbauer von Luftschlössern zu leicht zufriedengeben, dann kann die seriöse positive Wissenschaft nur gewinnen, wenn diese Vorschrift zur allgemein befolgten Praxis wird. Aber »historische und geographische Untersuchung sozialer Tatsachen« bedeutet etwas anderes. Sie will sagen, daß man soziale Sachverhalte nach der Art der Historiker und Geographen zu untersuchen hat. Lassen wir an dieser Stelle die Geographie beiseite (obwohl sich eine parallele Kritik ebensogut an die Geographie, jene andere traditionelle Ordnungsweise menschlicher Faktoren, richten könnte). Man sagt uns, daß es legitim und gut ist, daß die menschlichen Faktoren im Rahmen der Geschichtswissenschaft erhoben und vorgestellt werden. Um welche Rahmen handelt es sich? Um ehrlich zu sein, sind sie bei weitem nicht so präzise und gut definiert, wie die Historiker gern behaupten und glauben. Die historische Disziplin hat keine Fortschritte gemacht, die diese Bezugssysteme spürbar verändert hätten. Es geschieht häufig, daß derselbe Historiker, mehr oder weniger bewußt und durchdacht, verschiedene dieser Bezugssysteme vermischt und gleichzeitig verwendet. Versuchen wir indes, ihre wichtigsten

Typen genauer zu bestimmen, worum sich auch die Analyse und wachsende Kritik der Geschichtsmethodologen bemüht haben.

Der ursprüngliche Bezugsrahmen – und auch der gröbste – ist schlicht und einfach der chronologische Rahmen (Darstellung der Fakten jeglicher Art nach Monat, Jahr oder einem längeren Zeitabschnitt; Anordnung jedes dieser Komplexe in einer chronologischen Linie). Die ausschließliche Anwendung dieses Rahmens ist bekanntermaßen nur noch in Nachschlagewerken, Quellenverzeichnissen und Datensammlungen zu finden, die nicht mehr als historische Arbeiten, sondern als Hilfsmittel angesehen werden. Es ist dabei unbestritten, daß Instrumente dieser Art unverzichtbar sind, wie der Philologe ein Wörterbuch mit Wörtern in alphabetischer Reihenfolge benötigt, obwohl diese Anordnung keinerlei wissenschaftlichen Wert besitzt. Man muß aber an diesen Ausgangspunkt der historischen Disziplin erinnern, denn diese ganz grobe und empirische Art der Klassifizierung lastet noch heute fatal auf den Denkrichtungen der historischen Arbeit – wir werden Gelegenheit haben, es zu sehen. Eine Neigung besteht daraus hartnäckig fort, die Annahme nämlich, daß zwischen Faktoren verschiedenster Art Gleichzeitigkeit oder Vorzeitigkeit wesentliche Beziehungen seien, selbst wenn es keinerlei bewiesene oder auch nur wahrscheinliche Beziehung oder ursächlichen Zusammenhang gibt.

Indessen hat sich die Geschichtsschreibung im eigentlichen Sinne seit längerem damit gerühmt, die menschlichen Geschicke anders als nach den Umlaufzeiten der Sonne zu ordnen. Das bedeutet jedoch nicht, daß die allzuoft von ihr praktizierte klassische Anordnung den Anforderungen einer rationalen Verknüpfung viel besser entspräche und mit der Natur der untersuchten Sachverhalte besser übereinstimmte. Die lange Zeit absolute Vorherrschaft der politischen Geschichte – und in dieser der Geschichte der Fürsten – hat eine Gliederung nach Herrschaftsperioden hervorgebracht, die auf Gebiete übertragen und beibehalten wurde, auf denen sie absolut künstlich war. Das beachtenswerte Werk von M. Levasseur über die Geschichte der arbeitenden Klassen und die Industrie ist zum Beispiel wesentlich nach diesem Bezugsrahmen der politischen Geschichte aufgebaut. Selbst die großen Gesamtdarstellungen, die heute erscheinen, entnehmen ihre grundlegenden Raster weiterhin der politischen Geschichte und pressen mehr recht als schlecht alle anderen Kategorien von Tatsachen in diese hinein. Aber muß man überhaupt zeigen, wie schlecht dieses Bezugssystem auf die meisten sozialen Phänomene paßt, deren Entwicklung wesentlich von spezifischen Ursachen abhängt, die gänzlich verschieden sind von Tod oder Krönung dieses oder jenes Monarchen und selbst vom Auftreten bzw. Untergang dieser oder jener Regierungsform, dieses oder jenes politischen Regimes? Selbst für Erscheinungen des politischen Lebens scheint es, daß man häufig bessere Gliederungen an die Stelle der aktuellen Einteilungen setzen könnte.[17] Um so eher ist diese Teilung bei der Untersuchung von Phänomenen anderer Art zu vermeiden. – Außerdem ist der chronologische Rahmen mehrfach von Historikern selbst kritisiert worden, aber wie das so ist, die praktischen Gewohnheiten einer Berufsgruppe überleben die theoretische Kritik, die einzelne aus ihrer Mitte dagegen angeführt haben, und drängen sich weiterhin indirekt selbst den Urhebern dieser Kritik auf.[18]

VII

Die Bezugssysteme der traditionellen Geschichtsschreibung werden von den heutigen Methodologen noch nachdrücklicher im Namen eines Prinzips verteidigt, das eine ernsthafte Untersuchung verdient. Die unterschiedlichen Gattungen von Fakten, die sich im Leben einer Gesellschaft zutragen können, besitzen keine völlig unabhängige Existenz und entwickeln sich nicht gänzlich unabhängig. Sie unterhalten untereinander bestimmte Beziehungen der Übereinstimmung oder wechselseitigen Einflußnahme. Sie sind durch einen *Zusammenhang* [deutsch im Original] verbunden, der ein wesentliches Element der Erklärung ist. Nun sagt man, allein die Geschichtswissenschaft garantiere durch ihre traditionellen Erkenntnismethoden das Aufdecken dieser Beziehung und erbringe damit die wirklich genaueste Untersuchung eines bestimmten gesellschaftlichen Zustands. »Die Geschichtswissenschaft untersucht alle Tatsachen jeglicher Art in einer Gesellschaft«, schreibt Seignobos, »und das bewahrt sie davor, die Existenz bestimmter Ereignisgruppen zu vergessen, was Spezialisten zwangsläufig widerfährt.« Und weiter: »Einer der größten historischen Fortschritte bestand darin, anzuerkennen, daß es in einer Gesellschaft keine unabhängigen Tatsachen gibt, daß die Handlungen und Gewohnheiten eines Menschen oder einer Gruppe von Menschen miteinander verbunden sind, aufeinander reagieren und einander bedingen.«[19] »Alles verbindet sich im sozialen Leben«, schreibt Henri Hauser; »zu einem beliebigen Zeitpunkt, bei einem beliebigen Volk besteht zwischen den privaten, wirtschaftlichen, rechtlichen, religiösen, politischen usw. Institutionen dieses Volkes ein enger Zusammenhalt, und die Variationen dieser verschiedenen Wesensmerkmale sind bei den Arten von Gesellschaften wie bei den Tierarten konkomitierend.« Und H. Hauser folgert daraus auf die wenigstens vorläufige Vortrefflichkeit der Methode, die darinbesteht, »die gesellschaftliche Entwicklung eines bestimmten Volkes während eines bestimmten Zeitabschnitts in ihrer Gesamtheit zu rekonstruieren« (anstatt – eine anscheinend von den »Soziologen im eigentlichen Sinne« favorisierte Methode – »aus der Masse der sozialen Gegebenheiten eine einzelne Institution herauszulösen, die Hochzeit, das Gebet, die *Vendetta*, und ihre Entwicklung durch alle Zeiten und bei allen Völkern nachzuzeichnen«).[20]

1. Obwohl diese Streitigkeiten zwischen disziplinären Schulen im allgemeinen recht nutzlos sind und die Herkunft einer Idee diese nicht *ipso facto* ungültig macht oder ihren Wert erhöht, ist es nicht unwichtig festzustellen, daß die fraglichen »Soziologen« diese Interdependenz der ver-

schiedenen Ordnungen gesellschaftlicher Erscheinungen bei weitem nicht negieren oder selbst unterschätzen. Ihre Anstrengung läuft im Gegenteil zu einem großen Teil darauf hinaus, die Methoden zu vereinheitlichen, die Forschungen der verschiedenen, auf das Studium der gesellschaftlichen Phänomene gerichteten Disziplinen einander näherzubringen, genau im Namen der grundlegenden Einheit und der prinzipiellen Korrelation aller dieser Phänomene; so ist die Rechtswissenschaft aufgefordert, den juristischen Bereich zu verlassen, um seine Beziehungen mit der Wissenschaft der Sitten und der Wirtschaft wahrzunehmen; so wird das religiöse Leben als das gesamte gesellschaftliche Leben durchdringend gezeigt, bis hin zu den Phänomenen (so etwa ökonomische), die von der Religion auf den ersten Blick am weitesten entfernt erscheinen. Und es ist vollkommen sicher, daß eine genau umrissene Gesellschaft keine künstliche Einheit ist, daß sich aus ihren verschiedenen Funktionen und Institutionen ein gewisses System abzeichnen muß, das diese Gesellschaft, als ein Ganzes betrachtet, kennzeichnet. Es ist ebenso gesichert, daß eine eigenständige Disziplin, eine wirkliche *allgemeine Soziologie* (die sehr verschieden von dem ist, was man uns heute unter diesem Namen anbietet) sich damit befassen kann und muß, diese sozialen Gesamtheiten zu untersuchen und zu klassifizieren.[21] Aber die Frage ist: 1. ob man mit der Untersuchung des Systems einer Gesellschaft beginnen soll, bevor und ohne daß ihre Institutionen betrachtet werden; 2. ob die Beschreibung einer für sich genommenen Gesellschaft nach Art der Historiker die geringste Chance besitzt, zu einer Definition des sozialen *Zusammenhangs* zu gelangen.

2. Nicht weniger ausgeprägt als diese gemeinsame Verbindung lassen sich in jeder Gesellschaft ein außerordentlich wichtiges Überdauern oder eine beträchtliche Präformation oder eine sehr häufig unvollständige Ausprägung von Institutionen, Bräuchen, Ideen feststellen, die weder aus sich selbst heraus verstanden oder erklärt werden können noch durch einen Zusammenhang zu einem Ganzen,

dem sie ja gerade nicht mehr entsprechen oder das nicht notwendigerweise mit ihnen übereinstimmt. Nur der Vergleich mit andernorts angetroffenen Beispielen derselben Institutionen, Bräuche, Ideen, die vollständiger, deutlicher ausgebildet, typischer sind, macht ihre Bestimmung und Klassifizierung durchführbar und ihr Verständnis möglich.

3. Das Beispiel der Biologie, das gern ins Feld geführt wird, läßt sich leicht umkehren. Wenn eine bestimmte *Abstraktion,* die man als *Art* bezeichnet, tatsächlich eine bestimmte Anzahl von für die Wissenschaft nützlichen Korrelationen zur Folge hat – Gleichgewicht der Organe, Beziehungen zwischen den einzelnen Teilen –, wenn eine bestimmte *Abstraktion,* die man als organisches *Individuum* bezeichnet, tatsächlich charakteristische Wechselwirkungen zwischen verschiedenen Gruppen von Phänomenen enthält – die Nerven, den Blutkreislauf, das Ernährungssystem betreffend –, so ist es nicht weniger gewiß, daß die Untersuchung des Atmungssystems einer Tierpopulation in den verschiedenen Arten oder die Untersuchung des abstrakten Magens oder der abstrakten Leber unabhängig von der Lunge oder vom Gehirn des Individuums, in dem diese verschiedenen Organe zusammen existieren, eine große Anzahl von Beziehungen herstellt, deren wissenschaftliche Bedeutung vielleicht größer ist. Außerdem – und das entkräftet das Argument fast völlig – darf man nicht vergessen, daß die Untersuchung einer Tierart, eines Zusammenhangs von Organen, einer Wechselwirkung aller Funktionen des organischen Individuums bereits wesentlich abstrakt und vergleichend ist, daß sie niemals von der einfachen Beschreibung oder der vereinzelten Analyse eines *einmaligen* Exemplars der Tierart, eines *einmaligen* Falles der untersuchten Erscheinung ausgeht.

4. Tatsächlich ist die historische Methode, wie sie Charles Seignobos und Henri Hauser verstehen, *unfähig,* den *Zusammenhang,* dessen Existenz und Rolle ihrer Meinung nach nur die Geschichtswissenschaft erkennen kann, im wissenschaftlichen Sinne *aufzustellen.* »Eroberung der Welt, Machtergreifung durch die *homines novi,* Verände-

rungen im Eigentum der Quiriten und in der *patria potestas*, Herausbildung einer städtischen Plebs, Einfall der Kunst Griechenlands und der orientalischen Religionen in Italien, Degeneration der alten lateinischen Sitten, Scipio Aemilianus, Caton, die Graeculi, Senatus consultum de Bacchanalibus [Senatsbeschluß zum Vorgehen gegen Ausschreitungen bei Bacchanalien], Plautus und Ennius, all diese Dinge bilden zusammen einen unentwirrbaren *Komplex*, alle diese Tatsachen erklären einander viel besser, als die Entwicklung der römischen Familie sich durch die Entwicklung der jüdischen, chinesischen oder aztekischen Familie erklären ließe.«[22] Henri Hauser gibt uns hier, da er die sogenannte vergleichende Methode verurteilen will, ein hervorragendes Beispiel für das Grundlaster der schlichten und einfachen historischen Methode. Der gesamte Vorschlag, der Gefallen daran zu finden scheint, eigentliche soziale Ursachen, Kontingenzen und individuelle Handlungen zu vermischen, bleibt eine unbegründete Behauptung, die ich ebensogut in ihr Gegenteil verkehren könnte (die römische Familie erklärt sich *viel besser* aus der jüdischen Familie ... als durch den Komplex ...), solange H. Hauser nicht belegt, daß sich die römische Familie völlig anders entwickelt hat als die Familie eines ähnlichen ursprünglichen Typs, die anderswo anzutreffen war; daß diese idiosynkratische Entwicklung tatsächlich durch die sozialen Phänomene anderer Art *verursacht* worden ist, von denen er uns einige Beispiele gegeben hat; daß die spezifischen historischen Zufälle der Geschichte der römischen Gesellschaft tatsächlich eine entscheidende *ursächliche* Rolle gespielt und nicht nur als Anlässe gewirkt haben. Doch wie sollte er diesen Beweis stringent, systematisch, wissenschaftlich führen, anders als durch bloß plausible Behauptungen, anders als durch Wahrscheinlichkeiten, die allgemein anerkannt sind im traditionellen Lager der sogenannten historischen »Erklärungen«? Wie sollte er diesen Beweis führen, wenn nicht durch Rückgriff auf die vergleichende Methode, indem er die römische Familie von der griechischen Familie oder einem anderen Familientyp anhand differenzierter Wesenszüge unterscheidet, indem er zeigt, daß die vermuteten Ursachen in anderen Gesellschaften einen ähnlichen Einfluß ausübten oder daß beim Fehlen dieser Faktoren die betrachtete Erscheinung nicht auftrat, indem er hinsichtlich der erwähnten spezifischen historischen Zufälle schließlich zeigt, daß die Wirkungen, die mit diesen in Verbindung gebracht werden, sich an anderen Orten nicht feststellen lassen? Ich behaupte nicht, daß diese Aufgabe leicht ist, nicht einmal, daß sie immer vollständig lösbar sein wird. Ich sage, solange sie nicht verwirklicht ist, sind die Korrelationen oder Kausalbeziehungen, die man uns entgegenhält, nicht begründet. Ich behaupte, die Untersuchung auf eine einzige Gesellschaft zu begrenzen, um den sozialen *Zusammenhang* aufzudecken, bedeutet, sich von vornherein dazu zu verurteilen, diesen niemals feststellen zu können. Ein Kausalzusammenhang existiert nur, wir haben weiter oben daran erinnert, wenn es Regelmäßigkeiten in einer Beziehung gibt, wenn es eine identische Erneuerung der festgestellten Beziehung gibt. Der Einzelfall hat *keine Ursache*, ist wissenschaftlich nicht erklärbar. Die Vorliebe der Methodologen der Geschichtswissenschaft für eine so verstandene Bestimmung des *Zusammenhangs* rührt sicher daher, daß ihnen die Gesamtheit einer Gesellschaft konkreter, reeller zu sein scheint als eine für sich genommene Institution oder ein herausgelöstes soziales Phänomen. In Wirklichkeit ist dieser Zusammenhang ebenso eine Abstraktion wie das organische Individuum oder die Abstraktion dieses oder jenes sozialen Phänomens. Dieser schlecht analysierte Begriff gestattet es allerdings, die traditionelle Einteilung der menschlichen Geschichte nach Ländern, Nationen, politischen Einheiten fortzusetzen. Daher rührt die Rechtfertigung der totalen, integralen Beschreibung einer einzelnen Gesellschaft, die Verteidigung der globalen Untersuchung aller sozialen Phänomene gegen ein analytisches und vergleichendes Forschungsmodell.

VIII

Außerdem wird ja in der Praxis gar nicht das getan, was uns da erzählt wird. Die Untersuchungen werden spezialisiert. Man beschäftigt sich nur mit einer bestimmten Kategorie von Fakten. Und aufs neue stellt sich die Frage, wie diese Kategorien definiert sind. Wie sind die Bezugsrahmen beschaffen, an denen die Geschichtswissenschaft ihr Werk orientieren wird?

Charles Seignobos gibt uns eine allgemeine Klassifizierung der Elemente des gesellschaftlichen Lebens, die durchaus gedacht ist, als Rahmen für Forschungsarbeit zu dienen und die den Anspruch erhebt, der Unterscheidung der verschiedenen Spezialdisziplinen zu entsprechen. Henri Hauser übernimmt in seiner systematischen Darstellung der »Sozialwissenschaften«, etwas modifiziert und ergänzt, ihre wesentlichen Züge. Hier nun ist sie, diese »allgemeine Übersicht der *wesentlichen Erscheinungen jeder Gesellschaft,* die«, sagt Ch. Seignobos, »die allgemeinen Kategorien von Fragen umfaßt, die in Aussicht zu nehmen sind«.[23]

I. *Materielle Bedingungen.* Sie teilen sich in zwei Arten:

1. die Menschen, die der Gegenstand zweier Untersuchungsarten sind: der Anthropologie, der allgemeinen Erforschung der physischen Merkmale der verschiedenen Menschenrassen; und der Demographie, der Erforschung der räumlichen Verteilung gewöhnlicher körperlicher Erscheinungen und ihrer quantitativen Proportionen;

2. das allgemeine materielle Milieu; es unterteilt sich in ein natürliches Milieu, das Gegenstand der Geographie ist, und ein künstliches Milieu, das aus dem gestaltenden Eingreifen der Menschen hervorgeht (Kulturlandschaft, Bauwerke, Transportwege usw.).

II. *Geistige Gewohnheiten:* 1. Sprache und Schrift; 2. schöne Künste; 3. handwerkliche und technische Künste; 4. Religion; 5. Moral und Metaphysik; 6. Wissenschaften.

III. *Nicht verbindliche materielle Gewohnheiten:* 1. Bräuche des materiellen Lebens, Ernährung, Kleidung und Schmuck, Körperpflege, Wohnung; 2. Gewohnheiten des privaten Lebens, Verfügung über die Zeit, Zeremonien, Zerstreuungen, Reisen; 3. wirtschaftliche Bräuche, Produktion (Landwirtschaft, Bergbau, Industrie), Transportwesen, Austausch, Aneignung, Vererbung und Verträge.

IV. *Soziale Institutionen:* 1. Eigentum und Erbfolge; 2. Familie; 3. Bildung; 4. soziale Klassen.

V. *Öffentliche Institutionen:* 1. Rekrutierung und Organisation des Regierungspersonals, offizielle Regeln der Regierung, tatsächliche Regierungsformen; 2. Organisation, Rekrutierung, Grundsätze und Praxis der Kirchenverwaltung; 3. Organisation, Rekrutierung, Grundsätze und Praxis der lokalen Gewalten.

VI. *Beziehungen zwischen souveränen gesellschaftlichen Gruppen:* 1. Organisation des Personals der internationalen Beziehungen; 2. Vereinbarungen, Grundsätze, verbreitete Gewohnheiten, die das offizielle und reelle internationale Recht ausmachen.

Es würde zu lange dauern, hier alle Einwände, alle Widersprüche aufzuzählen, die diese Klassifizierung hervorruft. Zum Beispiel der Abschnitt »materielle Bedingungen«: nicht die materiellen Bedingungen des menschlichen Lebens sind gesellschaftliche Phänomene, sondern die Beziehungen des gesellschaftlichen Lebens vollziehen sich in diesen materiellen Bedingungen – diese wesentliche Bemerkung wird nicht gemacht. So gehört die Untersuchung der physischen Merkmale der Menschenrassen in das Gebiet der Naturwissenschaft und nicht in das der Sozialwissenschaft, die Untersuchung des physischen Milieus an sich ist keine humanwissenschaftliche Untersuchung. – Was sollen »gewöhnliche körperliche Erscheinungen« in der Definition der »Demographie« bedeuten? Ist die Sterblichkeit (mit der sich die Demographie beschäftigt) ein *gewöhnliches* körperliches Phänomen? Und sind Größe oder Haarfarbe (mit denen sie sich nicht beschäftigt) keine gewöhnlichen körperlichen Phänomene? Eheschließungen, die Unterscheidung von legitimen und illegitimen Geburten (Phänomene, die alle demographischen Statistiken in der Hauptsache behandeln) – sind das *körperliche* Phänomene? – Worin unterscheiden sich Aneignung und Vererbung in Abschnitt III, 3 von Eigentum und Erbfolge in Abschnitt IV, 1? – Warum steht die Untersuchung der Kirche (V, 2) in keiner Beziehung zu jener der Religion (II, 4)? – Wo ordnet sich die Untersuchung von *Vertragsformen* ein? – Warum stehen die Sitten und Gebräuche des privaten Lebens (ich vermute in Abschnitt III, 2), die Herausbildung der Familie und die sexuellen Sitten (IV, 2) sowie die Grundsätze der Bildung, allesamt Phänomene des sittlichen Lebens im eigentlichen Sinne, wenn es das gibt, ohne Bezug zur Moral (II, 5)? – Sollten Strafen, Vergehen, Verantwortlichkeit, Verbrechen, Kriminalität zufällig keine Phänomene des sozialen Lebens sein? Wo werden sie dann eingeordnet?[24] Sind diese Sachverhalte, die so wichtig und Gegenstand so zahlreicher Untersuchungen sind (verhältnismäßig sogar mehr, als es vordringlich wäre), nicht die Mühe einer ausdrücklichen Erwähnung wert?

Doch kommen wir zu allgemeiner Kritik. Worin könnte das Prinzip, die leitende Idee einer derartigen Klassifizierung bestehen?

a) Ich sehe zunächst, daß eine grundlegende Unterscheidung zwischen den sozialen Phänomenen vorgenommen wird, je nachdem, ob sie materieller oder geistiger Natur sind. Ich glaubte indessen, daß wir übereingekommen waren, den *psychologischen* Charakter eines jeden gesellschaftlichen Phänomens anzuerkennen. Unter materiellen Gewohnheiten muß man demnach, denke ich, gesellschaftliche Phänomene verstehen, bei denen der Mensch in Beziehung zu einem materiellen Element steht, wo sein Körper eingreift, und unter geistigen Gewohnheiten die sozialen

Phänomene, die nicht von körperlichen Handlungen begleitet werden, die keine materiellen Begleitumstände implizieren. Aber existieren Schrift und Sprache unabhängig von den körperlichen Aktionen, die dazu dienen, sie hervorzubringen? Kann man die Religion vom Ritual, Zeremoniell, von den religiösen Praktiken trennen? Ist die Moral soziologisch außerhalb der sittlichen Praktiken begreifbar, außerhalb der Akte, in denen sie angewendet wird? Gibt es andererseits unter den sogenannten materiellen Gewohnheiten, die uns aufgezählt wurden, eine einzige, die nicht ganz wesentlich einen kollektiven Glauben, eine psychologische Veranlagung, ein intellektuelles Phänomen enthalten? Weder das Brot noch das Schwein sind gesellschaftliche Phänomene, sondern doch wohl die Gewohnheit, Brot zu essen oder Schweinefleisch nicht zu essen, und das kollektive geistige Element, mit dem sich diese Praxis, jenes Verbot verbindet. Muß man denn daran erinnern? Worin sind die Spiele und Zerstreuungen des »privaten Lebens« materieller als die schönen Künste und die handwerklichen Künste? Inwiefern ist der Austausch materieller als das Opfer oder die Taufe? In Wirklichkeit resultiert diese Trennung zwischen »materiell« und »geistig« aus einer *Metaphysik*, die zwar üblich und nahezu ins Unterbewußte übergegangen ist, doch nichtsdestoweniger völlig oberflächlich und nutzlos ist. Diese Unterscheidung ist im Grunde sehr schlecht definiert und kaum zu rechtfertigen.

b) Eine andere Unterscheidung, die in dieser Klassifizierung eine große Rolle spielt, die Unterscheidung zwischen *privat* und *öffentlich* – hat sie ein besseres Fundament, allgemeineren Wert? Sie ist ein Produkt der Rechtspraxis und ist heute in unseren Gesellschaften, in denen die Funktion des Staates deutlich ausgebildet ist, in die Umgangssprache eingegangen. Aber welche tiefere Bedeutung hat sie in der Gesellschaft der Papuas, im Gutssystem des Mittelalters? Gibt es nicht eine enge und unbedingt herzustellende Verbindung zwischen der sogenannten privaten und der sogenannten öffentlichen Religion, zwischen der sogenannten privaten Moral und den Grundsätzen der Gesellschaft? Worin besteht dagegen das Gemeinsame, die konstante Beziehung, die einerseits alle Phänomene des privaten Lebens, andererseits alle Phänomene des öffentlichen Lebens miteinander verbindet, aus ihnen zwei Komplexe macht, deren jeder sich auf bestimmte Art und Weise und unabhängig vom anderen entwickelt? – Was soll der Gegensatz zwischen *sozialen* Institutionen und anderen, die scheinbar keine sind, bedeuten? Der Begriff *sozial* kennt so viele Verwendungen, daß es notwendig wäre, uns zu sagen, wie er definiert werden kann, daß Eigentum, Familie, Bildung und soziale Klassen *sozial* seien, während Religion, Aneignung und Vererbung nicht sozial sind. – Was bedeutet der Gegensatz zwischen »nicht verbindlich« und »verbindlich«? Heißt »verbindlich« »Gegenstand eines Rechtsgrundsatzes«? Dann sagen wir besser »juristisch«. Dafür sind mehrere ökonomische Phänomene, Gewohnheiten des materiellen Lebens (Kleidung und Wohnung zum Beispiel) oder des privaten Lebens juristischen Regeln unterworfen. Oder wollte man »sanktioniert«, »aufgezwungen« sagen? Aber an bestimmte, von Ch. Seignobos als »nicht verbindlich« bezeichnete Gewohnheiten ist eine Sanktion (der öffentlichen Meinung, der kollektiven Mißbilligung) gebunden, die ebenso schwerwiegend und charakteristisch ist wie die der »verbindlich« genannten Gewohnheiten. Und umgekehrt sind zahlreiche Rechtsvorschriften, Grundsätze des geschriebenen geltenden Rechts, einfach nur permissiv, also nicht verbindlich.

c) Und nun versuchen wir einmal, diesen Fragebogen, so wie er ist, noch nicht einmal auf eine polynesische Gesellschaft, aber beispielsweise auf die Gesellschaften des griechischen Altertums anzuwenden. Welchen Sinn hat die Frage (IV, 2) nach »Organisation, Rekrutierung, Grundsätzen und Praxis der Kirchenverwaltung« oder die folgende nach »Organisation, Rekrutierung … der lokalen Gewalten«? Wo ist dagegen die Frage, die den Forscher dazu führt, eine so wichtige Institution wie die *gens* oder die

Sklaverei zu untersuchen? – Wenden wir die Fragen auf die mittelalterliche Gesellschaft an. Wie setzt sich die Rubrik VI »Beziehungen zwischen *souveränen* sozialen Gruppen/ *internationale* Beziehungen« um? Unter welcher Rubrik findet man das Feudalsystem, so, daß es in seiner charakteristischen Gesamtheit untersucht werden kann? Ist es nicht möglich, für viele Gesellschaften, die uns zur Untersuchung obliegen, eine Antwort auf alle Fragen in dieser Übersicht gegeben zu haben und dabei die wesentlichen Institutionen, die eigentlichen Zusammenhänge der Phänomene, die diese Gesellschaften charakterisieren, vollständig beiseite gelassen zu haben?

Diese Übersicht über die gesellschaftlichen Phänomene wurde offensichtlich einfach aufgrund der traditionellen Gewohnheiten aufgestellt, durch einfaches Nebeneinanderstellen von Komplexen, die der Vulgärsprache und dem Alltagsdenken entspringen, ohne hinreichende Kritik am oberflächlichen Charakter dieser Komplexe und an ihrem für die gegenwärtige Gesellschaft kaum meßbaren Wert, der jedoch für andere Gesellschaften gleich gar völlig nichtig ist; ohne das vorherrschende Bestreben, wissenschaftlich definierte Gruppen von Phänomenen zu bilden, die in der Lage sind, stabile Beziehungen zwischen den Phänomenen sichtbar zu machen und zu fixieren, ohne systematische Nutzung bereits vorliegender Ergebnisse und der fortgeschrittensten Forschungswege.[25]

Schauen wir nun, ob die so aufgestellten Bezugssysteme wenigstens für eine bestimmte Kategorie von Phänomenen und nicht mehr für die Gesamtheit des sozialen Lebens besser imstande sind, uns das zu bieten, was wir in ihr suchen müssen. Nehmen wir den Fall des ökonomischen Lebens, nicht, weil es als einziges in Frage stünde, wie man zu glauben schien,[26] sondern weil es speziell von einem unserer Autoren behandelt worden ist, und auch, weil die Geschichtsforschung auf diesem Gebiet erst kaum entwickelt und es noch Zeit ist, die Forschungen nach einem voll und ganz wissenschaftlichen Modell zu organisieren.

Ich konzentriere mich nicht auf das erste formulierte Prinzip:[27] Nach Ch. Seignobos ist es die bessere Methode, alle ökonomischen Faktoren unterschiedlicher Art zusammen nach Ländern zu untersuchen, statt dieselbe Kategorie ökonomischer Faktoren in den unterschiedlichen sozialen Gruppen zu untersuchen. Nicht, daß es nicht viel zu sagen gäbe gegen diese Empfehlung, die die gesamte wissenschaftliche Arbeit negiert, welche die meisten Ergebnisse erreicht und Zusammenhänge aufdeckt. Wenn nicht bestritten wird, daß Landwirtschaft und Industrie eines Landes durch gegenseitige Reaktionen miteinander verbunden sind, so ist doch ebenso sicher, daß etwa die Getreideproduktion eines Landes viel enger von der konkurrierenden Getreideproduktion der anderen Länder abhängt als von den anderen Industriezweigen desselben Landes. Es ist ebenso gewiß, daß die parallele und vergleichende Untersuchung der amerikanischen Trusts, der deutschen und österreichischen Kartelle und der Gewerkschaften der französischen Produzenten sofort – und sie allein – besseres Verständnis und gesichertere Kenntnisse über das Phänomen in Frankreich selbst ermöglichen als die Untersuchung des gesamten französischen Wirtschaftslebens usw. Aber diese Kritik würde *mutatis mutandis* die Ausführungen wiederholen, die weiter oben über die – in der Praxis im übrigen schlecht angewandte und hinsichtlich wissenschaftlicher Ergebnisse unfruchtbare – Vorliebe für die Untersuchung des sozialen *Zusammenhangs* einer Gesellschaft gegenüber der inneren Erforschung der Institutionen gemacht wurden.

Gehen wir ohne Umschweife zu den Unterteilungen nach Gattungen über, die Seignobos nach der grundlegenden Unterscheidung nach Ländern aufstellt und mittels derer er zu einer »Gesamtschau der wirtschaftlichen Organisation eines Landes in einer bestimmten Zeit« gelangt.[28] Man unterscheidet drei Gruppen: – I. *Produktion*, unterteilt in *direkte Produktion*, »d. h. von rohen Erzeugnissen« (1. Jagd und Fischfang, 2. Viehzucht, 3. Feldbau, 4. Förderung von Rohstoffen in Forst, Steinbruch, Bergwerk), und in *Industrie*, d. h. Umwandlung der Rohstoffe; II. *Transfer*, unterteilt in 1. *Transportwesen* (Überleitung von der Produktion zum Handel) und 2. *Handel* oder »Austausch der Rechte«; III. *Verteilung*, die 1. Aneignung, 2. Nutzung der Gegenstände, 3. Übertragung der Rechte umfaßt. – Für jede Gattung von Fakten stellen sich drei Arten von Fragen: 1. Gegenstände und Prozesse der Arbeit, des Transports oder des Handels, Systeme und Gegenstände von Eigentum und Nutzung betreffend; 2. die beteiligten Personen, ihre Organisationsform, ihre Verhältnisse betreffend; 3. die geographische Verteilung und die Quantitäten der Produkte, Personen und Vorgänge betreffend. – Ein detaillierter Fragenkatalog, den wir hier nicht wiedergeben, kombiniert diese beiden Gliederungsschemata und führt sie weiter aus.

a) Zunächst fällt in diesem »wirtschaftlichen Überblick« ins Auge, daß nichtökonomische Sachverhalte beträchtlichen Raum einnehmen. Alles, was die Nomenklatur der Produkte und Fertigungsprozesse angeht, gehört in die Technologie und nicht in die Wirtschaftswissenschaft. Diese Verwechslung geschieht im allgemeinen recht häufig, aber ein methodisches Werk müßte dies gerade vermeiden. Was das System von Eigentum, Besitz und Güterübertragung angeht, so gehört es weit mehr in das Gebiet des Rechts als in die Ökonomie. Diese Abgrenzung zwischen den Feldern der verschiedenen Untersuchungen verlangt Sorgfalt, ist jedoch nicht vergeblich. Eine Konfusion wie diese ermutigt allerdings nur die bequeme Veranlagung, aufzuzählen und nebeneinanderzustellen statt nach Interpretation und Verständnis zu trachten, und lenkt die Aufmerksamkeit des Forschers davon ab, sich den spezifischen Beziehungen zuzuwenden, den einzigen Bausteinen des Fortschritts für wissenschaftliche Erkenntnis.

b) Sind wenigstens die eigentlich ökonomischen Faktoren so verzeichnet, wie es die heutige Wirtschaft verlangt? Es würde zu lange dauern, alle zu kritisierenden Fragestellungen im Detail zu behandeln. Nehmen wir nur zwei Beispiele: »Die Anzahl der Industriezweige ist sehr groß, daher sind sie schwierig zu klassifizieren; eine Klassifizierung nach der Natur der Rohstoffe und Materialien ist irrational; die am wenigsten willkürliche Einteilung ist die nach dem Ziel, denn das Ziel bestimmt im allgemeinen die Herstellungsverfahren« (Nahrungs-, Bekleidungs-, Möbel-, Werkzeug-, Rüstungsindustrie usw.). Warum ist bloß die Klassifizierung in Holzindustrie, Eisenindustrie usw. so ungehörig als *irrational* zurückgewiesen worden? Ich weiß nicht allzu gut Bescheid, doch ich merke an, daß dieses Problem der Klassifizierung von den Technikern langwierig diskutiert und behandelt worden ist[29] und daß ihnen aus *guten Gründen* eine Einteilung nach den Grundstoffen unverzichtbar erschien. (Im allgemeinen wird die Klassifizierung nach Grundstoffen mit anderen Klassifizierungen kombiniert, u.a. mit der Klassifizierung nach dem Zweck der Produktion.) Hier haben wir demnach eine pauschale Verurteilung, die die Forscher von der bewährtesten Methode weit wegführen kann. – Weiter hinten wird ganz kurz die Frage nach der »Arbeitsteilung« gestellt. Insbesondere nach den Forschungen von Karl Bücher und anderen neueren Arbeiten ist eine solche Vereinfachung nicht mehr zulässig. Heute werden die Phänomene sehr deutlich unterschieden, wie sie ja auch sehr verschieden sind, so die Aufteilung der Produktion zwischen verschiedenen Unternehmen, die Teilung der Arbeit in verschiedene Operationen innerhalb einer Fabrik, die Abgrenzung von Spezialisierungen innerhalb eines Berufes, die Herausbildung der Berufe selbst usw. Außerdem muß man ebenso wie von *Arbeitsteilung* von *Assoziation* der Arbeit in ihren verschiedenen Formen sprechen. Diese verschiedenen Phänomene sind keineswegs gleich, weder in gleicher Weise verbunden noch gleichzeitig in den verschiedenen Gesellschaften und auf den verschiedenen Zivilisationsstufen anzutreffen. Die Frage führt, in der vergröberten Form, in der sie heute gestellt wird, zur Vermischung mehrerer recht unterschiedlicher Phänomene in verschwommenen Feststellungen und wird der Wissenschaft keine mit Sicherheit verwendbaren Daten liefern. – Dieses gilt ebenso für andere Teile des Fragenkatalogs.

c) Sind wenigstens die übergreifenden Zusammenstellungen begründet? Wir stoßen hier auf eine der Umgangssprache vertraute Einteilung, die von den Historikern sehr geschätzt und oft verwendet zu werden scheint.[30] Sie ist unnötigerweise durch willkürliche Definitionen verunstaltet, aber insgesamt erkennbar[31]: die Unterscheidung von Landwirtschaft, Industrie und Handel. – Diese Trennung wird indessen nicht in allen von uns untersuchten Gesellschaften vorgenommen, zumindest nicht in gleichem Umfang und mit gleicher Verallgemeinerung wie in den gegenwärtigen Gesellschaften. Wie lassen sich die Bezugssysteme auf soziale Gruppen anwenden, bei denen sich die Verarbeitung der Produkte in derselben Wirtschaftsform wie die Produktion der Rohstoffe vollzieht und der Handel nur eine Ausnahmerolle spielt? – Wenn es andererseits sicher ist, daß jeder dieser heute bestehenden Zweige spezifische Verhältnisse und Phänomene aufweist, die eine eigenständige Untersuchung verdienen, so bietet uns keine einzige dieser drei Untersuchungen die Analyse der gemeinsamen Faktoren und der allgemeinen wirtschaftlichen Institutionen, deren Kenntnis jedoch entscheidend ist und weitaus instruktiver als die Kenntnis besonderer Phänomene, und die das Wirtschaftsleben auch besser charakterisiert. – Was die Rubrik »Verteilung« angeht, die dieser klassischen Trilogie hinzugefügt wird, so antwortet sie so wenig auf die von der Wirtschaftswissenschaft unter der gleichen Bezeichnung aufgeworfenen Fragen, daß ihre Hinzufügung unsere Kenntnisse auf diesem Gebiet nicht sonderlich zu bereichern scheint.

d) Die Lücken dieser »Gesamtschau der wirtschaftlichen Organisation eines Landes« erscheinen mithin beträchtlich. Ich bin nicht einmal sicher, ob in ihr nicht gerade das Wesentliche fehlt. Ich rede nicht nur von den eben genannten gewöhnlichen Phänomenen – Institutionen der Produktion, Verfahren der Produktion, Formen der Bodennutzung, Grundzüge der Verteilung, Lohn, Grundrente usw. –, auch nicht von den Phänomenen der Preise (und des Geldes), die im modernen ökonomischen Leben von so großer Bedeutung sind und die an keiner Stelle auch nur erwähnt werden. Aber an welcher Stelle wird die eigentliche Grundlage der wirtschaftlichen Organisation, das *ökonomische System*, ins Auge gefaßt? Wo könnte überhaupt in dem präsentierten Bezugssystem ein Platz sein für dieses konstitutive Ganze, das den wirtschaftlichen Zustand einer Gesellschaft charakterisiert (z. B. – so eine berühmte Klassifizierung – das System der geschlossenen Wirtschaft; das System der städtischen Wirtschaft oder des direkten Austausches; das auf indirektem Austausch beruhende Wirtschaftssystem), das dessen grundlegende Bedingungen bestimmt und Mechanismus und Funktionsweise der Wirtschaft am besten erklärt, das ökonomische System, das, wenn es einmal bekannt und gründlich analysiert ist, alle Einzelphänomene aufhellt? Wie, wodurch werden die Forscher darauf gestoßen, *zu Beginn* zu erkennen und zu verstehen, mit welchem Typ ökonomischer Gesellschaft sie eszu tun haben? Wie und wodurch werden sie gewarnt vor den Umkehrungen, Aufhebungen, Einfügungen von Problemen, die jedes System umfassen muß? Wie werden sie davor bewahrt, nach unwirklichem Muster amorphe Gebilde zu entwerfen, denen ein konventionelles Modell zugrunde liegt? Wodurch werden sie bewegt, das für die Wissenschaft wirklich Wichtige herauszufinden, statt sich an nebensächlichen oder unpassenden Forschungen aufzuhalten oder sich darin zu verlieren?

Nehmen wir also einmal an, daß die Wirtschaftsgeschichte aller Länder und aller historischen Epochen auf der Grundlage dieses Bezugssystems geschrieben wird, das wir soeben untersucht haben. Ist die Feststellung übertrieben, daß für wirkliche wirtschaftliche Kenntnisse über diese Gesellschaften *die Arbeit zu großen Teilen von Grund auf neu begonnen werden müßte*? Daß viel unnütze Mühe darauf verwendet worden ist, Material anzuhäufen, mit dem wir in dieser Form und an dieser Stelle nichts anfangen können? Daß viele Sachverhalte, deren Kenntnis am wichtigsten wäre, nicht deutlich gemacht, nicht einmal gesehen wurden, viele der Beziehungen, deren Aufdeckung am interessantesten wäre, unbemerkt außerhalb des Forschungsfeldes verblieben? Daß die wesentlichsten Institutionen uns nicht in ihrem Typ, ihrer Entstehung und ihren spezifischen Bedingungen vorgestellt werden?

Man muß indes nicht glauben, daß diese Fehler nur an dem von Seignobos erarbeiteten Fragenkatalog liegen und daß sie in einem anderen korrigiert werden könnten. Obgleich sicher etwas zu hastig erarbeitet, kann er als ein gutes Beispiel für die Bezugssysteme gelten, nach denen – mehr oder weniger bewußt – die Arbeiten der »Wirtschaftsgeschichte« in der traditionellen Weise geführt und aufgebaut werden. Diese Arbeiten verfolgen den Anspruch, uns ohne abstrakte Theorie, tendenziöse Aussagen, dogmatische Ausarbeitung einfach eine Darstellung der Vergangenheit zu liefern, solide fundiert, auf der Grundlage guter Dokumente, mit Quellenkritik und gewissenhaft und getreu geordnet. Dieser Anspruch ist nur eine Illusion. Es gibt in diesem Fall, wie wir gesehen haben, weder Fotografie noch automatische Aufzeichnung: immer tritt eine aktive Handlung unseres Geistes dazwischen. Im Gegensatz zum oberflächlichen Eindruck gibt es in keiner Wissenschaft eine Feststellung, die nicht bereits eine Auswahl ist. Es gibt keine Beobachtung, die nicht eine Idee, einen Standpunkt voraussetzt; keine Zusammenstellung von Tatsachen, die beim Verfasser (mit deutlichem oder dunklem Bewußtsein) eine gewisse Ausgangshypothese, eine bestimmte Präformation von Wissenschaft voraussetzt. In einem wissenschaftlichen Werk stehen das begreifende Denken und die beobachtende Aufmerksamkeit unaufhörlich in enger Verbindung, arbeiten gemeinsam, sind eins. Die forschende Analyse folgt Schritt für Schritt der konstruktiven wissenschaftlichen Synthese und richtet sich ständig nach dieser, ebenso wie diese sich begründet und entwickelt, indem sie sich stets auf erstere stützt. Die beiden Prozesse sind nicht voneinander zu trennen. Warum sollte es in unserem Fall anders sein? Der Historiker, der sich dagegen wehrt, Sozialwissenschaft zu betreiben, wissenschaftliche Beziehungen, Gesetzmäßigkeiten zwischen den Phänomenen zu suchen und zu beweisen, Typen und Gattungen zu konstituieren, glaubt vergeblich, einer vorgefaßten Idee oder einem organisierenden Modell zu entgehen. Nur sind seine Ideen und Modelle veraltet, sie entsprechen nicht mehr den aktuellen Anforderungen der Wissenschaft. Es sind Ideen und Modelle, die aus dem gebräuchlichen Fundus vorgefertigter, feststehender Begriffe kommen, Ideen und Modelle der Wissenschaft von vor fünfzig oder hundert Jahren, die in die allgemeine Mentalität Eingang gefunden haben und nicht mehr als geistige Konstruktionen, sondern als »natürlich« erscheinen. So richtet sich eine Arbeit, die auf solchen Konstruktionen fußt, nach der Wissenschaft von gestern oder vorgestern, statt sich auf die Wissenschaft von heute oder morgen zu richten – um diese zu machen. Oder aber es sind voreilige und zusammenhanglose Anleihen bei der gerade gängigen Phraseologie, zu unkritische Verwendungen pseudowissenschaftlicher Begriffe, die augenblicklich in Mode sind[32] – subjektive Konstruktionen oder willkürliche Einfälle. Und eine so vorgenommene Arbeit hält die wirkliche Wissenschaft eher auf statt sie voranzutreiben und zwängt sie in störende und schlecht passende Korsette.

Es dauerte zu lange, hier zu zeigen, wie die Arbeiten der »historisierenden Historiker« in die Irre gehen, indem sie Probleme untersuchen, die sich nicht mehr oder nicht in diesen Begriffen stellen; indem sie unnützerweise Forschungen wiederholen, die bereits weiter fortgeschritten sind und dabei unter Mühen und ziemlich schlecht auf Ergebnisse stoßen, die von anderen schon einmal in besserer Qualität erzielt worden sind. Sie gehen an den Phänomenen vorbei, ohne sie zu sehen, an den Institutionen, ohne sie zu analysieren und ihren Typ zu bestimmen, und rufen wirklich aufrichtiges Bedauern hervor, daß so viel gewissenhafte, gelehrte, ausdauernde Arbeit wegen des Fehlens ausreichender Informationen über die Wirtschaftswissenschaft, wegen des fehlenden Willens, diese systematisch und durchdacht fortzusetzen, zu insgesamt so mangelhaften Ergebnissen führen muß. Was würde man von einem Naturforscher sagen, der sich zur Erforschung der Flora und Fauna eines Landes anschickte, ohne sich der bereits vorliegenden Erkenntnisse versichert zu haben, ohne den neuesten Stand der zoologischen und botanischen Klassifizierung zu kennen, ohne ein wissenschaftliches Bild von den schon erforschten Phänomenen und von denen zu haben, die sich für eine unmittelbare und fruchtbringende Untersuchung anbieten, ohne die zu beobachtenden Merkmale in ihrer ungefähren Bedeutung zu kennen, ohne sich darum zu bemühen, bereits klassifizierte Typen wiederzuerkennen oder den Typ der neu entdeckten Arten nach den wissenschaftlichen Regeln zu bestimmen, indem er individuelle Besonderheiten und Zufälligkeiten ausschließt? Es gibt nicht auf der einen Seite eine Forschung, die ihren eigenen Erleuchtungen folgt oder aufs Geratewohl losmarschiert, und auf der anderen Seite eine Naturwissenschaft. Es gibt eine Forschung, die sich in den Dienst der Wissenschaft stellt. Es gibt nicht einerseits eine Geschichte der sozialen Phänomene und andererseits eine Wissenschaft von denselben Phänomenen. Es gibt eine wissenschaftliche Disziplin, die sich, um die Phänomene, Gegenstand ihrer Untersuchung, zu erreichen, einer bestimmten Methode bedient, der historischen Methode. Forschung und Ausarbeitung, Analyse und Konstruktion, positive Information und induktive, systematische Durchführung sind im Arbeitsprozeß nicht voneinander zu trennen.

IX

Sieht man nun, warum diese Arbeitsweise, nach der in allen bestehenden positiven Wissenschaften vorgegangen wird, auf dem Gebiet des Gesellschaftlichen nicht mehr fehl am Platze, nicht einmal, wie manche befürchten, verfrüht ist? Es heißt, wir hätten noch nicht genügend Fakten, noch nicht genügend positive Daten. In gewissem Sinne kann man im Gegenteil sogar behaupten, daß wir schon jetzt zu viele haben. Es ist ein Historiker, der es nachdrücklich zeigt:

»An allzu vielen Orten gewahren wir kaum einige schwache Umrisse der Landschaft, der Schatten deckt fast alles zu, ein Schatten [der sich außerdem] nicht verflüchtigen wird; ... [aber] an anderen Orten gibt reichliches Licht eine unendliche Fülle von Einzelheiten frei, die man nur sammeln muß. Hier lauert die Gefahr. In dem Maße, wie die Masse der historischen Wirklichkeit zunimmt, wird der Bruchteil, den jeder Wissenschaftler aufnehmen kann, immer kleiner, immer schmaler ... Dies führt zu völlig sinnlosen Begriffen, die die Erkenntnis der Welt und des Menschen in keiner Weise voranbringen. Indessen wächst die enorme Realität von Tag zu Tag ... Allein die Fakten, die sich heute auf der Erdoberfläche zutragen und die morgen zu Geschichte werden, bilden schon einen Berg von schrecklichen Ausmaßen. Um eine ganz kleine Region vollständig erforschen zu können, muß man schon heute sein ganzes Leben dieser Aufgabe widmen. Was soll dann in einem, in zwei Jahrhunderten und darüber hinaus werden?

Die Konstituierung der Geschichte als Wissenschaft zu versuchen ist ein Werk, das sich unserer Zeit aufdrängt; es gilt nicht nur die ungeheuren Materialmengen zu nutzen, *deren Gewinn bislang nahezu null ist;* vor allem ist es höchste Zeit, den menschlichen Geist von einer Bürde zu erleichtern, die erdrückend wird. *Man verringert die Last der in unserem Intellekt gespeicherten Phänomene nur, wenn man sie in Zusammenhänge bringt, und diese Herstellung von Zusammenhängen kann nur wissenschaftliche Verallgemeinerung sein.*«[33]

Die nach der traditionellen Weise ausgeführte historiographische Arbeit könnte sich lange fortsetzen: sie würde auch in einem Jahrhundert nicht mehr wissenschaftliche Ergebnisse hervorbringen als heute. Außerdem würde dadurch das Ende nur noch weiter hinausgezögert werden.

Nicht die Masse der Materialien, sondern der konstruktive Geist fehlt an vielen Stellen. Neues Faktenmaterial wird sich zu den einstweilen aufgehäuften Materialien gesellen, die historische Arbeit genannt werden, doch die eigentliche wissenschaftliche Arbeit wird dadurch nicht sehr befördert. Gibt es eine Kategorie von Ereignissen, die von den Historikern aller Länder und aller Zeiten noch länger und noch gründlicher untersucht worden wäre als die Kriege? Dennoch gibt es noch heute keine Soziologie des Krieges, und auf *diesem Weg* wird auch in Zukunft ebensowenig eine geschrieben werden wie in der Vergangenheit. In keiner Art von Gegenständen, die es zu erforschen gilt, verschmilzt der »Sammler« mit dem Gelehrten, nimmt seine Stellung ein, vollbringt ein wissenschaftliches Werk oder fördert gar etwas mit Sicherheit Nützliches für die Wissenschaft zutage. Die geistige Einstellung zählt, nicht der Stoff. Und genau diese geistige Einstellung muß geändert werden. Die Materie existiert nur in ihrer Wahrnehmung, abstrahiert, klassifiziert und geordnet durch den Geist; sie bekommt Wert durch die Anordnung, die ihr der Intellekt verleiht. Folglich ist die forschende und organisierende Konzeption die Seele der Arbeit; mit Blick auf diese ist es höchste Zeit, etwas zu tun.

Es ist hier nicht mein Gegenstand, diese oder jene Konzeption der Geschichtswissenschaft oder der Soziologie zu untersuchen oder besonders auch die, die wir einem Historiker verdanken, der sich vom Aberglauben der traditionellen Geschichtswissenschaft befreit hat: Paul Lacombe. Es ist bekannt, daß er – ausgehend von einer auf die Analyse der Handlungsantriebe des allgemeinen Menschen gegründeten psychologischen Konstruktion – den Plan einer Gesamtdarstellung der sozialen Realität entwirft. Es wäre sicher zu untersuchen, ob diese Bestrebung für den positiven Teil nicht verfrüht ist (im übrigen weiß der Autor durchaus, daß er hier einen Entwurf bietet, einen Rahmen, der eher dazu dient, seine Konzeption hervorzuheben als die Arbeit selbst durchzuführen); es wäre zu fragen, ob die psychologische Deduktion nicht eher allgemeine *Bedingun-*

gen als tatsächlich erklärende *Ursachen* der so überaus komplexen Realität auffindet, die sich unserer Untersuchung auf diesem Gebiet darbietet. Die Tendenz ist aber genau jene, die die geschichtswissenschaftliche Erkenntnis erneuern und ihr endlich den Wert einer Wissenschaft verleihen muß.

Paul Lacombe hat es anhand einiger Beispiele (und wir bedauern, daß der Autor Bedenken hatte und uns deshalb viel zu wenig Beispiele gab) verstanden aufzuzeigen, wie selbst bei scheinbar durch und durch traditionellen historischen Problemstellungen eine wissenschaftliche Konzeption die Aufgabe auf neue Art und Weise organisiert und völlig neue Ergebnisse erwarten läßt. »Was braucht man, um die *Diskussion* dieser Probleme so weit wie möglich voranzutreiben? [Nachdem man soviel wie möglich Fakten gesammelt hat] muß man die präzisen Induktionsmethoden auf die Fakten anwenden, die Methoden der Konkordanz, der Differenz, der begleitenden Variationen – je nachdem einzeln oder zusammen. Ich greife zum Beispiel das Problem der englischen Freiheit heraus. Erinnern wir an die fragliche Angelegenheit: besonders leichtes Einvernehmen zwischen den Regierten. Wir erproben zunächst die Methode der Differenz, der einzig entscheidenden. Von derselben Grundlage aus, am gleichen Gegenstand, also England, werden wir untersuchen, ob es eine Zeit in der englischen Geschichte gab, die sich vom allgemeinen Liberalismus abhebt, weil die Machtausübung in dieser Zeit absolut war. Angenommen, diese Periode hat tatsächlich existiert, werden wir dann prüfen, ob dieser Absolutismus einer radikalen Veränderung in den Bedingungen des Einvernehmens entsprach. Gab es eine solche Zeit nicht, werden wir suchen, ob es nicht wenigstens eine Periode gab, in der die Regierungsgewalt mit weniger Rücksichtnahme ausgeübt worden ist, und in dieser Periode suchen wir nach einer entsprechenden Variation im herrschenden Einvernehmen. Man müßte die geschichtliche Welt durchstreifen, andere Völker betrachten – zuerst die am nächsten gelegenen oder sich nach ihrer Zivilisationsstufe von der englischen am wenigsten unterscheidenden, also Frankreich, Deutschland, Spanien; danach die am weitesten entfernt liegenden bis hin zu den wilden Völkern. Wir werden zum einen die politischen Institutionen untersuchen, die bestimmte Ähnlichkeiten mit denen der Engländer aufweisen, zum anderen die von dieser Freiheitsauffassung grundlegend differierenden Institutionen. Jedesmal müßte man die günstigen bzw. ungünstigen Bedingungen für das Einvernehmen der Regierten betrachten. Vor einer Schlußfolgerung im Einzelfall werden wir aber geflissentlich darauf achten, ob nicht eine außergewöhnliche Individualität ein Element des Zufalls eingebracht hat, das imstande wäre, die Auswirkungen der regulären Ursachen auszugleichen und das Problem damit unlösbar zu machen. Durch diese außerordentlich kurze Skizze, in der wir die Erwähnung etlicher Vorsichtsmaßregeln ausklammern, gewinnt man eine Vorstellung davon, wie langwierig eine solche Verifizierungsarbeit dauert und welche Schwierigkeiten sie mit sich bringt. Nehmen wir schließlich an, daß die angenommene Hypothese uns am Ende nicht zutreffend erscheint, zumindest nicht als alleinige Ursache, so ist es durchaus wahrscheinlich, daß die während der Beweisführung zusammengetragenen Beobachtungen uns die Annahme einer anderen Ursache nahelegen ... Und wir werden dann die Untersuchung auf einer neuen Grundlage von vorn beginnen.«[34]

Es kann sein, daß eine vergleichbare Untersuchung diesem schüchternen, pedantischen, blinden, freiwillig beschränkten, auf eine traditionelle Aufgabe beschränkten Empirismus, der allzu oft alleiniger Leitstern sogenannter gelehrter Arbeiten ist, gefährlich und als Hirngespinst erscheint. Dabei würde ein einziges erfolgreich durchgeführtes Werk dieser Art mehr Wissen über den Menschen und die Gesellschaft erbringen als eine endlose Anhäufung steriler »Beiträge«. Wir haben dieses Beispiel absichtlich wiedergegeben, um zu zeigen, auf welche Art und Weise sich die von der Geschichtswissenschaft gestellten »Probleme« in wissenschaftliche Forschungen verwandeln. Man muß jedoch sogleich hinzufügen, daß die wissenschaftliche Durchdringung zweifellos viele der sogenannten historischen Probleme zu eliminieren hätte, weil sie sich entweder nicht in den entsprechenden Begriffen stellen oder im Augenblick nicht mit Erfolg behandelt werden können. Keine Wissenschaft, nicht einmal die fortgeschrittenste, nimmt den erstbesten Gegenstand, die erstbeste Frage aus ihrem Bereich auf. Alle haben nur unter der Bedingung einen gewissen Fortschritt erreicht, daß sie sich zunächst auf die am deutlichsten sichtbaren Phänomene, auf die einfachsten, am bequemsten zu beweisenden Zusammenhänge beschränkten und sich nur allmählich den komplexeren Beziehungen näherten. Im Arsenal der Fakten, das heute von der historischen Disziplin angehäuft worden ist, sind sicher viele, die man entweder systematisch ausgrenzen oder zumindest für eine spätere Zeit, wenn die Wissenschaft gestärkt sein wird, beiseite schieben muß. Die Anstrengung muß sich auf die Aufgaben konzentrieren, die imstande sind, unmittelbar ein Ergebnis zu erzielen: die Methode muß sich an Problemen erproben und festigen, die schon jetzt zugänglich sind. Diese Unterscheidung allerdings im Detail vorzunehmen, würde den Rahmen der vorliegenden Untersuchung sprengen.

X

Muß man – um zum Schluß zu kommen – erklären, daß eine solche bewußte Organisation der wissenschaftlichen Arbeit auf dem Gebiet der Humanwissenschaften sich ganz sicher nicht mit einem Schlag verwirklichen wird? Die doktrinalen Widerstände, die Unvereinbarkeit von Haltungen, auf die wir gestoßen sind und die wir zu beschreiben versucht haben, rührten im wesentlichen von verhärteten Denkgewohnheiten her, von Gedankenverbindungen, die geradezu konstitutionell geworden sind, von Praktiken, die schon zu tief in die Gewohnheiten einer Gruppe von Menschen vorgedrungen sind, als daß diese nicht heftig gegen eine selbst rationale Kritik reagieren würden. Die methodischen Verfahren oder die Denkrichtung einer Gemeinschaft so gut organisierter Forscher wie der Historiker, die sich ihrer mühseligen Ausbildung und ihres erwiesenen Wertes bewußt sind, sich durch eine hundertjährige Tradition und einen unaufhörlichen und beachtlichen Fortschritt gleichermaßen bestärkt fühlen, können sich nicht plötzlich verändern.

Man könnte aber trotzdem eine unmittelbare Orientierung auf das abgesteckte Ziel versuchen. Anscheinend ist es an der Zeit, und es wäre gut, fortan auf eine ganze Reihe genau definierter und zweifellos mißbilligter Gewohnheiten zu verzichten, das zu kennzeichnen, was man mit einer Metapher von Bacon als »Stammesidole der Historiker« bezeichnen könnte, und ohne Verzögerung einen Kampf gegen sie aufzunehmen. Als Beispiele könnte ich sofort anführen:

1. Das »Idol des Politischen«, die vorherrschende Untersuchung oder zumindest das fortwährende Hauptinteresse an der politischen Geschichte, an politischen Fakten, an Kriegen usw. Es führt dazu, diesen Ereignissen eine übertriebene Bedeutung zu verleihen und, da die Kontingenz an dieser Art von Fakten vielleicht den größten Anteil hat, die Akzeptanz eines wissenschaftlichen Herangehens zu verzögern, indem es die systematische Ausscheidung zufälliger Einflüsse schwerer erträglich und praktizierbar, die Aufstellung von Regelmäßigkeiten und Gesetzmäßigkeiten weniger begreifbar und möglich macht. Die politischen Faktoren dürfen nicht ignoriert werden, sie müsen jedoch ihren durch nichts gerechtfertigten herausragenden Platz aufgeben, den sie selbst in den Forschungen der anderen Teilgebiete der Geschichtswissenschaft bewahren.

2. Das »Idol der Einzelpersönlichkeit« oder die althergebrachte Gewohnheit, die Geschichte als eine Geschichte der *Individuen* aufzufassen und nicht als eine Untersuchung von *Fakten*. Eine Gewohnheit, die im allgemeinen noch dazu führt, daß die Untersuchungen und Arbeiten um eine Person angeordnet werden und nicht um eine Institution, ein soziales Phänomen oder eine Relation. Ein Pontchar-

train hatte das Glück, nacheinander Rat am Gerichtshof von Paris, Präsident des Gerichtshofes der Bretagne, Intendant, Generalkontrolleur, Staatssekretär der Marine, Direktor der Akademien, Kanzler von Frankreich zu sein; man wird Pontchartrain *und* den Gerichtshof von Paris, Pontchartrain *und* die Gerichtshöfe der Provinzen, Pontchartrain *und* die lokale Verwaltung, Pontchartrain *und* die Finanzen *und* die Marine *und* die Literatur und Künste *und* die Kirche untersuchen. Keine dieser Untersuchungen, die indirekt vorgenommen wurden, über einen Umweg, ohne wirklichen Rahmen und ohne eine an der Natur der Dinge ausgerichtete Eingrenzung, wird vollständige und nützliche Kenntnisse von diesen Institutionen liefern, die viel wichtiger sind als die gesamte Persönlichkeit von Pontchartrain. Selbst für Colbert ist es nicht sicher, ob der biographische und individuelle Rahmen der beste und wissenschaftlichste ist. Aber warum soll man nicht grundsätzlich Untersuchungen von Institutionen, die aus *Anlaß* eines nebensächlichen Individuums vorgenommen werden, untersagen und die Untersuchung der Institutionen selbst verlangen? Und warum merzt man nicht vollständig, zumindest aus der wissenschaftlichen Geschichtsschreibung, solche Arbeiten aus, die sich mit einfachen, reinen Biographien, mit dem hinterletzten Großcousin eines bedeutenden Mannes beschäftigen und schickt sie zur anekdotischen Geschichtsschreibung und zum historischen Roman vom Schlage der »Halsbandaffären« und aller »Familien Napoleons«, während wir noch nicht genügend Arbeiten über den Zustand der Industrie und der Landwirtschaft zur Zeit Turgots haben und über das wirtschaftliche Leben Frankreichs während der Revolution und des Kaiserreichs so gut wie gar nichts wissen? Das Personal ist nicht zahlreich genug und die Zeit nicht so reichlich bemessen, um das eine und das andere zu tun. Man muß eins von beiden opfern.

3. Das »Idol der Chronologie«, d. h. die Gewohnheit, sich in der Untersuchung der Ursprünge, in der Erforschung besonderer Vielgestaltigkeiten zu verlieren, statt *zuerst* den

normalen *Typ* zu untersuchen und zu verstehen, indem man ihn in der Gesellschaft und in der Zeit sucht und ihn bestimmt, wo er vorkommt. Statt also beispielsweise wie Ashley zu verfahren, der das grundherrschaftliche System – den Gegenstand seiner Untersuchung – des 12. Jahrhunderts in den Grafschaften Mittel- und Südenglands, wo der Typ am vollständigsten und am besten definiert auftritt, an den Anfang seiner Arbeit stellt, *dann* zu den Ursprüngen zurückgeht, die in der Lage sind, das System zu erklären, und schließlich die weniger ausgeprägten Formen in den anderen Grafschaften behandelt.[35] – Die Verselbständigung der Chronologie führt dazu, daß alle Epochen als gleich wichtig angesehen werden, die Geschichte als ein ununterbrochenes Räderwerk betrachtet wird, bei dem alle Einzelteile in ähnlicher Weise herausgebildet sind. Es verstellt den Blick für die Wahrnehmung, daß diese Periode charakteristischer, wichtiger war als eine andere, daß jenes »Schlüssel«phänomen eine vertiefende Untersuchung verdient, während anderswo uninteressante Wiederholungen eines bekannten Typs nur ein unfruchtbares, wenig nützliches Thema abgeben. Das Idol der Chronologie besteht darin, um es mit einem Wort zu sagen, alle Fakten, alle Momente als gleichermaßen wert und geeignet für eine Untersuchung anzusehen. – Es gibt vielleicht keinen Vorwurf, der den traditionellen historischen Geist mehr erschüttert.[36] Man muß jedoch darauf bestehen, denn dieser methodische Punkt ist von herausragender Bedeutung. Es muß gezeigt werden, daß die traditionelle Historiographie unablässig, ohne es zu wissen und folglich ungeschickt und fehlerhaft, *nichts anderes tut*. Warum läßt sich die Zeitgeschichte nicht mit der gleichen Sicherheit darstellen wie die Geschichte des vergangenen Jahrhunderts, wenn nicht deshalb, weil der Historiker das *danach* kennen muß, um das *zuvor* verstehen, seine Bedeutung einschätzen und die Bausteine unterscheiden zu können? Wie ist es möglich, daß ein großer Teil der historiographischen Arbeit sich damit beschäftigt, die *Ursprünge* einer Institution, eines Volkes aufzudecken, wenn nicht der spätere Zustand der Institution, die spätere Existenz des Volkes dem Geist des Historikers diese Fragen aufdrängt? Die Vorgeschichte, die uns präsentiert wird, wird ständig mit dem Interesse, dem Blick und der Kenntnis dessen, was danach kommt, ausgewählt, sortiert und erläutert. Es gilt also, sich dieses notwendigen Prozesses deutlich bewußt zu werden, ihn besser, systematischer und strenger anzuwenden, als es die Historiker getan haben und noch tun. Statt aufs Geratewohl den Anregungen des Milieus und des Augenblicks zu folgen, wenn wir den Fragebogen entwerfen, der auf die Vergangenheit angelegt werden soll, müssen wir unseren Rückgriff auf zurückliegende Phänomene vorbereiten durch eine vorausgehende Bestimmung genau definierter Komplexe und zeitlich und räumlich verankerter Typen, die in der Lage sind, die historischen Ereignisse genetisch zu erklären. Statt mechanisch und undefiniert den Faden der reinen und einfachen Chronologie abzuspulen, die, wie wir gerade gesehen haben, keine sichere Einordnung gestattet und im Grunde nur ein Notbehelf ist, muß man erklärende Gruppierungen von objektiver Kohärenz suchen; und um die wirklichen Gesetze sogar der Vererbung zu verstehen, das Normale und Erwachsene zu erkennen trachten, bevor man die besondere Vielfalt, den Ausnahmefall und den undifferenzierten Embryo begreifen will.

So muß in diesen vorläufigen Linien ebenso wie in einem ideal entworfenen Werk die Hauptsorge darin bestehen, eine empirische, schlecht durchdachte Methode durch eine durchdachte und wirklich kritische Methode zu ersetzen. Ich wiederhole noch einmal, daß ich nicht an eine plötzliche Reform glaube, die allein dadurch einträte, daß das Ziel bestimmt und akzeptiert worden wäre. Ich glaube aber tatsächlich, daß sich in der Arbeit der heutigen Historiker, in der ausgefeilten Auswahl und Verknüpfung ihrer Arbeiten, in dem sichtbaren Bemühen, ihr Werk zu erneuern, indem sie von den Fortschritten der Nachbardisziplinen profitieren, schon viele Tendenzen manifestieren, die die traditionelle Praxis allmählich ersetzen; Tendenzen zur positiven, objektiven Erforschung des menschlichen Phänomens, die zu einer wissenschaftlichen Erklärung imstande ist; Tendenzen, die auf die bewußte Entwicklung einer Sozialwissenschaft abzielen. Diese Tendenzen zum Tragen zu bringen wird, so hoffe ich, das Werk der neuen Generation sein.

Methode historique et science sociale. Etude critique d'après les ouvrages récents de M. Lacombe et de M. Seignobos; zuerst erschienen in: *Revue de Synthèse historique* 6 (1903), S. 1–22, S. 129–157. Die Übersetzung folgt dem Neudruck in: *A. E. S. C.* 15 (1960), Heft 1, S. 83–119.

1 Vgl. Charles-Victor Langlois/Charles Seignobos, *Introduction aux études historiques*, Paris 1898, erster Teil.
2 Charles Seignobos gibt in seiner oben zitierten Arbeit den »Sozialwissenschaften« einen eng begrenzten Sinn, der weder faktisch noch rechtlich ausreichend gerechtfertigt zu sein scheint und hier nicht wiederholt werden soll. Übrigens beziehen sich seine Bemerkungen ebenso auf die Sozialwissenschaften im weiteren Sinne wie auf die Wirtschaftswissenschaften und die Demographie.
3 Vgl. Abschnitt V, Absatz a.
4 Paul Lacombe, *De l'histoire considerée comme science*, Paris 1894; Charles Seignobos, *La méthode historique appliquée aux sciences sociales*, Paris 1901.
5 Ebenda, S. 124, 174 und passim.
6 Ebenda, S. 214 und passim.
7 Aufgrund dieser gleichen metaphysischen Illusion negiert Seignobos die *Objektivität* einer eigenen sozialen Entwicklung und sucht die einzige objektive Kontinuität in der physischen Entwicklung des Individuums. Ebenda, S. 229. Als wäre die Kontinuität der materiellen Elemente verständlich außerhalb des Geistes, der diese denkt! Als wäre nicht die Kontinuität des Geistes selbst die wirkliche reelle Kontinuität, die wir erkennen können.
8 Ebenda, S. 224 und passim; derselbe, *Histoire politique de l'Europe contemporaine*, Paris 1897, Einleitung, S. XI.
9 Vgl. Seignobos, a. a. O., S. 220–224. Seignobos irrt sich im übrigen in der Bedeutung einiger seiner Bemerkungen. Die Tat-

sache, daß dasselbe Individuum gleichzeitig mehreren sozialen Gruppen angehört (der religiösen, der ökonomischen, der politischen Gruppe), ist bei weitem kein Hindernis, sondern im Gegenteil ein großer Vorteil: Es handelt sich um eine Abstraktion, die eigens dazu dient, spezifische Beziehungen sichtbar zu machen.

10 Seignobos, a. a. O., S. 231 und passim.

11 Ebenda, S. 270. »In der Wissenschaftssprache sind die Bedingungen einer Tatsache *notwendige* Tatsachen, damit diese Tatsache eintreten kann: *sie unterscheiden sich folglich nicht von den Ursachen.*« Und S. 275: »Diese beiden Beispiele ... zeigen, warum man menschliche Phänomene nicht allein durch ... erklären kann. Es sind *unverzichtbare*, doch nicht *hinreichende* Bedingungen für das Eintreten eines Ereignisses.«

12 Paul Lacombe, a. a. O., S. 249 ff.

13 Vgl. ebenda, S. 8 und 9, und Kap. XIV, passim.

14 Seignobos, *Histoire Politique*, S. 805.

15 Derselbe, *La méthode historique*, a. a. O.

16 Ebenda, S. 200–213. Die meisten Bemerkungen des Autors zu diesem Thema sind überaus anfechtbar und scheinen weder die tatsächlichen Bedingungen der wissenschaftlichen Messung noch den eigentlichen Charakter der Sozialstatistik genügend in Betracht zu ziehen.

17 Gibt es zum Beispiel eine Einteilung, die künstlicher und nebensächlicher wäre als die nach *Präsidentschaften*, die ein zeitgenössischer Historiker der III. Republik vornimmt? Für die Natur der Sache hätte sich eine Teilung in Fünf- oder Zehnjahresabschnitte oder eine vollkommen willkürliche Gliederung fast genausogut geeignet.

18 Ich hatte in meinem mündlichen Vortrag als Beispiel die (übrigens fundierte und beachtliche) Arbeit von Fagniez, *L'économie sociale de la France sous Henri IV*, angeführt, die eine Studie über das *Wirtschaftsleben* einer Gesellschaft mit »zwei Dolchstößen« periodisiert. H. Hauser hat geantwortet, daß »die Kenntnis des Materials zeigt, daß H. Fagniez sein Arbeitsfeld durchaus so eingrenzen konnte: die Regierungszeit Heinrichs IV. steht zwischen zwei wichtigen *sozialen* Phänomenen (den Bürgerkriegen des 16. und den Unruhen des 17. Jahrhunderts); es ist eine Zeit der Erholung, ein *Augenblick* des Wiederaufbaus zwischen zwei Perioden der Auseinandersetzung.« – Das ist, denke ich, eine glatte Bestätigung meiner Beobachtung. Die Bürgerkriege des 16. Jahrhunderts, die Unruhen des

17. Jahrhunderts sind »soziale Phänomene«, wenn man damit sagen will, daß sie sich in der Gesellschaft abgespielt haben. Aber mit Blick auf eine wissenschaftliche Konstruktion, mit Blick auf die Wirtschaftsgeschichte (und vielleicht sogar auf die gesamte Geschichte) sind es Ereignisse, es sind *Zufälle*; und es ist nicht eben eine gelungene Periodisierung, wenn man von einer Zufälligkeit zur anderen schreitet. Das ist so, als würde man den Magen eines Menschen zwischen dem Zeitpunkt, da er sich ein Bein gebrochen hat, und dem, da er sich einen Arm gebrochen hat, untersuchen. Welches ist die spezifische Beziehung, welches die eigene Entwicklung einer ökonomischen Institution, welche eine solche Gliederung verfolgt oder aufgreift, deren Kontingenzen *erklärende Ursachen* und nicht *Anlässe* sind? Ich für meinen Teil sehe folgende: »In einer Zeit der Ruhe und Sicherheit entwickelt sich die wirtschaftliche Prosperität eines Landes; in einer Zeit der Kriege und Unruhe wird diese Prosperität gefährdet.« Trotz meiner Abneigung gegen apriorische Standpunkte hätte ich nicht geglaubt, daß solch ein wissenschaftlicher Aufwand notwendig wäre, um diesen Zusammenhang festzustellen. Außerdem besteht darin weder das Ziel noch das Verdienst der Arbeit von Fagniez. Die von Hauser in *Enseignement des sciences sociales* vorgetragene Verteidigung erscheint mir allerdings in Wirklichkeit die Kritik zu unterstreichen.

19 Seignobos, a. a. O., S. 136 und 137.

20 Henri Hauser, *Enseignement des sciences sociales*, S. 414 und 415.

21 »Während jede einzelne soziologische Wissenschaft eine bestimmte, festumrissene Art sozialer Phänomene behandelt, besteht die Rolle der allgemeinen Soziologie darin, durch die Analyse die Einheit aller Einzelbestandteile wiederherzustellen ... Es wäre vor allem danach zu fragen, wie eine Gesellschaft, obgleich sie nur eine Verbindung relativ unabhängiger Teile und differenzierter Organe ist, nichtsdestoweniger eine Individualität ausprägen kann, die mit einer ähnlichen charakterlichen Eigenart ausgestattet ist wie die Individualität einzelner Personen ...« (Emile Durkheim, *Année sociologique*, Bd. V, S. 168).

22 Hauser, a. a. O., S. 415.

23 Seignobos, a. a. O., S. 138–140; Hauser, a. a. O., S. 46–48.

24 Diese unbegreifliche Unterlassung wird von Henri Hauser wiederholt.

25 Man wird vielleicht einwenden, daß Soziologen ebenso kritikwürdige Klassifizierungen vorgestellt haben. Aber dürfte man nicht gerade von den Historikern größere Exaktheit und, sagen wir es ruhig, *mehr Gespür für die historische Realität* erwarten? Und machte man ihnen nicht ein fatales Kompliment, wenn man in ihnen – schlechte Soziologen entdeckte? (So ist es mit der von Ratzel vorgenommenen Trennung in *Länder, die Eisen besessen haben*, und solche, die *kein Eisen besaßen*, die H. Hauser mir als Beispiel für eine von einem Geographen vorgenommene »wesentlich soziologische« Gliederung entgegengehalten hat. Soziologisch durchaus, aber von einer Einseitigkeit und Willkür, die der Soziologie sehr schlecht zu Gesicht steht.)

26 Eine Bemerkung im Anschluß an diesen Beitrag: »Ch. Seignobos sagt, daß ihm *eine einzige Methodenfrage* gestellt zu sein scheint: In welcher Form müssen die Materialien der Wirtschaftsgeschichte dargestellt werden?«

27 Seignobos, a. a. O., S. 191.

28 Seignobos, a. a. O., S. 192–195.

29 Vgl. die Materialien des Congrès de l'Institut international de statistique, Chicago 1893. Résolutions votées sur le rapport de M. Bertillon (Bull. de l'Inst. int. VIII, fasc. 1), und alle entsprechenden Erhebungen, alle Industriestatistiken Frankreichs, Belgiens, Deutschlands usw.

30 Vgl. zum Beispiel P. Boissonnade, »Histoire économique de la France au moyen age. Revues générales«, die in der *Revue de synthèse historique* veröffentlicht wurde; Albert Milhaud, »Projet de bibliographie économique«, vorgetragen in der Société d'histoire moderne et contemporaine, u. a.

31 Warum werden Bergwerke und Steinbrüche mit der Landwirtschaft in einer Gruppe zusammengefaßt und nicht mit der Industrie, mit der sie die meisten wirtschaftlichen Gemeinsamkeiten teilen, wenn nicht wegen einer dieser oberflächlichen Unterscheidungen, von denen wir schon Beispiele angeführt haben? Es ist zumindest ein klar unterscheidbarer Abschnitt oder Unterabschnitt notwendig.

32 Vgl. zum Beispiel den Eklektizismus, mit dem H. Hauser (*Ouvriers du temps passé*, Paris 1899) sich einerseits auf das »*Naturgesetz von Angebot und Nachfrage*«, diese Retourkutsche der orthodoxen Ökonomie (S. 96, 108), und andererseits auf den Klassenkampf beruft (S. 54).

33 Lacombe, a. a. O., S. X–XI.

34 Ebenda, S. 366–368.

35 William James Ashley, *An introduction to English Economic History and Theory*, 2 Bde., London 1888 und 1893.

36 Henri Hauser hat mir entgegnet: »Den Anfang mit der Mitte, die Vergangenheit mit der Gegenwart zu erklären, heißt, einen Finalismus in die Geschichte einzuführen, bedeutet, den Fehler von Augustin Thierry zu wiederholen, der während einer Studie über Etienne Marcel von dessen Ähnlichkeit mit bestimmten Männern von 1830 verblüfft wurde und dazu gelangte, eine Filiation zu konstruieren, die wohl ein Mythos ist.« Dem von H. Hauser zitierten Fall könnte ich ohne weiteres viele andere Beispiele hinzufügen (jüngere und der Gegenwart näherliegende als Henri Hauser glauben mag), die eine schlechte Anwendung dieser Methode, die ich für notwendig halte, *durch Historiker* belegen. Doch das würde nichts gegen eine richtige Anwendung beweisen, außer daß sie schwierig ist! Und die finalistischen Absichten, die tatsächlich häufig auftreten und in der Tat zu mißbilligen sind, beweisen nichts anderes, als daß nicht immer unterschieden (und die Unterscheidung nicht verstanden) wird zwischen einer finalistischen Erklärung einerseits und andererseits der Erklärung des Embryos durch den Erwachsenen, der Vorform bzw. des Unvollständigen durch den typischen Fall – eine Erklärung, die nur reine Kausalbeziehungen enthalten kann und muß.

FERNAND BRAUDEL

Geohistoire und geographischer Determinismus

I

Géohistoire. Verdiente unser Essay, diesen Terminus im Titel zu führen, wenn es uns jemals gelingen sollte, diesen für uns so fremd klingenden Begriff im Französischen heimisch zu machen? Er ruft Assoziationen an *Geopolitik* wach, einem Wort, das in unseren Ohren übrigens viel angenehmer klingt. Wenn wir aber das Bedürfnis verspüren, einen von diesem deutschen Wort, das einige Franzosen übernommen haben, abweichenden Begriff zu formen, dann deshalb, weil wir mit *Geohistoire* etwas anderes bezeichnen wollen als das, was *Geopolitik* umfaßt, etwas, das historischer und zugleich weiter gefaßt ist, das nicht nur die Anwendung einer schematisierten und zumeist auch schon im vorhinein in einem bestimmten Sinn verbogenen Geschichte eines Raumes auf den gegenwärtigen und zukünftigen Zustand der Staaten bedeutet.

Mithin ein zweifaches Anliegen. Die menschlichen Probleme so zu stellen, wie sie eine intelligente Humangeographie sieht, verbreitet im Raum und nach Möglichkeit kartographiert – ja gewiß, aber sie sollen nicht nur für die Gegenwart und in der Gegenwart aufgeworfen werden, sondern ihre Anwendung in der Vergangenheit finden, indem man der Zeit Rechnung trägt. Wir wollen die Geographie von dieser gedanklichen Fortführung der aktuellen Realitäten losreißen, mit denen sie sich ausschließlich, oder doch beinahe ausschließlich, beschäftigt, sie zwingen, mit ihren Methoden und ihrem Geiste die Realitäten der Vergangenheit und damit auch das, was man die Zukunft der Geschichte nennen könnte, neu zu durchdenken. Aus der traditionellen historischen Geographie eines Lognon, die fast ausschließlich auf die Untersuchung von Staatsgrenzen und von administrativen Einheiten gerichtet war, ohne sich mit der Erde selbst zu befassen, mit dem Klima, dem Boden, den Pflanzen und Tieren, den Lebensweisen und gewerblichen Aktivitäten, gilt es, wenn man so will, eine wirkliche retrospektive Humangeographie zu entwickeln. Folglich sind die Geographen zu verpflichten (was relativ leicht sein dürfte), der Zeit größere Aufmerksamkeit zu schenken, und die Historiker (was schon schwieriger sein dürfte) zu veranlassen, sich intensiver mit dem Raum auseinanderzusetzen und mit dem, was er trägt, was er hervorbringt, was er den Menschen erleichtert und wo er ihre Pläne durchkreuzt – mit einem Wort, sie dazu zu bringen, seiner beeindruckenden Permanenz in ausreichendem Maße Rechnung zu tragen. Dies wäre der Anspruch jener *Geohistoire*, deren Namen wir kaum auszusprechen wagen; darin besteht ganz sicher der Anspruch dieses Buches und in unseren Augen auch seine wahre Existenzberechtigung, die Rechtfertigung für sein Eintreten zugunsten einer Annäherung zweier Sozialwissenschaften, der Geschichte und der Geographie, die voneinander zu trennen keinerlei Nutzen bringt. Ganz im Gegenteil, denn alle Sozialwissenschaften haben über ihre unterschiedlichen Hilfsmittel und Forschungsfelder hinaus nur ein Ziel. Und dieses Ziel ist der Mensch, stets der Mensch, den es letzten Endes zu begreifen gilt. Der Mensch, das bedeutet die Gesellschaft, die Staaten. Man bedient sich dabei der Untersuchung von Zeit und Raum; Zeit und Raum sind aber nur Mittel.

II

Unser Unternehmen wird keinen Erfolg haben, wenn wir nicht im Dunkel der Zeit und trotz des Dunkels die Vergleiche suchen, jene stützenden Pfeiler, ohne die gar nichts ginge und die man nutzbringend einsetzen muß, um – dank der Zeit selbst – über die Erfahrungen zu verfügen, diese annähernden und zweifellos unvollkommenen Versuche, außerhalb derer es freilich Wissenschaft, oder sagen wir wissenschaftliche Untersuchungen, nicht geben kann. Das Mittelmeer eignet sich für solche vergleichenden Untersuchungen besonders gut. Ist es nicht ein Verbund halbautonomer Welten, eine Föderation lebenskräftiger, unverwechselbarer und doch stets miteinander vergleichbarer Mittelmeerräume? Die Erfahrungen folgen hier in geschwisterlich erlebter Eintracht aufeinander.

Nehmen wir die »Goldene Muschel« von Palermo, ganz gewiß eine der bezauberndsten Landschaften einer kultivierten Ebene, die man sich in der mediterranen Welt nur denken kann. An ihrem Ursprung stand die arabische Eroberung des 8. und 9. Jahrhunderts, über die vieles im dunkeln liegt. Doch in der Nähe von Algier hat sich das gleiche Wunder ereignet, aber unter unseren Augen, gestern, in den schmalen Ebenen und auf den Anhöhen der Sahel, in einem vergleichbaren natürlichen Rahmen wie dem der Ebene von Palermo, die in das Relief der Insel eingefügt ist. Ist diese kleine Region von Fahs nicht sizilianischer als Sizilien, toskanischer als die Toskana, deutlicher an Mallorca gemahnend als die Gärten und fruchtbaren Landstriche von Soller? In diesem Rahmen hat sich also über eine Distanz von Jahrhunderten das gleiche Wunder ereignet: die Errichtung von Gärten, windgeschützt durch ein Flechtwerk aus Schilf, bewässert durch eine ausgeklügelte Hydrologie, fruchtbar gemacht von Gärtnern, die aus Sizilien und aus Mahón von der Insel Menorca kamen ... Und das alles hat sich im schöpferischen Schatten einer großen Stadt ereignet ... Denn ohne Algier? Ohne das einst mächtige Palermo? Kann man nicht zu Recht beide Erfahrungen in einen Zusammenhang stellen, so weit sie auch zeitlich auseinanderliegen, so fälschlich fremd sie einander sind?

Eine gefährliche Methode? Es ist jedoch die Methode, die eines der schönsten Bücher über die Geschichte Marokkos, die *thèse* von Robert Montagne über das Hochland von Sous, erhellt, die noch gelungener wäre, wenn der Vergleich zwischen Sous und den anderen Hochgebirgsebenen Nordafrikas und des übrigen Mittelmeerraumes ausführlicher vorgenommen worden wäre. Ganz im Gegensatz zu den oft wiederholten und mittlerweile aus der Mode gekommenen Lehren, die besagen, daß es Geschichte nur gibt auf der Grundlage geschriebener, datierter und signierter Dokumente. Die Geographen, die Erforscher des Sozialen haben ausführlich und häufig in bewundernswerter Weise am Buch der Mittelmeere geschrieben. Warum profitieren wir nicht von dieser Arbeit, um unsere Leitlinien aufeinander abzustimmen? Um unsere Schlußfolgerungen mit Hilfe räumlicher Sprünge zu überprüfen, die sich in Zeit und Raum durchsetzen? Darin liegen unverzichtbare Berührungspunkte.

In der Arbeit des Agronomen Alonso de Herrera, von der eine Ausgabe 1598 erschienen ist, liest man, daß die kastilischen Bauern seit dem 13. Jahrhundert darangingen, die traditionellen Ochsengespanne aufzugeben und ihre Felder mit Mauleseln zu bestellen. Im 16. Jahrhundert ist diese Entwicklung abgeschlossen. Ein fürchterliches Unglück, wie Herrera berichtet, denn die frühere Art zu pflügen grub den Boden tiefer um und war besser. Die Bodennutzung mit Ochsen war weniger kostenaufwendig, da die Ochsen nicht wie die Maulesel ihre regelmäßige Getreideration forderten, sondern sich auf den Weideflächen der Dorfgemeinden ernährten, die die Bauern nun aber beackern und mit Getreide bestellen. Träumen wir vom Kastilien der Zeit der Ochsengespanne, einer Zeit, da das Land sein Getreide in die Randgebiete der Halbinsel exportierte und das Leben erschwinglich war: von der »guten alten Zeit« Spaniens …

Schauen wir auf das französische Oran um 1890, auf einen Landstrich, den mit den einsamen Weiten Kastiliens zu vergleichen keineswegs gewagt ist: ähnliche Hochebenen, ähnliche Trockenheit, ja sogar bisweilen ähnliche Schneefälle im Winter. Im Oran der neunziger Jahre des 19. Jahrhunderts verschwand der Ochse ebenfalls. Der Maulesel löst ihn ab, ohne daß sich die Historiker, soviel ich weiß, mit diesem zu vernachlässigenden Ereignis beschäftigt hätten. Man findet den Maulesel noch heute dort, trotz der Traktoren, aber das ist eine andere Geschichte …

Begeben wir uns nun an der Seite eines erfahrenen Geographen in das Mittelanatolien der Zeit zwischen 1920 und 1930. Wird man abstreiten wollen, daß die Landschaft an Oran oder Kastilien erinnert? Die gleichen Hochebenen, dieselbe Abgeschiedenheit, derselbe Frost und dieselbe Trockenheit. Und der Ochse räumte auch hier seinen Platz; daß diesmal das Pferd und nicht das Maultier an seine Stelle tritt, ist dabei von untergeordneter Bedeutung. Wir fragen uns lediglich, ob diese drei Kapitel der Geschichte, unterschiedlich angeordnet in Raum und Zeit, nicht in einer für uns nützlichen Weise miteinander in Verbindung gebracht werden sollten? Der Ochse verschwindet jedesmal, weil er zu langsam ist, um den Ansprüchen einer expandierenden Getreidekultur zu genügen, die zumeist durch demographisches Wachstum notwendig wird. Dies festgehalten und, gestützt auf die drei unterschiedlichen Erfahrungen, das kastilische Beispiel wieder aufgegriffen – muß man letzteres dann unbedingt mißdeuten und falsch interpretieren?

III

Nicht nur der Raum bietet sich für fruchtbare Vergleiche an, sondern auch die Zeit selbst, die stets in direkter Auseinandersetzung mit den Dingen steht. Denn die Zeit erscheint nicht immer in ihrer handelnden, bewegten Form, von der die Historiker sprechen. Oft ist sie ein ruhender Wert. Wenige Gegenden bieten einen besseren Eindruck davon als die Mittelmeerregion. Durch ihre isolierten, abgeschiedenen Räume zu reisen, bedeutet das nicht, eine Reise ohne Ende durch ihre verschiedenen Vergangenheiten zu unternehmen, die auf wundersame Weise bruchstückhaft und zuweilen auch in ihrer Gesamtheit am Leben geblieben sind?

Der deutsche Archäologe Sachau begegnete 1897 im Indischen Ozean den gleichen kleinen arabischen Segelbooten mit den schlecht zusammengefügten Planken, auf die schon Vasco da Gama bei seiner ersten Reise nach Indien Jagd gemacht hatte. Aber schwimmen sie nicht immer noch am Archipel, die ägäischen Barken, wie auch die Barken mit quadratischen Segeln auf dem Nil, die auf den Fresken der ägyptischen Grabmäler zu finden sind? Schlacke der Geschichte, wird man sagen, die ganze Welt ist übersät davon … Doch ob sie nun hier zahlreicher auftreten als anderswo, in den Bergen häufiger als in der Ebene, eher auf Inseln als in offenen Landstrichen – wirft nicht der Sachverhalt, gebührend verifiziert, eine Frage auf? Stellt er nicht die Frage nach der Verantwortlichkeit des Milieus, des geographischen vielleicht, aber mindestens ebenso des menschlichen Milieus? Und muß man diese Verantwortlichkeit nicht auf ihr tatsächliches Gewicht prüfen?

Das Mittelmeer, um zu ihm zurückzukehren, ist eine Sammlung von Museen des Menschen, des Menschen von früher, der aber noch und auf immer der Mensch von heute ist. Wir finden hier ein menschliches Milieu, eine Anhäufung von Menschen, die wirklich tiefgehend anzugreifen auch die tobendsten und spektakulärsten Eroberungszüge nicht vermocht haben, seien es die Mongolenstürme oder die Eroberungen der Araber. Hettner hat dies über den Nahen Osten und besonders über den islamischen Bereich gesagt. Der Nahe Osten ist nicht von den Arabern erobert worden; er ist es, der sie erobert, der sie assimiliert hat. Er geht mit ihnen um wie jene Blumen mit den Insekten, die so unvorsichtig waren, sich in den Blütenkelchen niederzulassen: sie schließen sich und verschlingen die Insekten.

Begeben wir uns in eine Gegend, die nicht gerade eine typische Mittelmeergegend ist, nach Georgien. Das Land besitzt allerdings eine Verbindung zum Binnenmeer, ähnlich der Lombardei. Wie diese ist Georgien geschützt, aber auch von Kälte umgeben durch Hochgebirgszüge, die sie von der äußeren Welt abzuschließen scheinen. Dies ist freilich eine Täuschung: die Berge besitzen ihre Straßen und diese Straßen ihre Einfalltore, und die georgische Ebene führt zum Meer. Über diese seit langer Zeit schon sehr fruchtbare Ebene mit ihren Weinstöcken und Oliven-, Orangen- und Pfirsichbäumen, von Bächen durchzogen und mit ihren

Palmenhainen schon tropisch zu nennen, sind mehrere Wellen der unruhigsten, bewegendsten historischen Vergangenheit hinweggegangen. Erst die Sassaniden, später die Chasaren und die Araber. Nach einer Atempause und der Unabhängigkeit im 10. und 11. Jahrhundert folgten die Seldschuken, danach folgte die kurze Blütezeit eines unabhängigen georgischen Staates, der sich vom Kaspischen bis zum Schwarzen Meer erstreckte. Im 13. Jahrhundert fielen die Mongolen ein, die über zwei Jahrhunderte im Land verweilten. Ihnen folgten die Perser, später die Türken. Seit dem 18. Jahrhundert bis heute gehört das Land den Russen. All das sind politische Eroberungen, die aber durch kulturelle Eroberungen, Entlehnungen der Eroberer und Vermischung ergänzt wurden. Die Georgier, feine, liebenswürdige Menschen, die verträglichsten von allen Christen des Orients, wie bereits Tavernier geschrieben hatte, entlehnen immer wieder von ihren Nachbarn, den Armeniern, Persern, Mongolen, Türken, Russen oder Mingreliern, denen sie ihre Bohnen verkaufen und Soldaten stellen. Sie schmuggeln Lebensmittel. Sie erwerben weit entfernt Edelmetalle, um ihre Münzen zu prägen. Ihre Kaufleute bereisen die Seidenstraße und -märkte. Ihr Blut wie ihre Religion sind eine Mischung aus armenischen und griechischen Elementen. Doch die Invasionen gehen vorüber, das georgische Volk bleibt. Es bewahrt seinen Boden, seine Bräuche und Riten, es sichert seinen Fortbestand und rettet sein Gleichgewicht. Es bleibt jenes lebendige Volk, das Tavernier uns geschildert hat, ein Volk der Krieger und Bauern, der Wein- und Schnapstrinker, das die Zwiebeln roh verzehrt, »wie man sie aus dem Garten bringt«. Sombart hatte recht, es gibt kein besseres Beispiel für die Beständigkeit der erdverbundenen Völker, dieser *Grundvölker* [deutsch im Original], die eine Anhäufung, eine Aufschichtung von unerschöpflichem Humus menschlicher Generationen im Verlaufe der Geschichte zu sein scheinen ... Aber resultiert diese Beständigkeit nicht aus der kontinuierlichen Wirkung eines gleichermaßen physischen und menschlichen Milieus? Ist sie nicht ein Beleg für diese Kontinuität? Victor Bérard hat ein ganzes Leben lang in der mediterranen Welt seiner Zeit die Landschaften der Odyssee gesucht. Eine begeisternde Suche: aber sollten wir nicht den Menschen der antiken Heldendichtung im Menschen von heute wiederentdecken? Ulysses in Person und nicht nur die wechselnde Dekoration seiner erstaunlichen Reisen?

IV

Man träumt von einer Methode, die es gestatten würde, auf diesen Inseln, auf denen das Leben stehengeblieben ist, in diesen seltsam unwandelbaren Schichten der Menschheit die Vergangenheit gründlich und tiefgehend zu erfassen. Gerade das will die Arbeit von Robert Montagne. Aber meist muß sich der eilige Reisende, der vorbeiziehende Forscher mit flüchtigen Visionen begnügen.

Noch gestern konnte man in Sidi Bou Said, einem Zentrum des tunesischen Tourismus, beim Zwischenhalt eine Karawane kleiner drahtiger Esel beobachten, die mit kupferbereiften Tonnen beladen waren: die Trinkwasserversorgung der Gebirgsdörfer. Dies ruft Assoziationen wach. Auf diese Weise wurde im 16. Jahrhundert das kostbare Naß auf dem Landweg oder zu Wasser von Valencia oder den Balearen zu den spanischen Vorposten in Afrika transportiert. Ein Volk von Wasserträgern machte sich in den Städten und auch auf dem Land zu schaffen, in Sardinien, in der Provence und anderswo. Und man steckte sich vertraulich Rezepte für gute Konservierung von Süßwasser an Bord der Schiffe zu …

Wechseln wir das Szenarium: Ragusa im Dezember 1935. Eine mit Brennholz beladene Barke hat gerade im alten Hafen festgemacht, vor den noch intakten Mauern des antiken Arsenals. Eine ziemlich bescheidene Barke, ohne Deck, die bestimmt aus dem kleinen Nachbarhafen San Giovanni di Medua gekommen ist. Mit ihrer Fracht erinnert sie sogleich an jene Zeit vor der Kohle, da Brennholz eines der großen Seehandelsgüter war. Victor Bérard beobachtete um 1890 in Tekirowo, dem antiken Phaselis, in einer kleinen Bucht inmitten des Golfs von Pamphylien ein ganz ähnliches Schauspiel: »die Kajiks von Makri und Castellorizo laden an dieser Küste das Brennholz für Alexandria auf ...« Auch hier noch das Szenarium des 16. Jahrhunderts. Bandello schildert einen Menschen, der gut und reichlich von den Einkünften eines Waldes lebt, dessen Holz er in der Stadt verkauft. Eine Region, Monte Gargano zum Beispiel, verdankt ihre Berühmtheit ihrem Waldreichtum. Oder die Provinz Massa Trabaria, die 1213 nicht ohne Mühe der päpstlichen Domäne einverleibt worden war. Aus ihrem Holz sind die Balkengerüste der romanischen Kirchen gefertigt. Das Holz wird zunächst auf Karren bis zum Bocca-Trabaria-Paß gefahren und anschließend in Flößen auf dem Tiber transportiert ...

Über Holzmangel wurde immer wieder geklagt. Wir wissen von den venezianischen Gesandten, daß man in Spanien, mit Ausnahme Kataloniens und der Biscaya, mit Rosmarin oder sogar mit Mist Feuer machte. In Konieh, wie uns Belon du Mans berichtet, verbrannte man mangels besserer Ressourcen Wacholdersträuche und Zwergzedern. In Ägypten fehlte selbst das Holz für die Goldschmelze. Man mußte es auf ganzen Flotten (und selbst mit Hilfe von Galeeren) nach Alexandria kommen lassen. Eine geradezu wunderbare Fügung für die runden Schiffe, die ohne diese Fracht die Ägyptenreise hätten leer antreten müssen. Natürlich war das weitgereiste Holz ein Produkt für Reiche. Für den häuslichen Gebrauch verbrannte man die Zweige der Kaffeesträucher, Tamarinden, Maulbeerfeigen oder Zuckerrohrstroh. All das waren verbreitete Praktiken im Mittelmeerraum. Noch im 17. Jahrhundert brachten die »schwarzen Segelschiffe« von Kap Korsika in ununterbrochener Folge Holz und Kohle von den mageren Waldbeständen der Insel nach Genua, wo sie die Patrizierhäuser kärglich erwärmten und die Küchenherde unterhielten. Saragossa versorgte sich dagegen im Bergmassiv von Daroca vor den Toren des Königreichs Valencia, hinter den Gebieten Teruels ...

So sieht der Historiker in jedem Augenblick die Vergangenheit lebendig vor seinen Augen auferstehen, selbst mitten in den Städten. Der Mittelmeerraum verbleibt auf der Stufe des Werkzeuges, wie André Siegfried sagt, des Werkzeuges von gestern und nicht der Maschine von heute. Zwischen Vergangenheit und Gegenwart klafft kein so tiefer Einschnitt wie im europäischen Norden. Es ist ein Land ohne Zäsuren, das seine alten Lieder singt, die *chansons de toile* der Spinnerinnen auf dem Balkan, die Kriegslieder, die beinahe überall Frauen ihren Kindern beibringen, oder die Romanzen des mittelalterlichen Spaniens, monotone, von Rezitativen unterbrochene Gesänge, die die Juden, als sie die spanische Halbinsel verließen, in das nahegelegene Marokko oder in die Ferne nach Saloniki brachten.

V

Wenn wir von der Geschichte und ihrem Kontakt zum Boden sprechen, wird man letzten Endes der weitreichenden Debatte über den geographischen Determinismus nicht entgehen können. Läßt sich darauf so im Vorübergehen antworten?

Die von Vidal de la Blache begründete französische Schule der Geographie hat sich nahezu vollständig auf die soliden Positionen des *Possibilismus* zurückgezogen. Um sie dazu anzuregen und darauf einzuschwören, war die Einmischung eines Historikers notwendig, der sich gegen einen simplifizierten Determinismus wendet, der den geographischen *Fatalismus* eines Ratzel, der bei uns nicht ohne Echo geblieben war, bis zu seinen Wurzeln zurückverfolgt ... Wenige Bücher waren erhellender und von größerer Bedeutung für das französische Denken als »La Terre et l'évolution humaine«, das Lucien Febvre 1922 publizierte. Nein, die Geographie erklärt nicht das ganze Leben und auch nicht die ganze Geschichte der Menschen. Das Milieu, in dem sie leben, so wichtig es auch sein mag (es bleibt, während die Menschen gehen), bestimmt nicht alles. Außerhalb seines Einflusses wächst unablässig die Arbeit des Menschen an der Umwelt und die Arbeit des Menschen am Menschen, »die mächtige Aufgabe des Ich am Ich (*soi sur soi*)«, von der bereits Michelet sprach, wobei er die grob fatalistischen, nicht deterministischen Anschauungen eines Victor Cousin aufgegriffen hat. Michelet war der erste, der nachdrücklich die Einwirkung des Milieus auf den Menschen postuliert hat.

Aber entscheiden wir uns nicht willkürlich zwischen dem Menschen und seiner Umgebung ...

Das östliche Kreta, das der Archäologe und Geograp P. Lehmann untersucht, ist die unwirtlichste, am meisten eingezwängte, ärmste Region der Insel. Man stelle sich inmitten der Berge, die zum größten Teil aus Kalkstein und selten aus Schiefer bestehen – beides ist im übrigen unfruchtbar –, einige schmale Täler vor, oft wie mit der Lochstanze in die Berge getrieben. Im Talkessel etwas lockere Erde, einige Weizen- oder Gerstenfelder, Gemüsegärten und vor allem Weinstöcke. Alles Inseln des Lebens inmitten wahrhaftiger Wüsten, wie es im Mittelmeerraum häufig vorkommt. Wenn man nun die Grenzen dieser Ebenen nachzeichnet, wird man feststellen, daß in ihnen, wie in Reusen gefangen, alle sukzessiven Besiedlungen der Insel stattfanden, von der minoischen Kultur bis in unsere Tage. Die Schlußfolgerungen liegen auf der Hand. Doch bleiben wir mißtrauisch. Die aufeinanderfolgenden Siedlungsgruppen waren gewiß in diesen engen Kreisen eingeschlossen, aber nicht das ganze Leben und die gesamte Geschichte der Insel.

Jenseits der fruchtbaren Flecken erstreckt sich die steinige Insel mit ihren Hirten und Herden, mit ihren Banditen, ihren »ehrenhaften« Gaunern und Flüchtigen, den Kämpfern aller Art und den Piraten, die die Abenteuer des Meeres locken. Am Kreuzungspunkt der Bergstraßen liegen die Befestigungen der Venezianer, die Land und Meer überwachen. Da ist schließlich die Insel selbst mit ihren räumlichen Zwängen, der Ursache zahlreicher Theatercoups, denn das Meer bringt die Erfordernisse der Außenwelt mit sich. Es bietet Abenteuer an: so fahren die Bewohner Kretas im 16. Jahrhundert bis an die englischen Küsten und noch häufiger nach der Türkei. Schließlich bringt das Meer auch die wirtschaftlichen Anforderungen von außen heran: den Großexport von Öl oder *uve passe* (getrockneten Rosinen). Diese großen Unternehmen Kretas sind der Insel von außen aufgezwungen worden, aus Gründen, die ihr zum Teil fremd waren. Die Geschichte der Kreter hat sich also unabhängig von den Determinismen der fruchtbaren Ebenen entwickelt, obgleich die Realität dieser Täler schwer genug auf den Menschen lastet und diese ständig mit ihnen rechnen und fast immer einen Kompromiß finden müssen.

Wir dürfen den Anteil dieses geographischen Determinismus nicht überschätzen, doch auch nicht unterschätzen. Geben wir noch ein besseres Beispiel. Die Seefahrt im Mittelmeer wurde stets vom schlechten Wetter im Winter behindert, von den gefährlichen Windstößen, die von Oktober bis April so häufig auftreten und auf atlantische Tiefdruckgebiete zurückgehen.

Es ist daher ein wichtiges Ereignis, daß um die Mitte des 16. Jahrhunderts ein nordischer Schiffstyp im Mittelmeer auftaucht, der aus dem Baltikum stammt und durch die wieder einmal fruchtbare Vermittlung der Biscayer bis in die südlichen Meere gelangt ist: die *Kogge* der Hansestädte oder, wie unsere Texte berichten, *la nave*. Dieses große und schwere runde Schiff ist an sich durchaus eine Revolution: dank seiner solide verfugten Planken (sie überlappen sich wie Dachziegel), dank seiner Transportkapazität und seinem Sieg über den Winter – denn die Äquinoktialstürme werden mit seinem stabilen Gerippe nicht fertig – setzt es sich schließlich gegen die anderen Schiffe durch, besonders gegen die venezianische Galeone, dieses lange Handelsschiff mit Rudern …

Ist damit nun gesagt, daß der geographische Determinismus in diesem Fall überwunden wurde, daß der Mensch nach 1450 über die Natur gesiegt hat, indem er sich zum Herr über den Winter machte? Es war zweifellos ein Triumph, aber zwei Bemerkungen seien hinzugefügt: Zunächst, sind wir denn sicher, daß, wie Peter Lane und andere meinten, es nur das schlechte Wetter war, das einstmals die Fahrt dieser Schiffe behindert hat? Es spielte gewiß eine Rolle, eine sehr wichtige Rolle, wie uns die Dokumente immer wieder sagen. Aber erhob sich nicht auch die Frage der Ladung, der Frachtmöglichkeit, die – über einen Umweg – auf den Rhythmus der Jahreszeiten und den Erntekalender verweist?

Eine zweite Bemerkung: Der Sieg der Koggen über den Winter war nicht ohne Aufwand und ein für allemal erreicht worden. Diesen Sieg galt es immer wieder neu zu erringen. Eine Anstrengung, die eine ganze Kette von Ereignissen nach sich zog: Schiffe bauen, das bedeutet, das notwendige Holz zu finden und zu transportieren; sie auszurüsten und zu bewaffnen, zu lenken und zu verwalten ... Auf der einen Seite das natürliche Hindernis, auf der anderen Seite die menschliche Anstrengung, die diesem Hindernis entgegenwirkt, sich aber daran ausrichtet. Worin besteht nun der Determinismus, worin der Anteil des geographischen Milieus, wenn nicht zumeist in solchen fortgesetzten Abfolgen menschlicher Anstrengungen, die das Milieu durch seine Widerspenstigkeit hervorruft?

Indem wir die allzu eindeutigen, allzu einfachen und allgemeinen Erklärungen in Zweifel gezogen haben, die für gewöhnlich nur wenig und das auch noch schlecht erklären, haben wir nicht gezögert, das Bild dieses ersten Teils* in großen Zügen zu umreißen, ohne uns über Gebühr mit widersprüchlichen Details aufzuhalten. Unsere Aufmerksamkeit galt den großen Linien, auf denen man sich übrigens auch völlig verirren kann.

Die Gelehrten des 16. Jahrhunderts haben uns darin hinterlistig bestärkt: ein Jean Bodin, ein Loys le Roy, ein Acosta, ein Giovanni Botero. Von der Humangeographie sahen sie damals nur die großen Probleme und zögerten nicht, umfassende Antworten zu geben. Muß man hinzufügen, daß man ihnen nur in den seltensten Fällen folgen kann?

* Die Bemerkung bezieht sich auf den ersten Teil des Mittelmeerbuches. (Anm. d. Hrsg.)

Möge der Leser dennoch einwilligen, einen Augenblick eine recht eigenartige Passage von Botero zu verfolgen und sie, wenn er möchte, selbst zu kritisieren. Mit dieser Passage wollen wir schließen: »Die Bewohner der Ebenen sind, durch die Bequemlichkeiten, über die sie verfügen, durch die Leichtigkeit für Handel und Verkehr, gewöhnlich weise und vorsichtig. Dagegen sind diejenigen, die in Gebirgsregionen wohnen, durch den rauhen Charakter der Stätten, die sie bewohnen, und die Roheit ihrer Sitten ... mutig und kühn. Dies sind in Spanien die Bewohner der Biscaya, von Aragón und die anderen Völker der kärgsten Bergregionen der Halbinsel. Über ihnen steht der König, aber in Wahrheit besitzen sie so umfangreiche Privilegien, als lebten sie in Freiheit in einer Republik. Die Kastilier und die Andalusier, die in ebenen und milderen Regionen leben, unterwerfen sich hingegen freiwillig dem Willen des Monarchen ...« Und er fährt fort: wenn Neapel unruhig ist, dann wohl wegen seiner verschiedenen geologischen Stufen und der daraus resultierenden Mischung von »ungeschliffenen und fast wilden« und »friedlichen und zivilisierten« Menschen; letztere bewohnen die fruchtbaren Ebenen, die anderen sind Kinder der Berge. In Neapel vollzieht sich wegen der Lage eine unaufhörliche Mischung starker und gegensätzlicher Menschenströme. Botero bestätigt, daß Mailand in dieser Hinsicht aufgrund der unterschiedlichen natürlichen Bedingungen eine weniger bewegte Geschichte besitzt als die Toskana, *distinta in monti e in valli.* Insgesamt also Weisheit der Ebenen und Wahnsinn der wilden Bergwelt. Ist dieses Bild so fragwürdig?

Dieser Text ist der Schlußteil aus dem ersten Band der ersten, 1949 bei Armand Colin erschienenen Ausgabe von *La Méditerranée et le Monde méditerranéen à l'époque de Philippe II,* der in die nachfolgenden Ausgaben nicht übernommen wurde und daher auch in der 1990 erschienenen deutschen Ausgabe nicht zu finden ist. – Der erste Absatz, der lediglich den Anschluß an die vorausgegangenen Abschnitte herstellt, wird hier nicht wiedergegeben. (Anm. d. Hrsg.)

MAURICE AGULHON

Skizze für eine Archäologie der »Republik«. Die feminine Bürger-Allegorie*

In dem Maße, wie das 19. Jahrhundert mit den großen liberalen und demokratischen Hoffnungen, die es befördert hat, für uns in die Ferne rückt, bemächtigt sich seiner die Geschichtsschreibung: der eine Historiker widmet diesen Hoffnungen hochfliegende Überlegungen (Charles Morazé), bei anderen rufen sie vertraute Erinnerungen wach (Gaston Bonheur).

Unsere Studie über die weibliche Allegorie der »Republik« ist ein wenig auf die gleiche Erscheinung zurückzuführen. (Und die Tatsache, daß wir persönlich durch zunächst rein regionale Forschungen darauf gestoßen sind, ändert nichts daran.)

Aber ist es wirklich notwendig, die monumentale Erinnerung, die von der Dritten Republik und ihren Vorgängern überliefert ist, zu studieren? Wie uns schien, ja. Der bereits zitierte Gaston Bonheur unternahm es auf wohltuende Weise, ohne jedoch den Anspruch zu erheben, in seiner Arbeit (*La République nous appelle. L'Album de famille de Marianne*, Paris 1965) erschöpfend oder tiefgehend zu sein. In die Tiefe wollte der englische Publizist Raymond Rudorff mit dem *Mythe de la France* (Paris 1971) gehen. Aber seine Betrachtungen über Frankreich als ambivalenten weiblichen Mythos gründen sich nur auf zwei Beispiele – die »Marseillaise« von Rude und die »Säerin« auf den Münzen – und nehmen das Wesentliche des Verzeichnisses an Denkmälern und somit auch des thematischen und mythischen Bestandes nicht zur Kenntnis.

Können wir an dieser Stelle vollständig sein? Wir beanspruchen es nicht und wollen lediglich die allgemeine Ein-

* Der Text wurde um einige Anmerkungen und den Anhang gekürzt. (Anm. d. Hrsg.)

führung zu einer umfassenden Studie skizzieren, von der wir am Ende eine Übersicht der Teilergebnisse und ihres möglichen Interesses geben wollen.

Ist die Untersuchung neu? Sie wird auf jeden Fall nicht unnützerweise die Ausstellung der »Mariannen: Rathausbüsten« wiederholen, die Mitte Februar 1972 in Paris in den Räumen des Cercle Républicain gezeigt wurde. Die Skulpturen, die man dort sah, haben in der Tat die Eigenschaft, daß sie einerseits in jeder Kommune existierten (von daher sind alle Regionen gleich) und daß sie andererseits von außen nicht sichtbar waren. Die Besonderheit der feststehenden Denkmäler, von denen wir handeln wollen, besteht dagegen darin, daß sie auf öffentlichen Plätzen stehen (und folglich – zumindest ursprünglich – propagandistisch wirken sollten) und eine partielle territoriale (möglicherweise signifikative) Verbreitung finden.

Es sei hier wiederholt: eine umfassende Studie darüber steht noch aus.

Wir beabsichtigen lediglich, schon jetzt diesem Studium der Bürgerdenkmäler in Form weiblicher Allegorien zwei nützliche Anregungen zu geben. Einerseits gilt es, ohne allzu große Willkür, wie man sehen wird, die figürliche Allegorie der lebenden Allegorie anzunähern. Andererseits müssen Paris und die Provinz und bei letzterer die Regionen miteinander verglichen werden. Dieser kaum erst umrissene Punkt eines weitreichenden Programms wäre nicht der unbedeutendste, wenn er eines Tages zu einem guten Ende geführt würde.

I. Das Vermächtnis der Französischen Revolution: Statuen und »Göttinnen«

Seit der Revolution von 1789 findet man in Frankreich allegorische Darstellungen der neuen politischen Werte: Freiheit, Gleichheit, Natur, Gerechtigkeit, auf jeden Fall Republik oder auch Vernunft. Diese Allegorien sind sehr oft weiblich. Warum? Gibt es noch andere Gründe außer der grammatikalischen Gewißheit, nach der diese Namen im Lateinischen und im Französischen weiblich sind? Oder steht dahinter eine tiefere und affektivere Symbolik?

Dies ist ein Gegenstand des Nachdenkens, den wir aus Gründen mangelnder Kompetenz beiseite lassen.[1] Wir haben es also mit Frauen zu tun, die jung und schön sind, die uns in antiken Gewändern begegnen, die oft bewaffnet sind – sei es, weil die Erfahrung sehr schnell zeigte, daß die neuen Werte sich in einer feindlichen Welt durchzusetzen hatten, sei es, weil die antike Minerva als vernünftige und zugleich kriegerische Jungfrau das Vorbild lieferte. Minerva blieb übrigens nicht die einzige, die den kommenden Republiken Attribute hinterließ. Kybele werden sie die Jakobinermütze, das Dreieck und den Löwen verdanken, die ihnen genauso wichtig sein werden wie die Lanze oder das Schwert.

All der Dekor ist verschwunden. Die Erinnerung daran ist verblaßt, und das ist schade für die historische Erklärung selbst. Der berühmte Aufschrei von Manon Roland auf dem Schafott »O Freiheit, wieviel Verbrechen sind in deinem Namen begangen worden!« wird, wenn man ihn allein zitiert, unverständlich oder absurd erscheinen. Dagegen wird er natürlich und auch ergreifender, wenn man sich vergegenwärtigt, daß sich die Guillotine auf dem Platz der Revolution am Fuß einer Statue befand, der »Kolossalfigur der Freiheit [...], die nahe beim Schafott stand, dort, wo heute der Obelisk ist«.[2]

Man hat den anderen Typ von Allegorie besser im Gedächtnis behalten, wo eine junge Person die Rolle der beschworenen Abstraktion (»Göttin« im römischen Sinne des Wortes) in einer öffentlichen Zeremonie spielt. Wo liegt der Ursprung dafür? Wir haben uns nicht tiefgehend damit beschäftigt und können nur die Meinung von Michelet zitieren. Mit Bezug auf das Fest der Vernunft in Notre-Dame de Paris schreibt er: »Wodurch sollte die Gestalt der Vernunft, ihr Symbol, dargestellt werden? Noch am 7. [November 93] hatte man an eine Statue gedacht. Man machte den Einwand, ein bestimmtes Bild könne an die Heilige Jungfrau erinnern und den Keim bilden zu einem *neuen Götzendienst.* Man gab einem beweglichen, beseelten, lebendigen Bilde den Vorzug, das, bei jedem Fest ein anderes, kein Gegenstand des Aberglaubens werden könnte.«[3] Was man auch von dieser Analyse halten mag, sie hat das Verdienst, eine zusammenhängende Untersuchung der toten Bilder und der Schauspielerinnen zu unterstützen, eine Verbindung, deren Stichhaltigkeit gleich deutlicher werden wird.

Michelet hat für uns ein weiteres Verdienst: in seiner revolutionären Frömmigkeit hat er einem anderen Problem große Aufmerksamkeit geschenkt, dem wir noch in der Geburtsstunde der Dritten Republik wiederbegegnen: dem der Tugendhaftigkeit (und der Soziologie ...) der Göttinnen. Waren sie engagierte Kämpferinnen oder Kurtisanen? Michelet dazu: »Die Begründer des neuen Kultes dachten nicht daran, ihn zu entwürdigen, und empfahlen denen, die das Fest in anderen Städten veranstalten wollten, in ihren Blättern ausdrücklich, ›für eine so erhabene Rolle nur solche Personen zu wählen, deren Charakter die Schönheit achtungswert macht, deren Strenge in Sitten und Blicken die Frechheit zurückhält und die Herzen mit ehrbaren und reinen Gefühlen erfüllt‹. Dies wurde buchstäblich befolgt. Es waren im allgemeinen Töchter aus geachteten Familien, die wohl oder übel die Vernunft darstellen mußten. In Saint-Sulpice wurde die Vernunft von der Frau eines der höchsten Beamten von Paris dargestellt; in Notre-Dame durch Fräulein Maillard, eine berühmte, beliebte und geachtete Künstlerin. Man weiß, wie sehr so bekannte Leute (gerade durch ihre Kunst) zu einem arbeitsamen und ernsten Leben gezwungen sind.«

Zwar waren lebende Allegorien oft Frauen aktiver Politiker, die durch ihre Überzeugung geleitet wurden, wie die Frau des Hébertisten Momoro. Aber es ist ebenso wahrscheinlich, daß zu dieser Zeit, wie auch heute noch, viele Vorurteile die Frauen und die Mädchen, selbst wenn sie politisch überzeugt waren, daran hinderten, sich öffentlich zur Schau zu stellen. Die Revolutionäre müssen mehr als einmal gezwungen gewesen sein, die »Göttinnen« unter

Frauen zu suchen, die durch ihren Beruf an die öffentliche Darstellung gewöhnt waren: Schauspielerinnen oder Sängerinnen – zu dieser Zeit übrigens häufig ein revolutionäres Milieu. Da jedoch die Schauspielerinnen insgesamt unbestreitbar nach freieren Sitten lebten als die Frauen der Bourgeoisie, da sich die reichen Bourgeois und Aristokraten während des gesamten 18. und 19. Jahrhunderts ihre Mätressen zumeist aus dem Theater- und Opernmilieu nahmen, kümmerte sich die konterrevolutionäre öffentliche Meinung nicht um Nuancen und verband auf sehr direkte Weise die Freiheit der Sitten mit der niederen Ausschweifung. Sie schlußfolgerte: »Göttin«, also Schauspielerin, also Prostituierte – und diese Meinung sollte sich als langlebig erweisen.[4]

All dies war nicht nur typisch für die Hauptstadt. Allein in der Provence, die wir besser als jede andere Region kennen, lassen sich leicht Beispiele für all diese Modelle finden. Statuen, die in den Städten aufgestellt wurden: in Aix am oberen Cours Mirabeau befand sich an dem Brunnen, der heute und seit der Restaurationszeit ein Bildnis des Königs René trägt, während der Revolution bis zum Jahr XII eine in Gips gegossene »Freiheit«; Statuen in den Dörfern: in Barbentane eine von der Volksgesellschaft errichtete »Freiheit«, die im Jahre III bei einem royalistischen Aufstand zerstört und besudelt wurde; Statuen, die nach dem Fall der Republik beseitigt wurden: in Arles der Obelisk auf dem Rathausplatz, der 1676 errichtet wurde, auf dessen Spitze sich ein mit azurblauen Lilien verzierter Globus befand und der zur Revolutionszeit eine rote Mütze und während des Kaiserreichs einen Adler aufgesetzt bekam, und selbst lebende Göttinnen: die von Maillane wurde durch eine berühmte Textstelle von Frédéric Mistral vor dem Vergessen bewahrt, der anerkannte, daß sie dem kämpferischen Milieu entstammte – sie war tatsächlich die Tochter des jakobinischen Bürgermeisters, der Schuhmacher von Beruf war.

Die Erfassung all dieser Phänomene, der Vergleich ihrer Dichte, dies haben wir weder für die Provence noch gar für ganz Frankreich tun können. Das Feld der Forschungen bleibt hier offen, und die erste Revolution ist nicht unser Hauptarbeitsgebiet. Daher kennen wir also die tatsächliche Zahl lebender »Göttinnen der Vernunft« nicht. Die Errichtung von Statuen auf öffentlichen Plätzen scheint während der Revolution in provenzalischen Dörfern nicht sehr häufig gewesen zu sein. Die geläufige Form der republikanischen Feiern mittels Insignien war eher der Freiheitsbaum, ein echter Baum oder, wenn es an diesem mangelte, ein einfacher Mast, dem man eine Jakobinermütze aus Weißblech aufsetzte, die in der Nachbarstadt gekauft wurde. Diese Mütze nahm den Platz ein, den in der Dritten Republik die Mariannenbüste einnehmen sollte.

II. Die Weitergabe des Vermächtnisses von der Ersten an die Zweite Republik

Die Bürgerdenkmäler verfallen und verschwinden vom Direktorium bis zur Julirevolution, bis dann das Jahr 1830 eine Wiedergeburt des Geistes der Revolution bringt. Sicher, es ist die Revolution von 1789, nicht die von 1792. Die Republik bleibt geächtet. Die Herrschaftszeit Louis-Philippes ist dennoch aus zwei Gründen unserer Untersuchung nicht ganz fremd: zunächst wird ein neues Element im Arsenal der nationalen, liberalen und laizistischen Symbole in Umlauf gebracht oder zumindest popularisiert: der Gallische Hahn (wir werden ihn wiederfinden). Des weiteren bringt diese Zeit die Tradition des linken Bürgerdenkmals in Form einer *historischen Würdigung* hervor – eine Tradition, die die Republik Gambettas (und in welchem Umfang, wie wir sehen werden!) wiederaufgreifen sollte. Als Beispiele für Paris seien nur die Vollendung und Dekoration des Arc de Triomphe de l'Etoile (mit dem »Aufbruch der Freiwilligen« von Rude) und die Julisäule auf der Place de la Bastille erwähnt. Auch hier ist wieder auf die Existenz von Nachbildungen in der Provinz zu verweisen, wenn sie schon nicht zahlenmäßig erfaßt werden können. Nennen wir für die Provence den monumentalen Brunnen, der von David d'Angers verziert und in Barcelonnette, seiner heimatlichen Region, zum Gedenken an Manuel errichtet wurde.

Doch bleiben wir bei der weiblichen Allegorie. Obwohl sie durch das Regime nicht zu Ehren kam (als zu liberal, sogar schon etwas republikanisch), war sie doch nicht minder lebendig. Sie ist ein sehr bekanntes Thema der Malerei, das bei Delacroix noch offiziös (»Die Freiheit führt das Volk auf die Barrikade«), bald aber – bei Deschamps oder Daumier – aufrührerisch ist (»Letzte Ratssitzung der Ex-Minister«). Immer ist sie, wie wir feststellen können, mit der roten Mütze bekleidet.

Was ihre lebendige Verkörperung angeht, so bleibt, selbst wenn sie nicht mehr tatsächlich vorgenommen wird, doch die Erinnerung an sie bewahrt: teils durch die wirklich noch Lebenden (diejenige, die Michelet gekannt hat; diejenige, die der junge Mistral im Frühjahr 1848 traf und die mit ihren siebzig Jahren noch ganz fröhlich war) und in starkem Maße durch das Lied, denn die »Göttin« kommt bei den Personen Bérangers vor:

> Est-ce bien vous, vous que je vis si belle
> Quand tout un peuple, entourant votre char,
> Vous saluait du nom de l'immortelle ...?[5]
>
> (Sind Sie es, die ich als solche Schönheit sah,
> als ein ganzes Volk um Ihren Wagen herum,
> Sie im Namen der Unsterblichen grüßte ...?)

Von Béranger sprechen, dessen immenser Ruhm bekannt ist, heißt, auf eine reale Ausstrahlung in der Provinz anzuspielen. Greifen wir einen Augenblick auf die Zweite Republik vor: in einem aufrührerischen Lied, das 1850 im Departement Var für verwerflich erklärt wurde,[6] einem »Lied der Montagnards«, dessen ungeschickte Prosodie und lexikalische Idiotismen zur Genüge auf den lokalen Ursprung verweisen, findet sich das Thema wieder:

O toi, déesse bien aimée,
Parais, avec ton vieux bonnet.
Nous t'attendons les mains armées,
Pour proclamer l'égalité.

(O du geliebte Göttin,
erscheine mit deiner alten Mütze.
Wir erwarten dich, die Waffen in der Hand,
um die Gleichheit auszurufen.)

Die geringe Distanz (50 Jahre, d. h. zwei durchschnittliche Generationen oder das erfreulich lange Leben eines Erwachsenen) zwischen den beiden Republiken, zusammen mit den literarischen Einflüssen (bzw. indirekten Erinnerungen) der Michelet und Béranger hilft somit, das Ausmaß der Wiederholungen und Imitationen im Jahre 1848 zu verstehen.

III. Die Taufe der Marianne (Zweite Republik und Zweites Kaiserreich)

Es ist sehr bezeichnend, daß Gustave Flaubert daran festhielt, in der »Erziehung der Gefühle« die weibliche Allegorie unter ihren zwei Aspekten vorzuführen: als lebende Allegorie und als Plastik. In den am 24. Februar 1848 gestürmten Tuilerien bemerken Frédéric und Hussonet: »Im Vorzimmer stand auf einem Haufen von Kleidungsstücken eine Straßendirne in der Pose der Freiheitsstatue, unbeweglich, mit weit aufgerissenen Augen, furchteinflößend.« Und einige Tage später beim Schlendern durch Paris trifft Frédéric auf den Künstler Pellerin, der in Begeisterung gerät: »... erhabene Werke würden entstehen, wenn die Kunstschaffenden ihr Talent beisteuerten. In Paris gäbe es bald überall gigantische Monumente; er würde die Ausschmückung besorgen; er habe sogar selbst mit der Arbeit an einer Statue der Republik begonnen.«

Der neue Unterschied zwischen den zwei Ausdrucksweisen rührt daher, daß erstere niemals Sache der Regierung ist: die Darbietung einer »Göttin« gehört in der Tat – ebenso wie die Guillotine, der Revolutionskrieg und die Zwangsanleihe – zu jenem »terroristischen« Anteil am republikanischen Erbe, den die Zweite Republik zurückweist.

Bestenfalls kann man der »Göttin« die kurzlebige Allegorie der patriotischen Sängerin zur Seite stellen. »Eines Tages«, erzählt Edmond Biré, »es war, so glaube ich, der 6. März [1848], bei einer Aufführung der ›Kleopatra‹, hörte ich Mademoiselle Rachel die ›Marseillaise‹ singen. Sie spielte sie ebenso wie sie sang. Die Haltung, die Bewegung, die Gestik, die Energie des Auftretens und der Gesichtszüge, der leuchtende Blick, das weiße Kleid, von dem sich die Trikolore in ihrer ganzen Pracht abhob, die letzte Strophe gesprochen und auf den Knien gemimt, mit der Fahne auf dem Herzen, alles war geschickt berechnet. Die Wirkung war außerordentlich.«[7]

Andererseits erlebten Darstellungen in Malerei und Plastik offiziell eine Blüte. Die Provisorische Regierung wollte sehr bald offizielle Repräsentationen. Zum einen Statuen auf den Plätzen: ein zweitrangiger Bildhauer – obzwar der Schwiegersohn George Sands –, J.-B. Auguste Clésinger, wurde damit beauftragt, eine Kolossalbüste der Freiheit wie auch eine »Brüderlichkeit« anzufertigen, die am 14. Mai 1848 zum Fest der Eintracht auf dem Marsfeld plaziert wurden. Wir werden diese Person in derselben Rolle gleich wiederfinden.

Es wird auch zum Fest der Verfassung eine »Republik« geben, die auf der Place de la Concorde errichtet wird, wo sie auf den Standort der »Freiheit« aus dem Jahre II (jener von Madame Roland) zurückkehrte. Aber hier befand sie sich nun in Nachbarschaft zu dem Obelisken von Luxor. Victor Hugo, zu diesem Zeitpunkt (November 1849) noch konservativ eingestellt, hat daraus eine vielsagende und grausame Antithese gemacht:

A une Statue.
Non, tu n'es pas la grande et sainte République!
O fantôme à l'oeil louche, à l'attitude oblique
Qui donc t'a mise ici, dans un jour d'ironie,
Près de la pierre auguste o=u revit le génie?
Que viens-tu faire, à l'heure o=u l'automne finit,
Spectre de plâtre au pied du géant de granit?[8]

(An eine Statue
Nein, du bist nicht die große und heilige Republik!
Oh Fantom mit trübem Auge und schiefem Stand …
Wer hat dich hierher gestellt, an einem Tag voller Ironie,
in die Nähe des erhabenen Steins, wo das Genie wiederauflebt?
Was wirst du tun, jetzt, da der Herbst zur Neige geht,
du Schreckbild aus Gips zu Füßen des Riesen aus Granit?)

Die Provisorische Regierung wollte außerdem ein gemaltes Modell, das die Republik darstellt und das man in den Sälen der Rathäuser an die Stelle der Königsporträts hängen konnte. Für dieses Projekt entwarf Daumier eine »Republik«, deren große thematische Originalität darin bestand, nicht aufrecht als kriegerische Jungfrau zu erscheinen, sondern als stillende Mutter, die Kinder in den Arm nimmt.[9]

Jene Regionen der Provinz, die für die republikanische Idee gewonnen wurden, haben nicht weniger glühende figurative Darstellungen hervorgebracht als die Provisorische Regierung. Aber auch sie arbeiteten hastig, mit Gips und bemaltem Papier, schufen also vergängliche Werke, die heute verschwunden sind.

In den *Memoiren* von Victor Gelu[10] erleben wir die Ausschmückung Marseilles unter dem Prokonsulat des jungen Emile Ollivier: »Man formte Statuen der großen *Heiligen* von 89 aus Gips und versprach dabei, sie später in Bronze zu gießen«. Am 16. April fand in der Ebene Saint-Michel (der heutigen Place Jean Jaurès) ein offizielles Bankett statt: die Tribüne »stand in Höhe des Boulevard Chave und parallel zu diesem unter einem Gipskoloß der Freiheit, den unsere Barbabous [die einfachen Leute aus dem Fischerviertel] recht unehrerbietig *die dicke Marianne* nannten, ebenso wie sie die kränkliche symbolische Pappel, die nun auf dem ehemaligen königlichen Platz stand, *lou bon Batistin* nannten«.

Die abgeschwächten Formen dieser Bilderwelt fanden sich in den demokratischen »Chambrées« der Provinz, wie schon in den Volksgesellschaften des Jahres II der Revolution. Hier sei ein erstaunliches Beispiel angeführt, bei dem die weibliche Allegorie das Hauptelement ausmacht: es handelt sich um das »Verzeichnis der aufrührerischen Embleme an den Wänden des Saals« der Chambrée der Menschenrechte, die in einem Zimmer in der ersten Etage der Rue des Chaudronniers 7 in Draguignan ihren Sitz hatte und im Februar 1850 durchsucht und aufgelöst wurde:[11]

»1. Eine Göttin der Freiheit in Lebensgröße, auf graues Papier gezeichnet, mit einer rot gemalten phrygischen Mütze, in der einen Hand eine Fahne in der gleichen Farbe und in der anderen einen Säbel haltend; sie setzt den Fuß auf den Bauch eines Mannes von natürlicher Größe; und oberhalb des Bildes liest man in roten Buchstaben folgende Inschrift: »Freiheit, Gleichheit, Brüderlichkeit. Tod den Tyrannen. Französische Republik. Organisation der Arbeit.

2. Eine andere Göttin der Republik, aus weißem Gips, von kleiner Gestalt, mit der phrygischen Mütze.

3. Eine weitere Göttin von natürlicher Größe, auf Leinwand gemalt, mit derselben Mütze bekleidet.

4. Etc. Die anderen Elemente des Verzeichnisses sind Porträts von Repräsentanten der Bergpartei oder geächteter Revolutionäre: Ledru-Rollin, Lamennais, Louis Blanc, Cabet, Proudhon, Barbès, usw. usf. selbst von Caussut (sic! für Kossuth).«

Man könnte noch weitere Beispiele anführen.

Als schließlich die Zweite Republik mit dem Widerstand gegen den Staatsstreich vom Dezember 1851 ihren letzten Auftritt erlebt, und da die Bewegung demokratisch und volksnah, in ihrer Form selbst revolutionär ist, findet man die lebende Allegorie wieder wie zu den Festen des Jahres II. So lautet zumindest die klassische These, die in der Fahnenträgerin auf der republikanischen Säule des Departements Var im Dezember 1851 eine »Göttin der Freiheit« sieht. Jedoch – man wird sich vielleicht daran erinnern – verhielten wir uns in *La République au village* (Paris 1970, S. 455–463) gegenüber dieser klassischen Interpretation reserviert. Einerseits waren wir negativ überrascht von der unmittelbar darauf erfolgten reaktionären Interpretation (die Terreur beginne wieder, sagten die Weißen, da selbst die Göttin Vernunft wieder erscheint). Andererseits waren wir froh, feststellen zu können, daß die Frau in Rot auf der republikanischen Kolonne[12] nicht *von vornherein* als Vorführdame, als »Göttin« an die Spitze gestellt wurde, sondern als Anführerin der Frauenabteilung der Revolutionsarmee, die in dieser Eigenschaft zunächst wie ein Mann mit einer einfachen roten Schärpe, dem Zeichen der Befehlsgewalt, geschmückt wurde. Möglicherweise brachte uns das dazu, den Anteil an Zeremonie und bereits traditionellen Festelementen allzu geringzuschätzen, den ihre Ausstellung *auch* bedeutete. Insgesamt trat die neuerliche Interpretation der kämpferischen Frau als lebende Allegorie, selbst wenn die politischen Führer der Bewegung zunächst nicht daran gedacht hatten, rasch und verbreitet genug auf, um signifikativ zu sein.

So weit waren die Dinge gediehen, als das Zweite Kaiserreich eine neue Periode der Unterdrückung einleitete. Das »gigantische Monument«, von dem Pellerin sprach, lebte in den Hoffnungen der republikanischen Künstler fort. In einer 1868 verfaßten Broschüre träumte der Architekt Hector Moreau – ein alter Achtundvierziger, zukünftiger Funktionär der Commune und im übrigen ein genialer Vorläufer, dem Baltard die Konzeption der *Halles* in Paris »abgeschaut« haben soll – davon, am Trocadéro eine Verwaltungsstadt zu bauen, sechs Ministerien, die im Halbkreis »eine Statue des intelligenten Frankreich« umgeben, »eine kolossale Statue, die die durch einen Globus verkörperte Welt erleuchtet«. In demselben Projekt wäre der

Triumphbogen mit einer »französischen Republik« gekrönt worden, »die die Völker zur Emanzipation aufruft«.[13]

Diese Hoffnung, die vernichtet wurde, nachdem sie gelebt worden war, wird nun zum Gegenstand einer großen Schwärmerei, die um so leidenschaftlicher ist, als eine vertraute Benennung sie personalisiert. Gerade während dieser Zeit der Unterdrückung und Ächtung wird der Name »Marianne« tatsächlich geläufig. Man könnte sie nun fast als literarisches Motiv verfolgen, auch in der Plastik und im Theater wird sie thematisiert. Hier sei jedenfalls eine bemerkenswerte Äußerung von Félix Pyat und der Titel »Brief an Marianne« angeführt: »Für uns, geächtete Republikaner, ohne Heim und Herd noch Vaterland, bist Du alles: Zuflucht, Heimstatt, häuslicher Herd, unsere Familie, unsere Mutter, unsere Liebe, unser Glaube, unsere Hoffnung, das Idol, dem wir sogar unser Angedenken opfern, das Ideal, für das wir zufrieden leben und sterben.«[14]

Man wird verstehen, daß die zweite »Resurrektion der Republik« (um einen Ausdruck von Henri Guillemin zu gebrauchen), die vom 4. September 1870, noch viel leidenschaftlicher figurative Darstellungen hervorbrachte als die von 1848.

IV. Die kämpferische Republik (4. September, Commune, der *Ordre moral*)

Es besteht, wie man immer besser weiß, eine starke Kontinuität zwischen der Republik des 4. September und der Revolution der Pariser Kommunarden. Und zwischen dem aufständischen Paris vom Frühjahr 1871 und dem Hervorbrechen der radikalen Republik in den Provinzen des Midi gibt es eine weit größere Verwandtschaft als bisher angenommen. Unter den vielen Anzeichen der Gemeinsamkeit und Kontinuität findet sich das gemeinsame Symbol der Marianne, das nicht wenig überrascht. Unsere ikonographische Studie stößt hier, ohne es beabsichtigt zu haben, auf eine ganz aktuelle Debatte.[15] Ob in bezug auf die Kommune der Schwerpunkt auf den Aspekt des Klassenkampfes oder auf die Verbindung mit früheren republikanischen Kämpfen gelegt wird – für beide Lesarten steht außer Zweifel, daß das Dekor, die bildliche Darstellungswelt, die gesamte Symbolik in Richtung der letzteren weisen. Dies war beispielsweise bei der schönen Ausstellung, die vom Museum von Saint-Denis im Sommer 1971 organisiert wurde, gut zu sehen: ein Bildthema dominierte dort fast schon zum Überdruß, das der Frau mit der roten Mütze (die mit dem Monarchen, dem General oder dem Priester ein antagonistisches Paar bildet – ein hundertfach häufiger gestaltetes Thema als das des Proletariers und des Bourgeois). Von der Mehrzahl ihrer Mitstreiter wurde die Kommune als ein neues »48« erlebt, ein »48«, das diesmal entschlossen siegreich sein wollte – und sie wurde unter dem Zeichen der Marianne erlebt. Lissagaray hält es für uns fest, wenn er die Proklamation der Kommune am 22. März 1871 in Paris, vor dem Hôtel de Ville, beschreibt: »Mitten vor dem Stadthaus, der Zentraltür gegenüber, war eine große Estrade errichtet. Die Büste der Republik, mit roter Schärpe umschlungen, von roten Fahnenbündeln strahlend, überschaute und beherrschte die Versammlung. Auf dem Giebel, auf dem Wartturm flattern ungeheuere rote Wimpel« usw.[16] Es war scheinbar keine »lebende Göttin« zu sehen, außer in der schon erwähnten Form der patriotischen Schauspielerin, die auf der Bühne Lieder und Gedichte der Revolution vorträgt und auf diese Weise die Orte säubert, »wo zehn Monate zuvor Bonaparte und seine Bande thronten«.

Interessanterweise reagiert Frédéric Mistral aus der Tiefe seiner Provinz – vielleicht beschönigend – auf diese letzte Feststellung. Er erzählt in der *Armana prouvencau* von 1873, die später in seine »Mémoires et récits« aufgenommen wurde, die Geschichte der »Montelaise«, der schönen Tochter eines Cafébesitzers aus Monteux (Vaucluse), die eine reizende Stimme besaß. Sie singt, zunächst aus reiner Freude, bei Dorffesten, heiratet dann Bordas, einen Wanderschauspieler, und wird Berufssängerin. Sehr bald schon

»steigt« sie in Paris »auf« und wird berühmt, weil sie die *Marseillaise* auf öffentlichen Versammlungen des untergehenden Kaiserreiches rezitiert und später die *Marianne* auf Versammlungen des 4. September und während der Belagerung singt. Vor ihrem Tod hat sie schließlich noch einen ruhmreichen Tag während der Kommune.

»Der herrschende Pöbel gab sich ein Fest in den kaiserlichen Salons [der Tuilerien]. Von Pulver geschwärzte Arme packten Marianne – denn Madame Bordas war für sie Marianne – und setzten sie auf den Thron inmitten roter Fahnen. – Sing uns, so riefen sie ihr zu, das letzte Lied, das in den Mauern dieses verfluchten Palastes zu hören sein wird! Und die Kleine aus Monteux, mit der roten Mütze, die ihre blonden Haare bedeckte, sang für sie ... *La canaille*. Ein grandioser Schrei *Vive la République* folgte auf den letzten Refrain. Usw.«

Man ging also immer noch ganz selbstverständlich von der engagierten Künstlerin zur lebenden weiblichen Allegorie über? Vielleicht gelangte man zur weiblichen Allegorie ebenso unbemerkt von der Kämpferin aus, wenn es gestattet sei, auf die bereits angedeutete Ambiguität in einer anderen Erinnerung Lissagarays zu verweisen: In der Werkstatt, wo die Frauen Sandsäcke für die Barrikaden nähen, verteilt »ein schönes, großes, junges Mädchen, namens Marthe, in einer roten Schärpe mit Silberfransen, die ihr die Mitarbeiterinnen geschenkt haben, [...] die Arbeit«. Natürlich ist die Frau als Symbol mehr als je zuvor ein Thema für die republikanischen Künstler. Lissagaray schrieb, daß der in La Tour-de-Peilz (nahe Vevey) im schweizerischen Exil lebende Gustave Courbet »mit einem Meisterwerk sein Glück [machte] und [...] seine neue Heimatstadt mit einer herrlichen Büste der République [ausstattete], die der städtische Rat auf einem Platz aufstellen ließ«. Der Historiker der Kommune verdrehte hier die Dinge etwas: die Büste, mit der Courbet seinen Zufluchtsort ausstattete, war eine »Helvetia oder Die Freiheit«, eine Huldigung an die Schweizer Gastfreundschaft; aber da sie eine phrygische Mütze trug, konnte man das Symbol sehr gut verallgemeinern.

Wie die Maler, preisen auch die mit der Kommune sympathisierenden Schriftsteller nun eine Marianne, die zweifelsohne die Republik verkörpert, aber eine Republik, die durch die Bedingungen des Kampfes schon fast zur sozialen Revolution wird. So bei Clovis Hugues, der für die Sache der Kommune ins Gefängnis gehen und sich als erster Abgeordneter zu sozialistischen Auffassungen bekennen wird: »Die Göttin mit der roten Mütze hat noch nicht alle Pfeile verbraucht, die sie gegen die monarchistischen Verschwörer abschließt; die große Marianne mit dem ehernen Herzen ist noch nicht vor den Urhebern des Verrats auf die Knie gefallen« usw.[17] Zu diesem Zeitpunkt wird die Marianne beinahe schon mit der Kommune identifiziert.

Zwar bereitet in Paris die Blutwoche dieser Entwicklung ein plötzliches Ende. Aber in der roten Provinz, die noch lange nicht niedergeworfen wurde, übernimmt der radikale Flügel der republikanischen Partei den Staffelstab, und ihm verdankt man die bemerkenswertesten Formen der republikanischen Äußerungen, mit der weiblichen Allegorie in all ihren Formen.

Seit dem 4. September 1870 erschienen wieder Statuen auf den öffentlichen Plätzen. In Forcalquier zum Beispiel, auf dem Obelisk des Brunnens von Bourget (gegenüber dem Portal der Kirche Notre-Dame), der von 1832 bis 1855 einen Hahn, dann einen Adler trug, soll das kaiserliche Zeichen alsbald »einer Wetterfahne mit dem Bildnis der Republik« Platz gemacht haben, »die mit der phrygischen Mütze bekleidet war und in der Hand das Winkelmaß der Freimaurer trug«.[18] Doch blieb unter der kurzlebigen Verwaltung der Präfekten Gambettas kaum Zeit, vieles aufzustellen. Und nach dem Frühjahr 1871 unter Thiers und dann unter dem *Ordre moral* bot sich kaum mehr die Möglichkeit dazu.

Vom Frühjahr 1871 bis zu Beginn des Jahres 1878 mußte die aufständische Marianne sich mit weniger feierlichen Formen begnügen. Es ist die hohe Zeit der abnehmbaren Bildnisse und die letzte der lebenden Allegorien, in gewissem Sinne zweier Formen einer beweglichen Marianne.

»In Bollène (Vaucluse) wird am 4. September 1871 [wir betonen 1871, denn es handelte sich um die Feier des ersten Jahrestages] zum ersten Mal eine Art Schauspiel gegeben, dessen Beispiel seitdem oft nachgeahmt wurde. Man nahm in einem der Cafés der Stadt, das dadurch berühmt wurde, eine arme Kellnerin, die nicht mürrisch war oder reaktionäre Vorurteile hatte. Man kleidete sie in Rot; man setzte ihr eine phrygische Mütze auf, und so ausstaffiert wurde sie unter dem Gesang der *Marseillaise* von Café zu Café durch die Straßen der Stadt geführt: ein lebendes Bild der radikalen Republik.«

So drückt sich in einer pittoresken Reportage von bissiger Klarsicht der Autor der »Voyage aux pays rouges«[19] aus. Eine Reihe von Vorfällen soll dem gefolgt sein, weshalb der Bürgermeister, der beteiligt war, seines Amtes enthoben wurde. Seit achtzehn Monaten, so fährt der Erzähler fort, gab es mehrere Kundgebungen dieser Art im Midi. In der Tat liefert der kleinste Blick in die Archive der Departements im Midi, die in dieser Zeit von politischen Zwischenfällen voll sind, Beispiele. So in Barbentane (Bouches-du-Rhône):

»Wir hatten am 1., 2. und 3. September die Feste der Gemeinde von Barbentane. Die zwei ersten Tage waren sehr ruhig, aber am Dienstag zog die sogenannte Gesellschaft der Roten mit Musik an der Spitze aus. Dem Zug ging eine Sängerin voran, die unter dem Spitznamen Trommlerin bekannt ist. Sie trug die Trikolore und stimmte die *Marseillaise* an, den *Chant du départ*, die *Girondins* und wurde dabei von Musik begleitet. Es bildeten sich Gruppen; aus der Reihe der Gegner kam vereinzelt Hohngelächter. Der Gardist Durrieu entriß die Fahne den Händen des Mädchens, brachte die Musik zum Schweigen, und der Vorfall hatte keine weiteren Folgen.«[20]

Solche Darbietungen – soll man von Demonstrationen sprechen? von lebenden Bildern? von Pseudoprozessionen? –, ohne Zweifel denen von 1793 oder 1851 verwandt, befanden sich damals in ihrer letzten wichtigen Phase, bevor sie durch den Erfolg der Republik selbst und durch die Wandlung der Mentalitäten zwangsläufig verschwanden. Denn es gibt auf jeden Fall etwas naiv Archaisches in dieser Ausdrucksweise. Um ihre allerletzten Spuren im Volksmilieu zu finden, muß man sicher bis zu den großen Massendemonstrationen der Weinbauern des Languedoc von 1907 gehen, die es verdienten, unter diesem Gesichtspunkt untersucht zu werden.

Im eher bürgerlichen Milieu wird man 1914 oder 1918 etwas von der lebenden weiblichen Allegorie in jenen Theatern wiederfinden, wo eine mit der Trikolore behangene (oder als Elsässerin gekleidete) Schauspielerin die *Marseillaise* singt; übrigens mit einer interessanten ideologischen Verschiebung von der Republik zum Vaterland. Aber wir kommen auf dieses Thema später zurück. All dies – es sei wiederholt – ist nur noch ein Überbleibsel früherer Bräuche. Kehren wir zu den siebziger Jahren zurück.

Zur Zeit des *Ordre moral,* sagten wir, ist der zweite große Tatbestand die überreiche Ausbreitung der Mariannenbüsten. Der Autor der »Voyage aux pays rouges« versäumte es nicht, auf sie einzugehen:

»Man nennt ›Marianne‹ in diesen Gebieten kleine Statuen der Republik, die mit einer roten phrygischen Mütze versehen sind. Die Töpfer und Krämer verkaufen solche Mariannen. Die Vorsichtigen verkaufen sie in den hinteren Räumen des Ladens; die Kühnen legen sie in die Auslage. Die Präfekten führen gegen diese Mariannen Krieg. Den Schankwirten und Caféhausbesitzern ist es verboten, diese radikalen kleinen Statuen in den Sälen aufzustellen, wo sie die Kundschaft empfangen. Aber dasselbe Verbot kann nicht auf die Zirkel angewandt werden; und die ›republikanischen‹ Zirkel sind zahllos.«[21]

Tatsächlich kann man in den Zirkeln, die noch heute existieren (freilich in geringerer Zahl als im vorigen Jahrhundert, denn die Politik hat andere Organisationsformen angenommen), diese Mariannen sehen. Einige von ihnen, ohne Zweifel die jüngsten, entsprechen dem weißem Gipsmodell, das in den Mairies ein alltäglicher Anblick ist. Aber es gibt auch einige in naiverer und eher handwerklicher Ausführung. Die Marianne des Cercle de Dauphin (Alpes-de-Haute-Provence), eine bemalte Gipsbüste von ungefähr 80 cm Höhe, versammelt die Symbole auf ihrem Haupt (phrygische Mütze, Lorbeerkrone, einen fünfzackigen Stern auf der Stirn) und selbst auf ihrer Brust (eine Art Sonne mit menschlichem Gesicht – oder dem Gesicht der Gorgona? – auf dem Schildpanzer). Sie ist von einer krassen Vielfarbigkeit: die Haut, der Faltenwurf des Gewandes und die Sonne sind braun; das Haar, die Augen, der Panzer und selbst die Mütze sind dunkelgrün; der Stern auf der Stirn ist rot. Das Gesicht ist sehr südländisch, sehr ausgeprägt, von einer etwas schwerfälligen Robustheit. Sie rief dem Experten, dem wir sie vorstellten, die plebejische Tradition der mediterranen Seemannsholzschnitzer in Erinnerung, die so viele Galionsfiguren anfertigten.

Diese Mariannen, die für Innenräume gemacht waren, konnten, wenn es die Umstände erlaubten, auch außerhalb von Gebäuden ausgestellt werden, fest angebracht oder bei Prozessionen getragen. Unser Beobachter legt sogar nahe, daß das Tragen einer beweglichen Marianne eine abgeschwächte Form der lebenden Allegorie ist, die nicht immer möglich sei: »Wenn man keine lebende Marianne findet, die sich spazierenführen läßt und der man zujubeln kann, so trägt man eine kleine Statue der Republik mit der roten phrygischen Mütze.«[22] Unser Autor ist dem Ganzen übel gesonnen, aber auch hier konnten wir einmal mehr die Richtigkeit seiner Aussage anhand der Archive und Untersuchungen überprüfen.

Der letzte Nutzen des Zeugnisses von Beslay über die hohe Zeit der Mariannen im radikalen Midi besteht schließlich darin, uns eine Struktur der Symmetrie zu enthüllen. Allerdings, wie die meisten Pariser auf Reportage im Midi, übertreibt er dabei. Nach einer unter den Republikanern verbreiteten Anekdote soll ein Royalist seine Unterwürfigkeit gegenüber dem Grafen von Chambord so weit getrieben haben, daß er meinte – o Wunder! –, dessen Porträt hätte sich bewegt, und dabei murmelte: »A boulega!« (Es hat sich bewegt.) Aber die Weißen sollen die Spitze umgekehrt und versichert haben, ein Roter sei es in Ekstase vor einem Mariannenbild gewesen, der das berühmte »A boulega!« ausgestoßen hätte.[23] Von diesem Volksbrauchtum gilt es vor allem die Vorstellung der ebenso vereinfachten wie personalisierten Pseudodevotionalien festzuhalten. Die gegensätzlichen Ausrufe »Vive Henri V« – »Vive Marianne« waren weitaus häufiger als »Vive le Roi« – »Vive la République«. Der Graf von Chambord, der zweifelsohne (bis 1883) lebte, freilich weit weg, der niemals gesehen, aber seit einem halben Jahrhundert erwartet und herbeigesehnt wurde, war hier eher Mythos denn Mensch; genauso konnte die Marianne für die einfachen Leute der entgegengesetzten Partei eine Art ideale Königin abgeben, von der man nur das Bildnis besaß.

V. Die etablierte Republik (1878–1914). Divergenzen und Konvergenzen der plastischen Symbole

Somit sind wir in der wichtigsten Epoche angelangt, die fast als einzige für eine Archäologie zählt, welche die noch existierenden Denkmäler untersucht. Die allgemeinen Charakterzüge dieses neuen Regimes treten deutlich zutage. Zunächst einmal ist es dauerhaft, es möchte endgültig sein, und das gelingt ihm auch. Es hat den Willen und die Zeit, solide Zeichen zu setzen, den »Gips« durch »Granit« zu ersetzen, und es ersetzt – etwas prosaischer formuliert – Papier oder Ton durch Bronzeguß.

Und dann erzieht, unterweist und modernisiert dieses Regime seine Anhänger und nach und nach alle Bürger. Die naiv-archaische Ausdrucksform der lebenden Allegorie, die 1851 oder 1871 noch populär war, ist nun zum Untergang bestimmt, freilich nicht ohne ein Erbe zu hinterlassen. Wie einst die provisorisch ausstaffierten lebenden Zeremonien der »fürstlichen Entrées« durch stabil gebaute Triumphbögen ersetzt wurden, hat im Midi die volkstümliche Neigung für Umzüge mit beweglichen Mariannen die dauerhafte Aufstellung von staatsbürgerlichen Statuen auf dem öffentlichen Platz vorbereitet.

Im übrigen gibt es noch eine Form des Übergangs, die den von uns eben getroffenen Vergleich der beweglichen Büsten mit dem Ausschmücken von Feierlichkeiten rechtfertigt: gemeint ist der zu dieser Zeit in verschiedenen Orten der Provence belegte Brauch, daß die Marianne am 14. Juli oder am 4. September aus dem Saal des Stadtrates geholt und für einen Abend in die Fensterbank gestellt wurde, so daß sie, geschmückt und beleuchtet, von außen sichtbar war und die auf dem Platz versammelte Masse ihr vor dem Ball zujubeln konnte.[24] Im Grunde war es eine provisorische öffentliche Statue, die den Wunsch nach einem festen Standbild zu erwecken vermochte.

So läßt sich die erstaunliche Blüte von Denkmälern erklären, die noch verstärkt wurde durch die Tatsache, daß die offizielle Republik in der Geschichte eine zusätzliche Wurzel suchte und, wie einst Louis-Philippe, nachdrücklich eine auf historische Würdigung und Gedenken gestützte staatsbürgerliche Tugend praktizierte.

Zunächst wollen wir einen Blick auf den angestrebten und gesuchten Umfang dieses Aufblühens von Denkmälern werfen, bevor wir die damit verbundenen symbolisch-ideologischen Probleme angehen.

Die Republik wird also kurz vor 1880 errichtet, und es ist klar, daß ihre Personifizierung weiblich sein wird. Gerade als Frau ruft sie die unterschiedlichsten Gefühle hervor, von ehrerbietiger Liebe bis zu verbitterter Abkehr. So die Bitterkeit bei dem anarchistischen Schriftsteller Lucien Descaves, der in »Sous-Offs« die Kantine der Unteroffiziere einer Kaserne in Dieppe um 1889 beschreibt: »Der große Saal, lang und hoch, war trist wie der mißlungene Versuch einer verramschten Ausschmückung, die die Wände nur noch nackter erscheinen ließ. An ihnen hingen wahre Schinken: *Les dernières cartouches* und *Le Libérateur du territoire*; eine Matrone – Frankreich –, die Gambetta krönt und ein dicker Schmied des Friedens mit weißem, blumenbekränztem Oberkörper, wie ein schnaufender Ochse am Stand des Metzgers.« Dagegen die Verehrung bei dem demokratischen Grundschullehrer Albert Thierry, der sich an seine Jugend erinnert: unsere Republik »glich weder einer Matrone noch einer Megäre: fein und stolz in ihrem Gewand der Geschichte, bewunderten wir sie genauso wie Jeanne d'Arc«. Ebenfalls Bewunderung, wenngleich mit mehr Anspielungen, bei dem mystischen republikanischen Zola der »Quatre Evangiles«. Als weibliche Büste findet sie nun ganz offiziell Eingang in alle Rathäuser, und diese administrative Inthronisierung fand selbst ein kleines literarisches Echo, denn Paul Verlaine, der, wie man weiß, in den achtziger Jahren sehr reaktionär wurde, widmete der »Marianne« unter dem Titel *Buste pour Mairie* ein trauriges Sonnett voller Schmähungen. Als Frauenbild schließlich repräsentiert die Marianne, je nach Haltung verschönt oder häßlich gemacht, in der politischen Karikatur, die sich nun frei entfaltet, das Regime. Aber vor allem kann die konsolidierte Republik nun ihren Diskurs aus staatsbürgerlicher Tugend und Geschichte in Stein hauen.

Und das zuerst in Paris.

Man schuf in erster Linie zeitweilige Denkmäler. Der alte Clésinger, als er seine einstige Funktion wiederaufnimmt, errichtet für die Ausstellung von 1878 auf dem Marsfeld eine »Republik«. Einige Monate später soll zum ersten offiziellen 14. Juli – dem von 1880 – eine »Republik« auf der Spitze des Arc de Triomphe de l'Etoile aufgestellt worden sein.

Aber sehr bald schon erscheinen die großen, aufrecht stehenden Allegorien: die Statue der Republik auf dem gleichnamigen Platz, ein Werk der Brüder Morice, das von der Stadt Paris gestiftet und am 14. Juli 1883 eingeweiht wurde; *La Liberté éclairant le monde* von Bartholdi (eine Replik der großen Freiheitsstatue, die Paris der Stadt New York im Jahre 1886 schenkte), die etwa zur selben Zeit am Pont de Grenelle aufgestellt wurde; dann der *Triomphe de la République* von Dalou, 1899 auf der Place de la Nation eingeweiht – um uns nur an die wichtigsten zu halten. Sie alle verweisen sie auf das Hauptmotiv: die aufrecht stehende Frau mit der Fahne, die majestätisch die endlich errungene politische Freiheit verkörpert.

Sicher, die Verherrlichung der Marianne erschöpft nicht das gesamte Inventar republikanischer Skulpturen, die nun auf den Plätzen von Paris errichtet werden. Sie ist Teil eines Ganzen, das hier ruhig in Erinnerung gerufen werden soll: Statuen der großen Persönlichkeiten, die eng mit dem Kampf gegen das Kaiserreich verbunden waren – Gambetta und Victor Hugo; staatsbürgerliches Gedenken an die vor allem revolutionäre Vergangenheit in Gestalt der Statue Dantons, die 1889 aus Anlaß des 100. Jahrestages auf der Place de l'Odéon aufgestellt wurde; nicht zu vergessen die zwölf bronzenen Basreliefs, die gleichsam wie eine historische Erzählung den Sockel der Statue auf der Place de la République zieren. Man denke schließlich an die andere Lobpreisung der unmittelbaren Vergangenheit, bei der sich Patriotismus und republikanischer Geist zum Gedenken an die im Krieg von 1870/71 gefallenen Kämpfer aufs innigste miteinander verbinden: der *Lion de Belfort* in Paris auf der Place Denfert-Rochereau, der – keineswegs zufällig – von demselben Bartholdi stammt, der auch die Freiheitsstatue schuf.

Wir wissen natürlich, daß das grandioseste Monument dieser Zeit – der Eiffelturm – kein bildliches Werk ist. Aber es entspringt dem gleichen Geist, denn es würdigt die Weltausstellung, die Paris im Jahr des 100. Jubiläums von 1789 der Welt vorführte. Für die Republikaner dieser Zeit steht in der Tat außer Zweifel, daß Frankreich, Freiheit und Fortschritt (der technische Fortschritt eingeschlossen) Gegenstände vergleichbarer Begeisterung sein können. Eiffel selbst hatte übrigens Bartholdi drei Jahre zuvor dabei geholfen, das Metallgerüst der *Liberté* im Hafen von New York aufzustellen.

Zwar ist der Eiffelturm wegen seines abstrakten Charakters eine relative Ausnahmeerscheinung. Doch findet sich der Mariannenkult, oder zumindest der Kult der weiblichen Statue, in der anekdotischen Geschichte des Turms voll und ganz wieder. Ein Werk jüngeren Datums erinnerte uns soeben daran, daß im Jahre 1889 unter den Entwürfen, die zugunsten der Arbeit von Gustave Eiffel verworfen wurden, ein Projekt Bourdaits war – ein gemauerter Turm von 300 m Höhe, der auch »Sonnensäule« genannt wurde und den eine Statue als Laterne krönen sollte. Und es kommt noch besser: 1896 wurde ein Projekt entwickelt, um den Turm für die Ausstellung von 1900 zu verbessern; dabei war vorgesehen, den Turm »auf der Höhe der ersten Etage abzureißen und auf den Sockel eine nackte Frau von 100 m Höhe zu stellen«.[25]

Diese Pariser Entwürfe werden selbstverständlich zunächst in den großen Städten nachgeahmt. Man findet hier sozusagen Mariannen pur als Zelebration der neuen Ordnung, ohne daß ein Sekundärmotiv hinzukäme. Sie entsprechen zumeist der großen »Republik« in Paris aus dem Jahre 1883. Wir kennen Beispiele in Lyon, in Bordeaux, in Orléans, und die Liste ist damit längst nicht vollständig, denn wir haben noch nicht ganz Frankreich betrachtet. Doch auf den ersten Blick fällt auf, daß keine der großen Städte des provenzalischen Südens eine solche Marianne aufzuweisen hat, nicht einmal Marseille, wo ein frühzeitig von der radikalen Stadtverwaltung entwickeltes Projekt im Jahre 1876 nicht zu Ende geführt wird, da man sich nicht auf den Ort einigen konnte, an dem die Statue aufgestellt werden sollte. Erst 1904 sollten zwei Minister aus Paris »herunterkommen«, um feierlich eine »Republik« einzuweihen, jedoch an einem geschlossenen Ort, in der Eingangshalle der Präfektur.

Die großen weiblichen Staatsbürgerallegorien wurden sehr oft, vor allem im Midi, in Verbindung mit, wie wir es nannten, Sekundärmotiven errichtet: bei den Statuen von Toulon und Avignon war es der Centenaire der Französischen Revolution; die in Nizza und Menton wurden aus Anlaß des 100. Jahrestages des Anschlusses an Frankreich errichtet; das große Denkmal der Mobilgarde in Marseille ist auf den Kult um die Kämpfer von 1870/71 zurückzuführen, wie ähnliche Denkmäler in Lyon, Toulouse und selbst die in kleineren Städten wie Narbonne, Salon und Orange.

Aber in all diesen Fällen überrascht die figurative Einheit

– die nach antikem Vorbild gekleidete Frau mit Fahne, einer Fackel oder einem Löwen – bei aller Themenvielfalt (Republik an sich, Revolutionskult, nationale Verteidigung), was ihre ideologische Verwandtschaft bekräftigt.

Soweit die grundlegende Erkenntnis unserer Studie auf dem jetzigen Stand.

Das Wesentliche bleibt jedoch noch zu sagen: über die Zwischenstufe dieser mehr oder minder großen Städte erreichte die Praxis, eine weibliche Allegorie zum Ruhme des Regimes auf einem Marktplatz aufzustellen, wenigstens im Midi auch die kleineren Orte: Kleinstädte und Marktflekken, ja selbst Dörfer.

Zählen wir die Statuen dieser Art, die uns heute bekannt sind und deren Anzahl den Stand von 1914 unterschreitet (wir kommen auf dieses Problem zurück):

– Im Departement Bouches-du-Rhône, in dem wir nacheinander die 109 Ortschaften aufsuchten, die 1914 zu ihm gehörten, sind uns 17 bekannt. (Nicht eingeschlossen sind dabei die bereits erwähnten Totendenkmäler in Marseille und Salon.) Das ergibt etwa eine Ortschaft mit Statue auf sechs Ortschaften.

– Im Departement Var, das wir ebenso vollständig durchsuchten, sind uns von 145 Ortschaften 25 mit Statue bekannt (ohne Toulon). Das ergibt ebenfalls eine Ortschaft mit Statue auf sechs.

– Eine für uns durchgeführte Untersuchung in einem Teil des Departements Hérault hat ungefähr 10 Orte mit Statue von etwas mehr als 40 besuchten Orten ergeben. Daraus ergibt sich eine noch stärkere Proportion.

Wir haben des weiteren – jedoch in zu unvollständiger und unsystematischer Weise, als daß wir hier Proportionen aufstellen könnten – jene Teile der Basses-Alpes, des Vaucluse und des Gard untersucht, die den zwei erforschten Departements am nächsten liegen, außerdem einige Orte der Hautes-Alpes, der Alpes-Maritimes und der Drôme. Auf jeden Fall scheint die Dichte in diesen Gebieten niedriger zu liegen als in den zwei Departements der Basse-

Provence mit ihren typischen großen Mittelmeerdörfern.[26] Wir haben trotzdem noch 19 Hinweise auf Mariannen (ohne die bereits erwähnten Statuen von Avignon und Orange) gefunden. Daraus ergibt sich insgesamt für unsere Untersuchung eine Zahl von 71.

Diese bescheidenen Provinzimitationen der großen republikanischen Darstellungen – entstanden sie spontan, oder wurden sie mehr oder weniger veranlaßt? Wir können hier dieses Problem nur streifen, das im Grunde die Mechanismen der demokratischen Politik betrifft, wie sie auf einen besonderen Fall angewandt wurden. Wir begnügen uns mit folgender Feststellung: die politischen, künstlerischen und wirtschaftlichen Kreise, denen die Breite und die Leidenschaft der republikanischen Bewegung im Frankreich der achtziger Jahre bewußt war, begriffen, daß die Tausenden französischen Kommunen einen virtuellen Markt für politische Statuen darstellten. Alles hat den Anschein, als ob man sich für die Befriedigung dieser Bedürfnisse zusammengeschlossen hätte.

So haben wir in den Archiven des Departements Bouches-du-Rhône den Beweis dafür gefunden, daß die Verbreitung der von Clésinger geschaffenen »Republiken« organisiert wurde. In einer Notiz vom 11. April 1880 geht es um den »Preisnachlaß für die *Büsten* der Republik, die von Clésinger nach dem Vorbild der Statue angefertigt wurden, die man während der Weltausstellung auf dem Marsfeld errichtet hatte«. Man erfährt, daß die erste Größe (Höhe 1,30 m) 100 Francs, die zweite Größe (Höhe 80 cm) 80 Francs kostet usw. Was die Ganzkörperstatuen betrifft, so kostete die erste Größe (1 m, d. h. ein Viertel der Statue vom Marsfeld) 250 Francs, die zweite (50 cm Höhe) 100 Francs, die dritte (30 cm Höhe) 25 Francs. Der Begleitbrief, datiert auf den 10. März 1881, war von Clésinger persönlich an den Präfekten gerichtet; zum Schluß schrieb er: »Ich glaube, daß Sie den Preis nicht zu hoch finden werden« (den der kleinsten Statue) …

Aber Clésinger, der übrigens bald starb, wurde schnell von der Industrie überholt. Die Mehrzahl der dörflichen

Mariannen des Midi – dies war eine Erkenntnis unserer Untersuchung – sind aus Gußeisen und tragen das Zeichen von Industriellen aus Nordfrankreich. Der weitaus Bedeutendste unter ihnen war »L. Gasne, Gießereimeister aus Tusey (Meuse)«, ein Betrieb, der später zu den »Hüttenwerken von Tusey« wurde. (Tusey war ein abgelegener Teil der Gemeinde Vaucouleurs.) Uns ist es gelungen, das Unternehmen zu finden, das heute sein Nachfolger ist. Durch die wohlwollende Aufnahme seines Generaldirektors war es uns möglich, die Kataloge einzusehen, in denen die Produktion seinerzeit vorgestellt wurde,[27] denn leider gibt es keine Archive, da sie im Krieg verschwanden. »Tusey« war ein Spezialist, ja sogar ein Pionier in der industriellen Fertigung von Kunstwerken und Ornamenten aus Gußeisen. »Es war die Zeit, in der Abgüsse es gestatteten, sich wiederholende architektonische Elemente rentabel herzustellen. Die Gießereien Durenne (Sommevoire und Val d'Osne) hatten denselben Ruf: der Pont d'Alexandre III in Paris wurde von Durenne gegossen. Tusey stellte die Brücken von Puteaux und, wie Sie selbst herausfanden, alle Brunnen der Place de la Concorde und die Kandelaber der Champs-Élysées her. Fast alle Kandelaber der Stadt-Alexandria in Ägypten kamen von Tusey.«[28] In der Tat stieß ich mitunter im Midi auf die Signatur von Durenne, dessen Werke sich im Departement Haute-Marne (Sommevoire, Arrondissement Saint-Dizier) befanden, jedoch weniger häufig als auf die Signatur der Gießer von Tusey. Man findet, dies sei beiläufig erwähnt, die Zeichen Durennes auch auf der Fontaine Wallace, einem weiteren typischen Dekorelement dieser Zeit.

Was Tusey angeht, so war dies eine recht kommerzielle Firma, die als solche einen vollkommenen Eklektizismus praktizierte, denn sie fertigte sowohl Balkongitter und Kaminplatten für Privatpersonen als auch Denkmäler für Gemeinschaften, lieferte ebenso Heilige und Kalvarienberge in die »weißen« Regionen wie Mariannen in die »roten« Gebiete und stellte Brunnen für alle her. Dieser Eklektizismus springt ins Auge, wenn man in den Katalogen blättert. Und

die Notiz, die an den Anfang des Katalogs von 1892 gesetzt wurde, stellt ihn wie folgt vor:
»Notiz

... Betrieb von Tusey, hat in Frankreich den industriellen Kunst- und Ornamentguß entwickelt ...

Zu den in Tusey angefertigten Arbeiten und Werken gehören

– die monumentalen Brunnen, Schnabelsäulen und Kandelaber auf der Place de la Concorde in Paris;

– die monumentalen Brunnen der Städte Reims, Chaumont, Aix, Vitry-le-François, Poligny usw.;

– die großen Schmuckgruppen der Hallen und des Südbahnhofs in Brüssel, in der königlichen Residenz in Laeken (Belgien) usw.;

– das Denkmal John Cokerill in Seraing;

– die Jungfrau von 7 m Höhe auf dem Platz in Sion (Meurthe-et-Moselle);

– die Jungfrau von 8 m Höhe in Velars (Côte-d'Or);

– die großen Statuen: der Genius der Metallurgie und der Bandwirkerei in Saint-Etienne;

– die Gruppe des Generals Margueritte, der in Fresne im WoËvre verletzt wurde;

– die Gedenksäule von Laon;

– die Statue des Vercingétorix (4 m Höhe) in Gien;

– Monumente aus Anlaß des hundertsten Jahrestages von 1789 in vielen Städten usw.«

Als Träger einer Goldmedaille auf der Weltausstellung von 1889 verfolgte Tusey die Politik mit besonderer Aufmerksamkeit. So widmet der Katalog von 1896 (und sicher auch der von 1895, der nicht überliefert ist) eine ganze Seite einer Neuigkeit: den Medaillons und Büsten des Präsidenten Sadi Carnot, der 1894 ermordet wurde.

Tusey verbreitete, um den Verkauf der Mariannen zu erleichtern, eine außergewöhnlich umfangreiche Liste mit Musterstücken: das größte Monument besaß einen quaderförmigen Sockel (der auf Wunsch des Kunden mit Inschriften versehen werden konnte – wir werden deren Bandbreite noch sehen), auf dem eine kannelierte Säule stand, die wiederum eine Statue trug. Das Ganze befand sich auf einem breiten, mit Löwen verzierten Sockel.

Aber man konnte es verkleinern, wenn man auf die Löwen verzichtete oder wenn man mit der Statue nur den Sockel oder nur die Säule erwarb. Schließlich konnte man auch nur die Statue allein nehmen. Es konnte auch noch mehr gespart werden, indem man die Statue einfach durch eine Büste ersetzte. So gab es für jeden Geldbeutel etwas. Und wie wir sehen werden, wird von dieser Auswahlmöglichkeit in der Tat sehr lange Gebrauch gemacht.

Tusey lieferte für öffentliche Plätze nicht nur »engagierte« Denkmäler, sondern auch, wie wir bereits feststellten, Brunnen und Laternenpfähle. Letztere hatten in der Form von mythologisch inspirierten weiblichen Statuen auch einen gewissen Erfolg in den Dörfern des Midi. Natürlich darf man die politische Marianne, die keusch gekleidet, ja sogar gepanzert, immer mit einer Mütze versehen oder gekrönt war, deren Arme entweder eine Fahne, Waffen oder Gesetzestafeln trugen, nicht mit der Frauenfigur auf den Laternen verwechseln, die barhäuptig und mehr oder weniger entblößt war und lediglich die traditionelle Fackel trug. Es besteht jedoch die Frage, ob es im Publikum nicht ansatzweise eine Vermischung der verschiedenen Frauenmotive der Zeit gab. In der Provence kann eine Reihe von Brunnenfiguren beobachtet werden, die sich plastisch undmotivisch zwischen der feierlichen Marianne und den nackten Laternenfiguren bewegen. Es sind unpolitische mythologische Allegorien, die im allgemeinen der Landwirtschaft gewidmet sind. Denn wenn die politische Mode auf das Symbol der Marianne gerichtet war, so schätzte die »künstlerische« Mode das mythologische oder üppige Sujet der Frau in der Art der Tafelbilder von Cabanel oder nach Art der Kaminverzierung. Man trifft mitunter an sehr hoher Stelle auf ein solches Amalgam. Es läßt sich insbesondere auf den Spuren von Dujardin-Beaumetz verfolgen, einem bekannten Radikalen und Maler, der zu Beginn dieses Jahrhunderts Unterstaatssekretär für Schöne Künste auf Lebenszeit wurde und der gleichzeitig die Darstellung der Republik und des Ewigweiblichen gefördert zu haben schien.

Das ist jedoch zweitrangig.

Das hauptsächliche Amalgam bzw. die eigentliche Zweideutigkeit entsprangen jedoch der Ikonographie selbst, die sich von Gambetta inspirieren ließ. Die offizielle Marianne, verkörpert sie die Republik als ideale Herrschaftsform, als abstrakte und universelle Form des politischen Gemeinwohls, oder ganz einfach das französische Vaterland?

Ursprünglich ist beides eins. Es ist die Republik im Geiste von 1789 bis 1792 und von 1848, die um 1880 triumphiert, die Republik der Menschen- und Bürgerrechte, der optimistischen und humanitären Demokratie, deren kämpferische Energie sich gegen die monarchistische und klerikale Reaktion richtet und in der das soziale Problem umgangen oder einem verschwommenen Optimismus überlassen wird. Das Bewußtsein, der Welt ein Fortschrittsmodell zu geben, belebt den französischen patriotischen Stolz.

So ist die Republik von Ferry und Gambetta, später die von Waldeck-Rousseau und Emile Combes sowie in begrenztem Maße auch die von Jaurès in seiner Rede von Albi beschaffen. Vielleicht auch die Republik des Groß-Orients von Frankreich. Von diesem linkszentristischen Ursprung her wird sich Marianne unaufhörlich nach rechts entwickeln, von der gambettistischen Republik mit einem stark patriotischen Zug hin zum simplen Vaterland und dann in Richtung des Frankreich der *Union sacrée*, das sich ausdrücklich über den Parteien wähnt. Am Beginn der Entwicklung bekämpfte die gambettistische Marianne noch eine für antifranzösisch gehaltene, weil defätistische und ultramontane Rechte; am Ende wird die Marianne der Kriegerdenkmäler für die Gefallenen von 1914 bis 1918 nicht mehr zwischen rechts und links unterscheiden wollen. Das Studium der Staatsdenkmäler von 1880 bis 1914 gestattet es, die Formen, die Anhaltspunkte, die Nuancen dieser an und für sich bekannten Entwicklung festzuhalten.

Natürlich sind die Mariannen auf den Denkmälern für die Gefallenen von 1870/71 von Natur aus der klarste Ausdruck für obige Tendenz. Dies gilt es zu präzisieren. Das Denkmal für die Einberufenen in Marseille (»Den Kindern der Bouches-du-Rhône, die während des Krieges von 1870/71 für die Verteidigung des Vaterlandes gefallen sind«) trägt an den Seiten eine Aufzählung ihrer Schlachten, und unter ihnen wird auch die Niederschlagung des »arabischen Aufstandes in der Provinz Constantine« erwähnt. Noch deutlicher das Denkmal von Narbonne: es trägt die Aufschrift »Das Arrondissement Narbonne für seine Kinder, die für das Vaterland 1870/71 *und in den Kolonien* gefallen sind«. Das letztgenannte Denkmal ist ganz besonders kriegerisch. Die Frau trägt in der einen Hand eine Fahne, mit der anderen stützt sie einen verwundeten Soldaten. Zu ihren Füßen liegt ein toter Soldat. Vor ihr schießt ein lebender Soldat mit einer Pistole, aber die Frau – das Denkmal steht in Narbonne, einer »roten« Stadt – trägt die phrygische Mütze.

Zwar war die Rolle der kolonialen Eroberungen und des kolonialen Geistes in der von uns bezeichneten unmerklichen ideologischen Verschiebung bekannt, doch die Durchsicht unseres Bestandes an allegorischen Darstellungen scheint uns dies noch deutlicher zu illustrieren.[29]

Das Bemerkenswerteste ist freilich, daß in dem Moment, da die Republik von Gambetta unterging, die 1871 niedergeschlagene Arbeiterbewegung dank der demokratischen Freiheiten und der Amnestie der Kommunarden wieder auferstand. Diese Bewegung, die dem Andenken an die Kommune treu bleibt, sollte noch lange ihre Symbole, einschließlich der Marianne, bewahren.

Claude Willard hat in seinem Buch *Les Guesdistes* (Paris 1965) ein Propagandastück ausgegraben, das den Titel »Le Combat social« trägt, ein Werk des Kämpfers Etienne Pedron aus dem Departement Aube. Im dritten Akt vollzieht sich hier der Sieg des Volkes: »Marianne schwingt die rote Fahne, tritt die bürgerliche Ordnung mit den Füßen (Polizei, Magistrat, auf Staatskosten lebende Bürger), während der Chor die *Internationale* singt und am Horizont die Sonne der Gerechtigkeit aufgeht.« Die Tatsache ist um so erstaunlicher, als die große Frau mit der Fahne zu dieser Zeit das offizielle Symbol der »bürgerlichen« Republik war; und man weiß um die Sorge der Guesdisten, die Arbeiterklasse von den offiziellen republikanischen Symbolen (14. Juli, Victor Hugo usw.) zu trennen. Die Aufrechterhaltung einer spontanen Verbindung zwischen der Revolution und der Frauenallegorie durch einen von ihnen ist daher um so bezeichnender.

Um so mehr, als der Fall nicht etwa einzigartig ist. Henri de Man berichtet in *Au-delà du Marxisme* (Paris 1929) folgendes: »Während vieler Jahre erregte die erste rationalistische Kommunion im Becken von Charleroi Aufsehen; die Göttin der Vernunft aus der Französischen Revolution feierte aus diesem Anlaß ihre Wiederauferstehung.« Und etwas weiter heißt es: »In meinem flämischen Vaterland war zum Beispiel zu meiner Jugendzeit das populärste sozialistische Lied eine ›Chanson de Marianne‹ mit einer übrigens sehr mitreißenden Melodie. Es begann mit den Worten: ›Ich bin Marianne, eine Proletarierin!‹ und endete mit dem Refrain ›An dem Tag, da die Stunde der Rache schlagen wird, nehm' ich den zum Gemahl, der am tapfersten an meiner Seite marschiert!‹. Worauf der Chor antwortete: ›Geh! Geh! Marianne, führe uns, befreie die Gesellschaft!‹« In Frankreich selbst war ein anderes Lied (oder dasselbe?) in Arbeiterkreisen sehr populär. Es war die *Marianne* des Liedermachers und Kommunarden Olivier Souêtre, die wie folgt begann:

»Mein Name ist Marianne,
ein Name, im Weltall bekannt,
und ich trage keck
verkehrt herum meine rote Mütze.«

Man muß sich klar vor Augen führen, daß es im Frankreich der achtziger Jahre *zwei rivalisierende weibliche Allegorien* gab, die durch die ganze Spannbreite der sozialen Frage voneinander getrennt waren: die der offiziellen Republik und die der sozialistischen Revolution. Beide hießen Marianne. Die eine fand sich als Denkmal, als feststehende Allegorie, die andere überlebte eher als Mythos der literarischen Form.

Das ist keineswegs eine abstrakte Erkenntnis: diese Dualität konnte die scharfsichtigsten Zeitgenossen überraschen, wie der Polizeibericht zeigt, der am 15. Juli 1880 vom Polizeikommissar von Ciotat an den Präfekten der Bouches-du-Rhône geschickt wurde:[30] Am 14. Juli sei alles gut verlaufen. »Es ist jedoch zu bedauern, Herr Präfekt, daß ein Großteil jener, die glaubten, die Büste der Republik zwecks Ausschmückung ihrer Wohnung aufstellen zu müssen, nicht den Typ wählten, den die Regierung angenommen hat, und statt dessen die Büste der Marianne ausstellten, die eine phrygische Mütze und eine über Kreuz angelegte rote Schärpe trägt. Diese fast aufrührerischen Embleme rufen nur blutige und traurige Erinnerungen an unsere Geschichte wach …« usw. Der Beamte erklärt weiter, daß er nicht glaube eingreifen zu müssen, da er damit rechne, daß das Volk, bald »aufgeklärter und wissender«, von selbst diese »Symbole einer blutigen Zeit« verbannen werde.

Wie es scheint, hat die Regierung in den achtziger Jahren, als die rote Mütze noch mit der Pariser Kommune und (im Midi) mit den radikalen linksextremen Zirkeln in Verbindung gebracht wurde, eine Frauenbüste mit Lorbeerkrone bevorzugt, die lediglich durch einen Stern vervollständigt wurde und ein Stirnband mit der Aufschrift »Ehre und Vaterland« trug.[31]

Dieser Antagonismus hielt allerdings nicht lange an.

Dafür gibt es verschiedene Gründe. Der erste ist der, daß sich die Arbeiterbewegung schließlich eine eigene Symbolik gab, die spezifischer proletarisch war (und maskulin: der Arbeiter, der Werktätige, der Proletarier). Die bereits zitierte biographische Notiz von Olivier Souêtre erinnert daran, daß die »Marianne« als Hymne durch die »Internationale« entthront wird, deren Umwandlung in eine Hymne durch Pierre Degeyter um 1890 Verbreitung fand. So wurde die Frauenallegorie verdrängt, die das Jahr II, 1848 und die Kommune überdauert hatte.

Zum gleichen Zeitpunkt feierte die Dritte Republik lautstark den 100. Jahrestag der Französischen Revolution.

War es aus diesem Anlaß, daß sie sich aufs neue mit der phrygischen Mütze anfreundete, dem eigentlichen Symbol der Revolution von 1792, das man nun ohne Furcht »zurückholen« konnte, da die Revolutionäre von 1892 gerade dabei waren, es aufzugeben?

Schließlich – und vielleicht vor allem – muß man auch sehen, daß der Klassenkampf in Frankreich immer noch dunkle Seiten kennt. Die Geschichte der französischen Linken gleicht einem Akkordeonspiel, bei dem die Phasen der Distanzierung und des engen Zusammenschlusses von Republikanern aus den Ministerien und Barrikadensozialisten einander abwechselten. Um diese alternierenden Divergenzen und Versöhnungen zu verschleiern, ist die Ambiguität der Marianne notwendig, ja ist sie untrennbarer Bestandteil ihrer Funktion. Jules Dalou – von dem es heißt, er sei in der Skulptur das, was Courbet in der Malerei war (zumindest in dem Sinne, daß er, wie Courbet, der Kommune diente und ein hartes Exil erleiden mußte) – sah sich 1883 bei dem großen Unternehmen der Statue auf der Place de la République in eine zweitrangige Rolle zurückversetzt. Der Stadtrat von Paris (zu der Zeit von äußerst linker Inspiration) hatte ihn jedoch ermuntert, seine eigene »Republik« zu schaffen. Und am 19. November 1899 konnte er ihre Einweihung auf der Place de la Nation sehen, wo sie noch heute steht. Die Republik »triumphiert« auf einem Wagen, der von Proletariern gezogen wird. Zu der Einweihung erschienen sowohl der Präsident der Republik als auch Delegationen der Arbeiter und Sozialisten. Die Dreyfus-Affäre hatte begonnen, für eine gewisse Zeit einen Zusammenschluß der Volksfront zu schaffen, ehe es diesen Begriff überhaupt gab ...

Stärker noch geschah das auch in der Provinz, wo die Tendenzen der Linken zur Blockbildung – wenigstens zu diesem Zeitpunkt – noch ausgeprägter waren als in der Hauptstadt. Das erklärt, daß der virtuelle Dualismus der Mariannen, der in der historischen Analyse wahrnehmbar ist, für die »Archäologie« nicht wirklich relevant ist: bei der Auflistung der Mariannen auf den Dorfplätzen ist es unmöglich, zwei Anteile zu unterscheiden, deren einer schlechthin republikanisch und deren anderer sozialistisch wäre.

Die einzig mögliche Unterscheidung ist die nach Gebieten mit einer öffentlichen Marianne und solchen ohne Marianne. Doch dies ist eine andere Frage, der wir gleich nachgehen werden.

VI. Das Verschwinden (von 1914 bis zur Gegenwart)

Es ist ein Gemeinplatz, daß der Krieg von 1914/18 zwei ganz unterschiedliche Abschnitte der Geschichte der Dritten Republik voneinander trennt. Das trifft vor allem für die marginale Geschichte zu, von der hier die Rede ist. Nach 1914 wird keine neue Statue der Republik mehr errichtet. Die Statuen und Büsten jüngeren Datums (so in Orléans 1949, als Beispiel für die großen Städte, oder wie in Tourves [Var] 1963 als Beispiel für die Dörfer) erklären sich wohl eher aus der Sorge, die zerstörten Denkmäler zu ersetzen, als durch das Bemühen, etwas Neues zu schaffen.

Man kann sogar sagen, daß eine Zeit beginnt, da die Statuen verdrängt und abgeschafft werden. Die Gründe dafür sind leicht einzusehen. Der allgemeinste Grund ist ein politischer: um ihn zu benennen, wird davon gesprochen, daß die republikanische Stimmung entweder im Untergang begriffen oder so banalisiert bzw. verinnerlicht worden sei, daß ihr Ausdruck jetzt weniger nützlich scheint. (Auf diese Diskussion wollen wir hier nicht eingehen, denn mit ihr wird eine Vielzahl anderer Tatsachen ins Spiel gebracht.) Sicher ist jedoch – eine objektive Feststellung –, daß der Wunsch nach sichtbaren republikanischen Proklamationen nachläßt. Das wird bei einer Untersuchung der Rathäuser sogleich deutlich. Ein Rathaus vor 1914 hatte, zumindest im Midi, viel häufiger als heute auf seiner Fassade die Inschrift »Französische Republik« und »Freiheit, Gleichheit, Brüderlichkeit« stehen. Bestätigt wird dies durch die Produktion von Postkarten: wir haben in Vorbereitung auf diese Studie festgestellt, daß die dörflichen Mariannen und selbst die Mariannen der Städte viel häufiger auf älteren Ansichtskarten anzutreffen sind (auf Karten von vor 1914 bei Antiquitätenhändlern oder selbst auf 20 bis 30 Jahre alten Karten in den hinteren Regalfächern moderner Geschäfte) als auf aktuellen Postkarten. Man könnte sogar moderne Ansichtskarten sammeln, auf denen die Marianne zu sehen ist ... allerdings mit dem Rükken zum Betrachter gekehrt. Gewiß nicht, weil der Fotograf etwa die Statue verspotten wollte, indem er ihre weniger edle Seite zeigt; vielmehr befand sich die Statue zufällig am schönsten Platz, von dem aus die klassische »Ansicht« aufgenommen werden konnte, der »Blick auf die Kirche und das Rathaus« oder der »Blick auf den zentralen Platz«, die ein Motiv für jede Ruhepause darstellen.

In jüngster Zeit haben sich die ungünstigen Bedingungen noch vermehrt.

Unter dem Vichy-Regime wurden Statuen entfernt, um Nichteisenmetall zu gewinnen, doch wohl auch mit dem Hintergedanken einer politischen Säuberung. Sicher, die Bestandsaufnahme verlief langsam, der tatsächliche Abriß noch langsamer, und die Befreiung kam, bevor alles Ausersehene der Schmelze übergeben werden konnte. Dessenungeachtet hat der Verlust und selbst die Versetzung einer Statue genügt, sie aus dem Blick zu verlieren, wo der Elan nicht mehr ausreichte, Aktivitäten zu ihrer Wiederaufrichtung auszulösen.

Die gegenwärtige Entwicklung des Geschmacks gegen das Figurative und Pompöse weist in dieselbe Richtung. Die Mariannen, zwischen 1880 und 1914 aufgetaucht, werden heute durch die Mißachtung gegenüber der industriellen Kunst dieser Zeit verdrängt.

Vergessen wir schließlich nicht, daß die Marianne auf einem öffentlichen Platz thronte und daß es heute keine Stadtverwaltung gibt, vor allem in touristischen Gegenden, die nicht darum bemüht wäre, diese Plätze in Parkplätze umzuwandeln. Unter diesen Bedingungen müßte die entsprechende Gemeinde eine weit höhere Überzeugung als gewöhnlich besitzen, um so ein altmodisches und zugleich viel Raum einnehmendes Ding zu behalten.

Wie man sieht, geht es weniger um eine engagierte Ablehnung durch ihre Gegner als um die zunehmende Gleichgültigkeit und den fehlenden Eifer des Bewahrens bei ihren Anhängern. Nicht daß die heftige Ablehnung gleich Null wäre. Es gibt gewiß noch Spuren davon, wenn man dem Bericht über die Jahresversammlung der Royalisten in Montmajour bei Arles (vgl. *Le Monde* v. 9. Juni 1970) Glauben schenken darf, einer Versammlung in Form einer Kirmes, bei der zu erleben war, wie die Marianne auf einem Schießstand als Zielscheibe diente ... Aber diese extreme Tendenz betrifft eine zu kleine Minderheit, um tatsächlich Wirkung zu erzielen.

Viel entscheidender ist zweifellos der mangelnde Eifer im republikanischen Lager, trotz eines gewissen Aufflakkerns zur Zeit der Befreiung. Es scheint in dieser Hinsicht bezeichnend, daß in manchen Kommunen der Provence die Gedenktafel für die Gefallenen der Résistance nicht am Denkmal für die Gefallenen von 1914/18, sondern an einem typisch republikanischen Denkmal angebracht wurde: der Trommler von Arcole in Cadenet, die Aufständischen von 1851 in Aups, Barjols und Crest, das Denkmal zum 100. Jahrestag in Nyons. Aber diese Neubelebung hielt kaum an, und heute ist bekannt, daß die einzige politische Strömung, die bewußt republikanisch wie vor 1914 ist – das linke Zentrum und die sozialdemokratische Linke –, nicht unbedingt die lebendigste ist.

Es sei bei der Betrachtung dieser absteigenden Linie abschließend noch der letzte Beschluß erwähnt, der das offizielle Bild der »Republik« betrifft: indem die Regierung verkünden ließ, daß von jetzt an die Büste für Rathäuser modernisiert und einer berühmten Schauspielerin nachempfunden werde, die ohne Zweifel charmant ist, aber deren Persönlichkeit – zu Recht oder Unrecht – beim Publikum ein Lächeln hervorruft, hat sie in der Presse ironische Kommentare ausgelöst, durch die der Marianne eher ein schlechter Dienst erwiesen wurde.

Indessen wäre all dies nicht entscheidend gewesen ohne die andere gewichtige und universelle Tatsache: den Krieg von 1914/18. Durch ihn tauchte (leider!) in allen französischen Kommunen ein anderes Bürgerdenkmal auf, das Denkmal für die Gefallenen. Nun ist keine, selbst radikale, Gemeinde vorstellbar, die für den Fall, daß sie 1919 noch keine Marianne hatte, noch eine neben dem Denkmal für die Gefallenen aufrichten ließe! Wäre es nicht besser, beides zu verbinden und aus dem Denkmal für die Toten von 1914/18 eine Ehrung der Republik zu machen, indem zum Beispiel das Vaterland im alten staatsbürgerlichen Gewand mit der phrygischen Mütze dargestellt wird?

Die durch die Linksparteien und selbst in gewisser Weise durch das offizielle Frankreich getroffenen Interpretationen des Krieges von 1914 (»Krieg um das Recht«, das republikanische Frankreich gegen das monarchische Deutschland usw.) beförderten diese Konvergenz, und einige Totendenkmäler drücken sie auch aus. So nimmt in Rousset (Bouches-du-Rhône), einem Dorf ohne republikanisches Denkmal, die Ehrung der Toten von 1914/18 die Form einer steinernen Pyramide mit einem Hahn an der Spitze an, auf der zu lesen ist: »Rousset seinen für das Vaterland gefallenen Kindern« und »Französische Republik. Ehre den Märtyrern für das Recht«.

Hier müssen wir aufs neue innehalten und auf eine Studie verzichten, auf die wir uns erwartungsgemäß zubewegten, deren Ausmaß jedoch immens wäre: eine Studie über die Symbolik und die Ideologie der Kriegerdenkmäler. Es genügt, auf ihre Rolle als Konkurrent, als Hindernis und vielleicht sogar als Ablösung der Bürgerdenkmäler von vor 1914 zu verweisen.

Man kann sogar noch weiter gehen und sich fragen, ob einige Kriegerdenkmäler (in den republikanischen, aber armen und zum Sparen gezwungenen Dörfern) nicht materiell gesehen ein vorheriges Bürgerdenkmal ersetzen, wobei mehr oder weniger vollständig all seine Attribute wiederverwendet werden. Das Dorf Baudinard (Var), das in Sachen Radikalismus 1848 und 1851 alle Rekorde schlug, besaß zu unserem Erstaunen keine Marianne … bis wir die Büste im klassischen Guß (mit »Französische Republik« und dem Zeichen von Durenne, einem Betrieb im Val d'Osne) auf der Spitze der einfachen Steinpyramide entdeckten, die den Toten des Großen Krieges gewidmet war. Ein solcher Fall kann nicht einzigartig gewesen sein, und es gibt in diesem Sinne in jeder Gemeinde des roten Midi zu Vermutungen Anlaß, wo man ein Kriegerdenkmal in zentraler Lage finden wird.

Aber natürlich wird diese letztendliche Ablösung der republikanischen Würdigung von vor 1914 durch das Trauerdenkmal der zwanziger Jahre, selbst wenn sie nur partiell erfolgte, nur dann verständlich und begreifbar, wenn die eben analysierte ideologische Verschiebung (von Gambetta zu Poincaré) möglich war. In dieser Hinsicht wurde die aktuelle Phase dieser Geschichte, trotz der dem Krieg geschuldeten Lösung der Kontinuität, durch die vorangegangene gut vorbereitet.

Dieses gegenwärtige Nachlassen des politischen und gefühlsmäßigen Interesses an den Bürgerdenkmälern rechtfertigt voll und ganz ihre Erforschung. Das Nachlassen zieht nicht nur indirekt einige Zerstörungen nach sich, es verhindert auch schlicht und einfach die Wahrnehmung der Objekte. Denn man *sieht* sie buchstäblich nicht, so sehr ist es wahr – ein elementarer Begriff für einen Anfänger in der Psychologie –, daß man nur das sieht, was man angehalten ist zu sehen. In den Dörfern unserer Tage führt nichts den Reisenden zum republikanischen Denkmal, weder ein Faltblatt der Stadtinformation noch eine für Touristen gemachte Ausschilderung, noch eine Ansichtskarte (am häufigsten), auch nicht ein Stadtführer oder ein auflagenstarkes Buch (sei es auch nur, um etwas Schlechtes darüber zu sagen). Die bescheidenste und ärmlichste Pfarrkirche ist besser ausgeschildert. Und man ist keineswegs antiklerikal oder spießig eingestellt, wenn man sagt, daß die naiven staatsbürgerlichen Ergüsse von 1890 objektiv seltener, ungewöhnlicher, d. h. der Aufmerksamkeit des Neugierigen würdiger sind als ein gewöhnliches Pfarrgebäude.

Die Wurzel des Problems liegt darin, daß die antike, mittelalterliche und klassische Archäologie weitreichend anerkannt ist, wohingegen die Archäologie der »Gegenwart«, wenn diese Worte sich nicht beißen, noch nicht üblich geworden ist. Die Geschichte und Archäologie mit historischer Absicht vermögen sich noch immer nicht von der Kunstgeschichte und, in noch viel stärkerem Maße, von den ästhetischen Werturteilen zu lösen, die jedoch zu einer anderen Kategorie gehören. »Diese Statuen«, so ein Kunsthistoriker über die Werke der Republik, »sind noch da, vor unseren Augen, auf den Rathausplätzen und in den öffentlichen Anlagen. Sie gehören zum Dekor unseres städtischen Lebens. Wir betrachten sie nicht, sie sind zu häßlich. Und die Namen ihrer Schöpfer kennen wir nicht.«[32]

Dies ist eine zutreffende Feststellung, aber nicht die Feststellung eines Historikers. Denn das Vorurteil der Schönheit ist womöglich nicht das einzige Tabu, dessen man sich entledigen muß. Die Häufigkeit der auf Postkarten dargestellten Sujets ist in Paris nicht weniger aufschlußreich als am Mittelmeer. Wenn die »vier Großen« – der Eiffelturm, der Triumphbogen, Notre-Dame, die Vendôme-Säule – sich problemlos in allen Verkaufsstellen finden lassen, wenn die Place de la République, die Julisäule und der Löwe von Belfort sich leicht – wenngleich schon weniger häufig – in ihren jeweiligen Vierteln finden lassen, wenn der »Triumph der Republik« sich dagegen nur mühsam auffinden läßt, sogar auf der Place de la Nation, so mag man sich fragen, ob nicht neben dem Kriterium der reinen Schönheit auch Differenzen im politischen Sinngehalt eine Rolle spielen. Um nur das Vergleichbare zu vergleichen: die kommerzielle Überlegenheit der Vendôme-Säule über die Julisäule hat mit der reinen Kunst nicht sehr viel zu tun.

Auch hier ist der Grund recht klar. Die Postkarte gehört in den Bereich des Tourismus, der mit Kommerz zu tun hat, und dieser hängt wiederum an Harmonie und Einmütigkeit: den Kunden nicht aufregen, selbst nicht oberflächlich, also alles aussparen, was Unstimmigkeit hervorrufen könnte. Tatsache ist jedoch, daß noch nach über hundert Jahren die republikanische Staatsbürgerlichkeit von unseren Zeitgenossen nicht als Sache von Einmütigkeit, sondern als »politische«, mithin wählbare Kategorie betrachtet wird.

Aber der politische Konformismus darf für den Historiker ebenso wenig zählen wie ästhetische Normative.

Betreiben wir also eine Archäologie der Dritten Republik!

Esquisse pour une archéologie de la République. L'allégorie civique féminine, in: *A. E. S. C.* 28 (1973), Heft 1, S. 5–34.

1 Es sei jedoch auf die hervorragenden Studien von Mona Ouzouf verwiesen, v. a. auf ihren letzten Artikel: »Le Cortège et la Ville: itinéraires parisiens des fêtes révolutionnaires«, in: *Annales E. S. C.*, September/Oktober 1971, S. 895, 899, 902 und 913.

2 Jules Michelet, *Histoire de la Révolution française*, hrsg. von Gérard Walter, Paris 1954, Bd. II, S. 718. (Hier und im folgenden zitiert nach: *Geschichte der Französischen Revolution*. Von Jules Michelet, bearb. und hrsg. von Friedrich M. Kircheisen. Nach der Übersetzung von Richard Kühn, Bd. 8, Wien/Hamburg/Zürich o. J., S. 348, 372 f. – Anm. d. Hrsg.)

3 Ebenda, S. 373. Hervorhebung von mir.

4 Als mittlerweile tradierte Vorstellung findet sie heute sogar in der republikanischen Presse radikaler Färbung Eingang. Vgl. dazu *L'Express* vom 14.–20. Februar 1972, S. 67 (»eine Dame von geringer Tugendhaftigkeit verkörperte 1794 auf dem Fest des Höchsten Wesens die Republik«). In diesem Artikel wird über die Ausstellung der Büsten im *Cercle Républicain* berichtet, von der bereits die Rede war.

5 »Sur une personne que l'auteur a vu représenter la liberté dans une des fêtes de la Révolution«. Jean-Pierre de Béranger, *Œuvres complètes*, Paris 1834, 4 Bde, Bd. III, S. 9–11.

6 Gesungen in Nans (Var, Kreis Saint-Maximin), einem Dorf von etwa tausend Einwohnern, durch die Mitglieder der Chambrée de l'Espérance am 1. Januar 1850. Der Text gehört zur

Akte über die Auflösung dieser Chambrée in den Archives départementales Var, VIII M 16–14.

7 Edmond Biré, *Mes souvenirs*, Paris 1908, S. 55.

8 Ein von Henri Guillemin entdeckter Text in seiner Ausgabe von Victor Hugo, *Souvenirs personnels 1848–1851*, Paris 1952, S. 116.

9 R. Escholier, *Honoré Daumier*, Paris 1934, S. 147–148. Die »Republik« von Daumier befindet sich im Louvre.

10 *Marseille au XIXème siècle*, hrsg. von P. Guiral, Paris 1971. Die zitierten Passagen finden sich auf den Seiten 283 und 293.

11 Archives départementales Var, VII U 33–2.

12 Die – dies sei nebenbei erwähnt – eine »Göttin« des militanten Typs war: verheiratet und Mutter eines Kindes, war sie Näherin bis zu ihrer Hochzeit und fand sich nun mit einem Stellmacher verheiratet, den die Aufständischen eben zum Bürgermeister von Grimaud ernannt hatten (vgl. dazu weiter oben die von Michelet zitierten Empfehlungen vom November 1793).

13 Nach Michel Ragon, *Histoire mondiale de l'architecture et de l'urbanisme modernes*, Paris 1971, Bd. I, S. 159.

14 Zitiert nach G. Weill, *Histoire du parti républicain en France de 1814 à 1870*, Paris 1928, S. 297.

15 Siehe zuletzt die exzellente nonkonformistische Zusammenfassung von J. Gaillard, *Communes de province, Commune de Paris*, Paris 1971, und die Chronik von Jacques Rougerie in der *Revue Historique*, Oktober–Dezember 1971.

16 Prosper Lissagaray, *Histoire de la Commune*, Paris 1946, S. 118. [Hier und im folgenden zitiert nach: *Geschichte der Kommune von 1871*, Berlin 1953, S. 203, 359, 501 f. – Anm. d. Hrsg.]

17 *Lettre de Marianne aux républicains*, Marseille, 2. Mai 1871. Zitiert nach J. C. Izzo in: *La Pensée*, Nr. 161, S. 95.

18 *Notice sur Forcalquier*, Fortsetzung der *Athénée de Forcalquier, fêtes en l'honneur de Léon de Berluc-Perussis*, Forcalquier 1912,S. 325. Der republikanische Wetterhahn wurde 1906 vom Wind heruntergerissen und ist nicht ersetzt worden.

19 *Par un conservateur, B … du Français*, Paris 1873. Erster Brief, Bollène, 23. Oktober 1872. Verfasser ist Beslay, der Sohn des Kommunarden.

20 Archives départementales Bouches-du-Rhône, VI M 3415, »Anniversaire du 4 septembre en 1872«, Polizeikommissar von Châteaurenard an den Präfekten, 5. September 1872.

21 *Par un conservateur …*, a. a. O., 3. Brief, Marseille, 27. Oktober 1872, S. 47 f.

22 *Voyage aux pays rouges*, S. 11.

23 Ebenda, S. 62–64. Die Anekdote spielt sich – wie könnte es anders sein – in den Kleinstädten Carpentras und Tarascon ab, deren lächerliche oder humoristische Assoziationen bekannt sind.

24 Die Tatsache wird für Cogolin (Var) durch die Erinnerungen von Zeitgenossen bestätigt, die von Georges Coulet überliefert wurden. Für Cabannes (Bouches-du-Rhône) sind sie durch einen Zwischenfall belegt, der in den Archives départementales Bouches-du-Rhône, VI M 3 - 415 zur Feier des 14. Juli 1886 festgehalten ist.

25 M. Ragon, *Histoire mondiale de l'architecture et de l'urbanisme modernes*, Paris 1971, S. 180, 185.

26 Es wäre selbstverständlich von großem Interesse, solche Untersuchungen in den anderen »roten« Regionen Frankreichs durchzuführen. Wir wissen zum Beispiel, wie jeder Reisende auf der »Nationalstraße 7«, daß es eine Statue in Varennes-sur-Allier (Allier) gibt, die genau dem in der Provence am weitesten verbreiteten Modell gleicht (da es aus demselben Betrieb, dem von Tusey kommt). Emile Combes weihte eines davon auf der Place de Pons (Charente-Maritime) ein.

27 Es wurden drei wiedergefunden, die mit 1890, 1892 und 1896 datiert sind.

28 Aus dem Brief von Pierre Esch, Geschäftsführender Direktor der Gießereien von Vaucouleurs, vom 16. November 1970.

29 Ein bedeutender Bildhauer und entschlossener Republikaner, der Kommunarde Jules Dalou, Schöpfer des linksorientierten »Triomphe de la République«, von dem noch die Rede sein wird, schuf auch in Oran (Place d'Armes, dann Place Maréchal-Foch) die Säule, die an den Kampf von Sidi-Brahim erinnert (nach H. Isnard, *L'Algérie*, Paris 1954).

30 Archives départementales Bouches-du-Rhône, VI M 3415, Aktenbündel »Jahrestag des 14. Juli 1880, Polizeikommissar von La Ciotat an den Präfekten«.

31 In den Rathäusern gibt es zahlreiche Exemplare. Als Beispiel für dieses Modell auf einem Rathausplatz sei auf den Brunnen La Bastide-des-Jourdans (Vaucluse) verwiesen, der aus dem Jahre 1881 stammt. Siehe dazu auch R. Laffont u. a., *Histoire de Paris et des Parisiens*, Paris 1958, S. 226 oder G. Duby, *Histoire de France*, Paris 1971, Bd. III, S. 123, 127.

32 Jean Selz, *Découverte de la sculpture moderne*, Lausanne 1963, S. 43.

GUY BOIS

Marxismus und Neue Geschichtswissenschaft

Zwei mächtige Strömungen bestimmen die gegenwärtige Geschichtsschreibung. Die erste – der Marxismus – stellt sich als allgemeine Theorie der gesellschaftlichen Bewegung dar, die er durch die Anwendung einer Reihe spezifischer Hilfsmittel oder Grundbegriffe, unter denen der Begriff der Produktionsweise an erster Stelle steht, zu erfassen meint. Der Marxismus strebt eine globale, zusammenhängende und dynamische Anschauung der sozialen Prozesse an. Sein Einfluß reicht weit über die als »marxistisch« bezeichneten oder sich dafür haltenden Historiker hinaus. Auf vielfältigen Wegen hat er, besonders in Frankreich, die geschichtswissenschaftliche Forschung durchdrungen. Die zweite Strömung wird von denen, die sich auf sie berufen, *histoire nouvelle*, Neue Geschichtswissenschaft, genannt. Indem sie die empirische und positivistische alte Geschichtsschreibung, die Historiographie eines Seignobos, mit Sarkasmen überschütten, treten die »neuen Historiker« für eine Erneuerung der historischen Methoden ein, die dieser Disziplin den Status einer Wissenschaft verleihen könnte – »Die Geschichte wartet vielleicht auf ihren Saussure«, so Jacques Le Goff und Pierre Nora – und endlich gestattete, Geschichtsforschung in neuer Qualität zu betreiben (»faire de l'histoire«).

Diese beiden Strömungen können sich natürlich nicht ignorieren. Beide lehnen sie die veraltete Praxis der Geschichtsschreibung ab und kommen einander nahe, vermischen sich bisweilen unterschiedslos, wetteifern aber auch miteinander sowohl in Leidenschaft wie in gegenseitigem Mißtrauen. Ihr erst partielles, ungeordnetes und wildbewegtes Ineinanderfließen wird vielleicht das historiographische Großereignis am Ende dieses Jahrhunderts ausmachen. Schon heute ist es ein faszinierendes Phänomen, sei es nur durch die Verflechtung der Bündnis- und

Konfliktbeziehungen, die es mit sich bringt. Man kann die Behauptung wagen, daß das Schicksal des historischen Materialismus in näherer Zukunft in starkem Maße vom Ausgang seiner Konfrontation mit der »neuen Geschichtswissenschaft« abhängt. Seine Begriffe stehen auf dem Prüfstand dieser methodologischen Erneuerung. In den letzten zwanzig Jahren hat sich das Bild von den vorkapitalistischen Produktionsweisen entscheidend verändert. Das rechtfertigt eine aufmerksame Prüfung des Zusammenflusses von Marxismus und »neuer Geschichtswissenschaft«.

Welcher Marxismus?

Aber hüten wir uns von vornherein vor jeglichem Schematismus und gar vor der Ambiguität dieser beiden Begriffe. Was den Marxismus angeht, kann man sich nicht länger verhehlen, daß dieses *label* sehr unterschiedliche, mitunter sogar einander völlig fremde historische Praktiken einschließt. Ausschlaggebend waren in dieser Hinsicht die politischen Entwicklungen. Es bringt nichts, die Ausmaße der Deformationen und Erstarrungen zu verharmlosen, die aus dem langen dogmatischen Schlaf herrühren, dessen deutlichster Ausdruck der Stalinismus war. Ebenso sinnlos ist die Annahme, daß die osteuropäischen Länder über das Monopol der ideologischen Erstarrung verfügten oder die westeuropäischen Marxisten sich durch die bloße Verurteilung des Personenkultes davon befreit hätten.

Auf dem Gebiet der Historiographie bietet schon eine vorläufige Bilanz dieses Phänomens ein Bild der Katastrophe. Ein stereotyper Diskurs, Behinderung der Forschung (außer in Bereichen wie der Archäologie, die unabhängiger von ideologischen Einflüssen waren), scholastisches Hantieren mit Begriffen sind die wesentlichen Erscheinungsformen. Jeder, der heute einer offiziellen Delegation sowjetischer Historiker begegnet, kann diese grausige Feststellung machen. Das schlimmste ist, daß eine solche Parodie des Marxismus genau das Gegenteil befördert, nämlich die

Tendenz zu einer mehr oder weniger eingestandenen Abkehr vom historischen Materialismus. Diese Tendenz tritt in mehreren osteuropäischen Ländern immer deutlicher zutage und macht den Weg frei für das ideologische Eindringen der US-amerikanischen Sozialwissenschaften. Natürlich ist in der Historiographie dieser Länder nicht alles so düster: begabte Forscher sind weiterhin im Einsatz, sehr verdienstvolle Handbücher werden verfaßt, wie die »Geschichte des Mittelalters« von N. Abramson, A. Gurjewitsch und N. Kolesnizki, die in einer neueren Übersetzung im Verlag Editions du Progrès herauskam. Die geschichtswissenschaftlichen Schulen in Polen und Ungarn bewahren ihre strahlende Vitalität, gerade aus Warschau haben uns mit den Arbeiten von W. Kula entscheidende Impulse erreicht.

Die marxistische Geschichtsschreibung befindet sich in einer Krise

All das schmälert freilich nicht die Diagnose einer Krise der marxistischen Historiographie, deren Auswirkungen, wenngleich in abgeschwächter Form, im Westen ebenfalls sichtbar sind und innerhalb der marxistischen Forschung echte Demarkationslinien ziehen. Zwischen einer steifen und übervorsichtigen Praxis des Marxismus, die noch ganz im Banne vermeintlicher geschichtswissenschaftlicher »Errungenschaften« steht, und einer gegenüber diesen »Errungenschaften« kritischeren Praxis, die vor allem von der Forderung nach Rückkehr zu den Quellen des Marxismus beherrscht wird, besteht eine große Kluft, die sich, wie mir scheint, immer weiter vertieft. Heute entgeht man einer Entscheidung für eine der beiden Praktiken nur, wenn man sich etwas vormacht. Die Entscheidung wiederum bleibt nicht ohne Folgen für die Haltung des jeweiligen Autors gegenüber der »neuen Geschichtswissenschaft«. Der grundlegende Rationalismus derer, die auf eine radikale Erneuerung der marxistischen historischen Forschung hinwirken wollen, führt sie dazu, alle neueren, potentiell fruchtbaren methodologischen Innovationen zu integrieren. Umgekehrt nährt das Verharren in einer traditionelleren Praxis stärker das Mißtrauen gegenüber diesen Leistungen, abgesehen von solchen Fällen, wo die Öffnung zur »neuen Geschichtswissenschaft« als Mäntelchen verstanden wird, das die Bindung an dogmatische Positionen verdecken soll.

Welche »Neue Geschichtswissenschaft«?

Es gibt nicht mehr *eine* »Neue Geschichtswissenschaft«. Man kann sie zwar summarisch durch einige vorherrschende Interessengebiete definieren: Erweiterung des Beobachtungsfeldes des Historikers durch die Entdeckung »neuer Gegenstände«; Ruf nach einer Einheit der Humanwissenschaften (Anthropologie, Wirtschaftswissenschaft, die Soziologie, die Psychoanalyse ...); Anwendung immer ausgefeilterer *quantitativer* Methoden auf der Grundlage einer *seriellen* Quellenbasis. Doch genügt dies alles, um ihr irgendeine Einheit zu verleihen? Offen gesagt, die »Neue Geschichtswissenschaft« hat ihre eigene Geschichte bereits hinter sich, eine Geschichte, deren Wegstrecke von Mehrdeutigkeiten und Widersprüchen abgesteckt ist.

Entstanden im Vorfeld von 1930, getragen vom Prestige Lucien Febvres und Marc Blochs, führte sie lange Zeit einen beherzten Kampf gegen den Positivismus, der die gesamte historische Ideologie durchdrungen hatte, und erlangte damit einen legitimen Ruf als Vorreiter. Die sechziger Jahre bringen dann den triumphalen Durchbruch, parallel zu den großen sozialen und politischen Veränderungen in Frankreich und dem Durchbruch des Strukturalismus. Die »Neue Geschichtswissenschaft« entwickelt sich nun erfolgreich in alle Richtungen, verdrängt die »traditionelle Geschichtswissenschaft« in geschützte Nischen (vor allem die Alte Geschichte) und erobert strategische Positionen im universitären Bereich (Ecole pratique des hautes études, Collège de France). Dabei ist es von untergeordneter Bedeutung, daß die Vertreter der traditionellen Methoden noch über beträchtliche institutionelle Macht an den Universitäten verfügen (gestützt auf eine sowohl ihrer Konzeption als auch ihrer Zusammensetzung nach anachronistische Institution: das *Comité consultatif*): die »Neue Geschichtswissenschaft« übt seither einen dominierenden Einfluß aus. Und die Zwiespältigkeiten beginnen unvermeidlich mit eben diesem Erfolg.

Die »Neue Geschichtswissenschaft« läuft Gefahr, ein Opfer der Mode zu werden

Zunächst, weil das, was im wesentlichen eine fruchtbare Erneuerung der historischen Methoden war, sehr schnell beeinträchtigt wurde durch das Modephänomen, das sich mit dem Erfolg einstellt. Jetzt wird die »Neue Geschichtswissenschaft« angepriesen wie ein Waschmittel! Bleibt man der historisierenden, linearen und streng ereignisgeschichtlich orientierten Geschichtsauffassung verbunden, erklärt man sich der »neuen Schule« zugehörig, um sein Produkt besser verkaufen zu können. Mehr noch, alsbald findet man Historiker, die zu den ausgemachten Empiristen zählen, unter den enthusiastischen Verfechtern verfeinerter *statistischer* Methoden. An die Stelle der Ausarbeitung begrifflicher Hilfsmittel tritt so die Anwendung simpler Techniken. Der Positivismus findet hier eine Gelegenheit, zu überleben, indem er sich in ein neues Gewand hüllt.

Und wie konnten schließlich die ideologischen Bedenken ausbleiben zu einem Zeitpunkt, da die Erfolgswelle der »historischen Modernität« aufkam? Die vorherrschende Position, die die »Neue Geschichtswissenschaft« erreicht hat, weist ihr auf diesem Gebiet Verantwortung zu. Es geht nicht allein darum, methodischen Plunder wegzuräumen, sondern auch darum, eine neue Verteidigungslinie in den geistigen Auseinandersetzungen der Gegenwart zu ziehen. Die Einführung und Verbreitung der amerikanischen *New Economic History* sind in dieser Hinsicht sehr aufschlußreich. Mit erheiternder Naivität reiht Jean Heffer in seiner Präsentation der Arbeiten dieser Schule Glaubensbekenntnisse[1] aneinander: die Geschichte sei eine »Rumpelkammer«, derer man sich tunlichst entledigen sollte (S. 82); was die »totale Geschichte« angehe, so »muß nachdrücklich betont werden, daß sie vorerst wegen ihres globalen humanistischen Anspruchs keineswegs wissenschaftlich« sei, was in Heffers Augen begrenztere Ambitionen, einen gewissen »Reduktionismus« rechtfertige. Der Gegner wird natürlich nicht ohne Herablassung bezeichnet: »die marxistischen Historiker« (sind sie im übrigen so zahlreich?), die man »bei ihren Hirngespinsten lassen« soll (S. 34).

Wir sind hier weit entfernt von den ursprünglichen Intentionen, sehr weit entfernt von Lucien Febvre und Marc Bloch, um nur diese beiden zu nennen. Wie könnte man nach dieser Bestandsaufnahme sagen, es gäbe *eine* »Neue Geschichtswissenschaft« ... Unter diesen Bedingungen dürfte ihre Konfrontation mit der marxistischen Geschichtswissenschaft nicht einfach sein. Auf beiden Seiten sind die internen Grenzlinien zu deutlich markiert, um vernachlässigt werden zu können. Sie erklären die oft verwirrende und widersprüchliche Durchdringung der Angriffsmuster beider Strömungen. Doch es bleibt das Problem: Gibt es zwischen der Strömung, die sich als eine allgemeine Theorie der Geschichte versteht, und der, die sich als Erneuerer der historischen Methoden begreift, übereinstimmende Punkte?

Der Einfluß des Marxismus auf die methodologische Erneuerung

Es ist zunächst anzumerken, daß der Marxismus sehr früh eine stimulierende Rolle in der methodologischen Erneuerung gespielt hat. In dem Maße, wie er eine »globale« oder »totale« Geschichte anstrebt, die gleichzeitig die verschiedenen Aspekte des sozialen Lebens erfassen soll (Wirtschaft und Mentalität, Gesellschaft und Politik), ist er schon von seinen Anfängen her berufen, sich uneingeschränkt den verschiedenen Humanwissenschaften zu öffnen. Indem er den sozialen Klassen und ihrem Kampf eine entscheidende Rolle beimißt, bringt er den *Strukturen* größeres Interesse entgegen als dem oberflächlichen Ereignis, dem Kollektiven mehr als dem Individuellen, dem Alltäglichen mehr als dem Zufälligen. Was die quantitativen Methoden anbelangt, muß man daran erinnern, daß *Marx* sie bereits umfangreich verwendet hat? Es überrascht deshalb nicht, im Werdegang der »Neuen Geschichtswissenschaft« einen Einfluß des Marxismus zu beobachten und ihn bis zum führenden Vertreter der *New Economic History,* Robert Fogel, verfolgen zu können, dessen Entwicklungsweg dem historischen Materialismus viel zu verdanken hat. Eine aufmerksame Analyse dieses Einflusses dürfte durchaus von Interesse sein und drei verschiedene Ebenen sichtbar machen.

Ein indirekter Einfluß

Es gibt zunächst einen indirekten und diffusen Einfluß des Marxismus auf die Gesamtheit der französischen Geschichtswissenschaft, allerdings in zwei verschiedenen Perioden. Bis in die fünfziger Jahre »hat der Marxismus die Geschichtswissenschaft in Frankreich als analytische Methode beeinflußt, die Ökonomie und Geschichte vereinigt«, bemerkt Jean Bouvier sehr richtig in seinem Beitrag in »Aujourd'hui l'histoire«[2]. »Viele arbeiten in gewisser Weise marxistisch (oder etwas marxistisch), ohne es zu wissen und mit sehr unterschiedlicher Intensität.« Der Mann, der am meisten zu diesem diffusen Eindringen beigetragen hat, ist, wie man weiß, Ernest Labrousse, dessen Hauptinteresse um die Frage nach den Beziehungen zwischen den sozialen Klassen und nach der Verteilung der Einkommen unter diesen kreiste. Ich würde jedoch Jean Bouvier nicht folgen, wenn er im selben Artikel schreibt, Ernest Labrousse hätte »eine Art Fusion zwischen Marx und Simiand verwirklicht«, denn dies hieße, zu übersehen, daß Labrousse den zentralen Begriff des historischen Materialismus (den der Produktionsweise) immer hartnäckig abgelehnt hat und sein historisches Werk aus diesem Grund, so bedeutend es auch sei, durch eine »ökonomistische«, halb konjunkturalistische, halb malthusianistische Färbung gekennzeichnet bleibt.

Das hindert freilich nicht, daß er das bemerkenswerteste Beispiel für jene Historiker bleibt, die, selbst am Rand des Marxismus stehend, aus diesem nutzbringend bestimmte analytische Instrumentarien entnommen und zu deren Verbreitung beigetragen haben. Dieselben Bemerkungen könnte man auch auf das Werk von Marc Bloch anwenden, insbesondere auf seine »Caractères originaux del'histoire rurale française«, die der mittelalterlichen Wirtschaftsgeschichte über mehrere Jahrzehnte hinweg entscheidende Impulse verliehen haben.

Dieser Prozeß einer indirekten Einflußnahme des Marxismus (und zugleich der methodologischen Erneuerung) durch die Vermittlung solcher »Männer in Grenzbereichen« (aber der Ausdruck ist, wie wir gleich sehen werden, zu schwach geworden, wenn wir die neu beschrittenen Wege berücksichtigen) hat sich in anderen Formen während der letzten zwanzig Jahre fortgesetzt. Das Neue besteht darin, daß dieser Einfluß sich nicht länger auf das ökonomisch-soziale Gebiet beschränkt: er erstreckt sich nunmehr auf die Gesamtheit des sozialen Lebens. Die Vertreter dieser Richtung verwenden bewußt, wenn auch stillschweigend, den Begriff der Produktionsweise und überschreiten damit die »Grenze«, selbst wenn dies nur punktuell, vorübergehend oder vorsichtig geschieht. Dies ist der Fall bei Jacques Le Goff in seiner brillanten Arbeit »Civilisation de l'Occident médiéval«, in der er uns ein kohärentes sozioökonomisches System vorstellt, das durch eine eigenständige ökonomische *Ideologie* animiert wird[3]; es ist auch der Fall bei Georges Duby, bei dem man schon nicht mehr sehr genau sieht, was ihn noch vom Marxismus trennen könnte, wenn man die bewundernswerten Seiten über die Geschichte der Ideologien in »Faire de l'histoire« liest[4]. Nicht nur die strenge Definition des Ideologiebegriffs ist ausdrücklich von Louis Althusser entlehnt, es wird auch die Ideologie in ein soziales Ganzes zurückgestellt, in dem die materiellen Strukturen (Produktion, Verteilung) und die Klassenverhältnisse jeweils ihren Platz haben. Seine Vorstellung von der Geschichte ist gewiß »total«, zugleich materialistisch und dialektisch, wie sein Diktum über fünf charakteristische Merkmale von Ideologien belegt, die er als »globalisierend, deformierend, konkurrierend, stabilisierend und praktisch« definiert (S. 149–150). Was bedeutet es da, wenn in einem solchen Aufsatz die gewohnte Terminologie des historischen Materialismus fehlt! Das Wesentliche ist, daß sich hier auf beispielhafte Weise die Fusion von Marxismus und »Neuer Geschichtswissenschaft« vollzieht. Die Erweiterung der historischen Horizonte und die Ausarbeitung eines neuen Begriffsapparates, weit entfernt, als Kriegsmaschine gegen den Marxismus verstanden zu werden, stützen sich auf ihn; ja mehr noch, durch die aufgeworfenen Probleme und die beigesteuerten Antworten tragen sie zu seiner Bereicherung bei. Wir befinden uns bereits am Zusammenfluß der beiden mächtigen Strömungen.

Direkte Beiträge

Die zweite Ebene des Einflusses und die zweite Form des Zusammenflusses stellen direkte Beiträge marxistischer Historiker zu diesem oder jenem Aspekt der methodischen Erneuerung in der Geschichtswissenschaft dar. Es handelt sich dabei um Forscher, die sich ausdrücklich auf den historischen Materialismus berufen, die ihre Forschungen im Rahmen seiner allgemeinen Hypothesen führen und deren grundlegendes Trachten sich auf die Verbindung zwischen der Geschichte und einer bestimmten Humanwissenschaft oder auf die Eröffnung neuer historischer Forschungsfelder richtet. Hier nun zwei Beispiele unter vielen anderen:

Marxisten betreiben »Neue Geschichtswissenschaft«

Mit ihrer Arbeit »Histoire et linguistique« verdeutlicht Régine Robin diesen Typ des Herangehens.[5] Sie praktiziert eine »Befragung an begrifflichen Schnittpunkten« zweier

Disziplinen, es geht ihr darum, »den Historikern zu zeigen, daß die Lektüre eines Textes oder eines Ensembles von Texten ebenso Probleme aufwirft wie die Sinnproduktion, daß bestimmte Gebiete der *Linguistik* dem Historiker sehr hilfreich sein können, unter der Voraussetzung, daß es sich dabei nicht um Verkleidung, ungerechtfertigte Anwendung oder falsche Interdisziplinarität handelt« (S. 7). Ihr Ziel: zu einer Theorie des Diskurses, besonders des politischen Diskurses zu gelangen, indem dieser als Prozeß betrachtet wird und die Artikulationsweisen untersucht werden, die die diskursiven Praktiken mit den anderen Ebenen der sozialen Aktivität verbinden. Es ist ein ambitioniertes und komplexes Unternehmen, das eine deutliche Unterscheidung voraussetzt zwischen Diskurs und Ideologie (obgleich der Diskurs integraler Bestandteil der ideologischen Sphäre ist) und den Rückgriff auf ein Ensemble von Wissenschaften wie Linguistik, Psychoanalyse, Semiotik usw. Doch zugleich ist es ein sehr fruchtbares Unterfangen, dessen vielfältige Anwendungsmöglichkeiten von Cicero bis zum politischen Diskurs der Gegenwart man bereits erahnt.

Noch entscheidender ist der Durchbruch, den Michel Vovelle in der *Mentalitätsgeschichte* erreichte. Vovelle ist gewiß der subtilste und erfindungsreichste unter den gegenwärtigen marxistischen Historikern, auch derjenige, der am meisten zum Fortschritt der »Neuen Geschichtswissenschaft« beigetragen hat, indem er sich nicht auf einen ganz allgemeinen methodologischen Diskurs beschränkte (wie es noch zu oft vorkommt), sondern seine Methoden im Prozeß konkreter Forschungen, in einer sehr engen und seltenen Verbindung von Theorie und Praxis weiterentwickelt hat. Mit Michel Vovelle kann die »Neue Geschichtswissenschaft« anhand ihrer Früchte beurteilt werden.

Es sind vor allem das Fest und der *Tod*. In Ermangelung einer tiefgründigen Analyse, für die an dieser Stelle kein Platz ist, folgen wir einen Augenblick Michel Vovelle bei seiner Befragung, die er so eindrucksvoll vorangetrieben hat: Wie haben die Menschen ihren Tod erlebt? In seiner Arbeit »Piété baroque et Déchristianisation: attitudes provençales devant la mort au siècle des Lumières d'après les clauses de testament« entwickelt er eine Reihe signifikanter methodologischer Kriterien.[6] Zunächst wird der Blick des Forschers auf *ein* Problem gerichtet, das dadurch sorfältig ausgeleuchtet und untersucht wird: die Haltung gegenüber dem Tod. Des weiteren erfolgt die Untersuchung im Rahmen der *langen Dauer*, die für die Wahrnehmung möglicher Beugungen und Brüche in einer kollektiven Empfindungswelt unverzichtbar ist. Die Auswahl der Quellen schließlich zeigt den Willen, mit homogenem Material zu arbeiten, das sich zur quantitativen Auswertung eignet: die heterogenen Bestandteile der Überlieferung werden zugunsten einer einheitlichen und seriellen Quellengattung, der Testamente, vernachlässigt. Von der Entwicklung der Testamente, die einer minutiösen Analyse unterzogen werden, erwartet der Forscher eine Antwort auf die gestellte Frage. Und »allem Anschein zum Trotz erweisen sich die notariellen Formulierungen längst nicht als unbeweglich, sondern im Gegenteil als beweglich, in der Lage, eine Entwicklung auszuweisen und dadurch die Veränderungen in der kollektiven Sensibilität der Notarskundschaft widerzuspiegeln«. Die Untersuchung bringt eine tiefgreifende Veränderung seit 1760 zutage: das Testament wird laizistischer und persönlicher. »Das Bild vom Tod hat sich verändert. Das Netz der Gesten und Riten, in denen sich der Übergang in sicheren Bahnen vollzog, hat sich grundlegend verändert. Man weiß nicht, ob der Mensch 1780 einsamer stirbt, des Jenseits weniger gewiß ist als 1710, aber er hat jedenfalls beschlossen, darüber keine vertrauliche Mitteilung mehr zu hinterlassen.« Mit der Analyse dieses allmählichen Wandels dringen wir sicher in das weite Feld der Dechristianisierung ein. Ein beispielhaftes Vorgehen!

Ich würde schließlich eine dritte Ebene der Interferenz von Marxismus und »Neuer Geschichtswissenschaft« unterscheiden, eine Überlagerung, die sich heute gerade erst abzuzeichnen beginnt, deren Folgen aber in naher Zukunft von großer Bedeutung sein könnten. Sie geht von marxistischen Historikern aus, die mit der Anwendung der neuen Methoden vollkommen vertraut sind und deren Hauptanliegen darin besteht, sich auf diese zu stützen, um die marxistische Methodologie weiterzuentwickeln und konsequent aus der Erstarrung zu befreien, unter der sie noch leidet. Wie im vorangegangenen Fall findet eine Kombination beider Elemente statt, doch die Hierarchie des Interesses ist nicht dieselbe: die Erneuerung der historischen Methoden wird weniger als ein Ziel an sich betrachtet, sondern vielmehr als notwendiges Hilfsmittel für tiefergehende theoretische Überlegungen. Sehen wir uns auch hier wieder zwei Beispiele an.

Das erste kommt aus der Bundesrepublik Deutschland in Gestalt eines jungen, sehr talentierten Historikers. Hans Medick ist der Mitautor eines neuen Buches, »Industrialisierung vor der Industrialisierung«, welches bereits als ein herausragender Beitrag zur Theorie des Übergangs vom Feudalismus zum Kapitalismus gelten kann.[7] Das Buch beschreibt die Herausbildung, den Aufschwung und den Niedergang einer *Struktur* (der Protoindustrie), die ein charakteristisches Merkmal der Spätphase des Feudalismus und des frühen Stadiums des Kapitalismus darstellt. Die Struktur erwächst aus der engen Verbindung einer ländlichen Industrie, die sich im familiären oder hauswirtschaftlichen Rahmen ausformt, und einer kapitalistischen Organisation des Marktes, die die Verteilung dieser industriellen Erzeugnisse auf dem neuen Weltmarkt absichert.

Hans Medick verzichtet konsequent auf einen Empirismus, der ihn zu einer detaillierten Beschreibung aller Formen der Protoindustrialisierung in Europa geführt und ihn dann, um von der Beschreibung zu einer Scheinerklärung zu gelangen, gezwungen hätte, die Angaben mehr oder weniger künstlich in ein bißchen Konjunktur, viel Demographie und alles zusammen in die lange Dauer einzuordnen. Medick interessiert sich dagegen für die Aufdeckung der Funktionsweise der Struktur und ihrer bestimmenden Faktoren. Mit Hilfe der neuen historischen Methoden gelingt ihm das auf zwei verschiedenen Ebenen. Die Makroanalyse des Phänomens stützt sich auf einen Komplex quantitativer (sowohl demographischer wie wirtschaftlicher) Erhebungen und macht die Verbindung zwischen der Protoindustrialisation und der »Destabilisierung und Auflösung der traditionellen bäuerlichen Gesellschaften Europas« deutlich. Die anschließende Mikroanalyse beruht auf weitreichenden Anleihen aus der Anthropologie. Sie geht von den Regeln des Wirtschaftsverhaltens der Produzenten, d. h. der »protoindustriellen« Bauern aus, deren Ziel in der Ausbalancierung von Arbeit und Konsumtion besteht (indem sie nur arbeiten, wenn diese Arbeit für ihre Subsistenz unbedingt erforderlich ist); anschließend deckt sie die originalen Bewirtschaftungsmechanismen auf (den Differentialprofit, der sowohl die im Zunftsystem als auch die in der Manufaktur realisierbaren Profite übersteigt), um schließlich zur Untersuchung des Reproduktionsprozesses zu führen. Eine durch ihre bloßen Ergebnisse beeindruckende Arbeit.

Die eigene politische Ökonomie eines jeden Systems suchen

Wir wollen jedoch bei seinem methodologischen Beitrag zum Marxismus verweilen. Hans Medick lehnt ein scholastisches, pseudomarxistisches Herangehen ab, das darin bestanden hätte, den Untersuchungsgegenstand ohne weiteres in eine in ihren Wesensmerkmalen bereits vorgefaßte Produktionsweise hineinzustellen, die es durch Hantieren mit Produktivkräften und Produktionsweisen nur noch zu illustrieren und zu beleben gelte. Die Forderung nach einer globalen Sicht ausgehend vom Verständnis der Produktionsweise bleibt für Medick erstrangig; sie ist ein methodologischer Ausgangspunkt, doch sie ist nicht der Ausgangspunkt der Forschung. Ganz im Gegenteil, Hans Medick ist sich bewußt, daß es nicht möglich ist, a priori ein globales *Modell* eines sozioökonomischen Systems zu entwickeln, ohne in Spekulation zu verfallen. Die Forschung schreitet notwendigerweise mit der Ausbildung von Teil modellen oder Zwischenstufen und deren Erweiterung zu einem späteren Zeitpunkt voran. Um den Empirismus hinter sich zu lassen, ohne auf ein Dogma zurückzugreifen, empfiehlt er daher eine auf fortschreitende Theoretisierung gegründete Methodologie, eine Herangehensweise, die so manchen gewiß abschrecken wird (sie führt tatsächlich zu einer systematischen Infragestellung alles dessen, was man über die vorkapitalistischen Produktionsweisen zu wissen glaubte), die jedoch bereits nach ihren Ergebnissen beurteilt werden kann. Ob bei Witold Kula, bei Hans Medick oder anderen, sie steht am Ausgangspunkt bedeutsamer Durchbrüche und Deblockierungen. Und es sei angemerkt, daß sie ganz einfach die Rückkehr zu den Quellen des Marxismus bedeutet. Die Rekonstruktion der Funktionsweise eines sozioökonomischen Systems durch besonders aufmerksame Betrachtung des zentralen Prozesses der »Reproduktion«, die Suche nach der eigenen ökonomischen Logik jedes Systems – war dies nicht genau jenes Verfahren, welches Marx in seiner Untersuchung des kapitalistischen Systems praktiziert hat? Und war es nicht gerade das, was man nach seinem Tod unterlassen hat, zugunsten einer stärker historisierenden Anschauung der sozialen Prozesse? Darin kündigt sich (wir werden weiter unten darauf zurückkommen) das Hinauswachsen über die Wirtschafts- und Sozialgeschichte der letzten dreißig bis vierzig Jahre an, die von Ernest Labrousse und später von Pierre Vilar zu ihrem Höhepunkt geführt worden ist. Der Grundzug dieses Hinauswachsens besteht darin, dem Begriff der Produktionsweise, der einzigen tatsächlichen Alternative zum Empirismus, einen wirklich operationellen Charakter zu verleihen. Aber man sieht auch, daß dieses neue Herangehen im Prozeß seiner Herausbildung in starkem Maße von der methodischen Erneuerung profitiert wie auch zu dieser beigetragen hat.

Am Schnittpunkt von Anthropologie und Geschichtswissenschaft: Das Werk von Maurice Godelier

Vergleichbare theoretische Denkansätze finden wir im so umfangreichen wie wertvollen Werk von Maurice Godelier. Mit ihm befinden wir uns noch am Schnittpunkt von Anthropologie und Geschichtswissenschaft, aber, präzisieren wir, einer entschieden marxistischen Anthropologie, »die auf historische Realitäten abzielt« und sich versteht als »von Psychologismus, allgemeinem Funktionalismus, antihistorischer Kulturforschung frei«, als »eine Wissenschaft, die die Strukturen begreifen will, ohne ihre Entstehung und Entwicklung zu vernachlässigen, und die schließlich versucht, Strukturen und konkrete Ereignisse zu erklären, indem sie sich den Weg des Vergleichs bahnt, um zur Entdeckung von Gesetzmäßigkeiten zu gelangen«.[8]

Der Gegenstand der *ökonomischen Anthropologie* ist folglich für Maurice Godelier die vergleichende theoretische Analyse verschiedener Wirtschaftssysteme. Seit etwa zehn Jahren bemüht er sich, die Grundbegriffe dieser Wissenschaft wie »System«, »Struktur«, »Regel«, »Gesetzmäßigkeit« mit größtmöglicher Schärfe zu definieren. »Jede anthropologische Forschung, die aus der Sicht der Geschichte, der Wirtschaft oder der Ethnologie usw. unternommen wird, führt zu der Annahme, daß keine Gesellschaft existiert, ohne ihre verschiedenen Aktivitäten nach den Prinzipien und der Logik einer bestimmten gewollten Ordnung zu organisieren. Die Aufgabe der Sozialwissenschaften besteht darin, diese Regeln mit den Tatsachen zu konfrontieren, um ›Gesetzmäßigkeiten‹ aufzudecken.«

Sein Herangehen hat ihn zu fundierten und innovatorischen Reflexionen über die Begriffe des historischen Materialismus geführt, die ihren jüngsten Niederschlag in dem Werk »Horizons. Trajets marxistes en anthropologie«[9] gefunden haben. Greifen wir aus den großen aufgeworfenen Fragen das Problem der Produktionsverhältnisse heraus, die in der marxistischen Theorie den Zugang zu den Produktionsmitteln und zu den Produkten der gesellschaftlichen Arbeit bestimmen, die aber, wie Godelier bemerkt, »in den verschiedenen Gesellschaften und historischen Epochen nicht denselben Platz einnehmen, nicht dieselben Formen annehmen und nicht dieselben Wirkungen hervorrufen«. So ist die Verwandtschaftsbeziehung in vielen primitiven Gesellschaften ein Produktionsverhältnis. Man ahnt also die möglichen Folgen dieser Gedanken, sei es, um die Rolle der Politik im antiken Griechenland einzuschätzen oder die Rolle der Religion in Sumer, in Assur, ja auch in den mittelalterlichen Gesellschaften zu beurteilen.

Es gibt keine bessere Würdigung für Maurice Godelier, als auf den Einfluß zu verweisen, der von ihm auf zahlreiche Arbeiten über die alte und mittelalterliche Geschichte ausging, und unsere Dankesschuld ihm gegenüber anzuerkennen. Ganz gewiß ist er derjenige, der, ausgehend vom Zusammenfluß von Geschichte und Sozialwissenschaften, die Reflexion über das begriffliche Instrumentarium des Historikers am weitesten vorangetrieben hat. Daß eine solche Verfahrensweise, die zahlreiche ideologische und politische Implikationen birgt, auch auf Widerstände und Kritik gestoßen ist, wird daher niemanden überraschen, wenn man die (weiter oben erwähnten) Demarkationslinien innerhalb des marxistischen Denkens berücksichtigt. Auf den Vorwurf des »Strukturalismus«, der von Lucien Sève mit den Argumenten und Methoden einer anderen Zeit vorgebracht wurde, hat Maurice Godelier in einer Weise geantwortet, der nichts hinzuzufügen ist: Es handele sich um ein »Nachhutgefecht, das seine Methoden eben jenem Dogmatismus entnimmt, der über mehrere Jahrzehnte die Entwicklung des Marxismus gehemmt und ihm auf manchem Gebiet seinen ›Geist‹ und seine wissenschaftliche Substanz genommen hat«.

Der Marxismus angesichts der methodologischen Erneuerung

Was wir eben über den Beitrag marxistischer Historiker zur Erneuerung der historischen Methoden äußerten, zeigt, daß der Zusammenfluß keine ganz neue Erscheinung darstellt. Die marxistische Geschichtswissenschaft hat in dieser Hinsicht immer als Ansporn gewirkt. Das bedeutet natürlich nicht, für sie deswegen das Monopol der Erneuerung einzufordern. Viele Forscher aus den verschiedensten philosophischen Richtungen haben an dieser Erneuerung teilgehabt. Von daher rührt die Komplexität der anfänglichen Beziehungen zwischen Marxismus und Neuer Geschichtswissenschaft. Wenn die Genese der letzteren vom Einfluß des Marxismus nicht zu trennen ist, so enthält sie kontradiktorisch auch ein Element der Reaktion (das zu einer Herausforderung werden kann), entweder gegen den Marxismus selbst oder gegen einige seiner Deformationen. Aus diesem Grund schließt die Zustimmung des marxistischen Historikers zu den Techniken und Methoden, die die »Neue Geschichtswissenschaft« unterbreitet – so unverzichtbar diese ist, wenn er die wissenschaftliche Substanz des historischen Materialismus bewahren und entwickeln will –, eine äußerst große Aufmerksamkeit für die vielfältigen Fallstricke ein, die ihm gespannt werden.

Im Angesicht der quantitativen Forschung

Ob es sich um die Anwendung quantifizierender Methoden, die Entdeckung neuer Gegenstände der Geschichtswissenschaft oder um methodologische Anleihen aus den Sozialwissenschaften handelt, jede dieser Herangehensweisen kann ebenso zu einem Fortschritt wie zu einem Rückschritt der historischen Methodologie führen.

In »Faire de l'histoire« hat François Furet einen scharfsinnigen Beitrag über das Problem des *Quantitativen* in der Geschichte geschrieben.[10] Er unterstreicht sehr deutlich die epistemologischen Implikationen, und man wird ihm zustimmen, wenn er schreibt, daß der Historiker von heute sich mit neuen Gegebenheiten und mit einer neuen Bewußtwerdung der Vorbedingungen seines Berufes konfrontiert sieht (S. 46), besonders weil immense, bisher »schlafende« Bereiche der Quellenüberlieferung ans Licht kommen, die sich für eine quantitative Auswertung eignen.

Ist es tatsächlich angemessen, darin eine »Revolution des historiographischen Bewußtseins« zu sehen (S. 53)? Die Formulierung ist vielleicht übertrieben, aber der Tatbestand bleibt, daß die »serielle Geschichtswissenschaft« tatsächlich »das alte, sorgfältig abgeschlossene Reich der klassischen Historiographie durch zwei unterschiedliche und doch miteinander verbundene Bestrebungen aufgelöst hat«: die analytische Zerlegung der historischen Realität in verschiedene Ebenen der Beschreibung und die Sichtbarmachung der verschiedenen Evolutionsrhythmen dieser Ebenen. Die Tatsache, daß diese zweifache Operation fruchtbar ist und vor allem (durch die Hervorhebung der Korrelationen zwischen verschiedenen Phänomenen) Probleme zutage bringt, die allein mit qualitativer Analyse nicht erfaßbar sind, dürfte heute niemand mehr bezweifeln. Nach dieser Feststellung darf man aber auch der Frage nach den Grenzen der quantitativen Methode nicht ausweichen. Wenn man zuviel von ihr verlangt, riskiert man, sie auf die schiefe Bahn zu bringen. Ich will hier nicht von den plumpen Fallen (inhomogene Quellen, die sehr schwer quantifizierbar sind ...) sprechen, die nur zu oft von jenen ins Feld geführt werden, die Gründe der Tradition oder geistige Unbeweglichkeit von diesen Methoden abhalten: es sind reale Schwierigkeiten, die aber durch die Verfeinerung der Methoden nach und nach verringert werden können. Konzentrieren wir uns lieber auf zwei Grenzen – die eine technischer, die andere theoretischer Art.

In technischer Hinsicht zieht die quantitative Analyse enorme Verzerrungen in der Kenntnis jedes einzelnen Aspekts eines bestimmten Prozesses nach sich. Einige Aspekte können dank geeigneter Quellen sehr intensiv beleuchtet werden, während andere aufgrund fehlender analoger Quellen im Halbdunkel oder in völliger Dunkelheit verbleiben. Von daher rührt nun die Versuchung, den gesamten Prozeß allein mit den gut erforschten Aspekten zu erklären, und diese Versuchung ist um so größer, als die Formalisierung der Methoden die Illusion wahrer Wissenschaftlichkeit erzeugt.

Der schwierige Übergang von der Beschreibung zur Erklärung

Greifen wir dasselbe Beispiel auf, das François Furet ausgewählt hat, um die Effizienz der Quantifizierung zu illustrieren, die »Paysans de Languedoc« von Emmanuel Le Roy Ladurie.[11] Es ist tatsächlich eine Spitzenarbeit, und sei es nur aufgrund der Aufstellung verschiedener demographischer und ökonomischer Datenreihen, die die Arbeit enthält und aus denen vor allen Dingen die dramatische Konfrontation von Bevölkerung und ökonomischen Ressourcen sichtbar wird. Nach dieser völlig berechtigten Würdigung stellt sich jedoch die Frage, mit welchem Recht der Verfasser daraus eine malthusianistische Schlußfolgerung (welcher François Furet übrigens zustimmt [S. 56]) ableitet? Mit welchem Recht privilegiert Le Roy Ladurie also den demographischen Faktor im Wachstumsprozeß? Für einen solchen Prozeß wird so lange keine Erklärung zufriedenstellend sein, bis man den Mechanismus der »Reproduktion« (in seinem doppelten ökonomischen und demographischen Aspekt) inmitten der grundlegenden Produktionseinheit, das heißt der Familie, wahrnimmt.

Das verlangt, daß man bestimmte Phänomene aufspürt, die in den Quellen nur schwer faßbar sind: die Entwicklung der Arbeitsproduktivität, die Tendenzen der verschiedenen Formen grundherrlicher wie staatlicher Abgaben. Nur durch eine solche Untersuchung können wir verstehen, warum die *bäuerlichen* Betriebe in einer bestimmten Periode aufblühen, dagegen in einer anderen abnehmen. Denn nach den bisherigen Untersuchungen kann die plötzliche Besteuerung mit einer übermäßig hohen Abgabe ungleich stärkere Konsequenzen für das Gleichgewicht der bäuerlichen Betriebe nach sich ziehen als eine »malthusianistische« Kluft (zwischen Bevölkerung und Ressourcen) auf makroökonomischer Ebene. Die Schwierigkeit liegt, wie jeder verstehen wird, darin, daß wir nicht über bäuerliche Rechnungsbücher verfügen, wohingegen uns Zehnt und Fiskus hinreichend über Produktion und Bevölkerung unterrichten. Jedenfalls ist der unmerkliche Übergang von einer beschreibenden (partiell beleuchteten) zu einer erklärenden Ebene methodologisch inakzeptabel, und die quantifizierende Methode kann den Historiker dazu verleiten, sich von seinen Quellen treiben zu lassen, wobei er Gefahr läuft, seine Forschung aus dem Gleichgewicht zu bringen.

Das theoretische Risiko ist noch schwerwiegender. Hier geht es um die Frage, ob die »analytische Zerlegung der historischen Realität in verschiedene Ebenen der Beschreibung« den Anspruch einer globalen oder totalen Geschichtswissenschaft beeinträchtigt, indem sie »die historische Realität atomisiert«. Wenn die Antwort positiv ausfällt, dann heißt das eindeutig, daß sich die Anwendung der quantifizierenden Methoden in die Perspektive eines Neopositivismus oder eines formalisierten Positivismus einordnet, der uns unter dem Anstrich eines auffälligen Modernismus auf den Horizont von 1900 zurückwirft, abgesehen von der Kriegsmaschine, die sie gegenüber dem Marxismus darstellt. Liest man nun die neueren Arbeiten der Wirtschaftsgeschichte, vor allem der mittelalterlichen und neueren, scheint es offensichtlich, daß oben gestellte Frage von vielen Autoren bejaht wird. François Furet gibt uns für diesen entscheidenden Punkt eine beinahe zufriedenstellende Antwort. »Ich würde sagen, daß man ihn [den globalen Anspruch] als Denkhorizont der Geschichtswissenschaft wahrscheinlich bewahren muß, daß man aber, um voranzukommen, darauf verzichten muß, ihn zum Ausgangspunkt der Forschung zu machen, ansonsten verfällt man in die oben beschriebene teleologische Illusion.« Er hat recht, wenn er den Anspruch des Globalen als *Ausgangspunkt* ablehnt, und genau das ist der Sinn des epistemologischen Bruchs, der die marxistische Geschichtsschreibung vom Dogmatismus befreien kann und muß. Sein Zögern, diesen Anspruch »als Denkhorizont der Geschichtswissenschaft« beizubehalten, verstehe ich weniger. Sein »wahrscheinlich« hat etwas Beunruhigendes, besonders weil er kein Wort über die historische Kategorie verliert, die in der Lage ist, die historische Totalität zu strukturieren: die Produktionsweise.

Diese Vorbehalte im Blick, würde der marxistische Historiker den Beweis einer besorgniserregenden Kurzsichtigkeit antreten, wenn er aus prinzipieller Vorsorge darauf verzichten würde, aus der Anwendung der quantitativen Methoden den maximalen Nutzen zu ziehen. Durch Fortentwicklung der quantitativen Forschungen in alle Richtungen wird er das oben erwähnte technische Risiko verringern. Und er hat keinerlei Grund, die analytische Destrukturierung des historischen Gegenstandes zu fürchten, wenn er diese als eine notwendige Stufe der Forschung begreift, die einer progressiv voranschreitenden Restrukturierung vorangeht, da der Kurs unbeugsam auf die Erfassung der Produktionsweise ausgerichtet bleibt.

Im Angesicht der neuen historischen Forschungsfelder

Die Entdeckung neuer Forschungsfelder der Geschichtswissenschaft verlangt analoge Bemerkungen. Verweilen wir bei dem gegenwärtig am meisten im Blickpunkt stehenden Bereich, dem der *Mentalitäten* und der *Ideologien*, von dem Jacques Le Goff sagt, daß es sich »am Kreuzungspunkt des Individuellen und des Kollektiven, der Langzeit und des Alltags, des Unbewußten und des Absichtlichen, der Struktur und der Konjunktur, des Marginalen und des Allgemeinen ansiedelt«. Die Tatsache, daß die Mentalitäten aufgrund ihrer Trägheit »komplexe Beziehungen mit den sozialen Strukturen« unterhalten, bietet keinen Grund, marxistische Historiker von deren Untersuchung abzuhalten. Und man muß sich schon auf eine wirklich sehr grobe

Vorstellung des Materialismus berufen, um in ihnen lediglich eine Widerspiegelung der sozialökonomischen Basis zu sehen. Man kann der marxistischen Geschichtswissenschaft bestenfalls vorwerfen, daß sie in ihrem Eifer, die Bedeutung der materiellen Strukturen hervorzuheben, den mentalen Phänomenen, deren Eingreifen sich oft als entscheidend erweisen kann, nicht genügend Aufmerksamkeit geschenkt hat.

Doch selbst diese Kritik kann schon als überholt gelten, wenn man die weitreichende theoretische Debatte über die Beziehungen zwischen den verschiedenen Bereichen einer Gesellschaft verfolgt, die bereits im Gange ist. Das Problem besteht in folgendem: Wie kann man die scheinbar dominierende Rolle eines bestimmten Elements des »Überbaus« (Religion, Politik) in einer bestimmten Gesellschaft mit der These von der letztendlichen Kausalität der Produktionsweise und der Priorität der Basis in Einklang bringen?

Die marxistischen Historiker ignorieren nicht die Rolle der Mentalitäten

Ohne auf den Grund der Debatte vorzustoßen, sei daran erinnert, daß verschiedene Antworten gegeben worden sind. Wenn Politik oder Religion die Entwicklung einer Gesellschaft bestimmen, dann hat nach Louis Althusser die Produktionsweise eine dieser Instanzen ausgewählt und in die dominierende Position gebracht. Eine andere Antwort gibt Maurice Godelier: »Diese oder jene soziale Aktivität und die gesellschaftlichen Verhältnisse, die sie eindeutig organisieren, beherrschen nur dann eine Gesellschaft (und folglich das Bewußtsein, die Vorstellungen ihrer Mitglieder), wenn diese Aktivität und die gesellschaftlichen Verhältnisse als Produktionsverhältnisse funktionieren. Diese Aktivität bestimmt die Gesellschaft nicht und funktioniert nicht als Produktionsverhältnis, weil sie das Bewußtsein bestimmt. Weil sie als Produktionsverhältnis funktioniert, nimmt sie eine vorherrschende Stellung in der Gesellschaft und im Bewußtsein ihrer Mitglieder ein.«[12] Die Logik die ser Position führt Maurice Godelier sogar dazu, den Begriff der »Instanz« oder der »Ebene« zurückzuweisen: »Eine Gesellschaft hat kein Oben und Unten und ist kein System von Ebenen oder Instanzen, sondern ein System sozialer Verhältnisse, die nach der Natur ihrer Funktionen hierarchisch angeordnet sind.« Sie läßt ihn auch die Begriffe »Basis« und »Überbau« ablehnen und in der Ideologie nicht länger eine Instanz sehen, die »gewissermaßen hoch oben auf der Spitze des Überbaus« liegt, nur um die Produktionsverhältnisse zu rechtfertigen.

Die Debatte ist noch längst nicht abgeschlossen, aber sie zeugt bereits von dem neuen Interesse der marxistischen Historiker für die mentalen Kategorien, von ihrem Bestreben, die vielfältigen Verbindungen aufzudecken, die die mentalen Strukturen mit der Gesamtheit der gesellschaftlichen Verhältnisse verbinden. Denn es hieße in die Fallen eines »überholten Spiritualismus« zu geraten (um eine Formulierung von Jacques Le Goff aufzugreifen), würde man diese Verbindungen außer acht lassen. Doch ebenso wie der Reiz des Quantitativen ein zweischneidiges Schwert darstellt, ist auch die Verlockung des Mentalen bei einigen Forschern untrennbar damit verbunden, daß sie die Analyse der materiellen Strukturen in den Hintergrund drängen. Die große Schwierigkeit für den Historiker (und besonders für den marxistischen Historiker) besteht darin, seine Vorstellung von der Geschichte durch stete geistige Durchdringung neuer Forschungsfelder zu bereichern und dabei aber eine Fragmentierung des historischen Stoffes zu vermeiden. Es wird ihm nur dann gelingen, wenn die gesellschaftlichen Verhältnisse zum bevorzugten Feld der geschichtswissenschaftlichen Arbeit werden.

Die Position gegenüber den Humanwissenschaften

Auch die Frage der Beziehungen zwischen Geschichtswissenschaft und Humanwissenschaften stellt sich in widersprüchlicher Weise. Es wäre ebenso unsinnig, auf die Beiträge der letzteren zu verzichten, wie diese unbesehen in die Geschichtswissenschaft aufzunehmen. Die Gefahr einer kritiklosen Übernahme ist eine zweifache. Sie führt zunächst zu einer Auflösung der Geschichtswissenschaft in andere Disziplinen, zur Aufgabe ihrer spezifischen Methoden. Einige Theoretiker der Humanwissenschaften zögern denn auch nicht, ihren Status in Frage zu stellen und den Tod der Geschichte zu verkünden. Man muß darauf achtgeben und darf nicht der Versuchung nachgeben, einem billigen Modernismus zu erliegen, der gerade noch für jene zu einer echten Flucht nach vorn werden kann, die in Empirismus oder in einer dogmatischen Anwendung des Marxismus gefangen sind. In diesem Zusammenhang gibt uns Pierre Vilar eine wichtige Antwort: »Ich war immer überzeugt, daß die Geschichte als die einzige zugleich globale und dynamische Wissenschaft der Gesellschaft anerkannt werden muß, folglich als die einzig mögliche Synthese der anderen Sozialwissenschaften.«[13] Die zweite Gefahr ist noch deutlicher: Der Rekurs auf bestimmte Humanwissenschaften kann die willentliche Infragestellung der Begriffe des historischen Materialismus befördern. Dies war der Fall mit der Ethnologie, als die Verwandtschaftsverhältnisse als grundlegender Ordnungsbegriff gegen den der Produktionsverhältnisse vorgebracht wurden.

Der historische Materialismus wiederum würde sehr schnell an wissenschaftlicher Substanz verlieren, wenn er sich von diesen neuen aufsteigenden Disziplinen, die für die Erweiterung seines Horizonts unentbehrlich sind, abkehren würde. Wie Pierre Léveque gezeigt hat, verdankt die aktuelle methodologische Erneuerung in der Alten Geschichte gerade der Einführung der von den Sozialwissenschaften entwickelten Techniken sehr viel.[14] Dies meint die Anleihen bei der Linguistik für die Diskursanalyse antiker Reden; die Anleihen bei der Ethnologie für die Erkenntnis der materiellen Arbeits- und Produktionsmittel (vorallem für das Problem des Wassers in den Mittelmeerländern); die Notwendigkeit des Rückgriffs auf Methoden der politischen Ökonomie usw. Das Zusammentreffen von Geschichte und Humanwissenschaften muß jedoch über die einfache Übernahme der Techniken hinaus zu einem tiefgründigeren Nachdenken über die Begriffe und Instrumentarien der einen wie der anderen führen. Mit den Arbeiten von Emmanuel Terray, Claude Meillassoux und Maurice Godelier entwickelt sich eine solche Reflexion auf verschiedenen Ebenen. Sie zielt darauf ab, die Anthropologie von bestimmten ideologischen Bestrebungen zu befreien und im Rahmen des historischen Materialismus neu zu bestimmen.

Eine Herausforderung

Der Zusammenfluß von Marxismus und »Neuer Geschichtswissenschaft« ist also alles andere als einfach. Er stößt ständig an neue Klippen und ist dennoch notwendiger als je zuvor. Er ist eine Sache der Einheit, aber auch des Kampfes. Eine Einheit ohne Kampf ist ebenso wie ein Kampf ohne Einheit nachteilig für das Schicksal des historischen Materialismus. Für die Marxisten gewinnt diese Konfrontation daher den Wert einer Herausforderung. Sie können die Tragweite dessen, was auf dem Spiel steht, nicht ignorieren und müssen erkennen, daß sich unter dem Deckmantel technischer Innovation und der enthusiastischen Hinwendung zu den Humanwissenschaften eine partielle oder vollständige Infragestellung des Marxismus, ein Zurückweisen der Globalgeschichte und des Anspruchs auf wissenschaftliches Herangehen an Geschichte entwikkelt. An ihnen ist es folglich, eine Antwort zu geben, die der Höhe der Aufgabe entspricht.

Diese Antwort muß in einer geschichtswissenschaftlichen Praxis gesucht werden, die größte Aufgeschlossenheit gegenüber den neuen Methoden (bei Beachtung der oben angeführten Vorsichtsmaßregeln) mit der realen, nicht formellen, Anwendung der Grundbegriffe des historischen Materialismus verbindet. »Schwerer und seltener, als Historiker zu sein, ist nur, marxistischer Historiker zu sein«, bekräftigt Pierre Vilar nachdrücklich in »Histoire marxiste, histoire en construction«[15]. Scharfsinnig erörtert Vilar die fortdauernden Schwierigkeiten« und die »offenen Wege«. Ich bin mit ihm in zahlreichen Punkten einverstanden. Zunächst, wenn er den schmalen Pfad zwischen Empirismus und spekulativem Idealismus beschreibt (»der Abgrund des Empirismus ist vom Abgrund des Idealismus nur durch die Breite einer Rasierklinge getrennt«): ständig laufen wir Gefahr, nach der einen oder anderen Seite abzugleiten, sei es, daß die Theorie über die »direkte Durchdringung des historischen Materials« obsiegt oder aber sich darin verliert. Ich stimme ihm auch zu, wenn er, nach Marx, die Anforderungen an eine Gesellschaftswissenschaft formuliert, die kohärent sein soll, dank einer soliden gemeinsamen theoretischen Grundlage, zugleich *total* – also in der Lage, kein fruchtbares Untersuchungsfeld außerhalb ihres Kompetenzbereiches unberücksichtigt zu lassen – und schließlich *dynamisch*, denn da keine Stabilität ewig währt, gibt es »nichts Nützlicheres zu entdecken als das Prinzip des Wandels«. Und ich bin schließlich auch seiner Meinung, wenn Vilar – und hier trifft er sich mit Althusser – behauptet (wenigstens auf der Ebene des Prinzips), daß der »zentrale Begriff, das kohärente Ganze, der theoretische Gegenstand bei Marx eben die Produktionsweise als determinierte und determinierende Struktur ist«.

Die Produktionsweise bleibt der Schlüsselbegriff des marxistischen Ansatzes

Ich verweile bei diesem letzten Punkt, weil hier, so scheint es, die methodologischen Ansätze auseinandergehen. Verleiht Pierre Vilar dem Konzept der Produktionsweise tatsächlich seinen ganzen operationellen Wert? Räumt er ein, daß die Kenntnis des theoretischen Funktionierens der vorkapitalistischen Produktionsweisen für das Verständnis der historischen Prozesse ebenso unabdingbar ist wie das Kapitalismusmodell, das Marx für das Verständnis der *neueren* Geschichte entwickelt hat? Sieht er in der Produktionsweise (über die Kombination Produktivkräfte/Produktionsverhältnisse hinaus) ein System, das nach (expliziten) Regeln und (unsichtbaren) Gesetzmäßigkeiten funktioniert, dessen Erforschung sich der Historiker zur Aufgabe macht, ein System, das die Geheimnisse seiner Entwicklung, seiner Veränderungen und seines späteren Verschwindens birgt? Wer die einigende und bestimmende Rolle der Produktionsweise anerkennt, wird auf diese Fragen positiv antworten.

Das Werk von Pierre Vilar ist zweifellos sehr umfangreich, aber ich sehe nicht, daß er zu irgendeinem Zeitpunkt in seiner Forschung die Erarbeitung einer Theorie des Feudalsystems besonders betrieben hätte, die ein Schlüssel zu der von ihm untersuchten Periode darstellt. Im Gegensatz zu dem polnischen Historiker Witold Kula, der sich als einer der ersten mit dieser ebenso schwierigen wie grundlegenden Frage beschäftigte, hat Pierre Vilar ein »historizistisches« Herangehen bewahrt, wie er selbst freimütig gesteht. Ihn interessiert vor allem die Untersuchung einer konkreten Gesellschaft und nicht die Erarbeitung eines abstrakten Modells, als ob die konkrete Untersuchung ohne ein theoretisches Konzept als Vorbedingung denkbar wäre, als könnte man (um das Beispiel der kapitalistischen Gesellschaften aufzugreifen) Wirtschaftskrisen ohne eine Theorie dieses Systems verstehen. Tatsächlich hat es den Anschein, als ob die Produktionsweise für ihn kein wirklicher Forschungsgegenstand ist, sondern ein allgemeiner vorausgesetzter Rahmen, dessen Determinanten ansonsten recht schwach bleiben.

Wenn man im Unterschied zu Pierre Vilar jedoch meint, daß unsere Unkenntnis des Feudalsystems noch nahezu vollständig ist und daß dieser Umstand uns verbietet, eine klare Vorstellung vom Übergang zum Kapitalismus und von den Bedingungen seiner Genese zu haben, kann man den »Optimismus« Vilars in bezug auf den Zustand der marxistischen Geschichtswissenschaft nicht mehr teilen. Man beobachtet im Gegenteil, daß sie auf ein konkretes Hindernis stößt, das um so schwieriger zu beseitigen ist, als alle möglichen ideologischen, politischen, ja auch professionellen Schwerfälligkeiten auf dessen Aufrechterhaltung hinwirken.

Den Begriff der Produktionsweise in den Vordergrund zu stellen, bedeutet beispielsweise, den Begriff der »ökonomischen Gesellschaftsformation«, dessen immer häufigere Verwendung auf ein Ersatzphänomen hinweist, in den Hintergrund zu rücken. Dies bedeutet auch, »Errungenschaften« in Frage zu stellen (angefangen mit der Definition der Produktionsweise selbst); das bedeutet, unser Bild von der Wirtschaftsgeschichte des 14. bis 18. Jahrhunderts und in gleichem Atemzug bestimmte Aspekte des »Erbes von Labrousse« zu revidieren; und es heißt schließlich, anstatt einen nostalgischen Blick auf den langen Weg zu bewahren, der seit Simiand zurückgelegt worden ist, einen neuen Weg einschlagen zu wollen.

Historischer Materialismus und »Neue Geschichtswissenschaft«

»Theoretische Ungeduld« würde mir Pierre Vilar sicher antworten. Möge man sich einen Augenblick die vielfältigen Auswirkungen der aktuellen Schwächen der marxistischen Historiographie vor Augen halten. Um bei dem Beispiel der europäischen Wirtschaftsgeschichte des 14. bis 18. Jahrhunderts zu bleiben: das Terrain, das die marxistische Historiographie mangels einer schlüssigen Interpretation der *longue durée* (die die Trends mit den Funktionsmechanismen der Produktionsweise verbindet) brachliegen ließ, ist heute fast ausschließlich von der neo-malthusianistischen Strömung besetzt (vertreten durch die Cambridge School und Emmanuel Le Roy Ladurie), die nach den Worten des amerikanischen Historikers Robert Brenner nahezu den Charakter einer echten »Orthodoxie« annimmt. Nebenbei sei festgehalten, daß diese Orthodoxie jenseits der ideologischen Bestimmung ihre Kraft aus dem systematischen Rückgriff auf neue Methoden schöpft. So hat die neo-malthusianistische Strömung bei der Nutzbarmachung der quantitativen Methoden eine wichtige Rolle gespielt. Hier haben wir ein weiteres Beispiel für die Ambiguität der »Neuen Geschichtswissenschaft«. Wie dem auch sei, es steht genügend auf dem Spiel, um eine gewisse Ungeduld zu rechtfertigen.

Das Schicksal des historischen Materialismus hat mit allen anderen historischen Prozessen gemein, keine kontinuierliche Bewegung, sondern im Gegenteil eine Abfolge sprunghafter Entwicklungen zu sein. Nun ist gerade seine Konfrontation, sein Zusammenfließen mit der »Neuen Geschichtswissenschaft« (im Zusammenwirken mit anderen Faktoren) in der Lage, einen solchen Sprung hervorzurufen. Die schwierige Herausforderung, vor die er gestellt wurde, wird ihm nachgerade zur Verpflichtung. Die methodische Innovation gibt dem Marxismus aber zugleich wertvolle Hilfsmittel zur Weiterentwicklung seiner wissenschaftlichen Fähigkeiten in die Hand. Es ist nun an ihm, sich ihrer zu bedienen, ohne auf sein Selbstverständnis zu verzichten. Die Erneuerung auf diesem Gebiet verläuft wie auf vielen anderen über eine Rückkehr zu den Quellen.

Marxisme et histoire nouvelle, in: *La Nouvelle Histoire*, sous la direction de Jacques Le Goff, Roger Chartier und Jacques Revel, Editions Retz, Paris 1978, S. 375–393.

1 Vgl. Jean Heffer, *La nouvelle histoire économique*, Paris 1977.
2 Jean Bouvier, »Tendances actuelles des recherches d'histoire économique et sociale en France«, in: *Aujourd'hui l'histoire*, Paris 1974, S. 133.
3 Vgl. Jacques Le Goff, *La civilisation de l'Occident médiéval*, Paris 1964, S. 278–279.
4 Vgl. Georges Duby, »Histoire sociale et idéologies des sociétés«, in: *Faire de l'histoire*, sous la direction de Jacques Le Goff et Pierre Nora, Bd. I, Paris 1974, S. 203–230.
5 Vgl. Régine Robin, *Histoire et linguistique*, Paris 1973.
6 Vgl. Michel Vovelle, *Piété baroque et Déchristianisation: attitudes provenüales devant la mort*, Paris 1973.
7 Vgl. Peter Kriedte/Hans Medick/Jürgen Schlumbohm, *Industrialisierung vor der Industrialisierung*, Göttingen 1977.
8 Vgl. Maurice Godelier, *Rationalité et irrationalité en économie*, Paris 1971, Bd. 2, S. 127.
9 Vgl. derselbe, *Horizons. Trajets marxistes en anthropologie*, Paris 1973.

10 Vgl. François Furet, »Le quantitatif en histoire«, in: *Faire de l'histoire*, Bd. I, S. 69–93.
11 Vgl. Emmanuel Le Roy Ladurie, *Les paysans de Languedoc*, Paris 1969.
12 Vgl. Maurice Godelier, *Horizons*, a. a. O., Bd. I, S. 15.
13 Vgl. Pierre Vilar, »Problèmes théoriques de l'histoire économique«, in: *Aujourd'hui l'histoire*, S. 122.
14 Vgl. Pierre Léveque, »Problèmes théoriques de l'histoire de Sociétés antiques«, in: ebenda, S. 71–105.
15 Pierre Vilar, »Histoire marxiste, histoire en construction«, in: *Faire de l'histoire*, Bd. I, S. 231–284.

ROGER CHARTIER

Die Welt als Repräsentation

Im Editorial der *Annales* vom Frühjahr 1988 werden die Historiker zu gemeinsamem Nachdenken aufgerufen, das von einer zweifachen Feststellung ausgehen soll. Zum einen ist von einer »allgemeinen Krise der Sozialwissenschaften« die Rede, die am Aufgeben globaler Interpretationssysteme erkennbar sei – dieser »dominierenden Paradigmen«, die einst der Strukturalismus oder der Marxismus waren –, wie auch am ausdrücklichen Zurückweisen der Ideologien, die deren Erfolg getragen hatten (worunter wir das Eintreten für ein Modell der radikalen, sozialistischen Umgestaltung der kapitalistischen und liberalen westlichen Gesellschaften verstehen wollen). Zum anderen wird in dem Text eine solche Diagnose nicht in ihrer Ganzheit auf die Geschichtswissenschaft angewendet, denn er schließt mit den Worten: »Der Zeitpunkt einer Krise der Geschichtswissenschaft, eine Annahme, die einige gar zu leicht hinnehmen, scheint uns nicht gekommen.« Die Geschichtswissenschaft wird demnach noch als gesunde und kräftige Disziplin angesehen, die allerdings von Ungewißheiten beherrscht ist, die auf den Zusammenbruch ihrer traditionellen Zusammenarbeit mit der Geographie, der Ethnologie und der Soziologie zurückzuführen sind, auf das Verblassen jener Herangehensweisen und Verstehensmodi, die ihren Gegenständen und ihrer Arbeit eine Einheit gaben. Der Zustand der Unentschlossenheit, der sie heute charakterisiert, wäre demnach als Kehrseite einer Vitalität zu sehen, die auf freie und ungeordnete Weise ihre Betätigungsfelder, Erfahrungen und Begegnungen vervielfacht.

Eine in Zweifel gezogene Diagnose

Warum dieser Ausgangspunkt, der die allgemeine Krise der Sozialwissenschaften und, wenn auch um den Preis eines etwas anarchischen Eklektizismus, die erhaltene Vitalität der Geschichtswissenschaft gleichermaßen behauptet? Die in dem Text wirkende Strategie (der Terminus meint hier nicht rationales und bewußtes Berechnen, sondern bezeichnet ein mehr oder weniger automatisches Anpassen an eine vorgegebene Situation) scheint mir durch die Sorge diktiert zu sein, die Disziplin in einer Lage zu schützen, die wahrgenommen wird als vom radikalen Niedergang der Theorien und Wissensbestände geprägt, mit denen die Geschichtswissenschaft in den sechziger und siebziger Jahren ihr Vorgehen stützte. Damals kam die Herausforderung von den Disziplinen, die gerade erst institutionalisiert worden und intellektuell am erfolgreichsten waren, wie die Linguistik, die Soziologie oder die Ethnologie. Der Angriff auf die Geschichtswissenschaft konnte verschiedene Formen annehmen, strukturalistische, nichtstrukturalistische, aber alle stellten die Disziplin in ihren Gegenständen – gemeint ist das Primat der Erforschung ökonomischer oder demographischer Konjunkturen und sozialer Strukturen – und in ihren methodologischen Gewißheiten in Frage, die man, gemessen an den neuen theoretischen Forderungen, für wenig überzeugend hielt.

Die Sozialwissenschaften erschlossen Forschungsgegenstände, die einer massiv der Erforschung des Ökonomischen und des Sozialen zugewandten Geschichtswissenschaft bis dahin weitgehend fremd geblieben waren, sie schlugen Wissenschaftlichkeitsnormen und Arbeitsmethoden vor, die den exakten Wissenschaften abgeschaut waren (z. B. Formalisierung und Denken in Modellen, Erklärung von Hypothesen, Arbeit in Forschungsgruppen), und untergruben damit die führende Position der Geschichtswissenschaft an den Universitäten. Der Import neuer Legitimationsprinzipien in das Feld der »literarischen« Disziplinen disqualifizierte den historischen Empirismus und zielte zugleich darauf ab, die institutionelle Anfälligkeit der neuen Disziplinen in eine intellektuelle Hegemonie umzuwandeln.[1]

Die Antwort der Historiker war eine zweifache. Sie setzten eine Strategie der Erschleichung in Gang, indem sie sich Fronten zuwandten, die andere eröffnet hatten. Daher das Auftauchen neuer Gegenstände in ihren Projekten: Einstellungen gegenüber dem Leben und dem Tod, Rituale und Glaubenshaltungen, Verwandtschaftsstrukturen, Soziabilitätsformen, Funktionsweise der Schulsysteme usw. Das bedeutete die Schaffung neuer Tätigkeitsbereiche für den Historiker durch Einverleibung der Gebiete der anderen – Ethnologen, Soziologen, Demographen. Daher rührt logischerweise auch die starke Rückbesinnung auf eine der Gründungsintentionen der frühen *Annales* aus den dreißiger Jahren: die Untersuchung des mentalen Rüstzeugs, die unter der Dominanz der Gesellschaftsgeschichte etwas in den Hintergrund gedrängt worden war. Unter dem Begriff der »Mentalitätsgeschichte« oder mitunter auch der »historischen Psychologie« wurde ein Forschungsfeld abgesteckt, das sich sowohl von der alten Geistesgeschichte als auch von der Konjunktur- oder Strukturgeschichte unterschied. An diesen neuen (oder wiederentdeckten) Gegenständen konnten neuartige Verfahrensweisen aus den Nachbardisziplinen erprobt werden: so etwa Techniken der linguistischen und semantischen Analyse, statistische Verfahren der Soziologie oder bestimmte Modelle der Anthropologie.

Doch diese Erschleichung (von Forschungsgebieten, Techniken und Kriterien der Wissenschaftlichkeit) konnte nur unter der Bedingung gewinnbringend sein, daß nichts von dem aufgegeben wurde, was die Stärke des Faches begründet hatte, die von der quantifizierenden Auswertung von Massenquellen getragen war (Pfarregister, regelmäßige Marktberichte, Notariatsakten usw.). In ihren meisten Ausprägungen entstand die Mentalitätsgeschichte also, indem sie auf neue Untersuchungsgegenstände Verstehensprinzipien anwandte, die zuvor in der Geschichte der Wirtschafts- und Gesellschaftssysteme eingesetzt worden waren. Daraus erklären sich ihre spezifischen Merkmale: die Bevorzugung der Massen, d. h. die Erforschung der Kultur, die man für die Volkskultur hielt, das Vertrauen in die Zahl und die Serie, die Vorliebe für die lange Dauer, das Primat der Gliederung nach sozioprofessionellen Kriterien. Die so definierten Eigenmerkmale der Kulturgeschichte, die gleichzeitig das Erscheinen neuer Forschungsgebiete und die Treue zu den Postulaten der Sozialgeschichte artikuliert, bringen die Strategie des Faches zum Ausdruck, das sich eine erneuerte wissenschaftliche Legitimation – als Unterpfand seiner institutionellen Schlüsselstellung – verschaffte, indem es die auf sich gerichteten Waffen für sich selbst nutzbar machte. Die Operation war, wie man heute weiß, ein voller Erfolg. Sie stellte eine enge und vertrauensvolle Verbindung zwischen der Geschichtswissenschaft und den Disziplinen her, die zu einem bestimmten Zeitpunkt als ihre gefährlichsten Konkurrenten erschienen waren.

Die Herausforderung, vor die sich die Geschichtswissenschaft nun, am Ende der achtziger Jahre, gestellt sieht, erscheint als Umkehrung früherer Vorwürfe. Sie liegt nicht mehr in einer Kritik an den Gewohnheiten des Faches im Namen der Neuerungen der Sozialwissenschaften begründet, sondern in der Kritik an den Postulaten der Sozialwissenschaften selbst. Die geistigen Grundlagen dieses Angiffs sind klar: einerseits die Rückkehr zu einer Philosophie des Subjekts, die die Kraft der kollektiven Determinationen und der sozialen Bedingtheiten ablehnt und den »expliziten und reflektierten Anteil des Handelns« zu rehabilitieren sucht; andererseits das Primat des Politischen, das als die umfassendste Ebene der Organisation von Gesellschaften und damit als neuer Schlüssel für den Aufbau der Totalität verstanden wird. Die Geschichtswissenschaft ist somit dazu aufgerufen, ihre Gegenstände (die sich ausgehend von Reflexionen über das Wesen des Politischen selbst neu ergeben), ihren Umgang mit anderen Disziplinen (den Vorzug, der dem Dialog mit der Politikwissenschaft und mit der Rechtstheorie eingeräumt wird) und, grundsätzlicher noch, ihr Verstehensprinzip, das von dem »kritischen Paradigma« abgetrennt und durch eine Philosophie des Bewußtseins definiert wird, neu zu bestimmen. Aus einer solchen Perspektive ist das vordringlichste also, die Geschichtswissenschaft (die um den Preis »schmerzlicher Resionen« zu retten ist) so klar wie möglich von den früher vorherrschenden Sozialwissenschaften (Soziologie und Ethnologie) zu trennen, die wegen ihrer hauptsächlichen Bindung an ein veraltetes Paradigma verurteilt werden.[2]

Die im Editorial der *Annales* vorgenommene Diagnose scheint mir durch ihr differenziertes Herangehen an die Geschichtswissenschaft, die an einen »kritischen Wendepunkt« gekommen sei, und an die Sozialwissenschaften, die sich in einer »allgemeinen Krise« befinden, auf diskrete und euphemistische Weise etwas von dieser Position zu teilen. Daraus leitet sich eine vorrangige Frage ab: kann die vorgetragene Feststellung bedingungslos akzeptiert werden? Mit der Behauptung, daß sich die Sozialwissenschaften nach vielen anderen nun in einer »allgemeinen Krise« befinden, läßt sie sich allein nicht begründen. Das Zurückweichen des Marxismus und des Strukturalismus bedeutet an sich noch keine Krise der Soziologie und der Ethnologie, denn im französischen intellektuellen Lager sind die grundlegenden Forschungen gerade in Distanz zu objektivistischen Darstellungen entstanden, wie sie diese beiden referentiellen Theorien vorschlugen, indem sie gegen die unmittelbare Determination durch die Strukturen die schöpferischen Fähigkeiten der Handelnden und gegen die mechanische Unterordnung unter die Regel jene Strategien, die der Praxis eigen sind, einklagten. Dieselbe Feststellung trifft auch *a fortiori* für die Geschichtswissenschaft zu, die bis auf wenige Ausnahmen, der Anwendung von Verstehensmodellen, die durch Marxismus oder Strukturalismus geprägt wurden, Widerstand entgegensetzte. Ebensowenig hat es den Anschein, als habe der Effekt der »Rückkehr aus China«, mit dem die Desillusionierungen und das Aufgeben der Ideologien im letzten Jahrzehnt bezeichnet werden sollen, zur Verunsicherung und Veränderung in der Praxis der Historiker beigetragen, denn nur sehr wenige hatten die Reise nach Peking überhaupt angetreten. In den sechziger Jahren spielte sich ohne Zweifel bei der Generation von Historikern ganz anderes ab, die nach ihrer Rückkehr aus Moskau dem dogmatischen Herangehen eines orthodoxen Marxismus das neue (und heute abgelehnte) Projekt einer quantitativen Sozialgeschichte entgegensetzte.

Drei Verschiebungen in Form eines Verzichts

Ich würde also meinen, daß die eigentlichen Veränderungen in der Arbeit des Historikers in den letzten Jahren nicht durch eine »allgemeine Krise der Sozialwissenschaften« (die man eher beweisen als nur behaupten sollte) oder durch einen »Paradigmenwechsel« (der nicht schon allein deshalb stattfand, weil ihn einige so sehnlichst wünschten) ausgelöst wurden, sondern daß sie auf eine Distanzierung in den Forschungspraktiken selbst gegenüber Verstehensprinzipien zurückzuführen sind, die das Vorgehen der Historiker seit zwanzig oder dreißig Jahren beherrschten. Drei Prinzipien waren wesentlich: das Projekt einer globalen Geschichtsschreibung, die in der Lage sei, in einem Zugriff die verschiedenen Ebenen der gesellschaftlichen Totalität miteinander zu verbinden; die territoriale Bestimmung der Forschungsgegenstände, die gern mit der Beschreibung einer Gesellschaft in einem besonderen Raum (einer Stadt, einem »pays«, einer Region) gleichgesetzt wurden – was die Bedingung dafür war, daß die Sammlung und Behandlung der von der Totalgeschichte geforderten Sachverhalte möglich wurde –; und schließlich der Vorrang der sozialen Gliederung, weil sie geeignet schien, das Verständnis für die kulturellen Unterschiede und Aufteilungen zu organisieren. Dieser Komplex von Gewißheiten ist allerdings nach und nach brüchig geworden und hat einem Pluralismus der Herangehensweisen und Interpretationen Platz gemacht.

Die Historiker verzichteten tatsächlich auf die Beschreibung der gesellschaftlichen Totalität und auf das Braudelsche Modell, das zunehmend einschüchternd wirkte, und versuchten, das soziale Funktionieren außerhalb einer streng hierarchisierten Einteilung der (ökonomischen, sozialen, kulturellen, politischen) Praktiken und Temporalitäten zu verstehen, ohne daß einem bestimmten Ensemble von Determinationen – seien sie technischer, ökonomischer oder auch demographischer Natur – ein Vorrang eingeräumt wurde. Daraus erklären sich die Versuche, die Gesellschaften anders zu dechiffrieren, indem man von einem besonderen Ansatzpunkt (einem – wichtigen oder obskuren – Ereignis, einer Lebensgeschichte, einem Netz spezifischer Tätigkeiten) in das Geflecht der Beziehungen und Spannungen eindrang, welche Gesellschaften konstituieren, und indem man die Tatsache berücksichtigte, daß es keine Tätigkeit oder Struktur gibt, die nicht durch die widersprüchlichen und aufeinanderprallenden Vorstellungen (*représentations*) erzeugt werden, mit denen Individuen und Gruppen ihrer Welt einen Sinn verleihen.

Weiter verzichteten die französischen Historiker darauf, die territorialen Unterschiede als bevorzugten Rahmen ihrer Forschung anzusehen, und lösten damit ihr Fach von der Art der Bestandsaufnahme, die sie von der Schule der Humangeographie vermittelt bekamen. Die Kartographie der Besonderheiten, die sich auf die Suche nach der Vielfalt geographischer Bedingungen gründete, wurde durch die Suche nach Regelmäßigkeiten ersetzt. Das hieß an die Traditionen der Durkheimschen Soziologie anzuknüpfen, die von den *Annales* der dreißiger Jahre abgelehnt wurde, und das Aufstellen allgemeiner Gesetzmäßigkeiten, wie sie die soziale Morphologie verlangte, gegenüber der Beschreibung regionaler Besonderheiten zu bevorzugen.[3] Hieraus leitet sich eine dringende Frage ab: Wie soll man sich den Zugang zum Allgemeinen vorstellen, wenn dieses nicht mehr als die Summe der einzelnen Feststellungen verstanden wird? Die extreme Vielfalt der gegebenen Antworten ist bekannt: sie reicht von denen, die einem statistischen Sichten der Korrelationen und Konstanten treu geblieben sind, bis zu denen, die von der Beispielhaftigkeit der Abweichung ausgehen und unter Verwendung des paradoxen Begriffs der »normalen Ausnahme« das Gemeinsame im Ungewöhnlichsten suchen.[4]

Schließlich verzichtete die Geschichtswissenschaft in ihren jüngsten Entwicklungen auf den tyrannischen Vorrang der sozialen Gliederung, in deren Perspektive kulturelle Abweichungen betrachtet wurden, und zeigte alles in allem, daß es unmöglich ist, kulturelle Motive, Gegenstände und Praktiken unmittelbar in soziologische Begriffe zu fassen, daß sie in einer gegebenen Gesellschaft nicht notwendig nach vorgegebenen sozialen Unterschieden, die ausgehend von Differenzierungen in Vermögen und politischer Position definiert werden, Verbreitung und Anwendung finden. Daraus ergeben sich neue Perspektiven, um andere Arten der Verknüpfung zwischen den Kunstwerken oder kulturellen Praktiken und der sozialen Welt zu denken, die sowohl der Vielfalt von Unterschieden, die eine Gesellschaft beherrschen, als auch der unterschiedlichen Anwendungen von Materialien oder gemeinsamer Codes gerecht werden.

Die Welt des Textes und die Welt des Lesers: die Konstruktion des Sinns

In Übereinstimmung mit diesen drei Verschiebungen, die in bezug auf die etablierte Tradition befreiend wirken, aber zugleich Ungewißheiten hervorrufen, insofern sie als solche noch kein einheitliches Verstehenssystem darstellen, möchte ich nun einige Vorschläge machen, die direkt meiner eigenen Erfahrung entspringen. Jede methodologische Überlegung ist in der Tat in einer besonderen historischen Praxis, in einem spezifischen Arbeitsfeld verwurzelt. Das meine konzentriert sich auf drei Pole, die durch die akademische Tradition im allgemeinen voneinander getrennt werden: zum einen auf das kritische Studium von Texten – gewöhnlicher oder literarischer, kanonisierter oder vergessener –, die in ihrer Anlage und in ihren Strategien entziffert werden; zum anderen auf die Geschichte der Bücher und darüber hinaus aller Dinge, die die schriftliche Kommunikation tragen; schließlich auf die Analyse der Praktiken, die sich auf verschiedene Weise der symbolischen Güter bemächtigen und unterschiedliche Verwendungen und Bedeutungen produzieren. Während der persönlichen Arbeiten oder kollektiven Untersuchungen hat eine zentrale Frage diese Annäherung bestimmt: Wie hat in den Gesellschaften des Ancien Régime, zwischen dem 16. und 18. Jahrhundert, die vermehrte Zirkulation des Gedruckten die Formen der Soziabilität verändert, neue Gedanken befördert, die Beziehungen zur Macht verändert?[5]

Daher rührt die Aufmerksamkeit für das Material, in dem die »Welt des Textes« und die »Welt des Lesers« aufeinandertreffen, um die Begriffe von Paul Ricœur[6] aufzugreifen. Verschiedene Hypothesen haben die Forschung geleitet, ob diese nun von der Untersuchung einer bestimmten Gruppe von Druckerzeugnissen ausging (zum Beispiel des Korpus der Kolportageliteratur), vom Studium der Lesepraktiken in ihrer Vielfalt oder aber von der Geschichte eines bestimmten Textes, der in sehr verschiedenen Formen unterschiedlichen Leserkreisen vorgelegt wurde. Die erste Hypothese hält die beim Lesen (oder Hören) sich vollziehende Sinnkonstruktion für einen historisch determinierten Prozeß, dessen Modalitäten und Modelle je nach Zeit, Ort und Gemeinschaft variieren. Die zweite geht davon aus, daß die vielfältigen und wandelbaren Bedeutungen eines Textes von den Formen abhängen, über die ihn seine Leser (oder Hörer) rezipieren.

Letztere sind in der Tat niemals mit abstrakten, idealen Texten konfrontiert, die von jeder Materialität losgelöst sind. Sie gehen mit Dingen um, deren Aufbau ihre Leseweise bestimmt, folglich auch ihre Aneignung und ihr Verständnis des gelesenen Textes. Einer rein semantischen Definition des Textes müßte man entgegenhalten, daß die Formen Sinn produzieren und daß ein im Buchstaben unveränderlicher Text eine neue Bedeutung und einen unveröffentlichten Status erlangt, wenn sich die Bedingungen des gedruckten Objekts verändern, das den Text zur Lektüre darbietet.

Es ist auch festzuhalten, daß das Lesen immer eine Tätigkeit ist, die an Gesten, Räume und Gewohnheiten gebunden ist. In Abgrenzung zu einer Phänomenologie des Lesens, die alle konkreten Modalitäten des Leseprozesses unbeachtet läßt und ihn nach seinen Wirkungen charakterisiert, die für universell erklärt werden[7], muß eine Geschichte der Leseweisen die spezifischen Voraussetzungen bestimmen, nach denen sich Lesergemeinschaften und Traditionen des Lesens unterscheiden. Das Vorgehen setzt die Anerkennung verschiedener Reihen von Gegensätzen voraus, in erster Linie zwischen den Lesefähigkeiten. Die wesentliche, aber etwas grobe Unterscheidung zwischen Alphabetisierten und Analphabeten erschöpft noch nicht die Unterschiede im Verhältnis zum Geschriebenen. Diejenigen, die Texte lesen können, lesen sie nicht auf die gleiche Weise, und der Unterschied zwischen den virtuosen Gebildeten und den weniger geschickten Lesern, die laut lesen müssen, um zu verstehen, was sie lesen, und die nur mit bestimmten Texten und Druckformen zurechtkommen, ist groß. Unterschiede gibt es ebenso zwischen den Normen des Lesens, die für jede Lesergemeinschaft den Gebrauch des Buches, die Art des Lesens und den Vorgang der Interpretation bestimmen. Schließlich gibt es noch Gegensätze zwischen den höchst verschiedenen Erwartungen und Interessen, mit denen die verschiedenen Lesergruppen die Praxis des Lesens aufladen. Von diesen Determinationen, die die Praktiken steuern, hängt die Art und Weise ab, in der Texte gelesen werden können, und unterschiedlich gelesen werden können von Lesern, die nicht über dasselbe intellektuelle Rüstzeug verfügen und nicht dieselbe Beziehung zum Geschriebenen haben.

»New readers make new texts, and their meanings are a function of their new forms.«[8] D. F. McKenzie hat sehr scharfsichtig das doppelte Ensemble von Varianten benannt – Varianten der Aufnahmebereitschaft der Leser,

Varianten der Textdispositive und der Druckerzeugnisse, die sie vermitteln –, denen jede Geschichtswissenschaft Rechnung tragen muß, die sich als zentrale Frage die unterschiedlichen Modalitäten der Sinnkonstruktion stellt. In dem so umschriebenen Raum muß sich jede Arbeit bewegen, die sich am Schnittpunkt einer Geschichte der sozial und historisch differenzierten Praktiken und einer Geschichte der Repräsentationen befindet, die in Texten zum Ausdruck kommen oder von Individuen hervorgebracht werden. Eine solche Perspektive hat verschiedene Folgen. Einerseits bestimmt sie einen Typ von Forschung, der notwendigerweise die Analysetechniken von Disziplinen integriert, die noch wenig an eine vergleichbare Nähe gewöhnt sind: die Textkritik, die Geschichte des Buches in all seinen Dimensionen, die Sozialgeschichte der Kultur. Das ist mehr als eine interdisziplinäre Arbeit, die stets eine festgefügte und von den anderen beteiligten Disziplinen klar abgegrenzte Identität voraussetzt. Hier wird eher ein neuartiges Zerlegen der Untersuchungsgegenstände vorgeschlagen, das die Einheitlichkeit der Fragestellung und des Vorgehens einschließt, welche wissenschaftliche Herkunft die Beteiligten auch immer haben mögen: Literarhistoriker, Buchhistoriker oder Historiker, die sich in der Tradition der *Annales* mit der Geschichte der Mentalitäten beschäftigen. Andererseits führt diese Fragestellung über die Wirkung des Sinns materieller Formen dazu, den mit klassischen Methoden erforschten Wissensbeständen einen zentralen Platz im Feld der Kulturgeschichte zu geben (oder zurückzugeben): zum Beispiel der Bibliographie, der Paläographie, der Codicologie.[9] Weil dieses technische Wissen gestattet, in aller Strenge die materiellen und formalen Voraussetzungen zu beschreiben, unter denen die Texte ihre Leser erreichen, stellt es – von der Kultursoziologie lange ignoriert –, eine wesentliche Hilfsquelle für eine Geschichte der Aneignungsweisen dar.

Diese Erkenntnis scheint für eine Kulturgeschichte von zentraler Bedeutung zu sein, unter der Bedingung freilich, daß sie neu formuliert wird. Diese Neuformulierung, die den Akzent auf die Vielfalt der Nutzungen und Verständnisse sowie auf die (obzwar Regeln unterworfene) schöpferische Freiheit der Handelnden setzt, die weder durch die Texte noch durch die Normen so erzwungen werden, entfernt sich zum einen von Michel Foucaults Verständnis von diesem Begriff, wenn er die »gesellschaftliche Aneignung des Diskurses« für eines der Hauptverfahren hält, mit denen die Individuen oder Institutionen, die sich eine exklusive Kontrolle darüber anmaßen, die Diskurse unterwerfen und konfiszieren.[10] Ebenso entfernt sie sich von dem Sinn, den die Hermeneutik der Aneignung gibt, die sie als Moment denkt, da »die Anwendung« einer besonderen narrativen Konfiguration auf die Situation des Lesers dessen Selbstverständnis und Weltbild umgestaltet, also seine phänomenologische Erfahrung, die für universell gehalten wird und sich jeder historischen Veränderung entzieht.[11] Die Aneignung, wie wir sie verstehen, zielt auf eine Sozialgeschichte der Verwendungen und Interpretationen ab, die ins Verhältnis gesetzt werden zu ihren grundlegenden Determinationen und sich in die speziellen Praktiken einschreiben, die sie hervorbringen.[12] Auf diese Weise den Bedingungen und Prozessen Aufmerksamkeit zu schenken, die sehr konkret die Vorgänge der Sinnkonstruktion tragen (im Bereich des Lesens, aber in vielen anderen auch), heißt zugleich, im Gegensatz zur alten Geistesgeschichte anzuerkennen, daß weder der Verstand noch die Ideen etwas Wirklichkeitsfremdes, Körperloses sind, und entgegen allen universalistischen Gedanken, daß die als invariant verstandenen Kategorien – seien sie philosophisch oder phänomenologisch –, erst in der Diskontinuität der Wege der Geschichte zu konstruieren sind.

Von der Sozialgeschichte der Kultur zu einer Kulturgeschichte des Sozialen

Das Vorgehen setzt voraus, daß von den Prinzipien, die die Grundlage der klassischen Sozialgeschichte der Kultur bildeten, Abstand genommen wird. Ein erstes Abweichen von einer eng soziographischen Konzeption, die davon ausgeht, daß kulturelle Unterschiede notwendig aus einer vorher aufgestellten sozialen Gliederung hervorgehen, wurde bereits festgestellt. Man muß, so glaube ich, diese Abhängigkeit zurückweisen, die die Unterschiede in kulturellen Gewohnheiten auf *a priori* gegebene soziale Gegensätze zurückführt, sei es auf der Ebene makroskopischer Gegensätze (zwischen Eliten und Volk, zwischen Herrschenden und Beherrschten), sei es auf der Ebene feinerer Differenzierungen (zum Beispiel zwischen sozialen Gruppen, die nach Vermögen und beruflicher Tätigkeit hierarchisiert werden).

Die kulturellen Teilungen ordnen sich in der Tat nicht zwangsläufig nach einem einheitlichen Raster sozialer Differenzierung, von der angenommen wird, sie bestimme die ungleiche Präsenz der Dinge wie die Unterschiede im Verhalten. Die Perspektive muß also umgekehrt werden und zuerst das oft buntgemischte soziale Feld umreißen, in dem ein Textkorpus, eine Gruppe von Druckschriften, eine kulturelle Praxis oder Norm zirkuliert. Ein solches Verfahren, das von den Gegenständen, den Formen, den Codes, und nicht von den Gruppen ausgeht, führt zu der Feststellung, daß die soziokulturelle Geschichte allzulange von einer verkümmerten Vorstellung des Sozialen gelebt hat. Indem sie allein die sozioprofessionelle Einteilung in Betracht zog, vergaß sie, daß andere, ebenfalls voll und ganz soziale Differenzierungsprinzipien kulturellen Abweichungen viel stichhaltiger gerecht werden könnten. Dazu gehören die Geschlechts- oder Generationszugehörigkeit, religiöse Überzeugungen, Erziehungs- und Bildungstraditionen, regionale Zusammengehörigkeiten, Berufsgewohnheiten.

Im übrigen erscheint heute ein Vorgehen, das kulturelle

Formen aufgrund von ihnen als spezifisch zugeschriebenen Materialien zu charakterisieren sucht (so als klassisches Beispiel die Identifizierung der Kolportageliteratur mit der Volkskultur), in zweifacher Hinsicht als reduktionistisch. Einerseits bindet es die Anerkennung von Unterschieden allein an Ungleichheiten der Verteilung. Andererseits ignoriert es den Prozeß, durch den ein Text, eine Formulierung, eine Norm fur diejenigen einen Sinn bilden, die sich ihrer bemächtigen oder sie aufnehmen.

Nehmen wir als Beispiel die Zirkulation der gedruckten Texte in den Gesellschaften des Ancien Régime. Um sie zu verstehen, ist eine zweifache Verlagerung der Sichtweise gegenüber den ersten Annäherungen an das Problem vonnöten. Die eine führt die Erkenntnis der am stärksten sozial bedingten Abweichungen auf den gegensätzlichen Gebrauch gemeinsamer Materialien zurück. Mehr als bisher beschrieben, eignen sich Leser aus dem Volk und Leser, die nicht aus dem Volk stammen, dieselben Texte an. Sei es, daß Leser sozial schwacher Schichten in den Besitz von Büchern gelangen, die ihnen nicht speziell zugedacht waren – das ist bei Menocchio, dem Müller aus dem Friaul, der Fall, der die »Reisen« von Mandeville, das »Decamerone« oder das »Fioretto della Bibbia« las; oder bei Ménétra, dem Pariser Glasermeister, einem leidenschaftlichen Bewunderer Rousseaus[13] –, sei es, daß die erfindungsreichen und umsichtigen Buchhändler und Drucker einer sehr breiten Kundschaft Texte zugänglich machten, die nur in der kleinen Welt der Gebildeten zirkulierten. Das ist bei dem unter der Gattungsbezeichnung Bibliothèque bleue bekannten Typ von Editionen der Fall, der den ärmsten Lesern seit Ende des 16. Jahrhunderts von den Druckern aus Troyes angeboten wurde. Das Wesentliche besteht also darin, zu verstehen, wie dieselben Texte, möglicherweise in unterschiedlich gedruckten Formen, verschieden aufgegriffen, gehandhabt und verstanden wurden.

Daraus ergibt sich die Notwendigkeit einer zweiten Veränderung, die die Aufmerksamkeit auf das Netz von Praktiken lenkt, die die historisch und sozial verschiedenen

Arten des Zugangs zum Text bestimmen. Das Lesen ist nicht nur eine abstrakte Operation des Geistes, es ist zugleich körperliche Aktion, es schreibt sich in einen Raum ein, beinhaltet ein Verhältnis zu sich oder zu einem anderen. Deshalb muß jene spezifische Art des Lesens rekonstruiert werden, die jeder Gemeinschaft von Lesern, jeder dieser *interpretive communities*, um mit Stanley Fish zu sprechen,[14] eigen sind. Eine Geschichte des Lesens kann sich nicht auf eine Genealogie unserer Art des Lesens – still und mit den Augen – beschränken, sondern sie hat die Aufgabe, vergessene Gesten, verschwundene Gewohnheiten wieder aufzuspüren. Der Einsatz ist wichtig, denn er erhellt nicht nur die unnahbare Fremdheit einst üblicher Praktiken, sondern auch den spezifischen Aufbau von Texten, die für einen Gebrauch verfaßt wurden, der nicht dem der heutigen Leser entspricht. So ist im 16. und 17. Jahrhundert das Lesen eines literarischen oder nichtliterarischen Textes oft noch als Oralisierung gedacht und der Leser erscheint als ein laut Vorlesender, der sich an ein zuhörendes Publikum wendet. Das ebenso für das Ohr wie für das Auge bestimmte Werk spielt mit Formen und Vorgängen, die geeignet sind, das Geschriebene den Anforderungen der mündlichen Darbietung zu unterwerfen. Von den im »Quixote« gehandhabten Motiven bis zu den Strukturen der Bücher, die die »Bibliothèque bleue« bilden, gibt es zahlreiche Beispiele für das noch lange aufrechterhaltene Band zwischen Text und Stimme.

»Whatever they may do, authors do not write books. Books are not written at all. They are manufactured by scribes and other artisans, by mechanics and other engineers, and by printing presses and other machines.«[15] Die Bemerkung vermag in eine andere Revision einzuführen. Gegen die von der Literatur selbst entwickelte Vorstellung, wonach der Text an sich, abgehoben von jeder Materialität, existiert, muß in Erinnerung gerufen werden, daß es keinen Text ohne den Träger gibt, der ihn dem Leser (oder Hörer) darbietet, und daß es kein Verständnis von etwas Geschriebenem gibt, was auch immer es sei, das nicht von den Formen abhängen würde, in denen es seinen Leser erreicht. Daher sind zwei Komplexe von Dispositiven streng voneinander zu trennen: die Strategien des Schreibens und die Absichten des Autors zum einen, die Entscheidung des Verlegers oder bestimmte Auflagen der Druckerei zum anderen.[16]

Die Autoren schreiben keine Bücher. Nein, sie schreiben Texte, die andere in Druckerzeugnisse umwandeln. Die Abweichung, die gerade den Raum ausmacht, in dem der Sinn entsteht (oder die Sinne), wurde zu oft vergessen, nicht nur durch die klassische Literaturgeschichte, die das Werk an sich denkt, als einen abstrakten Text, dessen typographische Form unbedeutend sei, sondern auch durch die *Rezeptionsästhetik* [deutsch im Original], die trotz ihres Wunsches, die Erfahrung der Leser mit dem Werk zu historisieren, eine reine und unmittelbare Beziehung herstellt zwischen den vom Text ausgehenden »Signalen« (die mit den akzeptierten literarischen Konventionen spielen) und dem »Erwartungshorizont« des Publikums, an das die Texte sich richten. In einer solchen Perspektive hängt die erreichte »Wirkung« in keiner Weise von den materiellen Formen ab, die den Text tragen.[17] Und doch tragen sie genauso dazu bei, die Vorstellungen des Lesers vom Text zu prägen und neue Leserschichten oder neuartige Leseweisen auf den Plan zu rufen.

Kollektive Repräsentationen und soziale Identitäten

Ausgehend von diesem Arbeitsfeld, wo sich der Text, das Buch und das Lesen verbinden, können verschiedene Thesen formuliert werden, die auf neue Weise die sozialen Unterschiede und kulturellen Praktiken zum Ausdruck bringen. Der erste soll die falschen Debatten aufheben, die geführt werden über den für universell gehaltenen Zwiespalt zwischen der Objektivität der Strukturen (die das Terrain einer sicheren Geschichtsschreibung sein soll, jener nämlich, die mit Hilfe von quantifizierbaren Massenquellen die

Gesellschaften rekonstruiert, wie sie wirklich waren) und der Subjektivität der Vorstellungen (denen sich eine andere Geschichtswissenschaft verschrieben habe, die sich der Diskurse annehme und von der Wirklichkeit Abstand nehme). Eine solche Spaltung – die Gegenüberstellung von strukturalistischen und phänomenologischen Herangehensweisen – durchzieht die Geschichtswissenschaft, aber auch andere Sozialwissenschaften wie die Soziologie oder die Ethnologie. Während die strukturalistischen Methoden sich auf der großen Ebene mit den Positionen und Beziehungen der verschiedenen gesellschaftlichen Gruppen beschäftigten, die oft mit Klassen identifiziert wurden, bevorzugte der phänomenologische Ansatz das Studium der Wertvorstellungen und Verhaltensweisen kleinerer Gemeinschaften, die oft für homogen gehalten wurden.[18]

Diese Spaltung zu überwinden, erfordert zunächst, die allgemeinen Schemata der Klassifizierungs- und Wahrnehmungssysteme als wirkliche »soziale Institutionen« zu verstehen, die in Gestalt kollektiver Repräsentationen die Aufteilungen der gesellschaftlichen Organisation aufnehmen: »Die ersten logischen Kategorien waren soziale Kategorien; die ersten Klassen von Dingen waren Klassen von Menschen, in die diese Dinge eingefügt wurden.«[19] Es ist jedoch andererseits ebenso notwendig, diese kollektiven Vorstellungen als Matrizen der Konstruktionspraktiken der sozialen Welt selbst zu verstehen: »Selbst die höchsten kollektiven Repräsentationsformen besitzen nur eine Existenz und existieren als solche nur in dem Maße, wie sie zu Handlungen anleiten.«[20]

Diese Rückkehr zu Marcel Mauss und Emile Durkheim und zum Begriff der »kollektiven Repräsentation« gestattet es zweifelsohne besser als das Konzept der Mentalität, drei Arten des Verhältnisses zur sozialen Welt auszudrücken: zuerst den Akt der Klassifizierung und Unterteilung, der vielfache geistige Gestalt annehmen kann und durch den die Wirklichkeit auf widersprüchliche Weise durch die verschiedenen Gruppen konstruiert wird, aus denen sich eine Gesellschaft zusammensetzt. Zum zweiten die Praktiken, die darauf gerichtet sind, die Anerkennung einer sozialen Identität herbeizuführen, eine eigene Existenzweise zur Schau zu stellen sowie symbolisch einen Status oder einen Rang zu bezeichnen. Schließlich sind noch die institutionalisierten und objektivierten Formen zu nennen, mit deren Hilfe die »Darstellenden« (kollektive Instanzen oder einfache Individuen) auf sichtbare und dauerhafte Weise die Existenz der Gruppe, der Gemeinschaft oder der Klasse bezeichnen.

So wird in zweifacher Hinsicht ein Weg eröffnet. Zum einen wird der Entwurf sozialer Identitäten als Ergebnis eines Kräfteverhältnisses verstanden, das zwischen den verordneten Repräsentationen derjenigen, die die Macht zum Klassifizieren, Bezeichnen haben, und der folgsamen oder resistenten Definition besteht, die jede Gemeinschaft von sich selbst entwirft.[21] Andererseits wird die objektivierte soziale Gliederung als übersetzte Form der Glaubwürdigkeit betrachtet, die man dem Bild entgegenbringt, das jede Gruppe von sich selbst gibt – mithin ihrer Fähigkeit, die Anerkennung ihrer Existenz aufgrund einer zur Schau gestellten Einheit zu erreichen.[22] Indem die Kulturgeschichte sich mit dem Kampf um die Repräsentationen beschäftigt, in dem es um die Steuerung, also über die Hierarchisierung der Sozialstruktur selbst geht, entfernt sie sich zweifellos von einer allzu starken Abhängigkeit von einer Sozialgeschichte, die sich einzig dem Studium der ökonomischen Auseinandersetzungen verschrieben hat. Doch sie kehrt auch auf fruchtbare Weise zum Sozialen zurück, denn sie richtet ihre Aufmerksamkeit auf die symbolischen Strategien, welche Positionen und Beziehungen determinieren und die für jede Klasse, jede Gruppe oder jedes Milieu eine wahrgenommene Daseinsweise konstruieren, die für ihre Identität konstitutiv ist.

Wenn der Historiker, der sich mit den Gesellschaften des Ancien Régime beschäftigt, den Begriff der Repräsentation als wesentliches Instrument der kulturellen Analyse prägt, so versieht er einen der zentralen Begriffe, der in diesen Gesellschaften selbst gehandhabt wurde, mit operationeller Pertinenz. Der Erkenntnisvorgang ist somit an den Begriffsapparat gebunden, den die Zeitgenossen benutzten, um ihre eigene Gesellschaft ihrem Verstehen zugänglicher zu machen. In den alten Definitionen (zum Beispiel im *Dictionnaire universel* von Furetière in einer Ausgabe aus dem Jahre 1727[23]) bezeugen die Einträge für das Wort »Repräsentation« zwei augenscheinlich gegensätzliche Bedeutungsgruppen: einerseits verweist Repräsentation auf eine Abwesenheit, was auf eine klare Trennung zwischen dem Darstellenden und dem Dargestellten schließen läßt; andererseits ist Repräsentation das Vorzeigen einer Anwesenheit, die öffentliche Präsentation einer Sache oder einer Person. In der ersten Bedeutung ist die Repräsentation das Instrument einer vermittelten Erkenntnis, die ein abwesendes Ding sichtbar macht, indem sie ein »Bild« an seine Stelle setzt, das geeignet scheint, es in Erinnerung zu rufen und es so zu »malen«, wie es ist. Von diesen Bildern sind einige ganz materieller Natur, indem sie den abwesenden Körper durch ein Ding ersetzen, das ihm gleicht oder auch nicht: so die Puppen aus Wachs, Holz oder Leder, die während der Totenfeiern für die französischen und englischen Herrscher auf den königlichen Sarg gelegt wurden (»Wenn man tote Fürsten in ihren Prunkbetten sieht, erblickt man nur ihre *Repräsentation*, das Bildnis«), oder, allgemeiner und älter, das leere Totenbett, bedeckt mit einem Leichentuch, das den Verstorbenen »darstellt« (»*Repräsentation* sagt man in der Kirche auch für einen falschen Holzsarg, der mit einem Trauerschleier bedeckt ist und um den herum Kerzen angezündet werden, wenn man für einen Toten die Messe liest«).[24] Andere Bilder ziehen ein anderes Register: die symbolische Repräsentation, die für Furetière »die Repräsentation von etwas Moralischem durch Bilder oder durch Eigenschaften natürlicher Dinge [sind] (...) Der Löwe ist das Symbol für Kraft und Mut, die Kugel das der Unbeständigkeit, der Pelikan steht für die mütterliche Liebe.« Zwischen dem sichtbaren Zeichen und dem Signifikat wird also ein dechiffrierbares Verhältnis postuliert, was natürlich nicht heißt, daß es notwendigerweise auch so dechiffriert wurde, wie dies geschehen sollte.

Das Repräsentationsverhältnis – hier verstanden als das Verhältnis zwischen einem anwesenden Bild und einem abwesenden Objekt, wobei das eine für das andere gilt, weil es seine Entsprechung ist – gibt der gesamten Zeichentheorie des klassischen Denkens, wie sie in der größten Komplexität durch die Logiker von Port-Royal entwikkelt wurde, eine solide Basis.[25] Einerseits sind es variable Modalitäten, die es gestatten, verschiedene Kategorien von Zeichen zu unterscheiden (sichere oder wahrscheinliche, natürliche oder eingeführte, dem Dargestellten zugehörige oder von ihm unabhängige usw.) und das Symbol in seinem Unterschied zu anderen Zeichen zu charakterisieren.[26] Andererseits formuliert die »Logik« von Port-Royal, indem sie die zwei notwendigen Bedingungen bestimmt, damit ein solches Verhältnis funktioniert (die Erkenntnis des Zeichens als Zeichen in seinem Unterschied zum Bezeichneten, und die Existenz von Konventionen, die das Verhältnis des Zeichens zur Sache regeln) eine fundamentale Frage: die nach dem möglichen Nichtverstehen von Repräsentationen – sei es aufgrund mangelnder »Vorbereitung« des Lesers (das verweist auf die Formen und Arten des Einprägens der Konventionen), sei es aufgrund der »Extravaganz« eines willkürlichen Verhältnisses zwischen dem Zeichen und dem Signifikat (was die Frage nach den Bedingungen der Produktion von angenommenen und gemeinsamen Äquivalenzen selbst aufwirft).[27]

Von einer Entartung des Repräsentationsverhältnisses geben die Formen der Theatralisierung des gesellschaftlichen Lebens im Ancien Régime ein beredtes Beispiel. Alles zielt in der Tat darauf ab, daß die Sache nur eine Existenz in dem Bild hat, das es erzeugt, daß die Repräsentation maskiert, anstatt adäquat seinen Referenten nachzuzeichnen. Pascal stellt diesen Mechanismus des »Vorzeigens« bloß, der die Zeichen manipuliert, die dazu da sind irrezuführen, und nicht die Dinge, wie sie sind, zu erhellen:

»Dies Geheimnis haben unsere hohen Amtspersonen wohl begriffen, ihr Pelzwerk, in das sie sich wie ausgestopfte Katzen hüllen, die Paläste, in denen sie urteilen, die

Wappenlilien, kurz dieser ganze erhabene Schein ist durchaus notwendig, denn hätten die Ärzte nicht ihre langen vorn geknöpften Röcke und die absatzlosen Pantoffeln, und hätten die Rechtsgelehrten nicht die viereckigen Hüte und zu weite vierteilige Gewänder, so würden sie niemals die Menschen, die dieser eindrucksvollen Schau nicht widerstehen können, düpiert haben. Besäßen sie die Wahrheit und die Gerechtigkeit, kennten die Ärzte die wahre Heilkunst, dann hätten sie viereckige Hüte nicht nötig, die Würde dieser Wissenschaften würde an sich selbst verehrungswürdig sein. Da sie aber nur wahngebildetes Wissen besitzen, sind sie zu diesen eitlen Hilfsmitteln gezwungen, um die Einbildung jener zu wecken, mit denen sie zu tun haben, und wirklich schaffen sie sich dadurch die Achtung.«

Die Relation der Repräsentation wird auf diese Weise durch die Schwäche der Vorstellungskraft getrübt, die das Trugbild für echt hält, die die sichtbaren Zeichen für sichere Indizien einer Realität ansieht, die nicht existiert. Durch diese Verdrehung verwandelt sich die Repräsentation in ein Instrument, das Respekt und Unterwerfung erzeugt, in ein Instrument, das einen verinnerlichten Zwang hervorruft, der dort notwendig ist, wo der mögliche Rückgriff auf die rohe Gewalt versagt: »Nur die Krieger haben sich nicht derart verkleidet, weil ihr Anteil an der Wirklichkeit wesenhafter ist, sie gründen auf der Kraft, die anderen auf der Fratze.«[28]

Jedes Nachdenken über die Gesellschaften des Ancien Régime kann sich nur in die so gezeichnete Perspektive stellen, die in doppelter Hinsicht zutreffend ist. Zum einen, weil sie der »objektiven« Stellung jedes Individuums Rechnung trägt und diese als von der Glaubwürdigkeit abhängig versteht, die der Repräsentation seiner selbst durch die Personen beigemessen wird, von denen es Anerkennung erwartet. Zum anderen, indem sie die Formen der symbolischen Dominanz, die »Pracht« oder den »ganzen Plunder«, wie La Bruyère schreibt[29], als logische Folge der Abwesenheit oder des Verschwindens der unmittelbaren Gewalt begreift. Folglich ist die wachsende Bedeutung der Kämpfe um Repräsentationsformen, in denen es um die Steuerung, d. h. um die Hierarchisierung der Sozialstruktur selbst ging, in den langen Prozeß des Auslöschens der Gewalt, die zum Monopol des absolutistischen Staates geworden war,[30] einzuordnen.

Der Sinn der Formen

Die Feststellung kann zu einer zweiten Annahme führen, die darauf abzielt, die am meisten im Sozialen verwurzelten Abweichungen in den förmlichsten Unterschieden zu erkennen. Und das aus zwei möglicherweise widersprüchlichen Gründen. Einerseits schreiben die formalen (textuellen oder materiellen) Dispositive in ihre Strukturen selbst die Erwartungen und Kompetenzen des Publikums ein, für die sie gedacht sind. Sie bauen demnach auf einer Repräsentation der sozialen Differenzierung auf. Andererseits erzeugen die Werke und Objekte ihr soziales Rezeptionsfeld in viel stärkerem Maße, als daß sie durch kristallisierte und vorgegebene soziale Aufteilungen geprägt sind. Kürzlich hat Lawrence W. Levine den Nachweis dafür erbracht, indem er zeigte, daß die Art der Aufführung von Shakespeare-Stücken im Amerika des 19. Jahrhunderts – eine Mischung aus vielfältigen theatralischen Formen, die auf die Farce, das Melodrama, das Ballett, den Zirkus zurückgehen – ein sehr breites, lautstarkes und unruhiges Publikum schuf, das weit über die bürgerliche und gebildete Elite hinausging.[31] Solche Aufführungsmerkmale sind von der gleichen Art wie die »typographischen« Transformationen, die die Verleger der *Bibliothèque bleue* mit den Werken praktizierten, die sie in ihren Katalog aufnahmen: dieeinen wie die anderen sind darauf ausgerichtet, den Text in eine kulturelle Matrix einzuschreiben, die nicht die der ursprünglichen Adressaten ist, und auf diese Weise eine Vielfalt an Aneignungsmöglichkeiten zu schaffen.

Die zwei Beispiele führen dazu, die kulturellen Differenzierungen nicht als Übertragung statischer und fester Unterschiede, sondern als Ergebnis dynamischer Prozesse zu betrachten. Einerseits schafft die Veränderung der Formen, in denen ein Text angeboten wird, neuartige Rezeptionsformen, schafft also ein neues Publikum und neue Umgangsformen. Andererseits provoziert die gemeinsame Nutzung derselben kulturellen Güter durch die verschiedenen Gruppen, die eine Gesellschaft bilden, die Suche nach neuen Unterscheidungen, die geeignet sind, die fortbestehenden Abweichungen zu markieren. Der Weg des Buches im französischen Ancien Régime kann davon Zeugnis ablegen. Alles verläuft so, als ob die Unterschiede zwischen den Arten des Lesens sich in dem Maße vervielfacht und verfeinert hätten, wie das gedruckte Buch an Seltenheit verlor, weniger oft konfisziert und damit gewöhnlicher wurde. Während also über lange Zeit hinweg der Buchbesitz allein schon eine kulturelle Überlegenheit ausdrückte, so wird diese Funktion nun zunehmend durch die Nutzungsformen – den legitimen bzw. wilden Gebrauch – und durch die – ausgesuchte bzw. gewöhnliche – Qualität der typographischen Objekte übernommen.

Ohne Zweifel hat gerade diese Aufmerksamkeit gegenüber den »formalen Seiten der Praktiken« (nach einem Ausdruck von Michel de Certeau), ob sie nun die Produktion oder Rezeption betreffen, eine klassische Art, Mentalitätsgeschichte zu schreiben, am stärksten in Bedrängnis gebracht. Zunächst, weil sie so gezwungen wurde, die Diskurse in ihren eigentlichen Voraussetzungen, ihren rhetorischen oder narrativen Artikulationen, ihren persuasiven oder demonstrativen Strategien zu betrachten. Der diskursive Aufbau und die sie begründenden Kategorien, wie die Klassifizierungssysteme, die Aufteilungskriterien, die Repräsentationsformen, sind nicht auf die Ideen zurückführbar, die sie ausdrücken, oder auf die Themen, die sie behandeln. Sie haben ihre eigene Logik, eine Logik, die in ihren Auswirkungen gegenüber der ursprünglichen Botschaft sehr widersprüchlich sein kann. Das zweite Erfordernis: die Diskurse müssen in ihrer Diskontinuität und

Diskordanz behandelt werden. Über lange Zeit hinweg schien der Weg einfach, wenn von der thematischen Analyse eines Ensembles von Texten auf die Kennzeichnung einer Mentalität (oder einer »Weltanschauung« oder einer »Ideologie«) geschlossen und davon ausgehend dann ein einheitliches soziales Ganzes konstruiert wurde. Die Aufgabe erscheint weniger leicht, sobald jede Reihe von Diskursen in ihrer Spezifik begriffen werden muß, d. h. in den Ort (oder das Milieu) ihrer Entstehung und in die Möglichkeitsformen einzuordnen und auf die Prinzipien der Regelhaftigkeit zurückzuführen ist, die sie bestimmen und kontrollieren, und sobald sie nach den Arten der Erlangung von Glaubhaftigkeit und Zuverlässigkeit zu befragen ist. Wenn auf diese Weise der von Foucault für die Behandlung der »diskursiven Serien« aufgestellte Fragenkatalog wieder ins Zentrum der historischen Kritik rückt, so wird dadurch mit Sicherheit der auf Totalität gerichtete Anspruch der Kulturgeschichte, die sich um globale Rekonstruktionen bemüht, Schaden nehmen. Dies ist zugleich aber auch die Voraussetzung dafür, daß die Texte, welcher Art auch immer, die der Historiker zu Archiven konstituiert, den ideologischen und dokumentarischen Reduktionen entzogen werden, die sie als »diskontinuierliche Praktiken« zerstören.[32]

Figuren der Macht und kulturelle Praktiken

Unsere letzte These zielt darauf ab, die kulturellen Praktiken mit den Formen der Machtausübung neu zu verbinden. Diese Perspektive setzt voraus, daß von einer »Rückkehr zum Politischen«, die einen Teil der französischen Historiographie beherrscht, Abstand genommen wird. Eine solche Position, die sich auf den Primat der Freiheit des Subjekts stützt, das sich jeder Determination entziehe, und die das geistige Angebot und den reflexiven Anteil des menschlichen Handelns bevorzugt betrachtet, endet in einem doppelten Unvermögen. Sie ignoriert die Zwänge, die

die Individuen selbst nicht kennen und die dennoch, jenseits aller klaren Gedanken und oft sogar in Gegensatz zu ihnen, die Repräsentationen und Handlungen regeln. Sie unterstellt den Ideen und den Diskursen, die losgelöst werden von den Kommunikationsformen und den Praktiken, die ihnen vielfältige und konkurrierende Bedeutungen verleihen, eine eigenständige Wirkung.

Unsere Perspektive ist eine andere. Sie will nach den Veränderungen, die sich in der Art und Weise der Machtausübung vollziehen (die neue gesellschaftliche Formationen erzeugen), sowohl die Veränderungen in der Persönlichkeitsstruktur als auch in den Regeln verstehen, die die Produktion von Werken und die Organisation der Praktiken beherrschen. Die von Elias hergestellte Verbindung zwischen der höfischen Rationalität einerseits – verstanden als eine spezifische psychische Ökonomie, die durch die Erfordernisse einer neuen gesellschaftlichen Form notwendig wurden, die der Absolutismus brauchte – und andererseits den eigenständigen Zügen der klassischen Literatur, die in einer Hierarchie der Gattungen, stilistischen Besonderheiten und ästhetischen Konventionen zum Ausdruck kommen, bezeichnet sehr treffend ein mögliches Betätigungsfeld.[33] Das Hervortreten einer selbständigen literarischen Sphäre und die Herausbildung eines Marktes symbolischer Güter und geistiger oder ästhetischer Urteile muß jedoch auch ausgehend von den durch die politische Macht hergestellten Unterscheidungen (zum Beispiel zwischen dem 16. und 18. Jahrhundert zwischen Staatsräson und moralischem Bewußtsein, zwischen staatlicher Patronage und Gewissensfreiheit) verstanden werden.[34] Auf diese Weise entsteht ein Raum für freie Kritik, wo sich eine fortschreitende Politisierung kultureller Praktiken – gegen die Monarchie des Ancien Régime – vollzieht, derer sich der Staat einst zu seinen Gunsten bemächtigt hatte oder die als Reaktion auf seinen Machteinfluß in der Sphäre des Privaten entstanden waren.

Zu einem Zeitpunkt, da die Relevanz der sozialen Interpretation oft verworfen wird, möge man diese Überlegungen und Thesen nicht als Indiz für einen Anschluß an eine solche Position aufnehmen. Ganz im Gegenteil, sie wollen in kritischer Treue zur Tradition der *Annales* zu einer Neuformulierung der Art und Weise beitragen, in der das Verständnis der Werke, der Repräsentationen und Praktiken mit den Spaltungen der sozialen Welt verknüpft werden kann, welche sie alle zusammen bezeichnen und erschaffen.

Le monde comme représentation, in: *A. E. S. C.* 44 (1989), Heft 6, S. 1505–1520.

1 Die Angaben über die Veränderungen in der Struktur der Universitätsdisziplinen (zahlenmäßiges Gewicht, Zahl der Schüler, soziale Ausstattung) in den sechziger Jahren wurden von P. Bourdieu, L. Boltanski und P. Maldidier zusammengetragen. Vgl. »La défense du corps«, in: *Information sur les Sciences sociales*, Bd. 10, Nr. 4 (1971), S. 4586. Sie bilden auch die statistische Grundlage von P. Bourdieu, *Homo academicus*, Paris 1984.

2 Diese Vorschläge wurden auf kohärente und radikale Weise in der Form einer Feststellung formuliert durch M. Gauchet, »Changement de paradigme en sciences sociales?«, in: *Le Débat*, Nr. 50, Mai – August 1988, S. 165–170.

3 R. Chartier, »Science sociale et découpage régional. Note sur deux débats 1820–1920«, in: *Actes de la Recherche en Sciences sociales*, Nr. 35, November 1980, S. 27–36.

4 E. Grendi, »Microanalisi e storia sociale«, in: *Quaderni Storici*, Nr. 35/1972, S. 506–520.

5 R. Chartier, *Lectures et lecteurs dans la France d'Ancien Régime*, Paris 1987 und A. Boureau, R. Chartier, M.E. Ducreux, C. Jouhaud, P. Saenger und C. Velay Vallantin, *Les usages de l'imprimé (XVème-XIXème siècles)*, Paris 1987.

6 P. Ricœur, *Temps et récit*, Bd. III: Le temps raconté, Paris 1985, S. 228–263.

7 W. Iser, *Der Akt des Lesens. Theorie ästhetischer Wirkung*, München 1976.

8 D. F. McKenzie, *Bibliography and the Sociology of Texts: Panizzi Lectures*, London 1986, S. 20.

9 Als Beispiel sei verwiesen auf A. Petrucci, *La scrittura. Ideologia e rappresentazione*, Turin 1986.

10 M. Foucault, *L'ordre du discours*, Paris, S. 45–47 [dt.: Die Ordnung des Diskurses, München 1974, S. 25 ff. Anm. d. Hrsg.]

11 P. Ricœur, *Temps et récit*, Bd. III, a. a. O., S. 229.

12 Diese Sicht verdankt sehr viel der Arbeit von M. de Certeau, vor allem seinem Buch *L'invention du quotidien*, Bd. 1 (Arts de faire), Paris 1980.

13 C. Ginzburg, *Il formaggio e i vermi. Il cosmo di un mugnaio del'500*, Turin 1976; *Journal de ma vie. Jacques-Louis Ménétra, compagnon vitrier au 18ème siècle*, présenté par D. Roche, Paris 1982.

14 S. Fish, *Is There a Text in This Class? The Authority of Interpretive Communities*, Cambridge (Mass.) 1980, S. 117.

15 R. Stoddard, »Morphology and the Book from an American Perspective«, in: *Printing History* 17 (1987), S. 214.

16 R. Chartier, »Texts, Printing, Readings«, in: *The New Cultural History*, hrsg. und mit einer Einleitung versehen von L. Hunt, Berkeley 1989, S. 154–175.

17 H. R. Jauss, *Literaturgeschichte als Provokation*, Frankfurt am Main 1970, S. 144–207.

18 P. Bourdieu, *Choses dites*, Paris 1987, S. 47–71.

19 E. Durkheim/M. Mauss, »De quelques formes primitives de classification à l'étude des représentations collectives, in: *Année sociologique*, 1903; wiederaufgenommen in: M. Mauss, Œuvres, Bd. 2 (Représentations collectives et diversité des civilisations), Paris 1969, S. 13–89 (Zitat S. 83).

20 M. Mauss, »Divisions et proportions de la sociologie», in: *Année sociologique*, 1927; wiederaufgenommen in: M. Mauss, Œuvres, Bd. 3 (Cohésion sociale et divisions de la sociologie), Paris 1969, S. 178–245 (Zitat S. 210).

21 Siehe zum Beispiel C. Ginzburg, *I Benandanti. Stregoneria e culti agrari tra Cinquecento e Seicento*, Turin 1966.

22 Siehe zum Beispiel L. Boltanski, *Les cadres. La formation d'un groupe social*, Paris 1982.

23 F. Furetière, *Dictionnaire universel, contenant généralement tous les mots français tant vieux que modernes et les termes des sciences et des arts*, La Haye 1727, Artikel »Représentation« und »Symbole«. (Alle Zitate des Abschnittes stammen aus den beiden Artikeln.)

24 R. E. Giesey, *The Royal Funeral Ceremony in Renaissance France*, Genève 1960, S. 85–91.

25 A. Arnauld und P. Nicole, *La Logique ou l'art de penser*, Paris

1965. Zur Zeichentheorie von Port-Royal siehe den grundlegenden Artikel von L. Marin, *La critique du discours. Etude sur la Logique de Port-Royal et les Pensées de Pascal*, Paris 1975.

26 A. Arnaud und P. Nicole, a. a. O., Buch I, Kapitel IV, S. 52 bis 54. Zur Diskussion über die Definition des Symbolischen siehe die Artikelserie im *Journal of Modern History*, die nach dem Erscheinen des Buches von R. Darnton (*The Great Cat Massacre and Other Episodes in French Cultural History*, New York 1984) erschien. R. Chartier, »Texts, Symbols and Frenchness«, in: *Journal of Modern History* 57 (1985), S. 682–685; R. Darnton, »The Symbolic Element in History«, in: ebenda 58 (1986), S. 218 bis 234; D. LaCapra, »Chartier, Darnton and the Great Symbol Massacre«, in: ebenda 60 (1988), S. 95–112, und J. Fernandez, »Historian Tell Tales, of Cartesian Cats and Gallic Cockfights«, in: ebenda 60 (1988), S. 113–127.

27 A. Arnaud und P. Nicole, a. a. O., Buch II, Kapitel XIV, S. 156–160.

28 Pascal, Pensées, 104, in: *Œuvres complètes*, Paris (Bibliothèque de la Pléiade), 1954, S. 1–118. [Hier zitiert nach der dt. Übersetzung von W. Wasmuth, Heidelberg [8]1978, S. 57. Anm. d. Hrsg.]

29 La Bruyère, *Les caractères*, »Du mérite personnel«, 27, S. 107–108. [Hier zitiert nach der dt. Ausgabe von G. Hess, Leipzig o. J., S. 40 f. – Anm. d. Hrsg.]

30 N. Elias, *Über den Prozeß der Zivilisation: Soziogenetische und psychogenetische Untersuchungen*, Bern 1969 und Frankfurt am Main 1979, Bd. II (Wandlungen der Gesellschaft. Entwurf zu einer Theorie der Zivilisation).

31 L. W. Levine, *Highbrow-Lowbrow. The Emergence of Cultural Hierarchy in America*, Cambridge (Mass.) 1988, S. 11–81.

32 M. Foucault, *L'ordre du discours*, a. a. O., S. 54. [Dt. Die Ordnung des Diskurses, a. a. O., S. 36. Anm. d. Hrsg.]

33 N. Elias, *Die höfische Gesellschaft. Untersuchungen zur Soziologie des Königtums und der höfischen Aristokratie mit einer Einleitung: Soziologie und Geschichtswissenschaft*, Darmstadt – Neuwied 1969.

34 R. Koselleck, *Kritik und Krise. Eine Studie zur Pathogenese der bürgerlichen Welt*, Freiburg 1959 und Frankfurt am Main 1976.

BERNARD LEPETIT / JACQUES REVEL

Experiment gegen Willkür*

Gern veröffentlichen die *Annales* den Text von Juri Bessmertny. Dieser ist zunächst ein Zeugnis, das als solches keine Antwort erfordert. Sein Hauptanliegen besteht darin, den Standpunkt eines Historikers darzulegen, der die Zeitschrift seit langem kennt, ihre Wandlungen verfolgt, ihre Entwicklung hinterfragt und dies vor allem aufgrund von Erfahrungen und Bezugspunkten sowie unter Bedingungen tut, die von den unseren sehr verschieden waren und es wohl auch bleiben werden. Von Moskau aus gesehen unterscheiden sich die *Annales* verständlicherweise von der Vorstellung, die sich die Verantwortlichen, aber vermutlich auch viele ihrer Mitarbeiter und Leser davon machen. Es ist wichtig, weder die eingenommene Distanz noch gar den offenen Ton zurückzunehmen, die der Preis des vorgelegten Entwurfes sind. In zwei Punkten schien uns jedoch, daß unsere in der Zeitschrift dargelegten Ansichten mißverstanden werden konnten. Sicher, weil sie nicht in klarer Form ausgedrückt wurden. Wir nutzen deshalb die Gelegenheit, kurz darauf zurückzukommen.

1. In den Vorschlägen, die wir unterbreitet haben, glaubt Juri Bessmertny eine »implizite Erlaubnis zur Verfälschung der Vergangenheit« zu erkennen. Im besten Fall also Leichtfertigkeit, im schlimmsten Fall Inkonsequenz, denn wenn die Rechtfertigung »opportunistischer Interpretationen« der Geschichte zunächst zur Befriedigung der egotisti-

* Der Text antwortet auf einen Beitrag von J. Bessmertny (Moskau). Dieser hatte an einem Editorial von 1988 (*Tentons l'expérience*) vor allem das Bekenntnis zur Subjektivität des Historikers, der die Objekte seiner Forschungen selbst konstruiert, sowie die Absage an die Globalgeschichte kritisiert, wie er sie seit den sechziger Jahren in den *Annales* zu erkennen glaubte. Vgl. Les *Annales* vues de Moscou, in: *A. E. S. C.* 47 (1992), Heft 1, S. 245–259. (Anm. d. Hrsg.)

schen Subjektivität des Historikers bestimmt scheint, ist sie Ausgangspunkt einer noch größeren Gefahr: der, daß die Geschichte zu »Politik in bezug auf die Vergangenheit« wird, wofür uns dieses Jahrhundert so viele Beispiele geliefert hat.

Aber muß die Debatte in solcher Weise ausgetragen werden? Sie riskiert damit, uns ein Jahrhundert zurückzuwerfen. Für viele vertrat die Geschichtswissenschaft damals ein »Ministerium der Wahrheit«, denn es existierte eine Wahrheit von der Vergangenheit, die es ans Licht zu bringen galt. So schien sich die Vergangenheit im Verhältnis zu einer undurchsichtigen Gegenwart und einer ungewissen Zukunft eines besonderen Privilegs zu erfreuen: sie vermittelte Sicherheit und garantierte nachträglich, daß die Welt einen Sinn hatte. Gegen solche Überzeugungen sind die frühen *Annales*, wie man weiß, oft zu Felde gezogen. Allzu oft zitiert, ist die Formulierung von Lucien Febvre – »die Geschichtswissenschaft ist ein Kind ihrer Zeit« – inzwischen sicher abgedroschen. Diesem Satz kann man eine abgeschwächte Bedeutung verleihen, der ihn in eine Art skeptischen Relativismus kehrt: weder die Vergangenheit noch das Archiv drängen ihre Evidenz auf, sondern die Fragen der Gegenwart sind es, von denen die historische Untersuchung ausgeht. Ein Abgleiten der Fragestellungen überantwortet mithin die Geschichtsbücher einem vergänglichen Schicksal. Man kann Febvre aber auch anders verstehen: die Geschichtswissenschaft ist eine besondere Art und Weise nicht der Rekonstruktion, sondern der Aneignung der Vergangenheit durch die Gegenwart.

Die Grundzüge, die für die Produktion des kollektiven Gedächtnisses gelten – jene, die in den klassischen Analysen von Maurice Halbwachs herausgearbeitet worden sind, und jene, auf die uns in jüngerer Zeit die Problematik des Vergessens aufmerksam gemacht hat –, besitzen auch für die Geschichtswissenschaft Gültigkeit. Die Vergangenheit bewahrt sich nicht, sie erscheint nicht wieder und wird als solche daher nicht wiederhergestellt. Sie ist Gegenstand einer permanenten Neuerarbeitung und Rekonstruktion, denn die Geschichtswissenschaft produziert, wie das Gedächtnis, die Wahrheiten der Vergangenheit ausgehend von denen der Gegenwart. Da es sich um Modalitäten des kollektiven Bewußtseins handelt, sind diese Wahrheiten nützlich für die soziale Gemeinschaft, die sich damit ausstattet und die ihre Identität mit deren Hilfe definiert. Diese Wahrheiten verändern sich mit dem sozialen Ganzen. Wir müssen begreifen: Die Gegenwart trägt die Last des gesamten Zeitbogens. Die Zukunft ist nicht etwas, das auf uns zukommt, sondern das, worauf wir mit unseren augenblicklichen Ressourcen zugehen. Von der Vergangenheit bleibt nur das bestehen, was wir mit einem Sinn versehen. Ist es aber dennoch angebracht, eine »relativistische« Konzeption der Vergangenheit, die jegliche Manipulationen gestattete, einer positiven Auffassung gegenüberzustellen, die uns vor diesen Manipulationen bewahrte? Nach allen bisherigen Erfahrungen haben sich die totalitären Interpretationen der Geschichte im 20. Jahrhundert allgemein mit allen Arten des Positivismus abzufinden gewußt, mehr noch, darin eine Stütze gefunden. Doch das Problem ist solchermaßen vielleicht falsch gestellt.

Plädieren wir, wie Juri Bessmertny zu befürchten scheint, für einen allgemeinen Relativismus, für eine Philosophie des »Alles ist gut«? Ganz gewiß nicht. Jedenfalls ist die Geschichtswissenschaft – abgesehen von denen, die sich hartnäckig daran setzen, etwas mit neunundneunzigprozentiger Sicherheit zu ermitteln, was man bis dahin schon zu 95 Prozent wußte – unaufhörlich dabei, ihre Forschungsprojekte und Praktiken neu zu definieren. Sie tut dies freilich weder willkürlich noch auf rein zufällige Art und Weise. Die Geschichtswissenschaft ist ein Fach, das mit einem Komplex von zunehmend bewährten Methoden ausgerüstet ist; sie entwickelt Kriterien der Bewertung und der Verifizierung. Wir haben geschrieben, daß eine historische Darstellung als ein Modell beschrieben werden kann, wie eine abstrakte Darstellung also, deren Elemente ein System bilden und zu den mit kritischen Methoden gewonnenen empirischen Beobachtungen nicht in Widerspruch treten. Für jede dieser Ebenen – Erhebung der empirischen Daten, Verifizierung der Hypothesen und ihrer Kohärenz – existieren spezifische Verfahren und Instrumente der Kontrolle. Diese mögen aus wechselnden epistemologischen Perspektiven erwachsen, doch sie haben ein bestimmtes Anwendungsgebiet und eine genau umrissene Aussagekraft gemeinsam. Es wäre unsinnig (und paralysierend), sich ihre Anzahl begrenzt vorzustellen; aber es wäre mystifizierend, zu glauben oder glauben zu machen, daß die Erfindung oder Einführung neuer Verfahren der Bewertung oder der Herstellung des historischen Diskurses aus den Nachbardisziplinen eine Analyse der Sinnwirkungen ersparen könnte, die mit ihnen einhergehen.

Während er sich zum Verteidiger der Objektivität der Geschichte erklärt (als Prozeß und als Wissenschaft, als Realität und als Repräsentation), scheint uns Juri Bessmertny zwei Begriffe zu verwechseln: die Relevanz des historischen Diskurses und seine Gültigkeit. Die Relevanz, um bei der lexikalischen Definition zu bleiben, ist das, was in bezug zur Fragestellung steht, was dem in Frage stehenden Gegenstand entspricht. Relevant ist das, wovon man sprechen muß, wenn man von der Vergangenheit spricht (oder spezieller von der mittelalterlichen Gesellschaft, von der Herrschaft Ludwigs XIV. oder von der bolschewistischen Revolution). Die Gültigkeit mißt, wie wir gerade sagten, die Übereinstimmung einer Aussage sowohl mit der empirischen Erfahrung als auch mit dem gesamten System von Thesen, in das sie eingebunden ist. Diese beiden Wertmaßstäbe des historischen Diskurses unterliegen nicht denselben Beurteilungskriterien, da sie nicht auf derselben analytischen Ebene liegen. Während die Gültigkeit sich innerhalb einer professionellen Praxis zu erweisen hat, bezieht die Relevanz ihren Sinn aus dem Bezug auf eine historiographische Tradition und einen Prozeß der kollektiven Aneignung der Vergangenheit. Das Interesse des Historikers besteht gerade darin, eine experimentelle Praxis zu entwickeln und sich gleichzeitig in den Strom einer sozialen Hermeneutik einzugliedern. Eben dies bedingt auch die

Schwierigkeiten dieses Metiers. Doch eine der beiden Ebenen über die andere zu schieben führt lediglich dazu, die Debatte zu verdunkeln.

2. Unter den Gründen zur Beunruhigung, die die jüngste Orientierung der *Annales* bei Juri Bessmertny hervorrufen, räumt er solchen Erscheinungen einen besonderen Platz ein, die er für einen Verzicht auf den Anspruch der Globalgeschichte hält – einen Anspruch, der lange mit der Zeitschrift identifiziert wurde (und übrigens auch von ihr vertreten wurde). Der Vorwurf ist nicht ganz neu. Während der siebziger Jahre hat man begonnen, von einer »zersplitterten Geschichte« zu sprechen, später in offen kritischem oder ironischem Ton von einer *histoire en miettes*, einer fragmentierten Geschichte. Diese Formulierungen können nicht zufriedenstellen, begnügen sie sich doch damit, eine Situation zu beschreiben, indem sie diese begrifflich der vorangegangenen Situation gegenüberstellen, die zum Bezugspunkt erklärt wird. Dagegen käme es darauf an, einer Transformation Rechnung zu tragen, die in Wirklichkeit auf verschiedene Ursachenreihen verweist, wert, diskutiert zu werden. Wir wollen uns an dieser Stelle damit begnügen, einige wenige zu erörtern. Die Infragestellung des Programms einer globalen Geschichte geht paradoxerweise einher mit der raschen Erweiterung und Vervielfachung dessen, was man das »Territorium des Historikers« genannt hat. Wie jedes schnelle Wachstum war auch dieses schwer zu steuern. Es wurde oft begleitet vom Auftauchen stärker ausgeprägter Spezialisierungen, die folglich nicht so einfach miteinander kommunizierten – eine Entwicklung, die von dem Zeitpunkt an vorauszusehen war, da man von den Programmen zu konkreten Forschungsarbeiten überging. Die Auswirkungen dieser Tendenz waren um so spürbarer, als zur gleichen Zeit die großen Paradigmen, die die Sozialwissenschaften vereinten (bzw. ihnen als Bezugsebene dienten), und mit ihnen bestimmte Modalitäten des disziplinären Austauschs, sich einer schwerwiegenden Erschütterung ausgesetzt sahen. So geschah es beinahe zeitgleich mit dem Marxismus, dem

Strukturalismus und dem Funktionalismus. Muß man daran erinnern, daß der Zweifel, der unsere Gesellschaften angesichts von Krisenmomenten, derer sie nicht Herr zu werden vermochten, während dieser Jahre befiel, nicht wenig zur Verbreitung der Überzeugung beigetragen hat, daß das Projekt einer globalen Verstehbarkeit des Sozialen vorläufig ohne Zukunft sei? Dies sind allesamt unterschiedliche Wendungen, deren Ursprünge in überaus vielfältigen Ausgangspunkten und Methoden liegen; ihre Wirkungen jedoch wiesen alle in dieselbe Richtung und verstärkten einander noch. Sie konnten das Gefühl einer Aufgabe der Globalgeschichte erwecken. Fügen wir allerdings hinzu, daß diese Abkehr auch Gegenzüge trug, die keineswegs völlig negativ waren: so hat sich der Schwerpunkt auf die Verfahren der historischen Arbeit verlagert, die Aufmerksamkeit hat sich auf die Konstruktion des Gegenstandes und die Bedingungen der Erfahrung gerichtet.

Der Begriff der Erfahrung ist wahrscheinlich der, der Juri Bessmertny am meisten mißfällt. An ihm stieß sich wohl nicht nur ein Leser der *Annales*. Wir haben gerade daran erinnert, daß er in unserem Verständnis keinesfalls gleichbedeutend mit einem willkürlichen oder zufälligen Herangehen an die Geschichte ist. Ganz im Gegenteil erfordert er eine anspruchsvollere eindeutige Formulierung der Hypothesen und analytischen Verfahren, die jeder Historiker bei seiner Arbeit anwendet, ob er es weiß oder nicht (wobei es jedenfalls besser ist, dies wissentlich zu tun). Ein Beispiel wird das besser verständlich machen; es gibt uns überdies die Möglichkeit, ein Mißverständnis auszuräumen.

Wir haben in unserem Editorial von 1989 angeregt, daß eine kontrollierte Variation der Beobachtungsebenen imstande ist, differentielle Wissenseffekte (und damit Erkenntnisgewinne) zu erzeugen. Hinter dieser sehr allgemeinen Formulierung wird man ein Thema wiedererkennen, das im allgemeinen mit den Thesen der Mikrogeschichte in Verbindung gebracht wird. (Obgleich wir in diesem Punkt zu der Ansicht neigen, daß die mikrohistorische Betrachtungsweise keinerlei Privileg innehat, so ist sie es doch, die in der aktuellen – mithin vorübergehenden – historiographischen Konjunktur unser Wissen am meisten verfremdet und uns am wirksamsten hilft, unsere Sichtweise zu verändern). Das Problem der Beobachtungsebenen wurde in der Sozialgeschichte lange nicht gestellt, weil die Historiker, wenigstens stillschweigend, die Hypothese einer wesentlichen Kontinuität des Sozialen akzeptierten. Die Arbeit im monographischen Rahmen auf der Ebene einer Kirchengemeinde, einer Provinz, eines Departements, einer Berufsgruppe bedeutete zweifellos eine Begrenzung des Untersuchungsfeldes aus forschungspraktischen Gründen. Doch dieser Rahmen wurde als unabhängig von der Erhebung der Fakten und als unveränderlich angesehen. Hunderte von Monographien konnten auf diese Weise den Sockel einer allgemeinen Sozialgeschichte bilden, die als Angleichung der erzielten Ergebnisse gedacht wurde. Das Problem, das sich für jede Monographie stellte, war nicht das der Untersuchungsebene, sondern das der Repräsentativität des behandelten Einzelfalles in bezug auf das Ganze, in das er sich einzufügen hatte – gleich einem Bruchstück, daß seinen Platz in einem Puzzle finden muß.

Die von uns vorgeschlagene Herangehensweise geht von einer entgegengesetzten Annahme aus. Die Wahl einer Untersuchungsebene besteht nicht nur, nicht einmal hauptsächlich darin, einen größeren oder kleineren Gegenstand zu beleuchten; unter dem Blick des Historikers verändert sie Form und Organisation dieses Gegenstandes. Die kartographische Darstellung mag uns hier als Beispiel dienen: eine Veränderung der Maßstäbe bedeutet nicht nur eine Veränderung der Größe, sondern auch des Inhalts der Darstellung (d. h. des Darstellbaren). Auf die Analyse des Sozialen bezogen heißt das, daß die Natur des jeweiligen Umfeldes, die soziale Morphologie, die Modalitäten der Interaktionen und der den Akteuren und ihren Strategien zugewiesene Raum sich jedesmal neu zusammensetzen. Wenn die Hypothese stimmt, ist das Prinzip der Variation entscheidend, nicht die Wahl eines besonderen Maßstabs. Es blieben dann empirisch die Schwellen zu bestimmen, die signifikative Untersuchungsebenen voneinander trennen – solcher, die unterschiedliche Bilder von der ins Auge gefaßten Wirklichkeit vermitteln.

Es handelt sich dabei weder um ein Spiel noch um die Aufgabe des Projekts einer Globalgeschichte, sondern vielmehr um eine Neuformulierung dieses Projekts. Dieses wird nicht mehr im Sinne einer Ausdehnung und Akkumulation, sondern im Sinne einer Vertiefung gedacht; es zielt darauf ab, das Soziale in seiner größtmöglichen Komplexität zu erfassen. Man kann die Geschichte eines Makroprozesses wie etwa die Herausbildung des modernen Staates anhand der Institutionen, der Ressourcen, der Effektivität untersuchen und eine globale Einschätzung unterbreiten – man hat es vielfach getan –, indem man sich der Kriterien bedient, die der Staat selbst produziert hat. Man kann aber auch die Mechanismen der Anpassung, der Verhandlungen, der Umwege zum Vorschein bringen, die die Realität des Staates in der konkreten Erscheinung ausmachen. Beide Abbilder (und noch andere) sind »wahr«, aber keins ist völlig zufriedenstellend, weil der moderne Staat aus der Gesamtheit dieser Konfigurationen besteht, die man nicht übereinanderlegen kann und deren innere Verschränkungen man rekonstruieren können müßte. Dieses Beispiel dürfte uns zu zwei vorläufigen Schlußfolgerungen führen, die möglicherweise eine Antwort auf die Besorgnis von Juri Bessmertny darstellen. Auf welcher analytischen Ebene auch immer, es ist jedesmal das vollständigste, mithin das komplexeste Ganze der sozialen Interaktionen, das man zu erfassen sucht, und man kann natürlich versuchen, dies auf allen Ebenen zu tun. Doch genau aus diesem Grund kann die Anhäufung der Ergebnisse nicht länger als einfache Verfahrensweise gedacht werden, die sich mit dem Nebeneinanderstellen, der Addition oder der Bildung des Mittelwertes zufriedengeben würde.

L'expérimentation contre l'arbitraire, in: *A. E. S. C.* 47 (1992), Heft 1, S. 261–265.

Auswahlbibliographie

Das folgende Verzeichnis versteht sich ausdrücklich als weiterführende Arbeitsbibliographie. Deshalb werden in den einzelnen Abschnitten die Titel chronologisch in der Folge ihres Erscheinens aufgeführt, um einen Nachvollzug der Diskussion um die *Annales* zu gestatten.

Vor allem zwei Schwerpunkte sollten bei der Auswahl besondere Beachtung finden: der Umfang der inzwischen in deutscher Übersetzung vorliegenden Werke aus der Feder von *Annales*-Historikern und die intensiver gewordene Debatte um die Geschichte der *Annales*, ihre Themenfelder, ihre methodologischen Grundlagen und ihre Wirkungen. Dagegen wurde darauf verzichtet, ältere Monographien französischer Historiker und die Frühgeschichte der deutschen Rezeption zu präsentieren, da hierfür ausführliche Bibliographien vorliegen bei

C. Honegger (Hrsg.), *Schrift und Materie der Geschichte*, Frankfurt a. M. 1977, S. 440–451;

M. Erbe, *Zur neueren französischen Sozialgeschichtsforschung*, Darmstadt 1979, S. 139–147.

Eine (teilweise kritisch-kommentierende) Bibliographie auf aktuellerem Stand bieten auch

H. Coutau-Bégarie, *Le phénomène Nouvelle Histoire*, 2., veränd. Aufl., Paris 1989, S. 367–383;

A. Riecks, *Französische Sozial- und Mentalitätsgeschichte*, Altenberge 1989, S. 217–260;

P. Burke, *Offene Geschichte. Die Schule der »Annales«*, Berlin 1991, S. 128–139.

Als *grundlegender Überblick zur französischen Forschung* seit 1940 dienen noch immer:

Comité français des sciences historiques (Hrsg.), *Vingt-cinq ans de recherche historique en France (1940-1965)*, Paris 1965, und

La recherche historique en France depuis 1965, Paris 1980.

Das *Selbstbild der neueren französischen Geschichtswissenschaft* in den siebziger Jahren haben zwei Sammelbände wesentlich mitgeformt, die von Vertretern der *Annales* zusammengestellt worden sind:

Faire de l'histoire, hrsg. von J. Le Goff und P. Nora, 3 Bde., Paris 1974, sowie

La Nouvelle Histoire, hrsg. von J. Le Goff, R. Chartier und J. Revel, Paris 1978 (Für die Kritik der ersten Ausgabe sei auf die ausführliche Besprechung von R. Deutsch, »La nouvelle histoire« – die Geschichte eines Erfolges, in: *Historische Zeitschrift* 233 (1981), Heft 1, S. 107–129, verwiesen. Die gekürzte Neuauflage liegt in einer (unvollständigen) deutschen Übersetzung vor: *Die Rückeroberung des historischen Denkens. Grundlagen der Neuen Geschichtswissenschaft*, Frankfurt a. M. 1990.

Die systematisch geordneten Informationen im

Dictionnaire des sciences historiques, hrsg. von A. Burguière, Paris 1986, werden um biographische Notizen zu wichtigen Historikern der *Annales*-Schule ergänzt in:

Dictionnaire des intellectuels français, Paris 1993.

Überblicksdarstellungen zur Historiographiegeschichte widmen den *Annales* mehr oder minder breiten Raum. Vgl. beispielsweise:

F. Wagner; *Moderne Geschichtsschreibung. Ausblick auf eine Philosophie der Geschichtswissenschaft*, Berlin 1960;

L. Allegra/A. Torre, *La nascita della storia sociale dalla Commune alle »Annales«*, Turin 1977;

Ch.-O. Carbonell, *L'historiographie*, Paris 1981;

G. Bourdé/H. Martin, *Les écoles historiques*, Paris 1983;

G. Thuillier/J. Tulard, *Les écoles historiques*, Paris 1990;

L. Raphael, Epochen der französischen Geschichtsschreibung, in: *Geschichtsdiskurs. Bd. 1: Grundlagen und Methoden der Historiographiegeschichte*, hrsg. von W. Küttler, J. Rüsen und E. Schulin, Frankfurt a. M. 1993, S. 101–132.

Die Zeitschrift

Es gibt keine Arbeit, die die Zeitschrift zusammenhängend untersucht. Die *Registerbände* bieten einen bequemen Zugang zu Themen und Autoren:

Vingt années d'histoire économique et sociale (1929–1948), par M.-A. Arnold, Paris 1953;

Vingt années d'histoire et de sciences humaines (1949–1968), parB. Tenenti, Paris 1972;

Vingt années d'histoire et de sciences humaines. Table analytique des Annales (1969–1988), par M. Grinberg et Y. Trabut, Paris 1992.

Die Diskussionen um die Zeitschrift reflektieren u. a. das Heft 1 der Zeitschrift *Review* (1978) und die Sondernummer der *Annales E. S. C.* »Histoire et sciences sociales« 44 (1989), Heft 6.

Als bibliographische Hilfsmittel entscheidend natürlich auch die auf S. 367 ff. aufgeführten Schriftenverzeichnisse von Febvre, Bloch und Braudel.

Die »*Annales*-Schule«

Eine nützliche *Einführung* bieten:

F. Dosse, *L'histoire en miettes. Des »Annales« à la »nouvelle histoire«*, Paris 1987;

P. Burke, *The French Historical Revolution. The Annales School 1929–1989*, Cambridge 1990; (dt.: *Offene Geschichte. Die Schule der »Annales«*, Berlin 1991)

Zur Einordnung in die internationale Geschichtswissenschaft u. a.:

G. G. Iggers, *New directions in european historiography*, Middletown 1975 (dt.: *Neue Geschichtswissenschaft. Vom Historismus zur historischen Sozialwissenschaft. Ein internationaler Vergleich*, München 1978;

J. Glénisson, France, in: G. G. Iggers/H. T. Parker (Hrsg.), *International Handbook of Historical Studies. Contemporary Research and Theory*, Westport (Connecticut) 1979, S. 175–192;

The Blackwell Dictionary of Historians, hrsg. von J. Cannon, New York 1988;

P. Burke, Die »Annales« im globalen Kontext, in: *Österreichische Zeitschrift für Geschichtswissenschaften* 1 (1990), Heft 1, S. 9–24.

Zur Vorgeschichte:

M. Siegel, Henri Berr's »Revue de Synthèse historique«, in: *History and Theory* 9 (1970), S. 322–334;

R. C. Rhodes, Emile Durkheim and the Historical Thought of Marc Bloch, in: *Theory and Society* 5 (1978), S. 45–73;

G. Gemelli, Tra due crisi: la formazione del metodo delle scienze storico-sociali nella Francia repubblicana, in: *Atti della Accademia delle Scienze dell'Istituto di Bologna* 66 (1978/79), S. 165–236;

J.-E. Craig, Die Durkheim-Schule und die Annales, in: *Geschichte der Soziologie. Studien zur kognitiven, sozialen und historischen Identität einer Disziplin*, Bd. III, Frankfurt a. M. 1981, S. 298–322;

J. Kudrna, Zu einigen Fragen des Methodenstreits in der französischen Historiographie um 1900, in: *Storia della Storiografia* 3 (1983), S. 62–78;

G. Iggers, The »Methodenstreit« in International Perspective, in: *Storia della Storiografia* 6 (1984), S. 21–32;

L. Schorn-Schütte, Karl Lamprecht und die internationale Geschichtswissenschaft an der Jahrhundertwende, in: *Archiv für Kulturgeschichte* 67 (1985), S. 417–464;

G. Gemelli, Communauté intellectuelle et stratégies institutionelles. Henri Berr et la fondation du centre international de synthèse, in: *Revue de Synthèse* 2 (1987);

Ch. Simon, *Staat und Geschichtswissenschaft in Deutschland und Frankreich 1871–1914. Situation und Werk von Geschichtsprofessoren an den Universitäten Berlin, München, Paris*, 2 Bde., Bern 1988.

L. Raphael, Historikerkontroversen im Spannungsfeld von Berufshabitus, Fächerkonkurrenz und sozialen Deutungsmustern. Lamprecht-Streit und französischer Methodenstreit um die Jahrhundertwende in vergleichender Perspektive, in: *Historische Zeitschrift* 251 (1990), S. 325–363.

Einzelne Etappen, Probleme oder Historiker werden behandelt in:

B. Baylin, Braudel's Geohistory – a Reconsideration, in: *Journal of Economic History* 11 (1951), S. 277–282;

K. F. Werner, Hauptströmungen der neueren französischen Mittelalterforschung in: *Welt als Geschichte* 13 (1953), Heft 3, S. 187–197;

M. Baumont, *Notice sur la vie et les travaux de Lucien Febvre*, Paris 1959;

J. A. Raftis, Marc Bloch's Comparative Method and the Rural History of Medieval England, in: *Medieval Studies* 24 (1962), S. 349–368;

H. S. Hughes, *The obstructed path. French social thought in the years of desperation 1930–1960*, New York 1966;

W. H. Sewell, Marc Bloch and the Logic of Comparative History, in: *History and Theory* 6 (1967), S. 208–218;

G. Klingenstein, Kultur- und universalgeschichtliche Aspekte in strukturaler Sicht. F. Braudels »Civilisation matérielle et capitalisme« (XVe-XVIII^3 siècles), in: *Archiv für Kulturgeschichte* 52 (1970), Heft 2, S. 280–296;

H.-D. Mann, *Lucien Febvre. La pensée vivante d'un historien,* Paris 1971;

M. Aymard, The »Annales« and French Historiography (1929 bis 1972), in: *Journal of European Economic History* 1 (1972), S. 491 bis 510;

J. Hexter, Fernand Braudel and the monde Braudelien, in: *Journal of Modern History* 44 (1972), S. 480–539;

F. Gilbert/St. Graubard (Hrsg.), *Historical Studies Today,* New York 1972;

M. Wüstemeyer, Sozialgeschichte und Soziologie als soziologische Geschichte. Zur Raum-Zeit-Lehre der »Annales«, in: *Kölner Zeitschrift für Soziologie und Sozialpsychologie,* Sonderheft 16, 1972, S. 566–583;

H. R. Trevor-Roper, Fernand Braudel, the Annales and the Mediterranean, in: *Journal of Modern History* 44 (1972), S. 468–479;

P. Leuillot, Aux origines des »Annales d'histoire économique et sociale«, in: *Méthodologie de l'histoire et sciences humaines. Mélanges en l'honneur de Fernand Braudel,* Bd. II, Paris 1973, S. 317–324.

G. Iggers, Die Annales und ihre Kritiker. Probleme moderner französischer Sozialgeschichte, in: *Historische Zeitschrift* 219 (1974), Heft 3, S. 578–608;

Aujourd'hui l'histoire, hrsg. von A. Casanova und F. Hincker, Paris 1974;

G. Parker, Braudel's Mediterranean: The Making and the Marketing of a Masterpiece, in: History 59 (1974), S. 238–243;

W. Schulze, *Soziologie und Geschichtswissenschaft,* München 1974;

M. Grenon, R. Robin, Pour la déconstruction d'une pratique historique, in: *Dialectiques,* Nr. 10/11 (1975), S. 5–32;

T. Stoianovitch, *French Historical Method. The Annales Paradigm,* Ithaca/London 1976;

M. Cedronio/F. Diaz/C. Russo, *Storiografia francese di ieri e di oggi,* Neapel 1977;

M. Cedronio, Profilo delle »Annales« attraverso le pagine delle »Annales«, in: M. Cedronio/F. Diaz/C. Russo, *Storiografia francese di ieri e di oggi,* Neapel 1977, S. 1–72.

R. Reichardt, Histoire des Mentalités. Eine neue Dimension der Sozialgeschichte am Beispiel des französischen Ancien régime, in: *Internationales Archiv für Sozialgeschichte der deutschen Literatur,* Bd. 3, 1978, S. 130–166;

A. Burguière, Histoire d'une histoire. La naissance des Annales, in: *Annales E. S. C.* 34 (1979), Heft 6, S. 1347–1359;

J. Revel, Les paradigmes des Annales, in: *Annales E. S. C.* 34 (1979), Heft 6, S. 1360–1376;

M. Erbe, *Zur neueren französischen Sozialgeschichtsforschung. Die Gruppe um die »Annales«*, Darmstadt 1979;

K. Herbers/L. Kuchenbuch, Konjunktur und Mentalität. Beobachtungen zur französischen Mediävistik, in: *Lendemains* 4 (1979), S. 25–42;

K. G. Faber, Geschichtslandschaft – Région historique – Section in history. Ein Beitrag zur vergleichenden Wissenschaftsgeschichte, in: *Saeculum* 30 (1979), Heft 1, S. 4–21;

P. Ricœur, *The Contribution of French Historiography to the Theory of History*, Oxford 1980;

L. D. Walker, A Note on Historical Linguistics and M. Bloch's Comparative Method, in: *History and Theory* 19 (1980), S. 154 bis 164;

Forum Marc Bloch and comparative history, in: *American Historical Review* 85 (1980), S. 828–853;

J. Afanassiev, *Istorizm protiv eklektiki*, Moskva 1980;

S. M. Stuard, The Annales School and Feminist History. Opening Dialogue with the American Stepchild, in: *Signs* 6 (1981), S. 135–143;

O. G. Oexle, Die Wirklichkeit und das Wissen. Ein Blick auf das sozialgeschichtliche Œuvre von G. Duby, in: *Historische Zeitschrift* 232 (1981), Heft 1, S. 61–91;

H. Krieser, Deutscher Methodenstreit und Französische Geschichtssynthese. Theoretische Voraussetzungen der Annales-Konzeption in historischer Perspektive, in: *Lendemains* 6 (1981), Heft 24, S. 5–29;

E. Birnstiel, Aufbruch in die Provinz. Die Umorientierung der Frühneuzeitforschung in Frankreich, in: *Lendemains* 6 (1981), Heft 24, S. 52–59;

H. Wesseling, Fernand Braudel. Historian of the Longue Durée, in: *Itinerario* 5 (1981), S. 16–29;

H. van der Wee, The Global View of Fernand Braudel, in: *Itinerario* 5 (1981), S. 30–36;

P. Burke, Material Civilisation in the Work of Fernand Braudel, in: *Itinerario* 5 (1981), S. 37–43;

J. McManners, Death and the French Historians, in: *Mirror of Mortality*, hrsg. von J. Whaley, London 1981, S. 106–130;

V. M. Dalin, Francuzskie istoriki XX-ogo veka. Sudby Schkoly »Annalov«, in: ders., *Istoriki Francii XIX-XX vekov*, Moskva 1981, S. 171–257;

S. Kinser, Annaliste Paradigm? The geohistorical structuralism of Fernand Braudel, in: *American Historical Review* 86 (1981), S. 63–105;

G. Massicotte, *L'histoire problème. La méthode de Lucien Febvre*, Paris 1981;

J. Kudrna, Ideologische Aspekte und methodologische Grundlagen der französischen »Annales«-Schule, in: *Zeitschrift für Geschichtswissenschaft* 29 (1981) Heft 3, S. 195–204;

R. Burrows, J. Michelet and the Annales School, in: *Clio* 12 (1981/82), S. 67–81;

H. Lutz, Braudels La Méditerranée. Zur Problematik eines Modellanspruchs, in: *Formen der Geschichtsschreibung* (Theorie der Geschichte 4), München 1982, S. 320–352;

C.-O. Carbonell/G. Livet (Hrsg.), *Au berceau des »Annales«. Le milieu strasbourgeois*, Toulouse 1983;

O. Dumoulin, *Profession historien 1919-1939*, Paris (EHESS) 1983 (ungedruckte Thèse du 3e cycle);

J. Gil Pujol, *Recepción de la escuela des Annales en la historia social anglosajona*, Madrid 1983;

A. Burguière, La notion de mentalités chez M. Bloch et L. Febvre, in: *Revue de Synthèse* 1983, S. 333–348;

A. R. H. Baker, Reflections on the relations of Historical Geography and the Annales School of History, in: *Explorations in Historical Geography*, hrsg. von A. R. H. Baker und D. Gregory, Cambridge 1984, S. 1–27;

M. Erbe, Historisch-anthropologische Fragestellungen der Annales-Schule, in: *Historische Anthropologie*, hrsg. von H. Süssmuth, Göttingen 1984, S. 17–31;

D. Chirac, The Social and Historical Landscape of Marc Bloch, in: *Vision and Method in Social Science*, hrsg. von Th. Skocpol, Cambridge (Mass.) 1984;

F. Dosse, L'histoire en miettes. Des Annales militantes aux Annales triomphantes, in: *EspacesTemps* 29 (1985), S. 47–60;

B. Lyon, Marc Bloch: Did He Repudiate Annales History?, in: *Journal of Medieval History* 11 (1985), S. 181–191;

S. Clark, The Annales Historians, in: *The Return of Grand Theory in the Social Sciences*, hrsg. von Q. Skinner, Cambridge 1985, S. 177–198;

S. Jöckel, *Nouvelle histoire und Literaturwissenschaft*, 2 Bde., Rheinfelden 1985;

L. Hunt, French History in the Last Twenty Years. The Rise and the Fall of the Annales Paradigm, in: *Journal of Contemporary History* 21 (1986), S. 209–224;

H. L. Wesseling/J. L. Oosterhoff, De Annales, geschiedenis en inhoudsanalyse, in: *Tijdschrift voor Geschiedenis* 99 (1986), S. 547–568.

K. Pomian, L'heure des Annales. La terre – les hommes – le monde, in: *Les lieux de mémoire*, hrsg. von P. Nora, Bd. II: La Nation, Paris 1986, S. 377–429;

Une leçon d'histoire de Fernand Braudel, Paris 1986;

Braudel dans tous ses états. *EspacesTemps* 34/35 (1986);

U. Raulff, Die Annales E.S.C. und die Geschichte der Mentalitäten, in: *Die Geschichtlichkeit des Seelischen*, hrsg. von G. Jüttemann, Weinheim 1986, S. 145–166;

M. Ferro, Des Annales à la nouvelle histoire, in: *Philosophie et histoire*, hrsg. von C. Descamps, Paris 1987, S. 37–45;

B. Lyon, Marc Bloch, in: *French Historical Studies* 10 (1987), S. 195–207;

G. Himmelfarb, *The New History and the Old*, Cambridge 1987;

M. Mastrogregori, *Il genio della storia. Le considerazioni sulla storia di Marc Bloch e Lucien Febvre e la traduzione metodologica francese*, Turin 1987;

Deutsche Volkskunde – Französische Ethnologie. Zwei Standortbestimmungen, hrsg. von I. Chiva und U. Jeggle, Frankfurt a. M., New York, Paris 1987;

S. Jöckel, Die histoire des mentalités. Baustein einer historisch-soziologischen Literaturwissenschaft, in: *Romanistische Zeitschrift für Literaturgeschichte* 11 (1987), S. 146–173;

H. Kaelble, Sozialgeschichte in Frankreich und in der Bundesrepublik. Annales gegen historische Sozialwissenschaft, in: *Geschichte und Gesellschaft* 13 (1987), Heft 1, S. 77–93;

I. Holbachova, *Spolecnost-dejini struktura. Historick<y materialism a škola Annales*, Prag 1988 (vgl. die ausführliche Rezension von E. Werner, Der historische Materialismus und die Annales Schule, in: *Zeitschrift für Geschichtswissenschaft* 37 (1989), Heft 10, S. 905–909;

Lire Braudel, hrsg. von M. Aymard u. a., Paris 1988;

B. Mazon, *Aux origines de l'EHESS. Le rôle du mécenat américain* (1920–1960), Paris 1988;

D. Wotton, Lucien Febvre and the Problem of Unbelief in the Early Modern Period, in: *Journal of Modern History* 60 (1988), S. 695–730;

U. Raulff, Der streitbare Prälat. Lucien Febvre (1878–1956), in: L. Febvre, *Das Gewissen des Historikers*, Berlin 1988, S. 235–251;

P. Schöttler, Sozialgeschichtliches Paradigma und historische Diskursanalyse, in: *Diskurstheorien und Literaturwissenschaft*, hrsg. von J. Fohrmann und H. Müller, Frankfurt a. M. 1988, S. 159–199;

P. Schöttler, Althusser und die Geschichtsschreibung der »Annales« – ein unmöglicher Dialog, in: *KultuRRevolution*, Heft 20 (1988), S. 26–31.

H. Coutau-Bégarie, *Le phénomène Nouvelle Histoire. Grandeur et décadence de l'école des Annales*, 2., veränd. Auflage, Paris 1989 (Erstauflage 1983);

C. Fink, *Marc Bloch. A life in history*, Cambridge 1989;

A. Riecks, *Französische Sozial- und Mentalitätsgeschichte. Ein Forschungsbericht*, Altenberge 1989;

P. Schöttler, Mentalitäten, Ideologien, Diskurse. Zur sozialgeschichtlichen Thematisierung der »dritten Ebene«, in: *Alltagsgeschichte*, hrsg. von Alf Lüdtke, Frankfurt a. M. 1989, S. 85–136;

J. Peters, Das Angebot der »Annales« und das Beispiel Le Roy Ladurie. Nachdenkenswertes über französische Sozialgeschichtsforschung, in: *Jahrbuch für Wirtschaftsgeschichte* (1989), Teil 1, S. 139–159;

J. Afanassiev, Tendances principales de l'historiographie française, in: *L'historiographie étrangère contemporaine non-marxiste*, Moskau 1989, S. 136–160;

Marc Bloch aujourd'hui. Histoire comparée et sciences sociales, hrsg. von H. Atsma und A. Burguière, Paris 1990;

G. Gemelli, *Fernand Braudel e l'Europa universale*, Venedig 1990.

P. Rossi (Hrsg.), *La storia comparata. Approcci e prospettive*, Mailand 1990;

M. Vovelle, Biographie ou étude de cas: Le retour de la biographie, in: *Die Französische Revolution von 1789. Studien zur Geschichte und zu ihren Wirkungen*, hrsg. v. K. Holzapfel und K. Middell, Berlin 1990, S. 81–99;

N. Zemon Davis, Censorship, silence and Resistance. The Annales during the German Occupation of France, in: *Literaria Pragensia* 1 (1991), S. 13–23.

P. Schöttler, Lucie Varga – eine österreichische Historikerin im Umkreis der »Annales« (1904–1941), in: Lucie Varga, *Zeitenwende. Mentalitätshistorische Studien 1936-1939*, Frankfurt a. M. 1991, S. 13–111;

P. Carrard, *French Historical Discourse from Braudel to Chartier*, Baltimore 1992;

J. Bessmertny, Les Annales vue de Moscou, in: *Annales E. S. C.* 47 (1992), Heft 1, S. 245–259;

L. Raphael, The Present as Challenge for the Historian. The contemporary World in the Annales E. S. C. 1929–1949, in: *Storia della Storiografia* 2 (1992), S. 25–44.

N. Zemon Davis, Women and the World of the Annales, in: *History Workshop* 33 (1992), Spring, S. 121–137;

U. Raulff, Vorwort zur deutschen Ausgabe, in: M. Bloch, *Die seltsame Niederlage: Frankreich 1940. Der Historiker als Zeuge*, Frankfurt a. M. 1992, S. 7–38;

P. Schöttler, Eine spezifische Neugierde. Die frühen »Annales« als interdisziplinäres Projekt, in: *Comparativ. Leipziger Beiträge zur Universalgeschichte und vergleichenden Gesellschaftsforschung* 2 (1992), Heft 4, S. 112–126;

J. Rancière, *Les mots de l'histoire. Essai de poétique du savoir*, Paris 1992.

P. Schöttler, Désapprendre de l'Allemagne: les Annales et l'histoire allemande pendant l'entre-deux-guerres, in: *Entre Locarno et Vichy. Les relations culturelles franco-allemandes dans les années 1930*, hrsg. von H. M. Bock, R. Meyer-Kalkus und M. Trebitsch, Paris 1993, S. 439–461;

Ch. Beisswingert, Lire La Méditerranée, in: *Comparativ. Leipziger Beiträge zur Universalgeschichte und vergleichenden Gesellschaftsforschung* 3 (1993), Heft 1–2, S. 161–176.

In deutscher Sprache liegen zahlreiche *Forschungs- und Literaturberichte von französischen Historikern* vor:

P. Leuillot, Moderne Richtungen in der Behandlung der neueren Geschichte in Frankreich, in: *Welt als Geschichte* 12 (1952), Heft 2, S. 122–131;

G. Duby, Die agrargeschichtliche Forschung in Frankreich seit 1940, in: Zeitschrift für *Agrargeschichte und Agrarsoziologie* 2 (1954), S. 166–173;

J. Droz, Hauptprobleme der französischen Forschungen zur neueren Geschichte, in: *Welt als Geschichte* 14 (1954), Heft 2, S. 109–118;

R. Mandrou, Probleme und Methoden der heutigen französischen Geschichtsforschung, in: *Jahrbücher für Nationalökonomie und Statistik*, Bd. 176 (1964), Heft 4, S. 359–370;

J. Glénisson, Die französische Historiographie der Gegenwart, in: *Wirtschaft und Gesellschaft in Frankreich seit 1789*, hrsg. von G. Ziebura, Köln 1975, S. 40–62;

J.-M. Thiriet, Methoden der Mentalitätsforschung in der französischen Sozialgeschichte, in: *Ethnologia Europea* 11 (1980), S. 208–255;

G. Duby, Über einige Grundtendenzen der modernen französischen Geschichtswissenschaft, in: *Historische Zeitschrift* 241 (1985), Heft 3, S. 543–554;

F. Furet, Die Methoden der Sozialwissenschaften in der Geschichtsforschung und die »histoire totale«, in: Theorie der modernen Geschichtsschreibung, hrsg. von P. Rossi, Frankfurt a. M. 1987, S. 147–172;

E. Le Roy Ladurie, 10 Jahre historische Forschung, in: *Klett-Cotta. Das erste Jahrzehnt. Ein Almanach*, Stuttgart 1987, S. 162–182;

Y. Lequin, Sozialgeschichte à la française. Das Gewicht der Tradition und die Ungewißheiten der Gegenwart, in: *Sozialgeschichte im internationalen Überblick. Ergebnisse und Tendenzen der Forschung*, hrsg. von J. Kocka, Darmstadt 1989, S. 163–186.

Textausgaben wichtiger Annales-Historiker

(Auto-)Biographische Texte:

P. Chaunu/G. Duby/J. Le Goff/M. Perrot, *Leben mit der Geschichte. Vier Selbstbeschreibungen*, hrsg. von P. Nora, Frankfurt a. M. 1989. Die französische Originalausgabe umfaßte darüber hinaus Selbstbeschreibungen von M. Agulhon, R. Remond und R. Girardet. (*Essais d'ego-histoire*, Paris 1987);

G. Duby/G. Lardeau, *Geschichte und Geschichtswissenschaft. Dialoge*, Frankfurt a. M. 1982.

G. Duby, Eine andere Geschichte, Stuttgart 1992.

Einzelne Autoren im Spiegel ihrer deutschen Übersetzungen:

P. Ariès, Studien zur Geschichte des Todes im Abendland, München/Wien 1976;

P. Ariès, Geschichte der Kindheit, Frankfurt a. M./Wien/Zürich 1976;

P. Ariès, Geschichte des Todes, München/Wien 1980;

P. Ariès, Bilder zur Geschichte des Todes, München/Wien 1984;

P. Ariès (Hrsg.), Die Masken des Begehrens und die Metamorphosen der Sinnlichkeit. Zur Geschichte der Sexualität im Abendland, Frankfurt a. M. 1984;

P. Ariès, *Zeit und Geschichte,* Frankfurt a. M. 1988;

M. Bloch, *Apologie der Geschichte oder der Beruf des Historikers,* Stuttgart 1974;

M. Bloch, *Die Feudalgesellschaft,* Frankfurt a. M./Berlin/Wien 1982;

M. Bloch, *Die seltsame Niederlage: Frankreich 1940. Der Historiker als Zeuge,* Frankfurt a. M. 1992;

G. Bois, *Umbruch im Jahr 1000. Lourand bei Cluny – ein Dorf in Frankreich zwischen Spätantike und Feudalherrschaft,* Stuttgart 1993;

F. Braudel, *Sozialgeschichte des 15.–18. Jahrhunderts,* 3 Bde., München 1985;

F. Braudel, *Die Dynamik des Kapitalismus,* Stuttgart 1986;

F. Braudel, *Europa, Bausteine seiner Geschichte,* Frankfurt a. M. 1989;

F. Braudel, *Das Mittelmeer und die mediterrane Welt in der Epoche Philipps II.,* 3 Bde, Frankfurt a. M. 1990;

F. Braudel, *Frankreich,* 3 Bde., Stuttgart 1990–1992;

F. Braudel, *Modell Italien 1450–1650,* Stuttgart 1991;

F. Braudel, *Schriften zur Geschichte,* 2 Bde., Stuttgart 1992–1993.

F. Braudel/G. Duby/M. Aymard, *Die Welt des Mittelmeeres: zur Geschichte und Geographie kultureller Lebensformen,* Frankfurt a. M. 1987;

F. Braudel/E. Labrousse (Hrsg.), *Wirtschaft und Gesellschaft in Frankreich im Zeitalter der Industrialisierung 1789-1880,* 2 Bde., Frankfurt a. M. 1986/1988.

R. Chartier, *Die unvollendete Vergangenheit. Geschichte und die Macht der Weltauslegung,* Berlin 1989;

R. Chartier, *Lesewelten. Buch und Lektüre in der frühen Neuzeit,* Frankfurt a. M., New York 1990;

G. Duby, *Krieger und Bauern. Die Entwicklung von Wirtschaft und Gesellschaft im frühen Mittelalter,* Frankfurt a. M. 1977;

G. Duby, *Sankt Bernhard, die Kunst der Zisterzienser,* Genf 1977;

G. Duby, *Die drei Ordnungen. Das Weltbild des Feudalismus,* Frankfurt a. M. 1981;

G. Duby, *Ritter, Frau und Priester. Die Ehe im feudalen Frankreich,* Frankfurt a. M. 1985;

G. Duby/A. Duby (Hrsg.), *Die Prozesse der Jeanne d'Arc,* Berlin 1985;

G. Duby, *Die Kunst des Mittelalters*, Stuttgart 1985;

G. Duby, *Die Zeit der Kathedralen: Kunst und Gesellschaft 980–1420*, Frankfurt a. M. 1985;

G. Duby, *Europa im Mittelalter*, Stuttgart 1986;

G. Duby, *Guillaume le Maréchal oder der beste aller Ritter*, Frankfurt a. M. 1986;

G. Duby, *Der Sonntag von Bouvines. 27. Juli 1214*, Berlin 1988;

G. Duby, *Die Frau ohne Stimme. Liebe und Ehe im Mittelalter*, Berlin 1989;

G. Duby, *Wirklichkeit und höfischer Traum. Zur Kultur des Mittelalters*, Frankfurt a. M. 1991;

G. Duby/P. Ariès, (Hrsg.), *Geschichte des privaten Lebens*, 5 Bde., Frankfurt a. M. 1990 ff.

G. Duby/M. Perrot u. a., *Geschichte der Frauen*, 5 Bde., Frankfurta. M./New York 1993 ff.

A. Farge, *Das brüchige Leben, Verführung und Aufruhr im Paris des 18. Jahrhunderts*, Berlin 1989;

A. Farge/M. Foucault (Hrsg.), *Familiäre Konflikte: die »lettres de cachet« aus den Archiven der Bastille im 18. Jahrhundert*, Frankfurta. M. 1989;

A. Farge/J. Revel, *Logik des Aufruhrs: die Kinderdeportationen in Paris 1750*, Frankfurt a. M. 1989;

L. Febvre, *Martin Luther*, Frankfurt a. M./Berlin/Wien 1976;

L. Febvre, *Das Gewissen des Historikers*, hrsg. von U. Raulff, Berlin 1988;

L. Febvre, *Der neugierige Blick, Leben in der französischen Renaissance*, Berlin 1989;

M. Ferro, *Der große Krieg 1914–1918*, Frankfurt a. M. 1988;

M. Ferro, *Geschichtsbilder. Wie die Vergangenheit vermittelt wird*, Paris/New York/Frankfurt a. M. 1991;

M. Ferro, *Nikolaus II. Der letzte Zar*, Zürich 1991;

L. Flandrin, *Familien. Soziologie, Ökonomie, Sexualität*, Frankfurt a. M., Berlin, Wien 1978;

F. Furet (zus. mit L. Bergeron, R. Koselleck), *Das Zeitalter der europäischen Revolutionen*, Frankfurt a. M. 1969 (= Fischer-Weltgeschichte 26);

F. Furet/D. Richet, *Die Französische Revolution*, München 1980;

F. Furet, *1789. Vom Ereignis zum Gegenstand der Geschichtswissenschaft*, Frankfurt a. M., Berlin, Wien 1980;

P. Goubert, *Ludwig XIV. und 20 Millionen Franzosen*, Berlin 1973;

J. Guilhaumou, *Sprache und Politik in der Französischen Revolution. Vom Ereignis zur Sprache des Volkes (1789–1794)*, Frankfurt a. M. 1989;

J. Le Goff, *Das Hochmittelalter*, Frankfurt a. M. 1965 (= Fischer Weltgeschichte, Bd. 11);

J. Le Goff, *Kultur des europäischen Mittelalters*, München/Zürich 1970;

J. Le Goff, *Für ein anderes Mittelalter*, Frankfurt a. M. 1984;

J. Le Goff, *Die Geburt des Fegefeuers*, Stuttgart 1984;

J. Le Goff, *Die Intellektuellen im Mittelalter*, Stuttgart 1987;

J. Le Goff, *Wucherzins und Höllenqualen. Ökonomie und Religion im Mittelalter*, Stuttgart 1988;

J. Le Goff, *Kaufleute und Bankiers im Mittelalter*, Frankfurt a. M. 1989;

J. Le Goff (Hrsg.), *Der Mensch des Mittelalters*, Frankfurt a. M., Paris, New York 1989;

J. Le Goff, *Phantasie und Realität des Mittelalters*, Stuttgart 1990;

J. Le Goff, *Geschichte und Gedächtnis*, Frankfurt a. M., Paris, New York 1992;

E. Le Roy Ladurie, *Die Bauern des Languedoc*, Stuttgart 1983 (gekürzt);

E. Le Roy Ladurie, *Montaillou. Ein Dorf vor dem Inquisitor 1294–1324*, Frankfurt a. M., Berlin, Wien 1980 (gekürzt);

E. Le Roy Ladurie, *Karneval in Romans. Von Lichtmeß bis Aschermittwoch 1579–1580*, Stuttgart 1982;

R. Mandrou, *Staatsräson und Vernunft 1649–1775* (= Propyläen-Geschichte Europas; Bd. 3), Frankfurt a. M./Berlin/Wien 1976;

P. Nora, *Zwischen Geschichte und Gedächtnis*, Berlin 1990;

J.-C. Schmitt, *Der heilige Windhund: die Geschichte eines unheiligen Kultes*, Stuttgart 1982;

J.-C. Schmitt, *Heidenspaß und Höllenangst: Aberglaube im Mittelalter*, Frankfurt a. M./New York/Paris 1993;

J. P. Vernant, *Die Entstehung des griechischen Denkens*, Frankfurt a. M. 1982;

J. P. Vernant, *Mythos und Gesellschaft im alten Griechenland*, Frankfurt a. M. 1987;

J. P. Vernant, *Tod in den Augen: Figuren des Anderen im griechischen Altertum: Artemis und Gorgo*, Frankfurt a. M. 1988;

P. Vidal-Naquet, *Bildaltlas Weltgeschichte*, Gütersloh 1989;

P. Vidal-Naquet, *Der schwarze Jäger. Denkformen und Gesellschaftsformen in der griechischen Antike*, Frankfurt a. M./New York/Paris 1989;

P. Vidal-Naquet, *Athen, Sparta, Atlantis: die griechische Demokratie von außen gesehen*, München 1993 ff.

P. Vidal-Naquet/M. Austin, *Gesellschaft und Wirtschaft im alten Griechenland*, München 1984;

P. Vilar, *Gold und Geld in der Geschichte*, München 1984;

P. Vilar, *Kurze Geschichte zweier Spanien. Der Bürgerkrieg 1936–1939*, Berlin 1987;

P. Vilar, *Spanien. Das Land und seine Geschichte von den Anfängen bis zur Gegenwart*, Berlin 1990;

M. Vovelle, *Die Französische Revolution. Soziale Bewegung und Umbruch der Mentalitäten*, München/Wien 1982;

Aufsätze von Historikern, die der *Annales*-Schule zugerechnet werden könne, liegen des weiteren übersetzt in einer Reihe von Sammelbänden vor. Vgl. u. a.:

Geschichte und Psychoanalyse, hrsg. von H.-U. Wehler, Köln 1971 (A. Besançon)

Geschichte und Ökonomie, hrsg. von H.-U. Wehler, Königstein/Ts. 1973 (J. Marczewski, P. Vilar, J. Bouvier);

Wirtschaft und Gesellschaft in Frankreich seit 1789, hrsg. von G. Ziebura unter Mitwirkung von H.-G. Haupt, Köln 1975 (J. Glénisson, P. Vilar, E. Labrousse, M. Lévy-Leboyer, F. Crouzet, J. Bouvier u.a.);

Die Französische Revolution, hrsg. von E. Schmitt, Köln 1975 (F. Furet, R. Robin u. a.);

Geschichte und Soziologie, hrsg. von H.-U. Wehler, Köln 1976 (F. Braudel);

M. Bloch/F. Braudel/L. Febvre u. a., *Schrift und Materie der Geschichte. Vorschläge zur systematischen Aneignung historischer Prozesse*, hrsg. von C. Honegger, Frankfurt a. M. 1977;

Feudalismus – Materialien zur Theorie und Geschichte, hrsg. von L. Kuchenbuch in Zusammenarbeit mit B. Michael, Frankfurt a. M. 1977 (M. Bloch, P. Vilar);

Biologie des Menschen in der Geschichte, hrsg. von A. E. Imhof, Stuttgart – Bad Cannstadt 1978 (E. Le Roy Ladurie, F. Lebrun, M. Vovelle, J. Meyer, M. Lachivier, J.-P. Goubert);

1789. Geburt der bürgerlichen Gesellschaft, hrsg. von I. A. Hartig, Frankfurt a. M. 1979 (E. Labrousse, G. Lefebvre, M. Vovelle);

Geschichte der Familie oder Familiengeschichten. Zur Bedeutung von Alltags- und Jedermanngeschichte, hrsg. von A. Mannzmann, Königstein 1981 (G. Duby);

Mythos ohne Illusion, Frankfurt a. M. 1984; (G. Duby);

Vom Umschreiben der Geschichte, hrsg. von U. Raulff, Berlin 1986 (E. Le Roy Ladurie, P. Veyne u. a.);

Mentalitätengeschichte, hrsg. von U. Raulff, Berlin 1987 (A. Burguière, R. Chartier, J. Le Goff, M. Vovelle);

Der Historiker als Menschenfresser, Berlin 1989 (L. Febvre, J. Le Goff, autobiographischer Essay von F. Braudel);

Bilder schreiben Geschichte. Der Historiker im Kino, hrsg. von R. Rother, Berlin 1991 (M. Ferro).

Kurzbiographien der Autoren

MAURICE AGULHON (geb. 1926), seit 1954 Forscher am Centre National de la Recherche Scientifique und ab 1957 Assistent, später Professor an der Universität der Provence in Aix-en-Provence, seit 1972 an der Universität Paris I (Panthéon-Sorbonne), seit 1985 Professor am Collège de France.
Zur Biographie: M. Agulhon, Vu des coulisses, in: *Essais d'egohistoire*, hrsg. von Pierre Nora, Paris 1987, S. 9–59.

MARC BLOCH (1886–1944), Geschichtslehrer an Gymnasien in Montpellier und Amiens, ab 1919 Professor an der Universität Straßburg, 1936 Professor für Wirtschaftsgeschichte an der Pariser Sorbonne. 1940–43 Lehre an den Universitäten von Clermont-Ferrand und Montpellier, seit 1942 Mitglied der Résistance. 1944 von der Gestapo erschossen. Mitbegründer der Annales d'Histoire Économique et Sociale.
Zur Biographie: C. Fink, *Marc Bloch, a life in history*, Cambridge 1989.
Zur Bibliographie: M. Bloch, Mélanges historiques, 2 Bde., Paris 1963, S. 1032–1104.

GUY BOIS (geb. 1934), Profesor für mittelalterliche Geschichte an der Universität Paris I. Langjähriger Präsident der Société d'étude du féodalisme.

FERNAND BRAUDEL (1902–1985), zunächst Gymnasiallehrer in Algier und Paris, dann Gastprofessor an der Universität von São Paulo. Ab 1937 Professor an der École Pratique des Hautes Etudes, 1949–72 Professor am Collège de France in der Nachfolge von Lucien Febvre. Gemeinsam mit Lucien Febvre und Charles Morazé Mitbegründer der VIe Section der École Pratique des Hautes Etudes (1947); Gründer und erster Präsident der Maison des Sciences de l'Homme, 1946–68 Mitherausgeber der Annales E. S. C.
Zur Biographie: F. Braudel, Personal Testimony, in: *Journal of Modern History* 44 (1972), H. 4, S. 448–467 (dt. in: ders., *Schriften zur Geschichte*, Bd. 2, Stuttgart 1993);
G. Gemelli, *Fernand Braudel e l'Europe universale*, Venedig 1990.

Zur Bibliographie: vollständiges Schriftenverzeichnis bis 1971: B. Tenenti, Bibliographie des écrits de Fernand Braudel, in: *Mélanges en l'honneur de Fernand Braudel*, Toulouse 1973, Bd. II, S. 483 bis 509.

ROGER CHARTIER (geb. 1945), Assistent an der Universität Paris I, seit 1978 Professor an der École des Hautes Etudes en Sciences Sociales.

LUCIEN FEBVRE (1878–1956), ab 1912 Professor an der Universität Dijon, ab 1919 an der Universität Straßburg. 1933 Professor am Collège de France. Mitbegründer der Annales d'Histoire Economique et Sociale und der VIe Section der École Pratique des Hautes Etudes.
Zur Biographie: H.-D. Mann, *Lucien Febvre, La pensée vivante d'un historien*, Paris 1971.
Zur Bibliographie: B. Müller, *Bibliographie des travaux de Lucien Febvre*, Paris 1990.

BERNARD LEPETIT (geb. 1948), Assistent an der Universität Paris I; Redaktionssekretär der Annales seit 1989. Professor an der EHESS und Mitherausgeber der Annales.

JACQUES REVEL (geb. 1942), Forscher am Centre National de la Recherche Scientifique. Assistent, später Professor an der EHESS. Von 1973 bis 1982 Redaktionssekretär der Annales, Mitglied des Herausgeberkollegiums der Zeitschrift.

FRANÇOIS SIMIAND (1873–1935), 1889 Mitbegründer der Zeitschrift Année Sociologique; Verwaltungsfunktionen im Handelsministerium und in der Regierung Albert Thomas. Lehre an der École Pratique des Hautes Etudes und am Conservatoire national des arts et métiers; 1932 Professor am Collège de France.
Zu Biographie und Werk: M. Cedronio, Présentation, in: F. Simiand, *Methode historique et sciences sociales*, Paris 1987, S. 3–37.

MATTHIAS MIDDELL (geb. 1961), Studium der Geschichtswissenschaft in Leipzig. Promotion zur Geschichte der Gegenrevolution in Frankreich 1789–92, seit 1989 wissenschaftlicher Assistent am Institut für Universal- und Kulturgeschichte der Neuzeit, seit 1992 am Lehrstuhl für Neuere und Zeitgeschichte des Fachbereiches Geschichte der Universität Leipzig.

Publikationen zur Geschichte der Französischen Revolution und zur Historiographiegeschichte, u. a.: *François Noël Babeuf, Märtyrer der Gleichheit*, Berlin 1988; (Mithrsg.) *Die Französische Revolution – Bilder und Berichte 1789–1799*, Leipzig 1989; (Mithrsg.) *Von der Elbe bis an die Seine. Kulturtransfer zwischen Sachsen und Frankreich im 18. und 19. Jh.*, Leipzig 1993.

STEFFEN SAMMLER (geb. 1964), Studium der Geschichtswissenschaft in Leipzig. Bereitet gegenwärtig eine Dissertation zu den bäuerlichen Beschwerdeheften von 1789 in der oberen Normandie vor. Publikationen zur Geschichte der französischen Historiographie und zur Geschichte der Revolution.

PETER SCHÖTTLER (geb. 1950), Studium der Geschichte, Sozialwissenschaften und Philosophie in Bochum und Paris, Promotion zur französischen Sozialgeschichte des 19. Jahrhunderts. Seit 1989 Forscher am Centre National de la Recherche Scientifique in Paris. Zahlreiche Veröffentlichungen zur deutschen und französischen Sozialgeschichte des 19. Jahrhunderts sowie zur Geschichte der Annales-Historie. Darunter: *Die Entstehung der Bourses du Travail*, Frankfurt a. Main 1982, sowie als Hrsg.: Gareth Stedman Jones, *Klassen, Politik und Sprache. Für eine theorieorientierte Sozialgeschichte*, Münster 1988; Lucie Varga, *Zeitenwende. Mentalitätshistorische Studien 1936–1939*, Frankfurt a. M. 1991.

RECLAM BIBLIOTHEK

Grenzfälle
Über neuen und alten Nationalismus

Herausgegeben von Michael Jeismann und Henning Ritter
389 Seiten. RBL 1644. 26,– DM
ISBN 3-379-01466-4

Über die Rückkehr der Nationen wird geklagt, als hätte man wirklich schon jenseits von ihnen gelebt. Die Klage ist so wenig neu wie die Beschwörung, daß der Nationalismus überwunden werden müsse. Sie ist fast so alt wie der moderne Nationalstaat, der in der Französischen Revolution geboren wurde. Die Aufsatzsammlung »Grenzfälle« bringt neben wenig bekannten Texten aus dem neunzehnten Jahrhundert (von Hegel bis Ernest Renan) einige »klassische« Arbeiten von Historikern und Soziologen (Isaiah Berlin, Theodor Schieder, Reinhart Koselleck, M. Rainer Lepsius). Die Perspektive ist dabei ganz von der Debatte seit dem Umbruch von 1989 bestimmt. Sie wird von Ernest Gellner, Ralf Dahrendorf, Václav Havel, Adam Michnik, Ernst Nolte und anderen Autoren geführt.

Frankfurter Allgemeine Zeitung

RECLAM BIBLIOTHEK

Über Deutschland

Schriftsteller geben Auskunft

Herausgegeben und mit einem Vorwort von
Thomas Rietzschel
176 Seiten. RBL 1486. 20,– DM
ISBN 3-379-01486-9

Fünfzehn Schriftsteller machen sich Gedanken über Deutschland, äußern sich zur Lage der Nation, über die von Politikern Verläßliches schon lange nicht mehr zu erfahren ist. In hier erstmals veröffentlichten Essays, Reden, Reportagen betrachten und reflektieren die Autoren »Deutsche Zustände«. Wie bereits vor zweihundert Jahren in einer Preisschrift geschehen, die sich mit den »Hindernissen des Selbstdenkens in Deutschland« befaßte, versucht man, Positionen und »Barrieren im Geiste« neu zu beschreiben. Es sind kontroverse Denkergebnisse, zu denen die Autoren finden, wenn sie Anstoß nehmen an Gegenwärtigem.

Mit Texten von: Günter de Bruyn, Kurt Drawert, Horst Drescher, Jirí Gruša, Thomas Hettche, Wolfgang Hilbig, Sarah Kirsch, Wulf Kirsten, Günter Kunert, Herta Müller, Chaim Noll, Thomas Rosenlöcher, u.a.

RECLAM BIBLIOTHEK

Robert Minder
Die Entdeckung deutscher Mentalität

Essays 1930 – 1976

Herausgegeben und mit einem Nachwort von
Manfred Beyer
380 Seiten. Band 1438. 18,– DM
ISBN 3-379-01438-9

Eine Sammlung der wichtigsten noch unveröffentlichten Aufsätze.
»Ein Klassiker der Koexistenz, so habe ich ihn einmal genannt: in einer Rezension seines Buches *Dichter in der Gesellschaft,* vor nunmehr fast fünfzehn Jahren. Gemeint war natürlich die deutsch-französische Koexistenz. Außerdem hatte ich in meinem Text eine Formel übernommen und auf Minder angewandt, die von ihm selbst stammte, als einem Meister des treffenden Wortes und der genauen Charakterisierung ... Geistige Koexistenz erstrebte Minder nicht bloß in seinen Deutungen der deutschen wie der französischen Geschichte und Literatur. Er strebte früh schon in einem damals ganz ungewöhnlichen Sinne nach einer neuen Totalität: als Verbindung eines Weiterdenkens marxistischer Gedankengänge mit der psychoanalytischen Forschung von Sigmund Freud. Die Koexistenz, die dieser Germanist vor Augen hatte, meinte die Gesellschaft in ihrer Totalität. Minder hatte stets die wirklichen Lebensläufe und Zusammenhänge im Blick, nicht bloß die Akten und Bücher.«

Hans Mayer, 1982

RECLAM BIBLIOTHEK

Manfred Frank

Conditio moderna

Essays, Reden, Programme

216 Seiten. RBL 1475. 20,– DM
ISBN 3-379-01475-3

Mit seiner Rede zur 54. Wiederkehr der Progromnacht von 1938 am 9. November 1992 in der Frankfurter Paulskirche versetzte Manfred Frank Politiker aller Parteien in nervöse Aufregung. Auf Ablehnung stieß seine Warnung vor einer populistischen Politik der Anpassung des bundesdeutschen Grundgesetzes ans »unqualifizierte Volksempfinden«. Demonstrativ verließen Christdemokraten den Raum. Sowohl in den Fragen aktueller Politik als auch auf dem philosophischen Kampfplatz um ›modern‹ oder ›postmodern‹: an Manfred Frank scheiden sich die Geister: » ... und je mehr ich versucht habe, zu vermitteln und verständlich zu machen, desto größeren Widerspruch habe ich erlebt – bis hin zur Aggressivität, ... «.
Der in Tübingen lehrende Philosoph Manfred Frank (geb. 1945) widmet in diesem Band seine Aufmerksamkeit vor allem »dem dünnen Eis oder eher den tönernen Füßen, auf denen unsere Demokratie steht ...«

RECLAM BIBLIOTHEK

Luzifer lacht

Philosophische Betrachtungen von Nietzsche bis Tabori

Herausgegeben von Steffen Dietzsch.
256 Seiten. RBL 1480. 20,– DM
ISBN 3-379-01480-X

Vorsicht – wer lacht, ist ein Ausweichler! Denn Lachen ist Subversion. Da liegt auch schon der Grund, warum alle Weltverbesserer mit dem Lachen so wenig anfangen können: Ihnen ist die Subversion zu gering. Doch Lachen schärft auch das Bewußtsein. Damit öffnet man Grenzen und lacht Wirklichkeit herein. Nicht nur die Griechen, Kant und die Romantiker stritten über das Lachen, nein, sogar die Postmodernen thematisierten die Ironie ... Begeben wir uns also mit Odo Marquard ins »Exil der Heiterkeit«, und gleich finden wir uns in bester Gesellschaft wieder: mit Friedrich Nietzsche und Henri Bergson, mit Joachim Ritter, der 1940 einen Schlüsseltext über das Lachen schrieb, mit George Tabori, Max Frisch, Woody Allen, Manfred Frank und vielen anderen.

RECLAM BIBLIOTHEK

Ludwig Börne und
Heinrich Heine,
Ein deutsches Zerwürfnis.

Bearbeitet von Hans Magnus Enzensberger.
396 Seiten. RBL 1396. 14,– DM
ISBN 3-379-00691-2

»Der vor allem leidende Kämpfer Börne, ins Aktuelle verstrickt wie Laokoon in die Schlangen, konnte sich noch nicht so weit über sich und Heine und die politische Not erheben, daß er hätte sehen können, in welchem Verhältnis Heine zu den Rollen stand, die er spielte. Börne hielt sich für den politischen Kopf und Heine für den weichmütigen, unfesten, unzuverlässigen, sybaritischen, charakterschwachen, wenn nicht charakterlosen Ästheten. Darum überzeuge Heine auch nicht, wenn er die Wahrheit spreche, da er ja an der Wahrheit nur das Schöne liebe. ›Darum rührt er auch nicht, wenn er weint; denn man weiß, daß er mit den Thränen nur seine Nelkenbeete begießt.‹ Als Börnes Hauptwerk war geplant die demokratische Revolution in Deutschland. Wenn man liest, wie Ihn ein paar Politik-pour-Politik-Auftritte von Studenten in Göttingen und Frankfurt hoffen machten, wie er das Fackelzug-Vivat des Hambacher Festes 1832, das er selber mitmachte, überschätzte, dann muß man sagen: Heine war der Realist.«

(Martin Walser)

RECLAM BIBLIOTHEK

Bernard le Bovier de Fontcnclle
Philosophische Neuigkeiten für Leute von Welt und für Gelehrte

Ausgewählte Schriften

Aus dem Französischen übersetzt von Ulrich Kunzmann
Herausgegeben von Helga Bergmann. Mit einem Essay »Fontenelle und die Aufklärung« von Werner Krauss
444 Seiten. RBL 1308. 12,– DM
ISBN 3-379-00462-6

Melchior Grimm würdigte 1757 Fontenelle als den ersten der die Philosophie in Frankreich populär gemacht hat. Nachhaltige Resonanz fanden seine Arbeiten zur Geschichte und zur Wissenschaftstheorie. Die vorliegende Auswahl vereinigt Schriften unterschiedlichen Genres. Ihnen ist ein Essay von Werner Krauss beigegeben, worin der Autor unter anderem die Frage aufwirft: »Was für ein Mensch war Fontenelle?« – vor allem ein glücklicher. Ein Mensch, der seine Gefühle beherrschte, nach den Grundsätzen der Vernunft lebte, ein Wissenschaftler, aber kein Fanatiker, eben ein Weiser. In Deutschland bisher wenig bekannt, wird Fontenelle durch diese Publikation dem Publikum näher gebracht.

Ulrich Busch in: Berliner Allgemeine Zeitung